東高村史話

柴福善　著

民族出版社

《东高村史话》编委会

柴福善，北京市平谷区人，1956 年 12 月生。曾任平谷县委党史办副主任、县文化文物局副局长、平谷区文化委员会副主任、区文联副主席、区政协常委、区政协学习与文史委员会主任，为中国作家协会会员、北京作家协会理事、平谷文史专家。

1982 年起发表文学作品，在全国多家报刊发表诗歌百余首、散文 400 余篇，多篇作品被转载，并收入多种文集。散文集《江山有待》荣获全国第五届冰心散文奖，《两栖集——柴福善散文精粹》被中国散文学会指定为 2012 年特别推荐书籍。

出版散文集《逍遥人生》《岁月无痕》《往事与乡情》《核桃树下的王蒙》《秦时明月》《江山有待》《两栖集》《洵河的波光》《畅游石林峡》和诗集《石林峡　梨树沟》校注《李锴诗文集》《与中学生谈写作》，与古建专家罗哲文合著《中华名寺大观》《中华名塔大观》《中华名桥大观》《中华名园大观》《中华名楼大观》《中国的世界遗产》，编著《平谷寺庙志略》《平谷古树名木图志》《志书补遗》《明代平谷志料辑校》《平谷史话（修订本）》《峪口史话》《独乐河史话》《马昌营史话》《镇罗营史话》《大兴庄史话》《刘家店史话》《平谷镇史话》《丫髻山》《丫髻山楹联匾额》《丫髻山碑刻》《丫髻山传说》《丫髻山历史文化课》及《老红军李云辉》《我所了解的瓦关头》《熊儿寨村那些事》，主编《洵水长歌》（三卷）《平谷文物志》等。

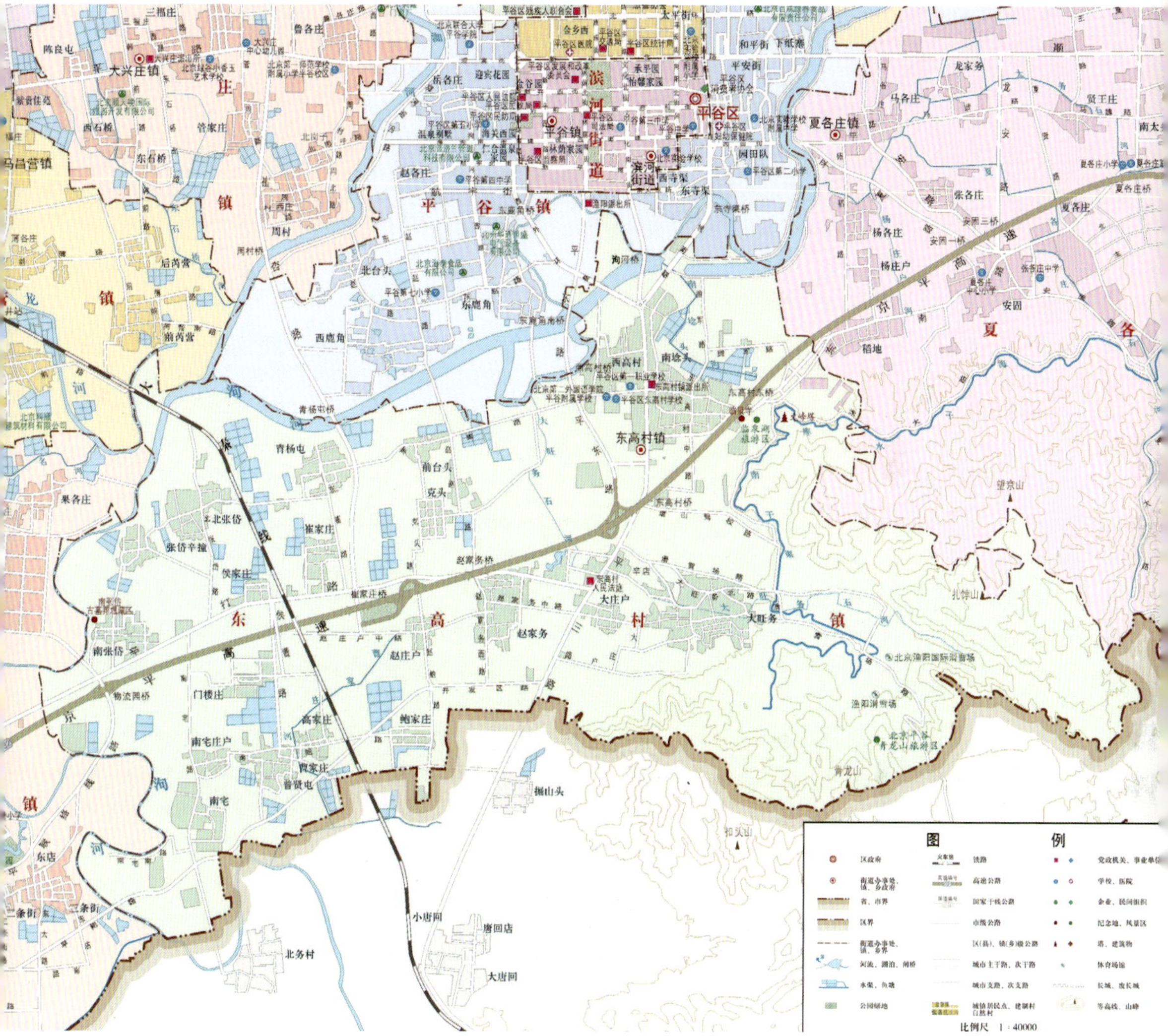
三捆庄
陈良屯
大兴庄镇
鲁各庄
西石桥
管家庄
东石桥
马昌营镇
前芮营
后芮营
周村
周村桥
平谷区
平谷镇
滨河街道
岳各庄
迎宾花园
赵各庄
北台头
东鹿角
西鹿角
东鹿角南桥
洵河桥
西高村
南埝头
东高村镇
东高村桥
东高村北桥
青杨屯
青杨屯桥
前台头
克头
北张岱
张岱辛撞
侯家庄
崔家庄
崔家庄桥
赵家务桥
赵家务
赵庄户
南张岱
物流园桥
门楼庄
南宅庄户
南宅
高家庄
鲍家庄
西家庄
普贤屯
大庄户
大旺务
辛店
夏各庄镇
龙家务
马各庄
贤王庄
张各庄
杨各庄
杨庄户
安固
稻地
望京山
扎营山
渔阳滑雪场
青龙山
掘山头
小唐回
唐回店
大唐回
北务村
东店
二条街
果各庄
京平高速
京平高速
比例尺 1：40000

东高村镇地图

东高村镇最高峰青龙山（摄于 2019 年 7 月）

洳河（左）泃河（右）交汇处（摄于2015年12月）

北张岱汉墓石墓门（摄于 2001 年）

北张岱汉墓（摄于 20 世纪 90 年代）

东高村临泉寺后殿（燕龙生摄于 1982 年 2 月）

东高村临泉寺全景（梁景启摄于 2020 年 3 月）

东高村临泉寺前殿内东房山彩色壁画局部（摄于 2020 年 3 月）

东高村文峰塔（摄于 2016 年 4 月）

曹家庄村五道庙古槐（摄于 1990 年）

1982 年 3 月大旺务村墓葬中出土的汉代九枝灯

南张岱战斗烈士墓（摄于 2016 年 1 月）

前　言

平谷南大门——东高村镇，位于平谷城南，与三河接壤，北临泃水，南倚青龙山，属于典型的山前台地、河流两岸，适宜人类居住生活。东高村地区北张岱、大旺务等村就发现过新石器时代的石斧等石器，大旺务村还发现过商周遗址，塔山、西高村、前台头、南宅等多地发现过汉代居住遗址和墓葬，其他历朝历代的文化遗址均有发现，由此可见东高村地区历史之久远、文化之深厚。

正是历史文化的厚植和绿水青山的涵养，一代代东高村人接续奋斗、一路走来，在新时代走出了一条农业现代化、音乐产业化、产业生态化的可持续发展之路，各项事业蓬勃向上。域内农业生产发达，现代农业设施完善，果蔬供应四季不休，青龙山下一派休闲田园风光。东高村镇发展提琴产业，以“华蕴”为代表的乐器产品赢得了国际国内广泛认同，年产提琴三十万把，已获得“中国提琴产业基地”“国家音乐产业基地”等称号。依托乐器制造产业，东高村人发展音乐文化，建起了中国乐谷，办起了音乐节，吸引乐迷成千上万，成为市民休闲放松的好去处。

习近平总书记指出，农村发展要看得见山，望得见水，记得住乡愁。特别是在全面建成小康社会，开启全面建设社会主义现代化国家新征程中，我们深切感受到，农村越是发展，乡村越是振兴，越是离不开文化的坚实支撑。这一切的前提是生活在这里的人们要对这里的文化有一定的了解，也就是文化自觉和文化自信。因此，全面梳理域内历史文化就成为镇党委镇政府的重要工作，《东高村史话》肩负使命、应时而出。

《东高村史话》由文史专家柴福善先生编著，全面系统记述了东高村地区的历史沿革、山川名胜、村落发展、古建寺庙、以及古树石刻等文化遗存，对东高村地区发生的历史事件，根据大量的文献资料，结合踏查文物遗址和民间采访得来的翔实资料，进行实事求是的叙述，全书四十多万字，内容丰富、资料翔实、考证严谨，是东高村地区第一部集大成的历史文化著作。

书中记载，抗日战争时期，平谷三河一带势力复杂，不仅日寇统治暴虐，当地土匪也很猖獗。奉命开辟盘山以西平原地区根据地的刘向道带领武工队，选择克头为第一打击目标。就在战斗筹备之时，当地几位绿林头目约刘向道见面，见面后土匪表示了“热烈欢迎”和“慷慨招待”，意在希望我们“井水不犯河水”。刘向道却顺势对土匪展开攻心战，他对土匪表示，克头炮楼你们打不了，那就看我们怎么打。经过精心策划，力量布置妥当之后，刘向道仅带一名警卫，乔装成老中医，顶着草帽，骑着毛驴，大模大样进了克头村，以迅雷不及掩耳之势控制了哨兵，夺取了克头炮楼。“绿林”们大受震动，从此以后，这一带的土匪明显减少。

平谷旧有八景，东高村有一处，为鼓顶朝云。志书记载，山形如鼓，上有孔，每旦云气浮出。但具体位置一直没有确定，几代文化人都进行了踏查，皆无果而终。不想柴福善先生在田野调查中，偶然发现了线索，并以花甲之年多次登临山巅，终于在村民口中的“渣饽饽山”上找到了鼓顶朝云所在。这一发现圆了几代文化人的夙愿，也为平谷历史文化这条河流注入了新的活水。在此，本书编委会感谢柴福善先生，感谢先生为东高村镇文化事业付出的努力，希望先生再出佳作，为平谷历史文化做出更大贡献。

能看得见多远的过去，就能看见多远的未来。现实需要历史给予智慧和启迪，今人需要文化滋养培植自信。这是一本有价值的书，希望广大读者尤其是党员领导干部和文化战线的同志们，认真阅读、充分消化，做好创造性转化和创新性发展，为繁荣兴盛地区文化、推动高质量发展贡献更大力量。

本书编委会

2023 年 8 月

目 录

沿 革

东高村镇，因驻地东高村而得名（图 1，图 2）。地处平谷区南部，北距平谷区政府驻地 3.8 公里，北与平谷镇相接，东与夏各庄镇接壤，西北与马昌营镇毗连，西与马坊镇相邻，南与三河县交界。镇域总面积 56 平方公里，下辖 22 个行政村，共 3.2 万余人。

图 1　东高村乡人民政府（应摄于 20 世纪 80 年代末）

图 2　老东高村乡政府所在地，在东高村内，大概在 20 世纪 80 年代初期，为很少见的二层楼，后面还有平房，已拆除，现为镇派出所所在地（摄于 2019 年 7 月）

历史上，镇域由平谷和三河两县管辖。民国二十四年（公元 1935 年）《三河县新志》“卷之六 · 经制志 · 乡间篇 · 区域”记载：“三河为畿东要地，村落繁多，有昔有而今无者，按旧志所载五百五十七村，今则五百三十九村，向分八路十五乡二十五社一百零八保。庚子后改行新政，分为二十四区。至宣统二年划区自治，并为十三区，后又并为九区，现并为三区。每区编为若干乡，亦犹邑领乡、乡领里、里领村之遗意焉。”从这里，我们可以大致看出清至民国时的行政管理与区划，其中村落亦有增减，当随朝代更迭、县有撤并及县域变迁所致。

据清康熙十二年（公元 1673 年）《三河县志》“地理志 · 疆域”记载：有“英城社，在县北三十里”，现在东高村镇域内旧时属于三河县的村落，当在英城社内。当然，此志没有具体写出都有哪些村庄，我们也就不得而知了。

清康熙六年（公元 1667 年）《平谷县志》“地理志 · 乡社”记载（图 3）：全县分为 8 社，其中“鹿角社，在县西、南”。接着下面记载“村庄”，其中“霹雳庄，十二里；高家庄，十五里”，“在县西南境”。“南台头庄，九里”，“在县西境”。根据所记，这 3 个村当属于鹿角社。而在县南境的“东高村，八里”，亦在县西南境的“西高村，八里”，经请教对此深有研究、并收藏不少相关地契的李润波先生，说这两个村属于“皋村屯”，有

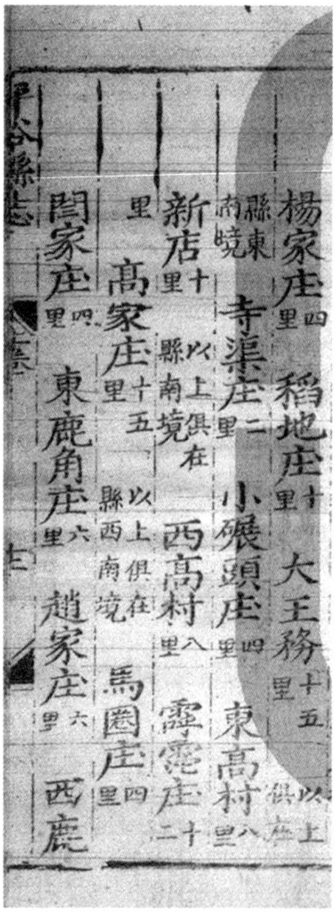
楊家庄四里 稻地庄十里 大王務十五里 以上俱在
縣東南境 寺渠庄二里 小碾頭庄四里 東高村八里
新店十里 以上俱在縣南境 西高村八里 霹靂庄二十
高家庄十五里 以上俱在縣西南境 馬圈庄四里
閆家庄四里 東鹿角庄六里 趙家庄六里 西鹿

图 3　清康熙六年（公元 1667 年）《平谷县志》“地理志 · 乡社”记载东高村、小碾头庄、辛店等村庄

明确记述。“大王务，十五里”，应在县南，而志书记载为“在县东南境”。李先生说看到有关碑刻，记述大王务也属于皋村屯。还有“新店，十里”，“在县南境”，李先生说过去这里就三两户人家，主要开店、驿站等。至于“小碾头庄，四里”，“在县南境”，李先生说收藏的地契中，写着属于“负廓屯”。志书“乡社”所记8乡社中有“负廓屯”，且说“在县北”。李先生说，负廓屯主要范围在县城北边、东边及南边，其办公处所在地在城北。这些供读者参考，以后如发现新的资料，再行增补与修正。雍正六年（公元1728年）和乾隆四十二年（公元1777年）《平谷县志》“地理志·乡社”及“村庄”所记，与此没有变化。一些村名与今日不同，如大旺务叫大王务，南埝头叫小碾头庄，克头叫霹雳庄，前台头叫南台头庄。

清乾隆二十五年（公元1760年）《三河县志》“乡闾志·里社”记载：这时“三河民居村落纷多，分二十五社”，其中仍有“英城社”。“乡闾志·村庄”记载：“邑领乡，乡领里，里领村，所以翼卫也。三河为畿东要地，本城乐善里，四厢同善里，以亲、睦、礼、让、仁、义、忠、信分八路十五乡，计五百五十七村庄。”其中“东北路信一乡”，记载有青阳屯、崔家庄、侯家庄、赵家府、大王府庄、鲍家庄、曹家庄、高家庄、普贤屯、南寨庄、门楼庄、南张岱、北张岱、新撞庄。这是14个村庄，看来那时青杨屯写作青阳屯，赵家务叫赵家府，大旺务叫大王府庄，南宅村叫南寨村，张岱辛撞叫新撞庄。对大王府庄《平谷县志》写作大王务，两县县志都有记。还有高家庄，两县县志也有记，《平谷县志》写“高家庄，十五里”，“在县西南境”，看大致方位与距离，与《三河县志》所记应该是一个村。

民国二十四年（公元1935年）《三河县新志》“卷之六·经制志·乡闾篇·区域”记载：“按旧志所载五百五十七村，今则五百三十九村，向分八路十五乡二十五社一百零八保。庚子（清光绪二十六年，公元1900年）后改行新政，分为二十四区。至宣统二年（公元1910年），划区自治，并为十三区，后又并为九区。现并为三区，每区编为若干乡，亦犹邑领乡、乡领里、里领村之遗意焉。”“第一区公所在皇庄镇，辖一百八十三村，编一百零五乡；第二区公所在夏垫镇，辖一百八十四村，编一百零五乡；第三区公所，在张各庄镇，辖一百七十三村，编九十三乡。”这时东高村地区属于三河县的村庄应并入了第三区公所。而志书所记，“今将全县村庄仍按九区时代分辖数目开列”，当时东高村地区的这些村庄，属于第九区：南宅、南宅庄窠、普贤屯、鲍家庄、高家庄、南张岱、北张岱、张岱辛庄、青羊屯、崔家庄、侯庄子、门楼庄、赵家务、大旺务。可以看出，南宅庄户写作南宅庄窠，而高家庄列在鲍家庄之后，两村相邻，高在西，鲍在东。三河县不止一个高家庄，比如段家岭那边就有个高家庄。志书这里所记，应该不是别的高家庄，就是现在东高村镇的高家庄。张岱辛撞写作张岱辛庄，青杨屯写作青羊屯，不是前面的青阳屯了。侯家庄写作侯庄子，似是民间俗称。赵家务不再写赵家府，大旺务不再写大王务，南宅不再写南寨。同时，志书列有户口调查表：

村名	户数	男口	女口	男女总计
南宅	一〇六	三三四	三三七	六七一
南宅庄窠	八四	二一〇	二〇九	四一九
普贤屯	八四	二一三	二〇四	四一七
纸坊曹庄	五四	一三八	一三三	二七一
鲍家庄	四四	一四〇	一二〇	二六〇
高家庄	三三	八五	六三	一四八
南张岱	一三三	三七〇	三五二	七二二
北张岱	一五七	四三一	四二〇	八五一
张岱辛庄	九四	三一〇	二八二	五九二
青羊屯	一四四	四五二	四一一	八六三
崔家庄	八一	二二二	二二〇	四四二
侯庄子	五〇	一四四	一二一	二六五
门楼庄	三四	一五一	一七八	三二九
赵家务	二四〇	六三四	五七六	一二一〇
大旺务	八	三三	二〇	五三

志书记载了15个村庄，这是20世纪30年代初的调查资料，对于研究东高村地区村落及人口的发展变化，应该是珍贵的资料，具有重要的历史参考价值。

民国九年（公元1920年）《平谷县志》“卷一·地理志·乡社”下，收录了以前县志所记的8社及村庄，写道：“大王务，十五里；小碾头庄，四里；东高村，八里；新店，十里。以上俱在县南境。西高村，八里；霂霑庄，十二里；高家庄，十五里；南台头庄，九里。以上俱在县西境。”“卷一·新政志·自治”记载：“清末以来，民智渐盛。为政之道，因时而异。于是，公庶政于庶民，国会、省会而外，而县有所谓议事、参事会焉。辅官治以民治，而地方有所谓自治区董焉。”县里设“县议事会”，“地方分区自治”，设 5 个区。而“卷一·地理志·乡社”的“村庄”后“按语”：“按：旧志村庄，迄今多湮没变迁，姑存备考。更就现定自治区所隶村庄暨距城里数，详细位列如左。”其中，“第三区，自治办公处，东高村临泉寺”。第三区（图 4）有：“东高村，五里”，“西高村，六里”，“大旺务，十里”，“大旺务庄窠，十里”，“辛店庄，十二里”，“高家庄，十五里”，“霑霑庄，十里”，“南台头庄，十里”，“埝头庄，四里”。这里有“埝头庄，四里”的记述，翻阅清康熙、雍正、乾隆时县志，城南有“小碾头庄，四里”记述。看方位、里数，应该是将“小碾头庄”改名为“埝头庄”了。随着 1946 年 3 月，将周边一些村庄划入平谷县，也将三河县的“埝头”划了过来，就出现了两个重名的“埝头”，应该在这以后，为便于区分，才根据两村所在地理位置，有了“南”“北”埝头之

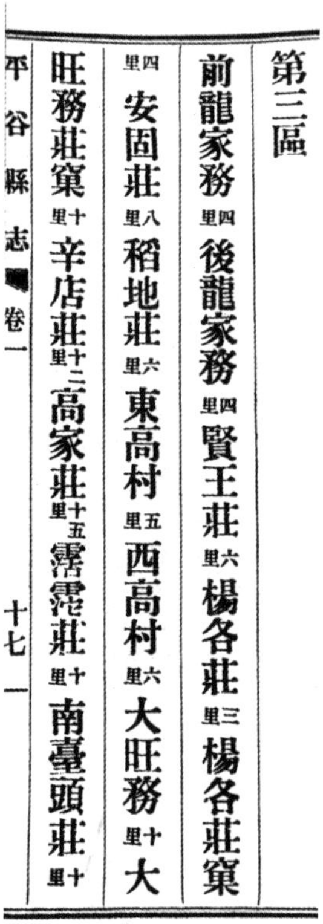
第三區
前龍家務四里 後龍家務四里 賢王莊六里 楊各莊三里 楊各莊窠四里
安固莊八里 稻地莊六里 東高村五里 西高村六里 大旺務十里 大
旺務莊窠十里 辛店莊十二里 高家莊十五里 霑霑莊十里 南臺頭莊十里
平谷縣志 卷一 十七

图 4　民国九年（公元 1920 年）《平谷县志》“卷一·地理志·乡社”记载东高村、大旺务、辛店、南台头等村庄

称。这里所记的“大旺务庄窠”，就是今天的大庄户。

民国二十三年（公元1934年）《平谷县志》“卷一·地理志·市乡”记载：“明初平邑编户十三里，辛寨社，鹿角社，独乐社，坊廓社，日勤屯，迁民屯，泰务屯，祖务屯，高村屯，安固屯，广成屯，负廓屯，广储屯。成化八年并为七里，后又改为八里。至有清末叶，举办自治，全县划分为六区，民国五年改并为五区，至十七年又并为三区。此里区之变迁也。至于村庄，有昔为村落，今成田地；昔为阡陌，今成闾阎者，此村庄之变迁也。”“卷二下·经政志·自治”记载“现时区镇乡村”，“第一区，区公所城内”，“第二区，区公所南独乐河”，“第三区，区公所山东庄”。所分三个区，一区26个乡，二区21个乡，三区30个乡，共77个乡，实际上相当于一个行政村一个乡了。“卷一·地理志·市乡”记载：“第一区，位县之西、南境所属共二镇、二十六乡”，其中“第十乡，东高村”，“第十一乡，大王务，副乡辛店”，“第十二乡，西高村”，“第十三乡，霈霪庄”，“第二十一乡，埝头庄”，“第二十四乡，前台头庄”，“第二十五乡，赵家务庄窠”，“第二十六乡，高庄”。也就是说，今天东高村镇当时属于平谷县的村庄，都在一区内。民国九年县志及三河县志都写作“大旺务”，这里还写成“大王务”，极可能这两个称呼民间一直都用，并且平谷、三河两县志书对大旺务都有记述，应该是一村分为两部分，大部分归平谷管辖，小部分归三河管辖。“赵家务庄窠”，即今赵庄户。

抗日战争开始后，在中国共产党领导下，随着冀东西部抗日根据地的开辟，于1940年4月建立蓟（县）平（谷）密（云）联合县，在鱼子山设立西北办事处，东高村地区为西北办事处所属一部分。1940年11月，随着根据地的扩大，将蓟平密联合县扩建为两个联合县，南部以盘山前为中心，建立蓟（县）宝（坻）三（河）联合县；北部撤销西北办事处，以鱼子山为中心，建立平（谷）密（云）兴（隆）联合县，下设四个区，一区大致在平谷城西及北山，二区大致在平谷城东及北山，三区大致在密云县塘子川以北至曹家路一带山区及兴隆县大、小黄崖等地区。1941年春，开辟了顺义二十里长山一带地区，建为第四区，通称“老四区”。东高村地区，当在二区范围内。1942年11月，将平（谷）密（云）兴（隆）联合县改为平（谷）三（河）密（云）联合县，将原属蓟（县）宝（坻）三（河）联合县的三河一部分划入，下设4个区，东高村地区依然属于二区。1943年7月，随着抗日根据地的巩固和扩大，为适应抗日斗争形势发展，冀热边特委作出“县划小，区划大”的决定，将平三密联合县划为两个联合县，北部原平三密联合县三区连同滦承兴办事处所辖大小黄崖区域，划为承（德）兴（隆）密（云）联合县，南部为平（谷）三（河）蓟（县）联合县（通称老平三蓟联合县），将原蓟（县）宝（坻）三（河）联合县盘山地区划入，下设10个区。1944年7月，抗战形势发展很快，恢复了1942年被日军“蚕食”的基本区，西部开辟到潮白河流域，西南开辟到通县、香河一带。这时，平三蓟联合县一分为三，西部二十里长山一带扩建为三（河）通（县）顺（义）联合县，西南部九、十区扩建为三（河）通（县）香（河）联合县，东部一、二、三、六等区仍为平三蓟联合县（通称新平三蓟联合县），直至抗日战争胜利，下设10

个区。这时东高村地区，仍属于二区。1945 年 8 月至 1946 年 3 月，沿用平三蓟联合县建制，下设 11 个区，东高村地区大致属于西南部的三区及以县城为中心的十一区。

1946 年 3 月，取消平三蓟联合县建制，恢复平谷县的单一建制。这时，从蓟县划入 14 个行政村，从密云县划入 12 个行政村，从怀柔县划入 18 个行政村，从三河县划入 86 个行政村。其中，今东高村镇青羊屯、崔家庄、侯家庄、南张岱、北张岱、张岱辛撞、南宅、南宅庄户、普贤屯、门楼庄、曹家庄、鲍家庄、赵家务 13 个村，即从三河县划入。这是新编 2001 年版《平谷县志》“第一编 · 建置沿革”所记，除青杨屯写作“青羊屯”外，其他都与现在一样的名称了，包括今属大兴庄镇的“北埝头”，也增加了“北”字。而新编《三河县志》“第一章地理位置 · 第二节境域变化”对此记载，时间为 1946 年底，划入平谷的是 89 个村，其中今属东高村镇的有鲍各庄、赵家务、赵庄户、曹家庄、普贤屯、南宅、南宅庄户、门楼庄、南张岱、北张岱、辛撞村、青杨屯、侯家庄、崔家庄，一些村名不完全相同，如“青羊屯”这里已写作“青杨屯”。而平谷志书没记载“赵庄户”，或许是旧时平谷志书一直记载有此村之故了。

单一建制的平谷县，至 1949 年 8 月，下设 7 个区，辖 227 个行政村。第一区（城关区），区公所驻地县城，辖 34 个村。第二区（南独乐河区）区公所驻地南独乐河，辖 28 个村。第三区（靠山集区），区公所驻地靠山集，辖 30 个村。第四区（大华山区），区公所驻地大华山，辖 28 个村。第五区（峪口区），区公所驻地峪口，辖 36 个村。第六区（南北定福区），区公所驻地马昌营，辖33个村。第七区（马坊区），区公所驻地马坊，辖38个村。今东高村镇所辖村庄应在第二区及第七区内。

1946年9月，国民党军占领平谷县城，将全县分为放光、东高村、南独乐河3个区和西胡家务、放光、岳各庄、东高村、山东庄、安固、纸寨、夏各庄8个大编乡。区、乡公所都设在县城，其中有东高村乡。1947年6月，驻县城的国民党军逃往三河，这些区乡随之不复存在。

1950年5月，从密云县划入35个行政村，并将原7个区合并为5个区，其中第一区（城关区），政府驻地城关，辖56个行政村，包括今东高村镇的南埝头、西高村、东高村、大旺务、大旺务庄户5个村。第二区（马坊区），政府驻地马坊，辖58个行政村，包括今东高村镇的南张岱、张岱辛撞、北张岱、南宅、南宅庄户、门楼庄、普贤屯、曹家庄、高家庄、鲍家庄、赵庄户、赵家务、克头、前台头、青羊屯、崔家庄、侯家庄17个村。这里青杨屯写作“青羊屯”。

1953年6月，建立乡政权，将区机构改为县派督促检查机关。全县划分为6个区，80个乡（镇），辖行政村264个。其中第一区（城关区），政府驻地城关镇，辖18个乡、1个镇、62个行政村。包括今东高村镇的东高村乡、南埝头乡、大旺务乡、赵各庄乡。第二区（马坊区），政府驻地马坊，辖12个乡、58个行政村。包括今东高村镇的北张岱乡、南宅乡、门楼庄乡、赵家务乡。今全镇22个村，应在这8个乡内。1954年，南埝头乡并入东高村乡，全县为6个区、79个乡。

1956年7月，撤销区级建制，将79个乡镇并为34个乡镇，辖

271个行政村。其中，今东高村地区包括东高村乡和门楼庄乡。

1958年1月，将34个乡镇合并为18个乡，即：城关乡、张各庄乡、中胡家务乡、大兴庄乡、马昌营乡、门楼庄乡、马坊乡、峪口乡、刘家店乡、大华山乡、南独乐河乡、峨嵋山乡、黄松峪乡、靠山集乡、熊儿寨乡、镇罗营乡、关上乡、乐政务乡。6月，又将峨嵋山乡、中胡家务乡并为北屯乡；将关上乡并入镇罗营乡。全县辖16个乡。今东高村地区的村庄当在门楼庄乡及城关乡内。

1958年9月，撤销乡建制，建立5个人民公社，即：城关人民公社、马坊人民公社、峪口人民公社、韩庄人民公社、大华山人民公社。公社下设21个管理区、258个大队，辖274个行政村。其中，城关人民公社辖城关、张各庄、山东庄、王辛庄、东高村5个管理区，61个大队。马坊人民公社辖门楼庄、马坊、马昌营3个管理区，54个大队。今东高村地区的村庄，当在东高村及门楼庄管理区内。

1961年6月，撤销管理区，将5个人民公社划为21个人民公社，辖269个大队。其中，设东高村人民公社，辖9个大队：东高村、南埝头、西高村、克头、前台头、赵庄户、赵家务、大庄户、大旺务。设门楼庄人民公社，辖13个大队：南张岱、张岱辛撞、北张岱、青羊屯、崔家庄、侯家庄、门楼庄、南宅、南宅庄户、普贤屯、曹家庄、高家庄、鲍家庄。以后延续下来，行政区划再没有变化。这里青杨屯仍写作“青羊屯”，看来“杨”“羊”两个字过去都用，现在村委会所挂牌子写作“青杨屯”。直至1984年4月，全县人民公社改为乡，大队改为村。这时改为东高村乡和门楼庄乡，各大队改为村委会。据新编2001年版《平谷县志》“第一编·建置沿革”记载，至1990年，这两个乡村庄没有改变。1990年3月，撤销东高村乡，设立东高村镇。2000年7月，撤销门楼庄乡，并入东高村镇，建制东高村镇，延续至今（图5）。

图5　东高村镇人民政府（摄于2018年9月）

东高村镇地处泃河洪积冲积平原南部，泃河由东向西南沿镇域北部、西部边缘流过，东南为山丘陵岗台阶地，最高峰青龙山海拔353.8米。东高村镇号称平谷新城南大门，京平高速路贯通全境，为“中国提琴产业基地”，享誉世界。

山　川

东高村地区山不多且不高，只在东南有低山丘陵及岗台阶地。泃河由东向西南沿镇域边缘流过。

青龙山

青龙山，属燕山余脉，区南部边缘低山之一，海拔354米，为镇域最高峰（图6）。坐落于平谷区与三河县交界处（图7），北坡属于东高村镇辖域。山峰在大旺务村东南5里

图6　东高村镇最高峰青龙山（摄于2019年7月）

处，以南侧沟谷龙潭沟得名，传说沟内有青龙。

图 7　青龙山顶及三河县所立界碑（摄于 2019 年 7 月）

青龙山为燕山期以来形成的断块山地，由中元古界蓟县系白云岩构成，山势较缓，岭脊向西深入到山前平原之上。顶部岩体突起，呈“凸”字状。山间土层较厚，多为山地淋溶褐土。植被以荆条、酸枣、白草等为主。北坡有人工松柏林，近年曾着过山火，一些过火树木尚枯干在那里。山麓台地，柿子、核桃、苹果、桃、杏等各类果树几乎都有。

作者访谈大旺务村 82 岁老生产队长耿连明，说青龙山顶南面平台上，有个庙岔子，不知道叫啥庙，小时候上去庙就毁了。大致是个三间的殿，供啥神像不清楚。有个汉白玉样的石头，1 米来宽，1 米多长，比茶几高点，不知道干啥使的。61 岁村主任张建富说，还有个一庹（读讨，正音 tuǒ）见圆的井似的东西，不深，有点水，不知道是不是与过去求雨有关。

53 岁的村分支书记耿东旺领着作者登上青龙山顶，并在山顶西侧前面一个平台的地方，找到庙岔子。耿东旺曾听老人传说，当年日本鬼子在东高村那边，瞅见山上这座庙，说藏八路军，对准了一炮就给炸毁了。现在还可见散落的残砖断瓦等物，但那汉白玉样的石头及圆井似的东西没看见，也许早被厚厚的山土掩埋及荒草树丛掩映了。耿连明老人说过去求雨，也要到这个庙里。过去两边以山的分水岭为界，向哪边流水就算哪边的。说这个庙属于大旺务的（图8），而作者2007年来村调查寺庙时，村里人未曾谈及这座庙。对求雨的情况，耿连明老人说那时他还小，没见过咋求雨，记得一次是赵家务人到这边求雨来着。耿东旺一边走一边对作者讲，咱们上山的这条路，过去求雨就从这儿上去。可能先到山顶的庙供供，然后就到南面的龙潭。而且要抬着整个的猪头，还要往龙潭里扔带着的点心等。

图8　这一带就是大旺务老人说的那座庙岔子（摄于2019年7月）

龙潭属于三河梣栳山，90岁的老村治保主任王绪山说，青龙山南边底下有龙潭沟，有一潭二潭三潭3个龙潭。说是潭，就是个不大的水坑，过去人们常到那里求雨。耿连明老人接着说，这三潭由西往东，分别为一潭、二潭、三潭，渐渐往东略高些，水从东往西流。到三潭那儿是悬崖峭壁，挺陡的，还要爬过去。站青龙山顶向下眺望东南，一条沟谷由东部山里，向西再折向西南，这就是龙潭沟（图9）。青龙山南面，一条由北向南的沟谷，汇至由东向西的龙潭沟，这里便形成三潭。明嘉靖三年（公元1524年）《蓟州志》“地理志・山川”记载平谷，“龙潭，在县南大王务，二十五里”。志书所记，当指此。民国二十四年（公元1935年）《三河县新志》“卷之十二·文献志·艺文篇上·碑记”收录刘丞汉所撰《城北老龙潭祈雨记》，写道：“邑城北十八里，梼栳山村迤东，岗峦起伏，万山丛错，中有龙潭焉，有头潭二潭三潭之别。头潭地近水浅，樵子牧童时至其处。二潭较深，非结伴不敢到，然三五游人亦恒至

图9　青龙山南龙潭沟（摄于2019年7月）

图10　龙潭。只能走到这里，下眺龙潭，从东边及北边二水汇聚于此，向西流去，全是悬崖峭壁，深不下百米（摄于2019年7月）

焉。唯三潭远在深山最深处，幽辟险怪，终年无人来此，相传此潭有龙潜其中。”确如志书所记，这里山势陡峭，像是劈裂开来，形成狭窄的深深的峡谷。北侧一巨石向南伸展、耸立，沟谷由东即经此处而入三潭。三潭西面壁立千仞，极其险峻，令人胆寒，不敢且不能轻易近前。作者也只是走至北侧巨石上面，遥而下眺（图10）。至于潭底是否有水，也就不得而知了。

青龙山南面半山间，有龙王庙，为河北省三河市蒋福山村所在地。民

图 11　三河市蒋福山村龙王庙（摄于 2019 年 7 月）

国二十四年（公元 1935 年）《三河县新志》“卷之六·经制志·乡闾篇·庙宇”记载：“龙王庙，后蒋福山。”与大旺务人所谈吻合，不知何时所毁，近年复建。龙王庙坐北向南，正殿三间，东西耳房各一间，前有院墙，南面中间辟山门。山门为一座门楼式建筑，对开红木门（图 11）。木门上锁，不能进入庙内。此庙无疑以供奉龙王为主，故门楣上悬挂一方黑底金字匾额，上书“龙王庙”三个大字，落款“甲申年末”，当为 2004 年底复建而成。门两边悬挂一副对联，亦是黑底金字：“昔日彭公求降雨，金匾题词龙显灵。”

对联写到“彭公”，指清康熙年间，清正廉洁、奉公为民、被称为“循吏”的知县彭鹏。民国二十四年（公元 1935 年）《三河县新志》“卷之八·职官志·文职年表”记载：“彭鹏，福建举人，（康熙）二十四年（公元 1685 年）任，详名宦传。”此卷“名宦传”记载：“彭鹏，字兼山，福建莆田人，由举人康熙年任。先时耿逆叛逼受伪职，鹏绝粒凿齿以避。既任，修祠庑，建义学，免苛派，严保甲，邑无盗案。康熙二十七年（公元 1688 年），驻跸三河，屡邀召问民间疾苦，赐金以宠，擢内府工科给事中，累官广东巡抚。士民立生祠以祀之。”

民国二十四年（公元 1935 年）《三河县新志》“卷之十二·文献

志·艺文篇上·碑记”收录刘丞汉所撰《城北老龙潭祈雨记》，记载：“清康熙时，彭公宰是邑，天大旱，祈雨亲赴三潭，赤足往取水。至则焚香叩祝，恨无所见。转瞬间，而龙爪伸出潭外，急叩首取水而归。未及城，甘霖大霈，民歌霑足矣。”清末长篇小说《彭公案》之“彭公”，即以其为原型，记述了彭公在江湖豪侠帮助下，如何惩治贪官恶霸、绿林草寇的故事。当然，书中情节多为虚构。

过去，天旱了，大旺务人就会来龙潭求雨。作者在寺庙调查中，区内其他有些村庄，亦说到南山龙潭求雨。如山东庄镇北屯村西头，旧有佛教庙宇菩萨庙，供奉观音菩萨泥塑坐像。观音像边还有尊小铜佛，高三四十厘米。村里人记得，天旱了，就抬着小铜佛，到大旺务南山龙潭求雨。又如峪口镇北杨家桥村中间，旧有纪念性祠庙老爷庙，供奉 3 尊泥塑关公像，村里人称为大老爷、二老爷、小老爷，小老爷是站像。天旱了，村里人抬着小老爷像，上南山青龙潭求雨。

大旺务村过去流传着一句与天气有关的谚语：“下雨了，冒泡了，青龙山戴帽了。”意思是东南的青龙山上空一有阴云，天就要下雨了。这应该是大旺务人从多少年所见所闻积累的经验中总结出来的。

洵　河

洵河，为平谷区最大河流。洵河自天津蓟州流入平谷，在金海湖镇海子村头建有海子水库（即金海湖）。洵河继续倚山西流，潜入地下，成

图 12 青杨屯北面段泃河（摄于 2019 年 7 月）

为地下河，至山东庄镇西沥津村附近复出。再西南经平谷老县城东，折向西南流，至老县城南部、东高村镇域东北部流来，沿镇域边缘向西（图 12），至北张岱北部与马昌营镇前芮营村交界处折而向南，至张岱辛撞与马坊镇果各庄交界处继续向南，直至南宅西南与马坊镇三条街交界处流入河北省三河境内。可以说，泃河主要部分，就是流经东高村镇域北部与西部，直至流出平谷境内的。

作者的“平谷历史文化传承课”，有一讲专门讲泃河，题为《泃水长流说古今》，今全文录此，以便读者了解泃河的来龙去脉。

“泃水长流说古今”这句话，这是用的我为区博物馆民俗展厅戏楼写的一副对联的下句，由书法家翟德年书写。全联为：

燕山高耸咏天地，泃水长流说古今。

我在准备这次讲课时，查阅新编县志，又看见了《泃河渡》这首诗：

沟河流今古，云帆漫水来。

鸟冲鱼儿遁，波涌堤岸拍。

军粮积如山，车马运征埃。

边关用武地，供给亦劳哉！

以前是看过这首诗的，忽然觉得我写的“沟水长流说古今”是否有化用“沟河流今古”句之嫌？当时是没有想到这首诗的，只是想到“燕山”对“沟水”，“高耸”对“长流”，“天地”对“古今”，自以为对得还算工整。当然，在“古今”词上，也曾想到“往来”等词。在修改中，我是请教了书法家翟德年及县政协文史委主任燕龙生老师的，在几经探讨后而改定的。横批，用了原来县城城隍庙前戏楼“演古励今”匾额的词，这是晚清重臣李鸿章所题。

这首诗署名为唐李青云。我参加了十年新县志编写，但《古代诗选》这部分不是我做的。所收录的其他的诗几乎后来我陆续都找到了相关出处，写错的地方，进行了核校。比如，文彭《平谷道中作》诗，将文彭写成清代人了，应该是明代大书画家文征明长子。唯独李青云这首诗，始终没有查到出处。平谷旧志没收录，三河旧志、三河新志也都没有收录。两三年前，我看三河县的一篇什么文章，看到了这首诗，就请三河研究文史的朋友向这位作者请教，告诉我这首诗在一本什么书上，结果过了好长时间，再问也没说清到底是什么书。这两天，网上又看到一篇写沟河的文章，不仅引用了这首诗，而且进一步说出自《山水漫览》。仿佛记得三河人写的那篇文章里就写到了《山水漫览》。这篇小文的作者原在平谷，现已调往京城，也只是告诉我：李青云的《山水漫览》应该是一本旧书，当时也没看过原著，是从其他资料里看到的。看来《山水漫览》是一本什么样的书，人们不清楚。而查国家图书馆书目一时也没有查到，再查《全唐诗》，不仅没找到这首诗，甚至都没找到李青云这个名字。是记载在民间轶闻琐事的哪部稗史，还是收录在一时尚未看到的哪部方志？既然新编县志有录，当初编选之人一定会选而有据。说到底还是作者孤陋，即是查无所获，不妨暂且存疑。应该说，平谷境内有大小河流 20 多条，属海河流域蓟运河水系，自东、北流向西南。而泃河是境内最大主干河流，总长 180 公里，境内长 66 公里。汇水总面积 1712.28 平方公里，入境面积 760 平方公里，境内汇水面积 952.28 平方公里。

图 13　泃河源头河北兴隆青灰岭南麓京津第一泉（摄于 2014 年 5 月）

泃河，古为泃水，一般认为发源于河北省兴隆县青灰岭南麓，属于青松岭镇，号称“京津第一泉”处（图 13）。另外还有一个源头，在“京津第一泉”东面，青松岭镇九龙潭景区上面的窄窝窝，那里也有一眼泉水，形成的河流更长些。而当地人说，在窄窝窝东南花市村

图 14　左边那条河是泃河，右边那条河是州河，在这里交汇为蓟运河（摄于 2013 年 4 月）

附近还有一道水。这三道水在快活林村附近交汇而成泃河，经天津蓟县入平谷，后流向河北三河，至宝坻九王庄与州河相汇，称为蓟运河（图 14），流注渤海湾。1973 年，天津在蓟县（今蓟州）建辛撞节制闸，将泃河主要水流向南引至潮白新河（图 15），称“引泃入潮”工程。辛撞节制闸往东为泃河故道，水不多，依然东南流向蓟运河。辛撞节制闸节制泃河水后，由西边不远往南流，这段可称新泃河，长约 20 公里。其间，鲍丘河由西向东流过，至新泃河处，水泥浇筑篷板，鲍丘河从新泃河下面流过，形成二河立交景观（图 16）。鲍丘河在辛撞节制闸东南不远处汇入泃河。而新泃河流入潮

图 15　泃河与潮白河交汇处全景（摄于 2013 年 4 月）

白新河后，继而汇入永定新河。现在，蓟运河至天津滨海新区北塘也汇入永定新河，一起流入渤海湾（图 17）。

泃河在天津蓟州泥河村附近入平谷境内，倚山西流（图 18），至南独乐河附近潜入地下，在西沥津村附近复出。也就是说，在南独乐河镇域内，泃河属于地下河，地上裸露着宽阔的鹅卵石河床，近年进行了河道整修（图 19）。泃河流经平谷故城东门外，迂回折向西南，依次纳入龙家务、杨各庄的泉水及逆流河、拉鞭沟水。泃河在前芮营附近纳入洳河，英城村南纳入金鸡河。折向南流，于马坊东南入河北省三河县。

图 16　这上面的是泃河，南北向流，打着水泥板面的地下，流着的是鲍丘河，东西向流，也是河的立交了（摄于 2013 年 4 月）

图 17　入海口西岸（摄于 2013 年 4 月）

图 18　泃河从蓟县流入平谷境内，这是今金海湖一带（摄于 1959 年海子水库修建前）

泃河为洵河最大支流，曾称“错河”，发源于密云县东邵渠镇。其源头，民国二十三年（公元1934年）《平谷县志》“卷一·地理志·河流”记载：“泃河，源出密云县石峨山。”过密云县太保庄往北几里，即是石峨，是个数千人的大村，一道小河打山里流来，经过石峨村南流（图20），又经太保庄村西南。另一源头，1992年北京出版社出版的《北京市密云县地名志》“自然地理篇·河流”记载：“错河，洵河支流。在密云县南部东邵渠乡。发源于银冶岭村西北，南流转而东北流，经银冶岭、西邵渠、东邵渠等村，至太保庄南流入平谷县，下注洵河。”此河与石峨那道河交汇于太保庄南，

图19　南独乐河镇域内洵河河道，正在进行整治（摄于2015年1月）

图20　左边是从石峨下来的水，右边是从长峪沟下来的水，到此交汇一起，继续南流，成为泃河一个源头，旧志所说的发源于石峨山（摄于2016年10月）

图21　镇罗营石河（摄于2011年7月）

图22 泃河（左）洵河（右）交汇处（摄于2015年12月）

而流入平谷境内。也就是说，泃河应该是两个源头。也有人把镇罗营石河称作泃河源头，镇罗营石河是从北水峪和玻璃台两股水流下来，到关上村东合为一股，继续西流，从镇政府北面流过去（图21），流入西边的西峪水库，再往西南流，至前北宫村北面，熊儿寨石河汇入。继续南流，经过翟各庄村西，至许家务村西北，汇入泃河。所以，镇罗营石河应该是泃河的一条重要支流。而泃河经刘家店、峪口、王辛庄、大兴庄、平谷镇及马昌营镇，于前芮营村东南（图22、图23）汇入洵河。总长40.7公里，境内长27.7公里。汇水总面积494.04平方公里，入区境面积88平方公里，区境内汇水面积406.4平方公里。

图23 岸柳装点下的泃河（摄于2016年6月）

金鸡河也为洵河重要支流，史称五百沟水，《北京市平谷地名志》记载：“据传说，从前一个地主，欲强行纳长工女儿为妾，姑娘坚贞不从，投河自尽。变成金鸡，每早啼醒人们劳动。人们为怀念她，将河名改今称。”我在马昌营镇访谈时，未曾闻此传说。金鸡河发源于顺义区东北部唐指山南麓，东南流，于圪塔头村西入马昌营镇境内，经圪塔头村南（图 24），继续东南流出境。在河奎村西南，入马坊镇境内，再东南流，至英城村南汇入泃河。金鸡河，在泃河、洳河之后，号称平谷区内第三条河流，总长 27 公里，境内长 5 公里。汇水总面积 168 平方公里，区境内汇水面积 10 平方公里，入区境面积 15.8 平方公里。

图 24　金鸡河，流经圪塔头村西南情景（摄于 2016 年 6 月）

此外，还有季节性河流 10 条，在枯水年几乎全年无水，平水年、丰水年汛期有水。河道宽阔，河谷均为砂石，俗称“石河”，如将军关石河、黑水湾石河、黄松峪石河（图 25）、豹子峪石河、

图 25　独乐河，今称黄松峪石河（摄于 2015 年 2 月）

代郡淶山西晉劉琨守此以拒石勒

搭曾口河 在香河縣西源自孤山流經縣西入白河

泃河 自平谷縣界經三河縣北至實坻境漢臨泃縣以此水名

鮑丘河 水經源自禦夷北塞南流逕九莊嶺百餘里逕密雲戍又南左合道人溪水至通州米莊村合沽水經三河縣界入泃河

洳河 源自密雲縣石蛾山經三河縣東南平谷故城入泃河

七渡河 一名黃須水源自順義縣黃須峪流經三河縣界入

大明一統志卷一 十五

图 26 《大明一统志》“卷一·顺天府·山川”之泃河、洳河。

北寨石河、鱼子山石河、花峪石河、关上石河、大旺务石河、夏各庄石河、南山村石河、镇罗营石河等，这些河水最终也汇入泃河。

对于泃河，典籍多有记述（图 26）。如民国二十三年《平谷县志》记载：“泃河，在县城东北，源出口外，入蓟州之黄崖口广汉川，俗称头道河。迤逦西流，入平谷境。经红石坎，又西七里经韩家庄南，又三里经洙水庄，又五里经独乐镇，独乐河北来注之，西流经峰台、沥津等庄。由城东门外与马家庄河合流，经西高村、东、西鹿角等庄入三河境，至宝坻界会于白龙岗。”又如北魏郦道元所著《水经注》记载：“（泃）水出右北平无终县西山白杨谷，西北流经平谷县。屈西南流，独乐水入焉。……泃水又左合盘山水。……泃水又东、南迳平谷县故城，东南与洳河会。……泃河又南迳絯城东，而南合五百沟水。……泃河又东、南迳临泃城北，屈而历其城东，侧城南出。……泃河又南，入鲍丘水。”

这里对郦道元所记稍作解释。“屈西南流，独乐水入焉。”独乐水即独乐河，今称黄松峪石河，西南流，在峰台村东汇入北寨石河，而后汇入泃河。对于“泃水又左合盘山水”句，这道“盘山水”，当是从南山村下来，经望马台豹子峪石河而入泃河。所以，这“盘山水”，应该是今天的豹子峪石河。以“石河”而名，可能是依据河流的现状所起。感觉还是适当时机，恢复“独乐河”等古名为宜，以传承文脉。对于留住青山，挽住绿水，记住乡愁，无疑具有重要意义。“泃水又东、南迳平谷县故城”，一般校点书中没有“东”字后面的顿号，让人误解为泃河又往东南流，那是很难经过平谷故城的。实际是泃河从东流来，在故城东面折而南流，至故城南折而西流。这个故城，为东汉时县城故址。东汉时，县城应该已经迁至现在县城东部的老县城地方。“东南与洳河会”，泃河以前如何流向，是否曾改道，没有考证。就现在形势看，不是“东南”，应“西南与洳河会”才与实地相符。

泃河因何得名？何时得名？已不可知。只知这条河一直称作泃河，先人为这条河专门造了这个字。有人以字而及其形，以为因河道曲折婉转而造此字，抑或有其他寓意，今已无从查考。比如和泃河一起映带平谷左右的另一条河洳河之“洳”字，还可以组成一个词“沮洳”，解释为低湿泥泞的地方，所以“洳”字或为“低湿的地方”之意了，可“泃”字除去这条河名之外，却没有其他任何解释。“泃河”之名见于最早文献的，是战国后期成书的《竹书纪年》，引文在《平谷史话》初稿写作：“梁惠成王十六年，齐师及燕战于泃水，齐师遁。”这是引于专家之书，即为间接资料。后编写《独乐河史话》，研究王国维校《水经注》，见不是“及”字，而是“反”字，便引为“齐师反燕，战于泃水”。待撰写《志书补遗》，想究竟是“齐师及燕战于泃水”，还是“齐师反燕，战于泃水”？为不引起读者困惑甚至误解，又购得《古本竹书纪年辑校订补》《竹书纪年译注》及不同版本《水经注》

等，再行研究，以为《古本竹书纪年辑校订补》“魏·梁惠成王”下所记“十六年，齐师及燕师战于泃水，齐师遁”似更为准确。《志书补遗》有述，这里不再赘述。而《平谷史话》初稿、《独乐河史话》及《知平谷爱平谷干部培训读本》等书都曾谈及泃河，与此相关之处有出入者，应统一于此。这里记载的是战国中后期齐国与燕国间一场战争，以齐国失败而告终。当时，齐国国君为齐威王，燕国国君为燕文公。刘树芳所撰《北京水运古今谈》对此写道：“据《郡国军事考》记述‘齐师及燕，战于泃水，齐师遁’。说的是燕文侯七年（公元前355年）秋，齐威王兴师数千，自营丘（今山东淄博）至无棣河，乘舟百艘，绕渤海进沽口，沿鲍丘水（今蓟运河）北上，入侵燕地。文侯率师，与齐军战于泃河口。由于燕地水路舟楫方便运输，供应及时，燕军又人多势众，齐师战败遁逃。”而梁惠成王十六年，即周显王十四年，公元前355年。由此可知，至少从公元前355年起，泃河就叫这个名字，至今未改，已有2300余年了。就北京地区来看，有5大水系，即永定河、潮白河、温榆河——北运河、拒马河、泃河——蓟运河。河名一般多有变化，尤其是永定河，先后有无定河、浑河、小黄河、卢沟河等多个名字，“永定河”为清康熙皇帝所赐名，亦不过300多年历史。与之相比，泃河当是最为古老且一成不变的了。

泃河水运，也应该不晚于战国，齐师及燕师战于泃水，水运对于这场战争无疑发挥了重要作用。而新编《平谷县志》“交通·水路”记载：

东汉末期，曹操开凿平虏渠、泉州渠，引泃河水入沽水，开辟平谷及沿河各地的水路交通。

唐乾元二年（759），大王镇（今平谷）北屯兵万人，渡口备军船运输军需品，由临泃（今河北三河）至大王镇的泃河渡口（寺渠渡口），每天有数十只船来往。

金明昌六年（1195），京畿转运使张格，征夫修泃、洳二河，令河使吏司巨构在平谷县城四隅开六峪、凿九泉、引七水入泃河，并加以疏浚；同时开七沟引七水壮洳河。是时，芮营以下河槽，加宽加深，水势汹涌，帆樯舟影，运输繁忙。后于寺渠湾、芮营口、英城堰设渡口，漕运大兴。

明代，由于南粮北运，为水运盛期。境内驻军的军需，主要靠水路由外地供应。平谷泃、洳二河的各渡口十分繁忙，在泃河龙庙渡（寺渠渡）和芮营渡实行官督民运，运入军需物品，运出山区土产。平谷水运达于鼎盛。

清同治十一年（1872），漕运改为海运，泃河道上来往驳船只运商货，水运渐衰。至民国初期，水运又兴，在泃、洳二河设东河渡、杨各庄渡、鹿角庄渡、寺渠渡、周村渡、岳各庄渡6渡口。并有货运航道1条，由寺渠渡起锚，经芮营、英城、马坊、小屯、三河错桥、侯家营、掠马庄、三岔口、新安镇、芦台、北塘至天津。1938年，日军华北交通股份有限公司控制水运，泃河水运于1940年停止。

从上述资料，基本可以看出泃河水运的大致情况。而大约摄于20

图 27 沟河寺渠码头（约摄于 20 世纪 30 年代）

世纪 30 年代的寺渠码头的照片（图 27）中，船只众多，桅杆林立，可见过去水运之一斑。我在马昌营镇前芮营村访谈时，村里老人也曾谈到过去这里有个货运码头。沟河与洳河在前芮营村东南交汇后，现在是向西而后折而南流。过去则是经村南西北流，至村西南折而南流。就在这里，形成一个货运码头，历史上船来货往，十分繁忙。地名志记述：“1940 年前，沟河岸设有站房（河运码头）数十间，载重 25 吨左右的木船常在此来往，沟通了当地与天津等地的货物贸易。”这基本是实情，只是“站房”之“站”或写作“栈”字，即“货栈”，当更为确切。2016 年 7 月来村时，村里老人记得，这里有上下栈房，以住人存货。上栈房，由一姜家经营，在码头北边五六十米处，有十多间房子。下栈房，由一李家经营，在上栈房下边，有十五六间房子。这些房子，就是平房，有砖，土坯砌芯，房顶用礁子拍的。这些栈房在20世纪50年代，拆毁了。这个码头，把北边的核桃、栗子等干果山货运往天津，而把煤油、盐、碱等物从天津运来，由此再运往承德、赤峰等地。平时有五六只船，多时据说可达二三十只。这些船都是个人的，有前芮营人的，也有附近村如天井人的等。人们谈及货船，说最大船载货有两万斤。现在附近一些村庄的老人，当年还撑过船呢。这些具体口碑资料，可作为志书之补充。

泃河可以为人们所利用，如水运、灌溉等，可一旦发水，就会形成水害。新编《平谷县志》“自然灾害·水灾”记载：

元至治元年（1321）七月，大水。

明洪武十年（1377）七月，大水。

清嘉庆六年（1801）六、七月，大雨连绵60余日，水势涨发，低洼地多被淹没。

咸丰十年（1860），大水，人被冲溺者甚多，田地冲毁。

光绪三年（1877）五月十六日，洪水暴发，县东村庄淹没人口数十，房屋冲毁。

1950年8月水灾。淹死6人，倒塌房屋1.17万间，受灾23万亩。

1958年7月13—14日，水灾。连续降雨10小时，降雨量256.2毫米，泃河、洳河两岸淹没农田20万亩，冲毁建筑物19座，死亡52

人，大牲畜28头，家畜3600头，倒塌房屋5725间。

1987年7月20日，暴雨引发山洪，冲毁农田800亩，毁掉果树3500株，毁坏乡村公路24公里、河堤5200米，冲走电线杆37根。696户民房进水，倒塌81间。倒塌圈舍79处。3个大中型水库泄洪，洵河、泇河两岸200米以内3万亩农田被淹。

这只是随手摘录几次灾情，历史上曾多次发水造成大小水灾。1960年海子水库（图28）及后来西峪水库、黄松峪水库陆续修建后，水灾损失减小。

我在这些年的访谈调查中，也收集了一些关于水灾的资料。

夏各庄镇马各庄人记得，20世纪50年代末，闹水灾，洵河发大

图28　海子水库主坝内的劳动情景（摄于1960年5月）

水，将村中间、三义庙前面的五道庙淹塌了。那时，大水有房檐高，人都跑到房上去，公家派人给送吃的。

马坊镇北石渠人回忆，村西半里处有一墩台，是过去查（音 zhā）家修的，名叫镇水塔。塔高约 5 米，下面 2 米以石头砌筑，上面 3 米以砖垒砌，方形，约 2 米见方，石头以上略有收分。上为平顶，空心。西面有几块砖，砖上有用朱砂写的一些字迹，如在一块砖上，有核桃大的 6 个字：“唵嘛呢叭咪吽”。这是大明咒，即大慈大悲观世音菩萨咒，源于梵文。村北有金鸡河，过去直接奔村街里流过来。修了这座塔，河水就往北一拐，向东流了。从村后东流，村东边的庄叫东撞，河水没撞东撞村，却往英城流，英城叫“西撞”。小河流入泃河，而泃河往西一流，正撞英城街里。村里 80 岁老人记得，自小时以来，泃河河道往西移了有五六十米，英城搬了不少人家。过去北石渠村真有一道石渠，水冲走了。还有南石渠一说，据说就是现在的石佛寺。

马坊镇东店村，村东旧有三官庙，坐东朝西，20 世纪二三十年代院墙就已坍塌，只剩一座正殿和前面一座门楼了。1947 年春天，国民党军拆毁正殿，将砖瓦拆走修马坊炮楼了，就剩墙芯的土坯及梁架。庙东边是泃河，村里有“三官庙脊上挂茬草”之说。是说过去泃河曾发过大水，水漫过了三官庙顶。1949 年发大水，拆剩的残殿就整个框架了。

马坊镇小屯村，村后街西头道北，旧时也有一座三官庙，坐北朝南。庙为一间，画有三官等神像。庙前 2 棵槐树，1 搂多粗；庙后，也有 2 棵槐树。这一带都建三官庙，应该是村在泃河边，建庙以镇水。因为三官庙供奉三官，其中有水官，即治水的大禹。这是题外话。庙北为泃河，1953年前后发大水，连庙带树一块儿冲走。树在河里翻滚，没人敢捞。三官庙的位置，现已在泃河河道中间了。

这几个都是泃河的，我们再说一个洳河的。大兴庄镇北埝头村，现在在洳河南岸。原来在洳河北岸，由于发大水，北岸老是坍塌，就搬到现在的地方了。过去的洳河从许家务、莲花潭村南往东流去，许家务管洳河叫南河。洳河老河道应该在许家务、莲花潭村南不远的地方。北埝头搬到现在的地方大约有百十年了，洳河似乎也随之南移，由许家务西南不再东流，而是往南一拐，至北埝头村北折东而去。

应该说，是泃河孕育了上宅文化，距今约七千年前，“上宅先民”就在泃河北岸、即现在上宅村的那个地方，生存了约2000年。同时，发源于密云县、流经平谷区西北境内且从县城南并入泃河的洳河，在大兴庄镇北埝头村一带，养育了共同创造了上宅文化的“北埝头先民”。当泃河流经平谷县城时，旧时县城南门就称“迎泃门”。而在县城西南，今寺渠桥的地方（图29），就是那座连通南北、通向三河的重要渡口——寺渠渡，平谷旧八景之一“泃水晚渡”亦指此渡口。

图29 泃水晚渡今景（摄于2014年5月）

泃河，自远古流来，滋润着平谷这片古老的土地，养育了在这片土地上繁衍生息的世世代代的平谷人，成为平谷的母亲河。

逆流河

逆流河，又称“小碾河”，清康熙六年（公元1667年）《平谷县志》“地理志·乡社”有“小碾头庄，四里”，“在县南境”的记载，小碾头庄即今南埝头村。

明嘉靖三年（公元1524年）《蓟州志》“地理志·山川”记载“平谷”，“逆流河，一名小碾河，在县南。发源泉水山下，西北流，九十九曲入泃水。”康熙、雍正、乾隆及民国县志均如是记载，只是将“入泃水”写作“入于泃水”。

来村就此访谈，74岁老村书记刘长付、73岁老村书记刘长河告诉作者，对于逆流河，他们过去就叫小河沟子，直着长也不过四五里地，流水河道窄的地方，抬脚就迈过去，当然这步得迈得大点儿。宽的地方呢，也不过两三米。要说这河，与别的河不一样的地方，就是一劲地曲里拐弯儿，就这么长甭提拐多少弯儿了，有人说数过九十九道弯儿。刘长付老人为说得更清楚，拿笔画个逆流河的示意图，边画边说，只能画个大概，根本画不出那些弯儿来。

逆流河发源于塔山脚下，刘长付老人领着作者来到塔山脚下，指着说，过去山脚下都是泉眼，到处冒水，东高村东边、北边至稻地村西边，大片地方都是稻田。在塔山地下稻畦里，还挖出过黑的“草煤”，可以烧火。还听老人说，过去塔山地下是大松树。这些水经过这片稻田，流经一些沟渠，至东高村东北，有3座小石桥，俗称仨小桥子。流过仨小桥子，继续往西，就流出一条河道，逆流河形成。流经南埝头村东，折而向北。至李家胡同南口，再折而向东，向北，又折而向东，再折而向西北，至小河嘴子处，汇入洵河。

2019年4月来村访谈，92岁老村会计刘印海老人补充说，东高村那边有900多亩稻畦，水绕着边流到南埝头村南。村南东边有座龙王庙，正是在逆流河湾的头。从庙那儿往北流绕村流向西北，直接流入洵河。现在桥那儿，叫小河口子。过去说“九十九曲逆流河”，现在还能看到小河道一段一段的痕迹（图30），没有整体了。

逆流河上，建有2座石桥。一座在逆流河至李家胡同南口，折而向东再向北处，因在南埝头村东，故村人称为东大桥。这是一座石桥，

图30　逆流河旧河道（摄于2019年7月）

横跨由南向北的逆流河上。桥为东西走向，单孔石梁桥，整体为花岗岩石质。桥两侧没有石栏，桥面纵列石梁，以 4 块大条石组成整座桥面。每块条石约 3 米多长，约 80 厘米宽，约 30 厘米厚。石梁搭在两端桥墩上，桥墩也以大石垒砌。在石桥西头，立着一通石碑，朝南，1 米多高，下面是个石方座。81 岁村民刘生全清楚记得，碑上刻着“大清雍正八年（公元 1730 年）重修”字样，以及捐款人姓名等，是一通功德碑。过去东高村的人认为这个石碑立着，他们村就会死人。所以，趁黑夜就悄悄给推倒了，白天南埝头人又给立起来，这样有三四回。抗战的时候，东高村庄北有座日本炮楼，一天早上，不知道是谁，大概是早起割柴火去，到石碑这儿可能是想抽袋烟，就拿起灯儿往石碑上划。过去的起灯儿又称洋火，也就是火柴，不像现在这样，那时候往石头上一划就着。划着起灯儿有亮儿，炮楼里的鬼子发现了，啪一枪就打过来，得有一里多地，正打在石碑的当间（jiàn）儿，打了小酒盅儿大的一个坑儿，人没打着。

另一座石桥，逆流河向西北流向洵河途中，因在南埝头村北，故称北小桥。北小桥南北横跨逆流河上，其形制、规模与东大桥相差不多。刘长付老人记得村东北过去有座菩萨庙，他小时就是小学校了。在后殿东面有通石碑，上面就写着重修这座石桥，三河、宝坻等地人捐钱。过去三河、宝坻等南边的人来平谷或往北走，就从这里走。刘生全老人也说，学校庙里东房山的石碑，是修村北小桥的碑，记载着谁捐多钱。二人均如是说。2007 年作者来村调查寺庙时，村里老人说是为修庙捐款人名及捐款数量等的功德碑。按说既然石碑立在庙里，当是为修庙而立才是。两位老人所言，也不排除碑上有关修桥事的记载。

这2座石桥，造型古朴，经济耐用，过去解放车都能从桥上过去。刘长付老人记得，小时候头一回看见从桥上开过去的汽车，不知道是啥。当时看到，汽车后头有个锅炉，有人往里捅劈（pǐ）柴。后来大了，才知道是汽车，烧柴火的汽车。后来他碰上一个开过这样汽车的后罗庄的林师傅，说这是锅驼机，上北京一趟得填3回劈柴。

老人们记得，东大桥那地方20世纪80年代末90年代初，就已推为鱼池，石桥也随之拆毁了。北小桥，2018年秋后整治泃河河道时拆的。刘长付老人说，就在逆流河至南埝头村北1里的地方，距流入泃河的小河嘴子东南100多米处，南埝头村北整治河道的挖掘机突然挖到坚硬的东西，原来是个石磨盘样的东西，细看中间有个很粗的大眼，应该是个过去电视上看到的水碾了。接着挖出了一根1尺多粗、2米多长的穿在石碾眼中的木轴。随后又挖出一根4米多长的木头，也应是水碾上的部件了。刘长付老人及时用手机拍下了照片（图31），并告诉村干部抓紧运回来。不曾想，还未等村里派

图31　逆流河旧河道挖出的水碾等（刘长付摄于2018年秋后）

人运回，第二天这些东西竟不翼而飞，至今没有下落！刘长付老人就此询问92岁的二爷刘印海，刘印海老人想想，说过去我们村叫小碾庄，莫不是由这个碾子来的？写到这里，作者以为，老人所言很有道理，不排除由于早年这里有水碾，小碾河由此得名。后来立庄，村以河名而名小碾头庄了。刘长付老人记得，在李家胡同南口，过去散落着一个石臼，现在也不知道哪儿去了。刘长河老人接过话茬，听说元代以后才有推的碾子，以前就使这石臼，这水碾听说也是元代的。老人的话也许有一定道理，现在不少村街头，还可见散落的石臼的。

图32 逆流河岸边出土的糟朽得大木头（摄于2019年7月）

图33 区文物干部王森在仔细看南埝头逆流河出土的残砖瓦（摄于2019年8月）

这一带应该是汉代或以后的遗址，2019年8月，刘长付老人带着作者来这里，看到新开挖的沟河南岸堆起的泥土中，散落着糟朽的木头（图32），还有散落的板瓦、绳纹砖等（图33），石碾极可能是与遗址一体的。

名　胜

平谷历史上有八景，其中“鼓顶朝云”就在镇域内。近年新推平谷十六景，东高村镇又居其二。

鼓顶朝云

平谷八景成于何时，至今未有确切资料，而成于明代可能性较大。明嘉靖三年（公元 1524 年）《蓟州志》“卷之三 · 古迹”已有记载：平谷县“景致，盘阴积雪、泃水晚渡、峨嵋耸翠、石室清风、独乐晴波、鼓顶朝云、灵泉漱玉、峰台夕照”。从县志收录的八景诗最早为明隆庆知县刘爱诗看，说明隆庆以前已有八景。所存清康熙六年（公元 1667 年）、雍正六年（公元 1728 年）、乾隆四十二年（公元 1777 年）、民国九年（公元 1920 年）《平谷县志》，都在其中“地理志 · 古迹 · 景致”里列出八景之名，名下未有相应记述，八景顺序与蓟州志所列顺序一样。直至民国二十三年《平谷县志》，才在“卷一·地理志”“山脉”“河流”“古迹”等中，对八景分别陆续记述，且作“平邑八景之几”的排序。作者在文委工作时，常务副区长王春晖同志提出挖掘平谷老八景，作者根据志书对八景的记载，带人实地踏察，已确定盘阴积雪、洵水晚渡、峨嵋耸翠、峰台夕照、灵泉漱玉、独乐晴波六景，且分别竖立了标志碑。当时石室清风、鼓顶朝云二景一时难以确定。

清康熙六年（公元 1667 年）《平谷县志》“艺文志·诗”所载清初李柱明曾题一律：“盘阴冰雪四时坚，洵水回舟拥暮烟。石室风清分皓月，峨嵋山翠插青天。晴波独乐金银眩（xuàn），鼓岭同云雨露鲜。更羡峰台宜返照，灵泉漱玉满前川。”道出八景名称与特点。

图 34　清康熙六年（公元 1667 年）《平谷县志》所绘平谷八景之三鼓顶朝云

“鼓顶朝云”，为平谷八景之三（图 34）。明嘉靖三年（公元 1524 年）《蓟州志》“地理志·山川”记载平谷，“气鼓岭，在县南十五里，山形如鼓，上有孔，每旦云气浮出，故名。”清康熙、雍正、乾隆及民国九年县志均写作“气鼓岭”，至民国二十三年县志

图 35　鼓顶朝云所在的大旺务村东渣饽饽山（摄于 2019 年 4 月）

图 36　大旺务村东约 10 里的渣饽饽山山顶北面，大石上还有厚厚的雪，而石缝里冒着暖气，洞口生长着鲜绿的苔藓（摄于 2019 年 12 月）

方改为“鼓形岭”。所记“每日云气浮出”，或为山中有洞所致，甚至不排除为溶洞。清康熙六年（公元 1667 年）《平谷县志》“地理志 · 乡社”记载，“大王务，十五里”，“在县东南境”，而气鼓岭亦在县南十五里，可知此景大致在大旺务一带。曾多次实地踏察，未果。

为编写《东高村史话》，作者经与大旺务、东高村人两次访谈及踏察，最终确定大旺务村东边渣饽饽山就是气鼓岭（图 35）。如人们所说，上面有洞儿，从石头缝都往外冒气，至今依然如此（图 36）。这样看来，名为“气鼓岭”似更为恰当，山空如鼓且冒气，故称，或比“鼓形岭”更贴切直观，因为鼓形岭容易让人以为是山岭形状如鼓了。

鼓顶朝云

其一

明　关中　刘　爱

石窦谁知有蛰龙？朝来嘘气映山容。

遐陬每有云霓望，不比巫山十二峰。

其二

清　长白　乐克山

翠岭形如鼓，朝云顶上封。

光生旭日影，势变寒山容。

高隐冲霄鹤，低依偃盖松。[1]

不劳楚子梦，久矣薄巫峰。

其三

清　邑人　马一骥

鼓顶凭谁辟？朝云几段浓。

雷门空作想，巫女若为容。

有色迷残梦，无声伴早钟。

欲将桐木击，催去直从龙。

刘爱诗有“遐陬每有云霓望，不比巫山十二峰”句，谈到了巫山，引用了原楚国神话传说中巫山神女兴云降雨之事。乐克山诗有“不劳楚子梦，久矣薄巫峰”句，马一骥诗有“雷门空作想，巫女若为容”句，很显然是受到了刘爱诗的影响或启发了。

① 新编《平谷县志》“附录2”“低依偃盖松”之“低”字，写作“依”字。

附　平谷八景①

平谷八景之一　盘阴积雪

平谷八景之一“盘阴积雪”，当在盘山之阴（图 37）。清康熙六年（公元 1667 年）《平谷县志》“地理志 · 山川”记载：“盘山，一名盘龙山，在县城东三十里，高二千余仞，周百余里。势磅礴而盘桓，峰峦叠耸，崒（zú）然排空，亦胜概也。邑名盘阴以此”。乾隆二十年《钦定盘山志》“卷三 · 名胜”记载：盘山“本名四正山，相传古有田盘先生自齐来，栖迟于此。魏志载，田畴入徐无山中，躬耕以养父母，即此山也，故更名田盘，今省称盘山。其山脉络雄浑，首太行而尾碣石，为畿左巨障，高二千余仞，周百余里，五峰三盘，秀甲寰宇。佛庐仙窟，遍布诸胜地。数十年来，銮舆屡驻，标异搜奇，而树石云泉别开生面矣。”

图 37　清康熙六年（公元 1667 年）《平谷县志》志前所刊平谷八景之一盘阴积雪图

所谓“五峰”，为挂月峰、

① 为使读者对平谷八景有全面了解，将其他七景附此。

自来峰、紫盖峰、莲花峰（又称九华峰）、双峰（也有另说是舞剑峰），还有礁硗（qiāo）峰、翠屏峰、獬豸峰、碎玉峰等。所谓“三盘”，自来峰一带为上盘，以松胜；古中盘一带为中盘，以石胜；晾甲石一带为下盘，以水胜。民国二十三年

图 38　民国二十三年（公元 1934 年）《平谷县志》前所刊“盘山之一面”照片

《平谷县志》前刊有盘山照片一张（图 38），上题“盘山之一面”字样。应该说，盘山“三盘”之胜，主要分布于山阳。盘阴因气候相对温凉，至春时仍有冰雪，故称“盘阴积雪”。此景标志，定于南独乐河镇南山村正在建设中的“天盘山景区”内，在此可一览盘山胜景。“盘阴积雪”四字刻于石壁，书法家王友谊先生题书。王友谊，我国著名书法家，平谷峰台村人，其书法尤以篆书见长，曾获中国书法兰亭奖。

盘阴积雪

其一

明　关中　刘　爱

半山残雪永难消，三月桃花尚未娇。

每到清宵闲眺望，月明玉垒倚云霄。

刘爱，清雍正六年（公元1728年）《平谷县志》“卷之三·秩官志·知县”记载：“刘爱，陕西乐川县人，岁贡，隆庆四年任。”岁贡，科举时代贡入国子监生员的一种。明、清时，每年或两三年从府、州、县学中选送廪生升入国子监读书，因称岁贡。这里的所谓“廪生”，即指古时科举考试，成绩名列一等的秀才称为廪生，廪生可获官府廪米津贴。旧志写刘爱为乐川人，而查阅有关资料，当为洛川人。其父刘琦，明正德九年（公元1514年）甲戌科进士，官至兵部给事中。其兄刘受，贡士出身，曾任绛州（今山西新绛县）知州。刘爱，曾任“三河县倅（cuì）叨长”，相当于县丞。隆庆四年至六年（公元1570—1572年）任平谷知县。约在万历初年知河南遂平县。民国二十三年《平谷县志》中，收入刘爱《平谷县题名记序》碑文，撰于明隆庆六年（公元1572年）二月。碑文写道：“凡我官僚登于斯者，皆当猛醒。贤者师师，否者恐恐。秉心如石之坚，立身如石之直。勿负国家之作养，勿忝前修之型范。以保惠慈祥为念，以清白循良自期。毋以褊（biǎn）小为不足治，毋以穷冲而怠其心。”看来是一位正直清白之君子，在腐败昏暗的官场，能有此襟怀，也是难得了。

新编《平谷县志》“附录2”里，将“刘爱”写作清代人，“每到清宵闲眺望，月明玉垒倚云霄”句，写作“每到清霄闲眺望，月明玉垒倚云霄”，一首七绝出现两个“霄”字，古人作诗一定严格遵照格律，字斟句酌，一般不可能在区区二十几个字中，出现重字。况且，“清宵”的“宵”应指“夜”，春宵、通宵达旦即是此意，而不会是“霄”字。“云霄”的“霄”所指天空，重霄、九霄云外即是此意。

其二

清　长白　乐克山

皎洁盘阴雪，春深尚未消。

三冬积曙久，六出结花牢。

白日光难到，红尘势已遥。

穷年茅宇下，相对步青霄。

由志书所记看，除刘爱为明代人外，李柱明、乐克山及马一骥都是清初之人。乐克山，民国二十三年（公元1934年）《平谷县志》“卷五·人物志·流寓”记载：“乐克山，长白人，字兼思，别号静岩。少年科甲，淹贯群书。吟咏擅工部之长，孝事同老莱之舞。才宏德茂，近世所无。”评价极高。长白，广义上，当是吉林长白山地区；狭义上，当是长白山主峰南路长白县。乐克山应该是那一带的人了。工部，当是杜工部，即杜甫，杜甫曾为检校工部员外郎，故后世称杜甫为杜工部，这里意为乐克山写诗有如杜甫。老莱，即老莱子，春秋末年楚国隐士，相传居于蒙山之阳，自耕而食。有孝行，年七十，常着五色彩衣为婴儿状，以娱父母。楚王诏其出仕，不就，偕妻迁居江南。以此表示乐克山孝养父母。

其三

清　邑人　马一骥

谁卸玉龙甲，盘阴凝结牢。

光生八石映，色照五峰高。①

① 新编《平谷县志》“附录2”里，将“色照五峰高”之“五”字写作“玉”字。

积冷林猿避，深寒穴虎逃。

会当舒望眼，背岭绝尘嚣。

马一骥，民国二十三年（公元1934年）《平谷县志》“卷五·人物志·岁贡”记载：“马一骥，坊廓人，字子龙，乡饮大宾。”像刘爱一样，也是个岁贡。“坊廓”，民国二十三年（公元1934年）《平谷县志》记载，明初平邑编户十三里，成化八年并为七里，后又改为八里。至有清末叶，举办自治，全县划分为六区。那些“里”中，有“坊廓社”，“在城”。可知“坊廓”当为县城一带，相当于现在的城关或平谷镇。雍正六年（公元1728年）《平谷县志》“艺文志·诗”记载：“邑人　马一骥”后面，还有“东村”二字。而旧志在其八景诗外，另录一首《春日马家庄见始祖汉大将军墓有感》七言律诗：

水绕山围列古坟，秦时名郡汉时村。

难同绛帐联宗谱，敢向云台系远孙。

学士笙歌标汉简，故侯[①]弓剑没荒原。

烟花过眼催头白，懒对青青墓草痕。

诗中明确写马成是其始祖，他为马成后人。马成，南阳郡棘（jí）阳县（今河南新野县）人，追随刘秀打天下，拜扬武将军等，封为全椒侯。作为东汉开国功臣，位列“云台二十八将”之一。其封地在今安徽全椒县。《后汉书》“马成传”记载，建武“二十七年（公元51年），定封全椒侯，就国”。而在夏各庄镇马各庄村西北有马成墓，作者到马各庄村访谈，村里马姓人说，过去他们就是看马成墓的。现在，

① 故侯：先始祖成，汉封全椒侯。

一部分马家人迁至南独乐河镇南山村魏家河西。南山村分14个小自然村，其中有魏家河东，一片人家全姓卢；魏家河西，一片人家全姓马，有40多户，200来人。而这“东村”，即是老县城东边或泃河东边的马各庄了。志书还记载马一骥为“乡饮大宾”，即“乡饮宾”。据说起源于周代，是旧时一项尊贤养老、宴饮欢聚的隆重制度，有“大宾”“僎（zūn）宾”“介宾”等名号，统称“乡饮宾”，其中“大宾”最高。到明、清之时，把治家有方、内睦宗族、外和乡里、义举社会、有崇高社会威望之人推荐为“乡饮大宾”，县府每年举办“乡饮大宾”活动，人们往往把能选上乡饮大宾作为一种荣耀。大概到清后期这种活动就不怎么搞了，所以看志书上，就记有这一位“乡饮大宾”。

平谷八景之二　石室清风

平谷八景之二“石室清风”（图39），清康熙六年（公元1667年）《平谷县志》“地理志·山川”记载：“城山，在县东北五十里，四山高耸，中平如城。有石室，仅容一人横卧，俗传孙真人修行于此。”城山大致应在峒山东十里左右处，多次踏察寻访未果。

图39　清康熙六年（公元1667年）《平谷县志》所绘平谷八景之二石室清风图

石室清风

其一

明　关中　刘　爱

凿开混沌紫云瑛，

两腋凉生爽气清。

流火不烦纨扇动，

瑶台月殿敢相并。

区档案局所存清康熙六年（公元1667年）《平谷县志》、雍正六年（公元1728年）《平谷县志》手抄本及乾隆四十二年（1777年）《平谷县志》，所写似“敢相拜”，就是那个“拜”字右边短一横。民国九年（公元1920年）《平谷县志》“艺文志”卷缺，不知如何书写。民国二十三年（公元1934年）《平谷县志》，则写作“敢相并”，新编《平谷县志》亦如此，当源于民国二十三年志了。就此作者专程请教书法家刘建丰先生，回复“念拜”。又请教京城书画家翟德年先生，仔细看后，认为“拜字的可能性大”。再次请教篆刻家杨小刚先生，很快回复一个字“拜”。由此，最终确定此字为“拜”，在区电台录播《柴老说平谷》时，也这般录播的。后来，区书协副主席袁鹤松说，最近与刘建丰就此字再次辨识，感觉还是“并”字为宜。故此，改为“并”字了。

其二

清　长白　乐克山

一龛凿太古，日挹万山风。

独立嚣尘外，谁留秘宇中。

樵音来杳霭，天籁动高空。

羡杀归栖鸟，冷然御不穷。

新编《平谷县志》“附录2”“樵音来杏霭”之“来”字，写作“夹”字。

其三

清　邑人　马一骥

清风生石室，天籁响鸿蒙。

草嫩摇新绿，桃飞扫落红。

眠云穿窈窕，延月入虚空。

我欲盈襟袖，陶然憩此中。

平谷八景之四　泃水晚渡

泃水，即泃河。顾祖禹《方舆纪要》记载：“泃水在蓟州北四十里，名广汉川，俗名广崖川。发源黄崖口，一直西南流经盘山之阴，入平谷为泃河。”《竹书纪年》所记“齐师及燕战于泃水，齐师遁”，即指此水。清康熙六年（公元1667年）《平谷县志》“地理志·山川”记载：“泃河，在县城东北，源出口外，入蓟州之黄崖口广汉川。自东迤逦西流，经平谷城东，复□□而南，流经三河至宝坻界，会于白龙港。”“复”后两字斑

图40　清康熙六年（公元1667年）《平谷县志》所绘平谷八景之四泃水晚渡图

驳不清，根据上句“自东迤逦西流”及泃河从老县城南折而向西实地境况，“复”字后当为“西流”二字，即“复西流而南”，这与实际吻合。

平谷八景之四“泃水晚渡”，在今平谷镇东寺渠庄南（图40），旧有寺渠渡，原渡口处建有寺渠桥。民国二十三年（公元1934年）《平谷县志》“卷一·地理志·交通”记载：“渡口，东河渡、杨各庄渡、鹿角庄渡、寺渠渡、周村渡、岳各庄渡，以上各渡口春冬有桥梁以济行人，夏秋山水涨发时则撤去，以便舟楫往来。”民国王兆元所编《平谷县志料》载：“泃水晚渡，在县西南二里，寺渠庄南之泃河航路由此起运，通天津、唐山一带，又为赴北平必须经过之大路。”民国二十三年志前且刊“泃水晚渡”照片（图41）一张，下题“泃水晚渡：为平邑八景之一，凡蓟县、密云、平谷，山中出产之核桃、果品等类，均由此处用

图41 民国二十三年（公元1934年）《平谷县志》所刊“泃水晚渡”照片

图42 泃水晚渡今景（摄于2014年5月）

船运往天津、唐山各地”字迹。后又征集20世纪30年代所摄照片，比照现在城南寺渠桥一带，约略可见旧时地貌（图42）。2005年，区政府整治城南泃河河道，重修大桥，并在寺渠桥畔立“泃水晚渡”碑，以记其事。碑阳为书法家张景平以行书题“泃水晚渡”四个大字，碑阴镌刻由作者执笔的《泃水晚渡碑记》：

泃水晚渡碑记

泃河古为泃水，源于河北兴隆，经蓟县入平谷，后向三河，再汇蓟运河，流注大海。

泃河水运不晚于战国，齐师及燕曾战于泃水，齐师遁。郦道元记泃水于《水经注》。终因陆运兴而废航于民国间。寺渠庄南为泊船之所，河路运输往返天津、唐山一带。泃河多渡口，寺渠渡尤为要津。平谷旧有八景，泃水晚渡即寺渠渡景。

故有寺渠桥，年久失修，今原地重建，通途南北。治理河道，使河清水晏。值此，于桥畔立泃水晚渡碑，令人遥思旧景，流连休闲，福祉于民。

兹当功竣，勒石以记。

平谷区人民政府

二零零五年八月

泃水晚渡

其一

明　关中　刘爱

泃水清涟鱼泳时，牛羊向夕更归迟。
溪头争渡谁家子？深浅从来要自知。

其二

清长白 乐克山

泃水傍京国，频经晚渡来。

日移崩岸迴，沙行片帆开。

归鸟飞还止，征人往复回。

况当村落近，我马未虺（huī）隤（tuí）[①]。

其三

清 邑人 马一骥

泃水流今古，扁舟晚渡开。

鸟冲烟霭灭，人带夕阳来。

车马通幽蓟，樵耕跨草莱。

片帆新月上，淼淼隔征埃。

平谷八景之五 峨嵋耸翠

图 43 清康熙六年（公元 1667 年）《平谷县志》所绘平谷八景之五峨嵋耸翠图

平谷八景之五“峨嵋耸翠”（图 43），在南独乐河镇峨嵋山村北。“峨嵋”，即指峨嵋山。清康熙六年（公元 1667 年）《平谷县志》“地理志 · 山川”记载：“峨嵋

① 虺隤，指马疲劳生病。《诗经 · 国风 · 周南 · 卷耳》有“陟（zhì）彼崔嵬（wéi），我马虺隤”句。

山、灵泉山、桕山，俱在县东北二十里，惟峨嵋山低员秀丽，尤为可爱。”这里的“员”字，当同“圆”字，峨嵋山确是低圆之形态。民国九年（公元 1920 年）《平谷县志“卷一·地理志·山川”记载：“峨嵋山，峰峦秀起，双娥如画”。民国二十三年（公元 1934 年）《平谷县志》刊载峨嵋耸翠照片（图 44），今山顶复建兴隆观，建筑规模略大于旧制（图 45）。“峨嵋耸翠”标志碑，由书法家王友谊先生书写。

图 44　民国二十三年（公元 1934 年）《平谷县志》所刊“峨嵋耸翠”照片

图 45　经踏察且与旧照比对，峨嵋山就是现在的兴隆顶（闫国明摄于 2006 年，并进行去掉山前杂物制作）

峨嵋耸翠

其一

明　关中　刘　爱

巉岩秀丽翠如流，高入云间碧玉浮。

游客骚人时赏玩，只疑瑟瑟在山头。

其二

清 长白 乐克山

是山多翠色，此岭独超群。
碧草留春雨，青松冠夏云。
难容张敞画，应许汉宫闻。
传道峨嵋月，清光早共分。

其三

清 邑人 马一骥

共道三峨峻，此峰直与群[①]。
势悬千里月，高入九霄云。
雨洗岚光洁，霞明黛色分。
蚕丛标胜迹，垂老恨空闻。

平谷八景之六 峰台夕照

平谷八景之六“峰台夕照”，在南独乐河镇峰台村西（图46），现残台尚存，当年有数亩大小。民国二十三年《平谷县志》记载，峰台，在县城东北十八里峰台庄西，台今废。平邑八景之六：峰台夕照。20世纪80年代末，当地曾一度撤台拉土，更加蚕食了土台（图47）。“峰

① 民国二十三年《平谷县志》及新编《平谷县志》“附录2”“此峰直与群”之“直”字，写作“真”字。

台夕照”标志碑，由书法篆刻家王玉书先生题写。王玉书先生，亦为峰台村人，王玉书先生在故宫博物院工作，师承于岳父金禹民先生。2018 年 10 月去世，享年 73 岁。

峰台夕照

其一

明　关中　刘　爱

高台突兀倚晴空，
远近霞连草舍红。
返照平林铺锦绣，
行人常在画图中。

图 46　清康熙六年（公元 1667 年）《平谷县志》所绘平谷八景之六峰台夕照图

图 47　峰台夕照所残存峰台现状（摄于 2007 年 6 月）

其二

清 长白 乐克山

落日峰台上，登临暮景收。

牛羊归远陌，烟蔼满空州。

岫隐余光在，林深乱彩留。

蓦瞻东岭月，一啸万山秋。

其三

清 邑人 马一骥

峰台凝暮霭，烟鸟向林投。

夕照留荒野，归云带戍楼。

蟾孤燕塞远，霞散太空收。

古寺钟声急，乘风度陇头。

平谷八景之七 灵泉漱玉

平谷八景之七“灵泉漱玉”，清康熙六年（公元1667年）《平谷县志》“地理志・山川”记载：“灵泉，在县东北二十里，源出灵泉山，下有龙王庙。其水灌溉田园，人多赖其利。”民国二十三年（公元1934年）《平谷县志》“卷一・地理志・河流”记载：“灵泉，在灵泉山麓龙王庙神座下，水高地数尺，山下接修土梗，引水西行，穿水峪寺而过，至文家庄，沿村绕舍，宛转环流，居人随意引入田园，以资灌溉。平邑八景之七曰：灵泉漱玉。按，《明史》：此泉乃徐贞明所治。贞明，

图 48　清康熙六年（公元 1667 年）《平谷县志》所绘平谷八景之七灵泉漱玉图

隆庆五年进士，仕工科给事中。上水利议，谓畿辅诸郡，或支河所经，或涧泉自出，皆足以资灌溉。北方未习水利，惟苦水害。不知水害未除，正由水利未兴也。盖水聚则为害，散则为利。元虞集欲于京东滨海地，筑塘捍水，以成稻田。若仿集意，募南人为倡，引水成田，庶东北储蓄常充矣。后著《潞水客谈》，论水利当兴者十四事，言西北之地，旱则赤地千里，潦则洪流万顷，雨旸时，若庶几乐岁无饥，此可常恃哉！惟水利兴而后旱涝有备。万历十三年（公元 1585 年），用给事中王敬明荐以尚室少卿监察御史，领垦田使。贞明乃先治京东州邑，如平谷水峪寺、龙家务庄及三河塘会庄、顺庆屯，稍有水田，并密云、蓟州、遵化、丰润、玉田等处，共垦水田三万九千余亩。”

图 49　灵泉山（闫国明摄于 2006 年，并进行制作）

此景现在南独乐河镇峨嵋山村东北，泉水尚在，只是流量不如从前了。自龙王庙遗址北望，山峦耸立。康熙志刊有平谷八景之“灵泉漱玉”图（图48），所绘正是村北面、峨嵋耸翠东侧的山（图49），绘图中将山顶略为“拔”高，且泉水从山上倾泻而下，从而更具艺术性。“灵泉漱玉”标志碑，由书法篆刻家王玉书先生题写。

灵泉漱玉

其一

明　关中　刘　爱

野寺云根骤起澜，龙宫喷出碧琅（láng）玕（gān）[1]。

清凉远得天潢[2]派，唇齿忽生六月寒。

其二

清　长白　乐克山

灵泉喷碎玉，一曲傍山家。

处处供游客，年年送落花。

清音云外和，哀响涧中哗。

到海须时日，安流且莫夸。

其三

清　邑人　马一骥

泉灵通万派，玉漱润千家。

势亚瞿塘泻，高翻雪浪花。

① 琅玕，我国神话传说中的仙树，其实似珠。

② 天潢，在这里指天河。派，水的支流，如“茫茫九派流中国”之“九派”，指长江支流之多。

灌秈（xiān）遺厚利，浸草注深洼。

终作朝宗想，蓬瀛路未赊。

平谷八景之八　独乐晴波

平谷八景之八“独乐晴波”（图 50），清康熙六年（公元 1667 年）《平谷县志》“地理志 · 山川”记载：“独乐河，在县东北二十里，或伏或见，断续无常，西流入于泃河。”独乐河得名应该很早，起码北魏郦道元《水经注》即记有“独乐水”。民国王兆元所编《平谷县志料》载：“独乐河，其水底皆石，流作涛声。”独乐河应在南独乐河镇南独乐河村与北独乐河村之间，是一条石河，且是季节河。至今石河尚存，称黄松峪石河，20 世纪六七十年代已将石河调直改道，现在除非雨季，平常很难有水了。“独乐晴波”标志碑，由书画家翟德年先生题写。翟先生精通诗书画印，堪称大家。

图 50　清康熙六年（公元 1667 年）《平谷县志》所绘平谷八景之八独乐晴波图

独乐晴波

其一

明　关中　刘爱

独乐嘉名自古传，况逢红日正中天。

澄波渺渺清还静，网罟（gǔ）不惊鸥鹭眠。

其二

清　长白　乐克山

山城传独乐，清绝野航稀。

一水陶然泄，群鸥知所归。

高涵云影净，远映曙烟微。

共泛晴波上，长吟送落晖。

其三

清　邑人　马一骥

天光水色合，风动练花飞。

窟静蛟龙睡，机忘鸥鹭肥。

翠湾浮荇（xìng）叶，香渚卸莲衣。

独乐晴波晚，渔舟载月归。

2004年5月第二次印刷、学苑出版社出版的《燕京八景》，其中关于平谷八景写到“独乐晴波”，说“在南独乐河村南。在这称为独乐的河上行船，置身于‘清绝野航’当中，一边吟诗，一边观景，连落日来临都未晓，人、船、景都融入落日的余晖当中。”这里显然借用了古人诗意，但方位不准，南独乐河村南应为泃河，旧志明确记载独乐河“西流入于泃河”。另外，书中谈“峰台夕照”时，写道：“‘峰’是指县城北十公里之瑞屏山；‘台’则为此山顶的平台。此处原有一藏经殿，垂檐丽拱，恍如珠宫贝阙，自香严海中浮出。殿内曾藏有余杭大藏经文 5000 余件。此处即为大兴隆禅寺遗址。这座寺庙还与一位巾帼英雄——萧太后联在一起。因为山中的小村子萧家院就是她出生的地方。她成为辽国的母后时，正赶上主尚幼，遂亲自出马主持朝政，此庙就是为纪念她而建的。而且建寺的碑文也是用辽国的巴斯巴文写的。西垂的太阳余晖正好照在藏经的建筑上，因此而反射出光芒，此即为‘峰台夕照’。”

上面在“峰台夕照”里，引用了民国二十三年（公元 1934 年）《平谷县志》的明确记载：峰台，在县城东北十八里峰台庄西，台今废。此书编著者也许没经实地调查，甚至连资料都研究错了。八斯巴文为蒙古文字，元代所用，应该不是“辽国的巴斯巴文”。这里或许是把王辛庄镇太后村的大兴隆禅寺与南独乐河镇峰台村的峰台夕照景混淆一起了。

文峰宝塔——文峰塔

文峰塔，位于东高村镇东高村东山上，距平谷城区仅 4 公里。塔为三层六角楼阁式，叠涩出檐，实心砖塔，是平谷境内现存唯一完好的古塔（图 51）。详见本书“古塔”。

区文联主席周彩伶为之作诗：

图 51　文峰宝塔——文峰塔

文章千古事
怀着为人共和的悲欢
承着经国之伟业　不朽之盛事
文峰宝塔默默走到今天
诗书继世以长
绵绵若存　用之不竭
昨日　仓颉造字
侧身天地未蹉跎
今日　文脉轩朗
青春灿灿好还乡

青龙飞雪——青龙山

青龙山风景区，位于东高村镇东南山上，距平谷城区仅 6 公里，景区内设有北京渔阳国际滑雪场（图 52）和生态园餐厅。其规模设施与国际接轨，可开展雪地摩托、雪地飞碟等多种不同趣味的滑雪戏雪项目。

图 52　青龙飞雪——青龙山

区文联主席周彩伶为之作诗：

雪　宛若尘世开放的花朵
在岁月中无言轻踱
青龙山有意
与雪共舞
飘飞旋起　绰约而动
吐峥嵘之气
开浩荡之势
现实如此美丽
闪烁引炫人心的魅力
昨天与明天走在一起
从一个季节到另一个季节
长空万里处

盛开如初

附　平谷十六景[①]

平谷自古以来就山清水秀，且具深厚的历史文化底蕴，古代帝王及文人雅士多有游历，并留下诗文。至明清时，形成“平谷八景”。为加快生态绿谷建设，发展旅游富民产业，平谷区又推出新十六景。

神桃天降——神桃峰

神桃峰，位于刘家店镇北吉山村丫髻山旁，距平谷城区15公里。一桃形天然巨石，正镶嵌两巨石之间，千百年来风吹雨打，地动山摇，却悄然屹立，堪称奇观（图53）。

图53　神桃天降——神桃峰

区文联主席周彩伶为之作诗：

心游目断　溯如烟世事

① 为使读者对近年新推的平谷十六景有全面了解，特将其他新十四景附此。

松柏摧为薪　桑田变成海
雨散云飞　五百年挥手渐去
恍惚中
欲与天齐的骄狂
化作百谈不辍的古香
神桃天降
自得屹恃的荣光
自天而降的神桃
福被万民　泽流万世
成就这桃之妖娆灿烂
成就这桃文化之巍巍大观
延伸生活的细节
抚触冰冷的明证
轻轻地
叩念历史的惠爱
抒扬春天的感怀

桃花漫舞——桃花海

桃花海之景，不在一方一隅，而是遍及平谷村村镇镇、山山水水、沟沟壑壑之间，总面积达22万亩，堪称世界之最。观赏桃花以每年四月中下旬为最佳时期，集中观赏区在平谷西北侧峪口镇、刘家店镇、大华山镇，东侧山东庄镇、南独乐河镇、金海湖镇一带（图 54）。

图 54　桃花漫舞——桃花海

区文联主席周彩伶为之作诗：

试看桃花漫舞处　锦瑟年华谁与度

一片古老的桃花　穿越二千二百余载的时空之路

一片弥新的桃花　娇姹于亿万人盈望瞩目的眼中

拨开历史的尘埃

蝶舞桃花从容绽开

如此静谧不张扬　如此生动无沧桑

一个纯粹而美丽的永恒于柔韧的粉中翔舞

舞动如云　情动若花

花之精灵翩然起落

花之精灵弥漫于绿谷晴川之上

这是平淡生活中怡人的亮色

这是生命的伸展与舒腾

天地有大美而不言

闲花落地听已无声

金海碧波——金海湖

图 55　金海碧波——金海湖

金海湖，位于金海湖镇东部，京、津、冀3省市交界的三角地带，距平谷城区10公里，是北京市“市级风景名胜区”和“市级旅游度假区”。因北倚大金山，南邻海子村而得名。金海湖水面近万亩，是北京市玩水面积最大的综合性水上乐园（图55）。

区文联主席周彩伶为之作诗：

望金海碧波
天高地阔水澹澹
山水如画
延绵自然的色彩与质感
山水犹诗
延拓心灵的自由与智慧
追索万水千山

叩寻灵魂的家园

渊澄取映

看岁月悠长　山河无恙

江山有待

任红尘万丈　生命纵徜徉

溶洞卷帘——大溶洞

京东大溶洞，位于黄松峪乡，距平谷城区12公里，发育于中元古界长城系高于庄组白云岩地层，这种地层岩龄距今大约十五亿年。古老的地质年代，独特的地层岩性与天造地设的奇特景观，使京东大溶洞具有独特的美学欣赏价值和科学研究价值（图56）。

图56　溶洞卷帘——大溶洞

区文联主席周彩伶为之作诗：

从迢遥的十五亿年前走来

似与天地同生

寂寥之际

独立不改　周行不殆
持落世间
大火流金而清风穆然
严霜瑟物而温敦泰然
洪涛倒海而砥柱屹然
奇幻之神怡姿态
书写宇宙真人品

峡谷幽潭——大峡谷

图 57　峡谷幽潭——大峡谷

京东大峡谷，位于山东庄镇，距平谷城区 13 公里，以山称奇，以水制胜，在中国北方山地景观中，大峡谷的水堪称一绝。从峡谷顶峰的天池至峡谷入口的龙门湖，蜿蜒曲折 2.5 公里的沟谷中，点缀着 5 个龙潭，清澈的溪水潺潺流淌，使这里成为一个清凉幽静的休闲胜地（图 57）。

区文联主席周彩伶为之作诗：

与自然相约　在这里

天不拘兮地不羁
荡胸生层云
峡谷见幽潭
山水相依
翠夏无尘
索栈连步陌
青山近相识
水穷云起处
自来自去任荣枯
千岩万壑路几度
沁水笼雾
生命且行且驻

石林飞瀑——石林峡

石林峡，位于黄松峪乡，距平谷城区20公里，以石、峡、水、峰、林构成石林峡独特景观。这里的石林高峻陡峭、片片根根直立，九瀑十八潭点缀其中，如

图58　石林飞瀑——石林峡

天然画卷，颇具北方之壮美，又显江南之秀丽（图 58）。

区文联主席周彩伶为之作诗：

流水是一种生命

智慧华彩

情感逸兴

山岩作以见证

上善若水

缘起的世间

过去　现在　未来

渊流延续

俯仰于天地

褒贬有春秋

云在青天

山水空流山自有闲

湖洞溪水——湖洞水

湖洞水，位于黄松峪乡，距平谷城区 21 公里。此处峡谷中有湖，山中有洞，溪水长流，故名湖洞水。春季山花怒放、百鸟啼鸣；夏季幽幽绿绿、洞幽水潺、遍山水帘；秋季山果累累、遍地金黄；冬季银装素裹、冰川横卧（图 59）。

区文联主席周彩伶为之作诗：

时间之水从容不迫
岁月之巅静默无语
大地之风物
跃然盈于眼前
湖色清溪　依绿水迢迢
洞蕴天穹　见青山隐隐
山水笑容中
不染纤尘　物我两忘

图 59　湖洞溪水——湖洞水

飞龙卧海——飞龙谷

飞龙谷，位于黄松峪乡北部深山之中，距平谷城区 27 公里，景区内雄峰耸立，怪石凌空，陡壁峭崖间，溪水中流，森林密布，长有各种奇花异草。黄关路由低到高，蜿蜒盘旋、穿境而过，从高处俯

图 60　飞龙卧海——飞龙谷

瞰，宛若一条巨龙卧于绿海清波之中（图 60）。

区文联主席周彩伶为之作诗：

挥漾着亿万载自然造化的神奇

溢洒着千百年历史文化的气息

黄关路　迤逦而来

张弛之间

若飞龙入海于山水风韵中

长短蹁跹　动静自得

浮云散尽

春山如笑夏苍黛

秋山明净冬若睡

江山无限

一脉山川　吞吐天地万象

轩辕求古——轩辕台

轩辕台，位于山东庄镇，距平谷城区 7 公里处鱼子山上，山上有大冢，世传为中华民族始祖黄帝之陵，俗称轩辕台。墓陵山上，建有轩辕庙（图 61）。

区文联主席周彩伶为之作诗：

仁者安心　心似苍穹

念天地悠悠

听却一声叹息

江山在睫

逝者如斯

有祖共同祭

轩辕之古

见证了历史　也被历史见证

图 61　轩辕求古——轩辕台

轩辕求古

求迹之彪炳史册　光耀千秋

丫髻祈福——丫髻山

丫髻山（图 62），位于刘家店镇，距平谷城区 16 公里，据传唐朝初年即有道士在山上结庐修炼，兴于元，盛于明清。旧时，丫髻山山上山下遍布道观庙宇，庙会活动冠盖京师。每年农历四月初一至四月十五，举行丫髻山庙会。

图 62　丫髻祈福——丫髻山

区文联主席周彩伶

为之作诗：

毓圣丫髻

德合乾坤　道传古今

岁月有痕　落于千年之丫髻

巧塑精雕　皈依敬仰的高度

苍天可鉴　坦坦神往的通途

一方山水　一方风物

一片漫长的日照星辉

尘埃落定　慧日朗然

丫髻祈福

欣欣盛世　平安喜乐

挂甲山庄——挂甲峪

挂甲峪村，位于大华山镇，距平谷城区20公里，集食、宿、娱、采摘于一体，人称花果山庄，区域内两侧大山犹如两条巨龙从村西北口蜿蜒向东南直达主峰两侧，形成二龙戏珠之势，整个村庄就坐落在龙的怀抱中。挂甲峪村曾被评为北京市最美丽的乡村、中国最有魅力休闲乡村（图63）。

区文联主席周彩伶为之作诗：

不经意间

翻开尘封的历史

杨家将士

风云材略　策功茂实

穿越沉睡的记忆

万古纲常担上肩

脊梁铁硬对皇天

超脱的勇毅

点燃人间烟火的浪漫

缔造英雄史话的旷远

图 63　挂甲山庄——挂甲峪

将军守关——将军关

将军关村，位于金海湖镇，距平谷城区 30 公里，明代长城从这里经过，且建有关隘，遗址尚存。关门内有一巨石，高约丈五，形同一头戴兜鍪、身披铁甲的将军，守在关口，俗称将军石，关亦

图 64　将军守关——将军关

因此得名。清东陵旧有八景，“将军古石”为其一（图 64）。

区文联主席周彩伶为之作诗：

石不能言

石长城作证

风云塞上

日暮乡关渐远

明德崇厚

景光之爱渐近

历史、人文与自然在此相依相偎

任时光洗尽世间荣辱铅华

任古典与现代在青山秀水中邂逅

别有天地在人间

玻璃凌峰——玻璃台

玻璃台村，位于镇罗营镇，距平谷城区 37 公里，因村民历史上居住在台地上，台地上又曾生长着茂密的玻璃树而得名。由于特有的地理环境，造就了域内独特的气候，冬暖夏凉，日照充足，昼夜温差大，空气清新（图 65）。

区文联主席周彩伶为之作诗：

回首固有真在

放眼自是情长

云岩寂寂

观大地之表情

赏云水之天趣

开拓的伟力

自然的神韵

融汇、聚集

舒展　时代的华彩

文明的情怀

图 65　玻璃凌峰——玻璃台

老象双成——老象峰

老象峰，位于大华山镇，距平谷城区 25 公里，景区内森林茂密，山崖陡立，奇趣盎然。尤有一巨峰，形如老象而得名（图 66）。

区文联主席周彩伶为之作诗：

秋暮霭霭

菊之清香拂来

拾级渐上

但见

天成之象俨然踽踽

祥瑞之气漫溢天际

造化钟神奇

图 66　老象双成——老象峰

系念自依依

四季递嬗

天地无间

永恒的伫望

幻化人间的吉祥

村　落

东高村镇，下辖22个行政村，8700余人。各村落形成时间不同，人口来源亦各不相同。

鲍家庄村

鲍家庄村，坐落镇域中南部，北邻赵庄户，东北接大庄户，西连高家庄，南与三河接壤（图67，图68）。

图67　鲍家庄村委会（摄于2007年5月）

鲍家庄得名，据73岁老村会计王福田说：小时候听董俊生老人说，是

图 68　鲍家庄村委会（摄于 2018 年 10 月）

鲍姓先来立的庄，就叫鲍家庄。老庄在村南 1 里多的地方，叫庞庄子，现在属于三河县界。据说过去小屯有个范小武，是个牛贩子，从这儿过，牛糟蹋地里的庄稼，村里人与他争执起来，黑夜他放把火把庄子给烧了。姓鲍的就搬到了这儿，姓庞的搬到曹家庄和三河那边的唐回店。啥时候搬到这儿的，说不清了，现在村里也没有姓鲍的了，赵家务姓鲍的是从这村搬去的。73 岁村民张景海（图 69）记得，鲍家祖坟在村西北 200 多米的地方，小时候看到的就俩坟头，没有石碑。

图 69　73 岁村民张景海（摄于 2018 年 10 月）

《北京市平谷县地名志》记载鲍家庄，“明代成村，原称庞庄，村址在现村南约 0.5 公里处，后因被烧毁，以鲍姓为首迁至现址，改为今名。抗日战争时期，化名‘富豪’”。

地名志所记略简，但与村人所谈类似。这么说来，过去有个庞庄子，后来毁于火灾。鲍姓人便迁居于此，故称鲍家庄，俗称鲍庄子。实际上，这是一座鲍家人所立的新庄，而不是庞庄子所有人家都搬到这儿了，也就意味着与被烧毁的庞庄子没有关系，只不过是鲍家从那儿过来的。

历史上，鲍家庄由三河县管辖。清康熙十二年（公元1673年）《三河县志》“地理志·疆域”记载：有“英城社，在县北三十里”，此志没有具体写出都有哪些村庄，鲍家庄当在英城社内。清乾隆二十五年（公元1760年）《三河县志》“卷之六·乡闾志·村庄”之“东北路信一乡”记载，有“鲍家庄”。说明清乾隆以前，鲍家庄早已立庄。民国二十四年（公元1935年）《三河县新志》“卷之六·经制志·乡闾篇·村庄户口”列有“三河县第九区户口调查表”中，有“鲍家庄”。

1946年3月，取消平三蓟联合县建制，恢复平谷县单一建制。这时，鲍家庄从三河划归平谷，这是新编2001年版《平谷县志》“第一编·建置沿革”所记。而新编《三河县志》“第一章地理位置·第二节境域变化”记载，1946年底将鲍家庄划归平谷。至1949年8月，平谷县下设7个区，鲍家庄应在第七区内。1950年5月，将原7个区合并为5个区，鲍家庄应在第二区（马坊区）内。1953年6月，建立乡政权，全县划分为6个区、80个乡（镇），鲍家庄亦应在马坊区内。1956年7月，撤销区级建制，将79个乡镇并为34个乡镇，鲍家庄应在门楼庄乡内。1958年1月，将34个乡镇合并为18个乡，鲍家庄亦在门楼庄乡内。1958年9月，撤销乡建制，建立5个人民公社，鲍家庄应在马坊人民公社门楼庄管理区内。1961年6月，撤销管理区，将5个人民公社划为21个人民公社，鲍家庄在门楼庄人民公社内。直至

1984年4月，全县人民公社改为乡，大队改为村，鲍家庄属于门楼庄乡。2000年7月，撤销门楼庄乡，并入东高村镇，鲍家庄属于东高村镇至今。

先来立庄的鲍姓没人了，作者在崔家庄等村访谈时也听说，崔庄子没姓崔的，侯庄子没姓侯的，鲍庄子没姓鲍的，原来都有的。人们言之有理，作者发现凡立庄户或人丁不旺，或搬迁他处，似乎不少村落都有这种情况。

现在，村里最大的姓就是张姓。张景海老人说：张姓是从西高村搬到这儿的，不知道西高村张姓从哪儿搬来的。过去听人说从山东搬来的，也有人说是山西，具体是哪儿不知道。父亲叫张永丰，爷爷叫张启荣，太爷叫张廷奎，再往上是德字辈儿和思字辈儿，叫啥不清楚了。我儿子叫张立军，孙女叫张宇新。王福田老人接着说：张家分东张、西张，张景海属于西张。思字辈有3个兄弟，分别叫张思孔、张思孟、张思曾，根据孔子、孟子、曾子3个历史人物命名，是西张的祖宗。其六叔张永山，是中国社会科学院历史研究所研究员。

图70　61岁村书记张启宽（摄于2018年10月）

61岁村书记张启宽（图70）说：我们是东张，父亲叫张廷佑，爷爷叫

图 71　68 岁村民张启满（摄于 2018 年 10 月）

图 72　71 岁退休职工梅庆月（摄于 2018 年 10 月）

张德顺，往上是思字辈的。我儿子叫张永广，孙子叫张明博。68 岁村民张启满（图 71）说：我们也是东张，父亲叫张廷怀，爷爷叫张德凯。儿子叫张学志，孙女叫张雯霏。

现在，张姓有 70 多户，200 多人。

梅姓，71 岁退休职工梅庆月（图 72）说：梅姓最早是从山东过来的，和金海湖镇洙水村的梅是一个梅，祖坟在庞庄子西北一个高岗上，离鲍家庄西南约 1 里地，现在改为了鱼池。坟地上光坟头就有 100 多座，第一座为空坟，家族立的祖宗。我小时候还去那儿填过坟，跟着压坟头纸。还有搬到马坊河北村的几家姓梅的，也年年去那儿上坟，我见着他们挑着烧饼、煎饼去，填完了再回去。我小时候看过家谱，家谱是挂墙上的，可以向上卷，两边是名字，春节供祖宗时就挂出来。过去说梅、杨、董不分，杨姓、董姓是从梅姓过继过去的，他们是旺财不旺丁，就从梅姓过继过去了。家谱左边，是梅姓正根的名字；家谱右边，

图 73　82 岁老村主任杨桂珍（摄于 2018 年 10 月）

图 74　69 岁村民杨桂友（摄于 2018 年 10 月）

是梅姓过继到杨姓、董姓的名字。我父亲叫梅永贵，爷爷叫梅长生，太爷叫梅占芳，老太爷辈儿是梅自重、梅自举等哥仨，再往上，不知道是哪辈儿了，记得有“景”字，叫梅景瑞、梅景丰，这是清代了。第一辈叫啥记不住了，在家谱紧上面那格，写着“梅氏之位”4 个字，没有名字，就像第一座祖坟是空坟一样。家谱在“文化大革命”破“四旧”时毁了。我儿子叫梅小龙，孙子叫梅海波。这样看来，梅姓或是明时从山东过来的了。现在，梅姓有 8 户，20 多人。

杨姓，82 岁老村主任杨桂珍（图 73）说：杨家是从梅家过继过来的，但最早杨家从哪儿来的不清楚。杨家坟在村东 100 多米的地方，1 亩多地。祖上 4 辈儿都是单传，一直到爷爷那辈儿才开始分叉。父亲叫杨万林，爷爷叫杨锦秀，再往上不知道了。儿子叫杨印东，孙女叫杨佳。69 岁村民杨桂友说：爷爷叫杨锦奎，父亲叫杨万和，儿子叫杨印锁，孙子叫杨欣宇。杨家这一支脉，在杨桂友这儿已传至9辈儿。

杨桂友老人（图74）记得，过去杨家门道里边祖上有一方木匾，蓝底金字，匾上落款时间为“同治十二年”（公元1873年），也就是慈禧时期，上面有4个大字，时间长了忘了写的啥了。木匾在正房与过道中间的门楼上，也就是东西两家过道的门楼上，在房屋翻修时被人保留。这人是村里人，73岁退休职工杨玉丛。

图75 73岁退休职工杨玉丛（摄于2018年10月）

作者联系杨玉丛老人（图75）来工作室访谈，杨老记得，木匾上刻有“钦旌节孝”4个大字，时间为“同治十二年”，下面落款为“直隶总督府”。“直隶”，为河北省前身。“直隶总督府”，即清代直隶总督办公之所，在今河北保定，现存。直隶地处京畿，总督位高权重，故直隶总督为清代督抚之首。杨玉丛老人说：这方大木匾，是给我老老太爷杨茂廷妻子李氏的，也就是我老老太太。杨茂廷22岁考秀才去世，李氏没走，守着儿子过，一直到儿子成家立业。这当是一方表彰的“贞节”匾。

杨茂廷下边有一辈儿，杨锦秀、杨锦奎。过去家里有一捆旧书，上面就写着这2人的名字，是2人看过的书，写上了自己的名字。太爷杨万清上面是哥仨，推算着就是“锦”字辈儿，杨锦秀、杨锦奎，还有一个是我太爷不知道叫啥了。这哥仨分的家，我家是大门，杨桂珍是二门，杨桂友是小门。我家是7辈儿单传，父亲叫杨印生，爷爷叫杨桂荣，太爷叫杨万清，老太爷记不住了，应该是“锦”字的。老老太爷就是杨茂廷，再往上不知道了。我儿子叫杨福财，孙子叫杨彬，重孙子叫杨梓涵。所以，我管杨桂珍、杨桂友还叫爷呢。要这样满打满算，杨家已12辈儿，重孙子尚小，不够成年，按11辈儿算，25年一辈儿，起码二百七八十年上下了，约清乾隆初期。村里有条杨家胡同，在村中间路南，有个3米来宽的门道，有门楼子，与我们东边的房子一条脊，胡同是我们东边这家的。胡同东边，是我们大门杨万清一家和二门杨万和、杨万权二家；胡同西边，应该是小门杨万方、杨万田、杨万林三家。“万”字辈儿是哥六个，由“锦”字辈儿传下来的。

那大木匾就在门楼的里边挂着，门楼在胡同北头，有一对开的大木门。胡同南头，是秫秸勒的大稍门。过去一到晚上，两边的门就关上。1983年，翻盖房子拆了。西边也在房子东侧，留着一个门道的地方。1983年以后一翻盖，我们这条胡同还留着，平时走人。西边就盖到东头了。老人记得，木匾是杜梨木的，把上面的烫金大字和天蓝底色刮掉，改成两个大面板了。

老人谈及杨、董和梅家，也说不清谁过继谁了，反正到现在谁家有红白喜事，家里还归火，都是一家子。记得小时家里有个祖匣，里边有个小牌儿，约30厘米高，10来厘米宽，外边一套，黑色。小牌儿上是烫金字，写着“四知堂”三个字。过去春节和七月十五就摆出来，供祖宗。我家过去是扛长工，打短工，不识字，不知道这是啥意思，也不知道啥时候弄的，就知道是祖上传下来的，供完就收起来，“文化大革命”中破“四旧”给烧了。

经查资料，“四知堂”原是杨姓堂号，出自东汉名臣杨震。杨震，陕西华阴（今属陕西潼关）人，明经博览，满腹经纶，时称“关西孔子”。历荆州刺史、东莱太守，后入朝为太仆，又迁太常，再升司徒，直至太尉。大司徒与大司马、大司空并列为“三公”。太尉，秦汉时中央掌军事最高官员。《后汉书》“卷八十四·杨震列传第四十四·杨震传”记载：

大将军邓骘（zhì），闻其贤而辟之，举茂才，四迁荆州刺史、东莱太守。当之郡，道经昌邑，故所举荆州茂才王密为昌邑令，谒见。至夜，怀金十斤以遗震。震曰：“故人知君，君不知故人，何也？”密曰：“暮夜无知者。”震曰：“天知，神知，我知，子知，何谓无知？”密愧而出。后转涿郡太守。性公廉，不受私谒。子孙常蔬食步行，故旧长者或欲令为开产业。震不肯，曰：“使后世称为清白吏子孙，遂以此遗之，不亦厚乎？”

这里两次出现“茂才”，其实就是“秀才”，汉时开始与孝廉并为举士的科名，东汉时为避光武帝刘秀讳而改作“茂才”。所以，秀才别称茂才，原指才之秀者，所谓优秀的人才，不同于明、清两代作为学校生员的“秀才”。杨震“暮夜却金”，“天知，神知，我知，子知，何谓无知？”后人因此称其为“四知先生”。“四知”且成为千古美谈，杨家后人以此为堂号。这就是杨姓“四知堂”的来历。在陕西潼关县秦东镇四知村，建有杨震廉政博物馆，2011 年 9 月向社会开放。杨震墓也在这里。这么看来，鲍家庄杨氏，为东汉名臣杨震后裔了。当然，从哪里迁来需另行研究。

现在，杨姓有 10 户，40 多人。

图 76　71 岁村民董长江（摄于 2018 年 10 月）

董姓，71 岁村民董长江（图 76）说：不清楚董姓从哪儿搬来的，董家祖坟原来在门楼庄东边，有一大片，后来搬到这边。我们与赵家务、北张岱、南宅庄的董是一个董，清明都去那儿上坟。小时候我家种过那儿的地，管上坟的人饭，叫“吃官坟”。后来的董家坟在鲍家庄村东北 100 多米的地方，有 7 个坟，从北往南排，单坟头 5 个，5 辈儿单传，到爷爷这辈儿哥俩，俩坟头。现在门楼庄没有董姓，全搬出去了。我父亲叫董福瑞，爷爷叫董俊英，往上不知道了。儿子叫董晓明，孙女叫董伊琳。董家已 10 辈儿了。

即是说，从迁到这边的坟地排下来，到最小的孙子，是 10 辈儿，而原来的那片老坟也许不止 10 辈儿，这么看来，董家来此应该 20 辈儿以上了。现在，董姓共 7 户，20 多人。

孔姓，97 岁村民孔庆昌（图 77）说：孔姓听说是从山东过来的，

图 77　97 岁村民孔庆昌（摄于 2018 年 10 月）

图 78　81 岁老生产队长李德旺（摄于 2018 年 10 月）

我父亲叫孔宪武，爷爷叫孔万顺，再往上不知道了。儿子叫孔繁德，孙子叫孔祥林，重孙（曾孙）叫孔令奇，重重孙（玄孙）不知道叫啥，刚俩月，五代同堂。现在，孔姓有 10 多户，70 多人。

李姓，81 岁老生产队长李德旺（图 78）说：我也不知道李姓从哪儿来的，就知道李家坟在村南 200 米的地方，有二三分地。村西边还有一处李家坟，约 2 亩地，与我们不是一个李，称作李二寡妇坟，没有后人。李二寡妇的家产，就由我三叔李芝继承了。我父亲叫李明，爷爷叫李茂林，再往上不清楚了。儿子叫李连合，孙女叫李梦莹。现在，李姓有 2 户，7 人。

图 79　78 岁老村会计郭维刚（摄于 2018 年 10 月）

图 80　70 岁村民孙守信（摄于 2019 年 10 月）

王姓，73 岁老村会计王福田说：不知道王姓从哪儿来的，父亲叫王少宗，爷爷叫王建忠，太爷叫王佩林，老太爷叫王永富，再往上不知道了。儿子叫王稳，孙子叫王浩宇。现在，王姓有 10 来户，30 多人。

郭姓，78 岁老村会计郭维刚（图 79）说：听说郭姓最早是从山东过来的，当年直接来到这村。父亲叫郭金成，爷爷叫郭印，太爷叫郭文瀚，郭文瀚是清朝末期的秀才。再往上不知道了。我儿子叫郭友良，孙子叫郭文学。现在，郭姓有 20 来户，60 多人。

孙姓，70 岁村民孙守信（图 80）说：听说孙姓从山东过来的，父亲叫孙庆元，爷爷叫孙福，再往上不知道了。女儿叫孙立萍，外孙李浩吉。现在，孙姓有 9 户，30 来人。

村里还有其他一些小姓，如周姓。61 岁村书记张启宽说：周姓是 1947 年从山东到兴隆，从兴隆再搬到我们村。当时周家是打铁的铁匠，有 3 个孙子。

现在，周姓有 9 户，20 来人。

吴姓，属于村里老户，辈分大。现在，吴姓有 3 户，7 人。范姓，有 2 户，7 人。

民国二十四年（公元 1935 年）《三河县新志》“卷之六 · 经制志 · 乡闾篇 · 区域”记载，鲍家庄，户数 44，男口 140，女口 120，男女总计 260。现在，鲍家庄村有 180 多户，500 多人。

北张岱村

图 81　北张岱村委会（摄于 2007 年 8 月）

北张岱村，坐落镇域西部（图 81，图 82），北、西分别与马昌营镇前芮营村、马坊镇果各庄村隔洵河相望，东接崔家庄，西南连张岱辛撞村。

图 82　北张岱村委会（摄于 2019 年 3 月）

80 岁的老大队长王宏桂（图 83）说：这一带过去沙岱多，村北都是。就是沙包，咱们管这个叫沙岱。78 岁老村干部王

图 83 80 岁老村大队长王宏桂（摄于 2019 年 3 月）

乃云接着说：咱这儿黏土地少，基本上都是沙土地，存不住水，有点水就渗下去了。过去刮风，庄北边那道儿春天都给刮平了，庄北的院子里全是沙子。历史上，先有南张岱，后有北张岱。那边建村以后，就叫张岱。后来这边成村了，在那村北边，这村就叫北张岱，那村就叫南张岱了。

王宏桂老人说：北张岱村是王姓先来立的庄，从山西老槐树挑挑儿过来的。76 岁老生产队会计高瑞说：王姓以后来的就是郭姓、李姓。王乃云老人说：我们村有姓张的，是赵家务的张，后来的，不是立庄来的。

这也就意味着叫张岱，与张姓没关系。就是南张岱先立庄，北张岱后立庄，且在其北面，就随之叫北张岱了。而王家先来，既是从山西老槐树过来的，当是明朝移民了。也就是说，北张岱立庄，是在明朝，极可能在明初。《北京市平谷县地名志》所记北张岱，“汉代在沙岱上落户成村，又位居南张岱东北，故名。抗日战争时期，化名‘河石’”。且记述“村东和村西发现多座汉墓，已出土石刻墓门一扇，上有朱雀兽头衔环浮雕”。说北张岱汉代已落户成村，或据此汉墓了。其实，只能说汉代这一带已有人生活，且留下了墓葬。而这些墓葬与今天的北张岱村没有必然关联，即今天的北张岱人，不是汉墓主人一脉相承延续下来的，而是由山西老槐树移民过来的了。

历史上，北张岱村由三河县管辖。清康熙十二年（公元1673年）《三河县志》“地理志·疆域”记载：有“英城社，在县北三十里”，北张岱村当在英城社内，只是此志没有具体写出都有哪些村庄。乾隆二十五年（公元1760年）《三河县志》“卷之六·乡闾志·村庄”记载“东北路信一乡”，有北张岱村。民国二十四年（公元1935年）《三河县新志》“卷之六·经制志·乡闾篇·村庄户口”列有“三河县第九区户口调查表”中，有北张岱村，没有变化。

1946年3月，取消平三蓟联合县建制，恢复平谷县的单一建制。这时，北张岱村从三河县划归平谷，这是新编2001年版《平谷县志》“第一编·建置沿革”所记。而新编《三河县志》“第一章地理位置·第二节境域变化”记载，1946年底将北张岱村划归平谷。至1949年8月，平谷县下设7个区，北张岱村应在第七区内。1950年5月，将原7个区合并为5个区，北张岱村应在第二区（马坊区）内。1953年6月，建立乡政权，全县划分为6个区、80个乡（镇），北张岱村应在马坊区东高村镇北张岱乡内。1956年7月，撤销区级建制，将79个乡镇并为34个乡镇，北张岱村应在门楼庄乡内。1958年1月，将34个乡镇合并为18个乡，北张岱村亦应在门楼庄乡内。1958年9月，撤销乡建制，建立5个人民公社，北张岱村应在马坊人民公社门楼庄管理区内。1961年6月，撤销管理区，将5个人民公社划为21个人民公社，北张岱村在门楼庄人民公社内。直至1984年4月，全县人民公社改为乡，大队改为村，北张岱村属于门楼庄乡。2000年7月，撤销门楼庄乡，并入东高村镇，北张岱村属于东高村镇至今。

王姓，王宏桂老人说：王家到这儿第一辈儿叫啥记不得了，王乃云是我叔叔，我们是一个王。村北有王家坟，20多亩地，连周围地大约有50多亩。坟地上没有香炉、石碑、供桌啥的。我父亲叫王秉余，爷爷叫王玉林，太爷叫王世荣，老太爷叫王振邦，老老太爷叫王成礼，再往上叫王朝相，再往上我就不知道了。我有仨儿子，大儿子叫王立辉，二儿子叫王立光，三儿子叫王立军。老大的闺女叫王赛赛；老二的闺女叫王元硕，儿子叫王赛博；老三的闺女叫王赛娜，儿子叫王元凯。

王乃云老人（图84）接着说：过去洵河到这儿正拐一道大弯，绕着我们老王家坟，前面还有一道沟，不下雨没水，一下雨就从东往西流水。所以老祖宗就按这个风水建坟，叫做“玉带环腰，旱水来潮”，说葬这儿王家要出大人物。后来，在王家坟前面盖了北大寺，供的是佛像，就给我们镇住了。我父亲叫王善达，爷爷叫王廷俊，太爷叫王顺邦，老太爷叫王成仲，老老太爷叫王泰来，上边不知道了。泰字辈儿的是哥仨儿，王泰来、王泰才、王泰发，这哥仨儿不知道哪个是大的。我大儿子叫王国章，二儿子叫王国新，大儿子的儿子叫王景泽，二儿子是个闺女叫

图84　78岁老村干部王乃云（摄于2019年3月）

王硕，重孙子叫王子欣。

80 岁老村大队长王宏桂说：村里原来是八大王，最多的是我们这个王，第二个王是王化贤那个王。再往下是少数的，王海是一个王，王宝利是一个王，王朝贵是一个王。王贺臣原来不姓王，姓钱，人少势孤，就改随王姓了。王国彬的王、王太的王和王德的王，这 3 个王都没人了。现在，八大王就剩下五大王了。

王家是北张岱第一大户，约 700 来人，占全村 1/3 还多。

郭姓，85 岁老村书记郭明玉（图 85）说：郭姓不清楚从哪儿过来的。78 岁老村干部王乃云说：听说与小辛寨是一个郭。郭明玉说：我父亲叫郭春甲，爷爷叫郭建功，上边不记得叫啥了。我大儿子叫郭再立，二儿子叫郭再强。大儿子有个女儿叫郭佳颖，二儿子有个儿子叫郭佳良。郭家是北张岱第二大户，有 100 多户，四五百人。

图 85　85 岁老村书记郭明玉（摄于 2019 年 3 月）

李姓，86 岁村老生产队长李万祥说：李姓不知道从哪里搬来的。有老人听说是崔庄子李。我父亲叫李茂，爷爷叫李进库，太爷不知道叫啥。我俩儿子，叫李民、李岩。李民儿子叫李德浩，李岩儿子叫李德玉。李德玉儿子，也就是我重孙子，叫李涛。现在，李家有七八十户，300 来人。

图 86　63 岁老村书记马进革（摄于 2019 年 3 月）

图 87　60 岁村会计王宝利（摄于 2019 年 3 月）

马姓，63 岁老村书记马进革（图 86）说：我们这个马听说最早是从山东过来的，山东哪儿我不太清楚。一开始是到前台头，后又搬到崔庄子，再搬到北张岱。我父亲叫马金，爷爷叫马俊全，太爷叫马春山，就从太爷那辈儿过来的。我儿子叫马文华、马文标，马文华女儿叫马昕妤，马文标儿子叫马锌桐。马家是村里小户，就 9 户，40 多人。

高姓，76 岁老生产队会计高瑞说：听说高姓从马各庄搬来的，马各庄的高听说是从山东过来的。我父亲叫高宝林，爷爷叫高义，太爷叫高仲举，老太爷叫高通。上面可能还有一辈儿，忘叫啥了，应该就是这辈儿过来的，再往上是名堂。儿子叫高立强，孙女叫高超。这样看来，高家到这儿已有 8 辈儿，大致 180 年上下，约 1840 年前后，即清道光时期。现在，高家有 12 户，50 多人。

王姓，60 岁村会计王宝利（图

87）说：我们这个王是从果各庄搬来的，果各庄的王不知道从哪来的。我父亲叫王思敬，爷爷叫王士林，往上不知道了。儿子叫王昆，孙子叫王明伟。现在，我们这个王有 3 户，十三四个人。

侯姓，侯振启的侯，有 3 户，十几个人。王乃云老人记得，侯振启父亲叫侯瑞明，1947 年土改复查时扛活过来的，不知道哪儿人。来时 20 多岁，还没结婚，后来娶的赵家务的媳妇，70 来岁去世，要活到现在 102 岁了。过去赶过大车，听侯瑞明说，闹日本的时候，他抽一鞭子，日本鬼子以为是放枪了，竟把鬼子给招来了。侯瑞明有俩儿子，叫侯振启和侯振旺。侯振启又有俩儿子，叫侯金立和侯金宝。侯金立儿子叫侯博文。侯振旺儿子叫侯金刚。

刘姓，有俩刘。刘显廷的刘，有四五户，30 来人。村书记刘永利的刘，有 6 户，30 来人。

张姓，分东张、西张。东张，张应先的张，有 8 户，40 来人。西张，张禹山的张，有 4 户，20 来人。村里还有一个张，张长江的张，有 7 户，30 来人。

郑姓，郑国梁的郑，有 11 户，约 50 人。

段姓，段松山的段，就他 1 家，10 来人。

芮姓，芮士文的芮，搬平谷去了。

周姓，周金生的周，有 4 户，20 多人。

董姓，董亚林的董，有 2 户，10 来人。

杨姓，有 10 多户，50 来人。

民国二十四年（公元 1935 年）《三河县新志》“卷之六 · 经制志 · 乡

间篇·村庄户口”列有“三河县第九区户口调查表”记载，北张岱，户数 157，男口 431，女口 420，男女总计 851。现在，北张岱村有 570 多户，1700 多人。

曹家庄村

曹家庄村，坐落于镇域西南部（图 88，图 89），北与门楼庄接壤，东与高家庄相邻，西南与普贤屯相接，西与南宅庄户毗连。

图 88　曹家庄村委会（摄于 2007 年 8 月）

图 89　曹家庄村委会（摄于 2018 年 10 月）

村子得名，66 岁退休干部任凤海说：听说过去根据地形，四面高，中间凹，像个槽子，慢慢就演变为曹家庄。这是一个说法，还有一个说法，过去村里有几个做黑纸的，就叫纸坊曹庄。69 岁老村

图 90　69 岁老村书记孟广盛（摄于 2018 年 10 月）

书记孟广盛（图 90）接着说：过去三河县有九马十八曹，这村里有漂纸的作坊，就改为纸坊曹家庄，就为区别重名。村人所谈，与《北京市平谷县地名志》所记类似，曹家庄，“明代成村，因村周围较高，中间低平，似‘槽形’，故名槽庄。清道光年间起，该村土法造纸作坊较多，称纸坊曹庄，后演为今名。抗日战争时期，化名‘早起’”。

历史上，曹家庄由三河县管辖。据清康熙十二年（公元 1673 年）《三河县志》“地理志・疆域”记载：有“英城社，在县北三十里”，但没有具体写出都有哪些村庄。乾隆二十五年（公元 1760 年）《三河县志》“卷之六・乡闾志・里社”记载：这时“三河民居村落纷多，分二十五社”，其中仍有“英城社”。“卷之六・乡闾志・村庄”之“东北路信一乡”，记载有曹家庄，应该一直未变，直至 1946 年 3 月，取消平三蓟联合县建制，恢复平谷县的单一建制后，由三河划归平谷。

孟姓是村里第一大姓，约占全村人口的 40%。还有贾姓、王姓、庞姓、杨姓以及刘、张、田、任等姓。村里人说，叫曹家庄，实际上曹庄子没有姓曹的，就像鲍庄子没有姓鲍的、崔庄子没有姓崔的、侯庄子没有姓侯的一样。也就是说，曹家庄不是曹姓人先来立的庄，且以姓为村名的。

孟姓，80 岁老村会计孟金增听父亲说，孟家是三河县洵阳镇洵北村的，过去都去那边上坟。查阅民国二十四年（公元 1935 年）《三河县新志》“卷之六 · 经制志 · 乡闾篇 · 村庄户口”所列“三河县第九区户口调查表”中有“洵北，户数 66，男口 344，女口 314，男女总计 658”的记载，看来洵北村也是个不小的村子。

69 岁老村书记孟广盛接过话茬，说孟家是从山东直接过来的，具体山东哪个地方不知道。老哥四到这儿，挑着四个挑子，有 8 个菩萨镀金铜像，高约 30 公分。71 岁老村书记孟兆发说：过去我家堂屋地上有个大条案，铜像就在条案中间供着。孟广盛也说：过去姓孟的过年从旧历腊月二十八到正月初二不许吃荤，就吃素的。三十晚上，是姓孟的全到供奉菩萨的那家给菩萨送饺子、磕头。孟兆发记得，1958 年大炼钢铁，铜像也拿去炼了。

孟金增老人说：过去菩萨像不在一家，今年在这家，明年在那家，轮流着供。孟家有个孟文玉，不知道哪辈儿的，当过官，当啥官不知道，也忒大不了。据说他到洵北坟地去拜祖，拜出一亩三分地来。孟家没有举人，只有秀才。孟文玉家门上有块匾，土改的时候弄没了。既然是“文”字辈儿，而 69 岁孟广盛爷爷叫孟文忠，或 2 人为同辈儿，至多生得略早点，意味着孟文玉大致应生活于清晚期了。

孟广盛老人说：上坟都是从曹庄子过去的。过去姓孟的都是山东那边来人，到这边给起名、排家谱。

孟金增老人说：孟家不是第一个到这儿的，父亲叫孟文龙，爷爷叫孟玉珣，太爷叫孟邦杰，老太爷叫孟克章。往上记不住了，到我这儿是 8 辈儿，下面又有 5 辈儿了。

孟兆发老人说：父亲叫孟俊明，爷爷叫孟庆祥。儿子叫孟宪国，孙子叫孟晗。

孟广盛老人说：父亲叫孟希章，爷爷叫孟文忠，太爷叫孟玉恒，老太爷叫孟邦兴，老老太爷孟克禄，再往上孟宗财、孟廷贤、孟云龙。儿子叫孟长军，孙子叫孟英杰。从孟云龙往下到现在，孟家见着 14 辈儿人了。孟云龙往上还有几辈儿，不清楚了。

86 岁村民孟兆通（图 91）说：父亲叫孟广廷，爷爷叫孟德祥。儿子叫孟宪章，孙子叫孟庆强，还有个重孙女。

现在，全村孟姓有 45 户，135 人。

杨姓，69 岁老村会计杨亚男（图 92）听父亲说，杨家是从山东沧州逃荒过来的，第一辈叫杨艳泽，父亲叫杨景泉，爷爷叫杨永和，再往上不知道了。儿子叫杨占力，孙子叫杨歌。孟金增老人说：曹家庄是杨家先来的。

图 91　86 岁村民孟兆通（摄于 2018 年 10 月）

图 92　69 岁老村会计杨亚男（摄于 2018 年 10 月）

图 93　83 岁退休职工刘德全（摄于 2018 年 10 月）

杨春和是他爷爷辈儿，杨春和说过去有一面龙旗，就在杨家。过去村里有事儿，就是这老爷子管。这么说来，曹家庄是杨姓先来立庄的了。杨亚男记得，杨家坟在村南二三百米的地方，有 10 多亩地，没有石碑也没有树。

杨亚男谈及“山东沧州”，查阅资料，山东似乎没有沧州，而河北东南部有个沧州。究竟是河北沧州，还是山东其他地方，不得而知，且按所说记述于此。现在，杨姓有十四五户，60 多人。

庞姓，90 岁离休小学校长庞瑞麒说：我从小是跟闺女换的，这头有闺女，我老家那头有儿子，是这头的闺女换的我这个儿子，这么换过来的。我老家是西高村，姓艾。我出生 5 天就过来了，这边的父亲叫庞金凤，爷爷叫庞万成，太爷叫庞得食。我儿子叫庞新华，孙子叫庞占明，重孙子叫庞嘉兴。现在，庞姓有十几户，40 来人。

图 94　72 岁村民贾少先（摄于 2018 年 10 月）

刘姓，83 岁退休职工刘德全（图 93）说：刘姓从三河市泃阳镇双塔村搬来的，就从父亲这辈儿过来的，父亲叫刘成，我儿子叫刘连江，孙女叫刘姗姗。现在就我们这1户，有5口人。

贾姓，72岁村民贾少先（图94）听父亲说贾家是从西鹿角搬过来的，西鹿角据说有两个贾，我不知道我们是哪个贾。父亲叫贾志奎，爷爷叫贾起凤，再往上不知道了。我小时候听父亲说，贾家到这儿有100多年了。儿子叫贾玉良，孙子叫贾雪峰。我二哥贾继先，在唐山念的书，留校，后调任石家庄师范大学校长。现在，贾姓有30来户，100来人。

图95　66岁退休干部任凤海（摄于2018年10月）

任姓，66岁退休干部任凤海（图95）说：任姓从山东搬到门楼庄，又从门楼庄搬到这儿，是任好兴、任好旺哥俩过来的。我父亲叫任兰瑞，爷爷叫任克贤，太爷叫任宝，老太爷叫任秉德，老老太爷就是任好兴、任好旺。儿子叫任伟，孙子叫任田雨。这样看来，任姓来这儿已有8辈儿，大概一百六七十年，大致应在清咸丰、同治年间。现在，任姓有6户，20多人。

图96　61岁村书记王友志（摄于2018年10月）

王姓，61岁村书记王友志（图96）说：王家不知道从哪儿来的，我父亲叫王守贵，爷爷叫王成良，太爷叫王明瑞，再往上不清楚了。儿子叫王博，孙子叫王明阳。现在，王姓有 20 多户，七八十人。

村里还有一些姓，老人们回忆：

张姓，张永富的张，是张起、张义哥俩搬来的，从哪儿来的不知道。他父亲叫张万金，爷爷叫张起，张义无后。张永富儿子叫张凤全，孙子叫张伟，重孙子叫张辰泽。现在张家 3 户，10 多人。

田姓，田永生是从三河泃阳镇赵屠庄招赘来的，没有改姓。田永生儿子叫田志安，孙子叫田小文。如今只剩他孙子了，就 1 户 3 人。

民国二十四年（公元 1935 年）《三河县新志》“卷之六·经制志·乡闾篇·村庄户口”所列“三河县第九区户口调查表”记载，纸坊曹庄，户数 54，男口 138，女口 133，男女总计 271。现在，曹家庄有 150 多户，450 人。

图 97　崔家庄村委会（摄于 2007 年 8 月）

崔家庄村

图 98　崔家庄村委会（摄于 2019 年 3 月）

崔家庄村，坐落镇域中西部（图 97，图 98），北邻青杨屯，东北接克头，东南连赵庄户，西南

图 99　78 岁村民张海发（摄于 2019 年 3 月）

连侯家庄。

崔家庄得名，78 岁老治保主任曹金财说：过去是姓崔的先来立的庄，所以叫崔家庄。81 岁退休职工马广林记得，抗日时期，为迷惑敌人，崔家庄化名香烟里。并说姓崔的后人搬到兴隆那边开地去了，现在没有姓崔的了。78 岁村民张海发（图 99）说：过去村东南 200 多米的地方有崔家坟，四五个坟头，1958 年平整土地时就平了。《北京市平谷县地名志》亦记载崔家庄："明代成村，因崔姓首先落户得名。抗日战争时期，化名香烟里。"与村里老人所谈基本吻合。

现在，崔家庄没有姓崔的了。曹金财老人说：崔庄子没姓崔的，侯庄子没姓侯的，鲍庄子没姓鲍的，原来都有的。老人所言有道理，作者访谈调查时，发现凡立庄户或人丁不旺，或搬迁他处，似乎不少村落都有这种情况。

历史上，崔家庄由三河县管辖。清康熙十二年（公元 1673 年）《三河县志》"地理志 · 疆域"记载：有"英城社，在县北三十里"，此志没有具体写出都有哪些村庄，崔家庄当在英城社内。乾隆二十五年（公元 1760 年）《三河县志》"卷之六 · 乡闾志 · 里社"记载仍有"英城社"，"卷之六 · 乡闾志 · 村庄"之"东北路信一乡"记载，有崔家庄。民国二十四年（公元1935年）《三河县新志》“卷之六·经制志·乡闾篇·村庄户口”所列“三河县第九区户口调查表”中，有崔家庄。

1946年3月，取消平三蓟联合县建制，恢复平谷县单一建制。这时，崔家庄从三河划归平谷，这是新编2001年版《平谷县志》“第一编·建置沿革”所记。而新编《三河县志》“第一章地理位置·第二节境域变化”记载，1946年底将崔家庄划归平谷。至1949年8月，平谷县下设7个区，崔家庄应在第七区内。1950年5月，将原7个区合并为5个区，崔家庄应在第二区（马坊区）内。1953年6月，建立乡政权，全县划分为6个区、80个乡（镇），崔家庄亦应在马坊区内。1956年7月，撤销区级建制，将79个乡镇并为34个乡镇，崔家庄应在门楼庄乡内。1958年1月，将34个乡镇合并为18个乡，崔家庄亦在门楼庄乡内。1958年9月，撤销乡建制，建立5个人民公社，崔家庄应在马坊人民公社门楼庄管理区内。1961年6月，撤销管理区，将5个人民公社划为21个人民公社，崔家庄在门楼庄人民公社内。直至1984年4月，全县人民公社改为乡，大队改为村，崔家庄属于门楼庄乡。2000年7月，撤销门楼庄乡，并入东高村镇，崔家庄属于东高村镇至今。

崔家庄主要是曹姓、李姓、张姓、马姓、赵姓等。

曹姓，78岁老治保主任曹金财说：曹姓从青杨屯搬来的，青杨屯曹姓从山东搬来的。金海湖镇洙水村曹姓，就是从青杨屯搬去的，过去洙水那边人还来青杨屯上坟呢。青杨屯曹姓过去是庄头，给皇上选美就选庄头的，别人惹不起。81岁退休职工马广林说：庄头吃皇上的俸禄。曹金财老人说：曹家谁先过来的不知道了，村北边一大片曹家坟，有1亩多地，没有石碑和大树。过去曹家有家谱，“文化大革命”中烧了。我父亲叫曹连元，爷爷叫曹种合，太爷叫曹国同，老太爷叫曹显文，再往上记不住了。我儿子叫曹学东、曹学芝，孙子叫曹佳永、曹佳富，有重孙子了，名字一时想不起来了。现在，曹姓有60多户，200多人，约占全村人口的1/4。

李姓，分为南李、北李。

图100　62岁老村书记李忠祥（摄于2019年3月）

北李，62岁老村书记李忠祥（图100）说：我们这个李是北李，李银他们是南李。我们从青杨屯搬来的，家谱上有。我们是从青杨屯老姚家过继来的，老李家祖先那时候没有男孩儿，就从青杨屯姚家过继一个，过继的那个老祖宗叫姚德贵，过继到李家后，改叫李德贵，名没改，姓改了，到我这儿差不多10辈儿了，以前的李家是女孩儿，叫啥我记不住了。老人传给我们的家谱，最早就传到李德贵这儿，再往上就不知道了。我父亲叫李宝善，爷爷叫李德顺，太爷叫李成明，老太爷叫李进喜，老老太爷就是李德贵。我大儿子叫李文富，孙子叫李辰名；二儿子叫李文贵，孙子叫李禾宇。

根据李氏家谱记载，62岁老村书记李忠祥记得：

第一辈儿　李德贵

第二辈儿　李进才　李进喜

第三辈儿　李成明　李俊明

第四辈儿　李德顺　李周顺　李洪顺　李丰顺　李兴顺

第五辈儿　李志善　李达善　李齐善　李宝善　李福善　李全善
　　　　　李从善

第六辈儿　李仕祥　李仲祥　李臣祥　李瑞祥　李吉祥　李忠祥
　　　　　李玉祥　李成祥　李金祥　李银祥　李富祥　李长祥

再往下孩子挺多的，记不住了，现在我们北李，共 8 辈，60 多户，100 多人。这样看来，北李从青杨屯到这儿，也就一百七八十年，大致在清道光后期至咸丰初期。

南李，73 岁老村书记李银（图 101）说：我们南李，听说从山东来的。我父亲叫李井祥，爷爷叫李富，太爷叫李文仓，老老太爷叫李班俊，再往上叫李万成。再往上不知道了，到我这辈儿是第六辈儿，过去有家谱，有印象。我儿子叫李为新，孙子叫李杰。现在，南李有 20 多户，百八十人。

图 101　73 岁老村书记李银（摄于 2019 年 3 月）

张姓，78 岁村民张海发说：张姓是从山东搬来的，有的后来搬到了三河。我 3 岁的时候父母就没了，啥事都不知道，也没人跟我说过，就记得我父亲叫张宝才。儿子叫张小刚，张新月。现在，张姓有 30 多户，百十人。

马姓，81 岁退休老职工马广林说：我们也是从山东过来的，有几辈不记得了。马昌营的马是从我们这儿搬去的，小时候我跟爷爷一起填坟，马家坟在村西南半里地，有半亩地大，有一溜坟缺了，我问爷爷，爷爷说搬到马昌营了，是黑夜扒走的。北张岱的马也从这儿搬去的，过去也来这儿填坟。这里说搬到马昌营，也许与马昌营明朝初年立庄的马不是一回事儿。而搬到北张岱，北张岱 63 岁老村书记马进革说：听说我们最早是从山东过来的，先到前台头，后又搬到崔庄子，再搬到北张岱。马广林老人说：我父亲叫马福全，爷爷叫马俊义，太爷叫马德旺，老太爷就不知道了。我大儿子叫马保良，孙子叫马博阳，重孙子叫马义德；二儿子叫马保军，孙子叫马博超。马家有十七八户，80 来人。

图 102　71 岁老生产队长赵有（摄于 2019 年 3 月）

赵姓，71 岁老生产队长赵有（图 102）说：赵家从山东搬到西高村，从西高村再搬到这。第一辈儿叫啥不记得了，过去赵家有家谱，“文化大革命”时毁了。我父亲叫赵仲信，爷爷叫赵兴洲，太爷叫赵井泉，再往上不记得了。我儿子叫赵广新，孙女叫赵岳。现在，赵姓有 30 多户，130 多人。曹家 200 多人，全村第一大户，我们赵家就是第二大户了。

62 岁老村书记李忠祥说：过去传说马坊小屯要出皇上，结果没出了（liǎo）。有个叫花马赵四的，据说就是给皇帝保驾的，骑花马，使花枪，起个外号就叫花马赵四，他不叫赵玉喜就叫赵玉湖，我听赵林老人念叨过。说他有千斤之力，抓飞贼一手抓一个，过去过道（dáo）儿也窄，抓着脖领子把俩飞贼往过道（dáo）儿两边墙上一边一贴。推碾子，把碾轱辘举起来搁墙头上去，或者搁枣树杈儿上去。赵有老人接着说：过去赵家坟地有赵四坟。赵家祖坟在村南半里多地，1 亩地大，坟咕头有 10 来排，过去都上那儿吃官坟去。我记得赵四的坟，应该是在祖坟的第四排。后来我们这支分穴迁出来，从我太爷那辈儿迁的。满打满算，赵家有十六七辈儿了，约 400 年上下，大致在明万历末年，为明晚期了。

图 103　78 岁退休职工牛春生（摄于 2019 年 3 月）

牛姓，78 岁退休职工牛春生（图 103）说：牛姓从山东来的，第一辈儿叫啥不知道了，父亲叫牛长玉，爷爷叫牛得草，往上记不清了。我儿子叫牛成武，孙子叫牛童。现在，牛姓就我和我哥 2 户，10 人。

村里还有何姓（图 104），30 多户，100 多人。

贾姓，1 户，5 人。

图 104　87 岁退休职工何玉发（摄于 2019 年 3 月）

孙姓，2 户，20 多人。

藁姓，3 户，10 多人。

王姓，有两个王，一是王进才的王，从赵庄户搬来的，就 1 户，六七个人；一是王朝元的王，有 5 户，20 多人。

村里原来还有潘姓，现在村里没有这姓了，他们都到广西那边去了。

民国二十四年（公元 1935 年）《三河县新志》“卷之六·经制志·乡间篇·村庄户口”列有“三河县第九区户口调查表”记载，崔家庄，户数 81，男口 222，女口 220，男女总计 442。这是 20 世纪 30 年代初的调查资料。现在，崔家庄村有 300 来户，800 人。

大旺务村

大旺务村，坐落镇域东南部（图 105，图 106），北与东高村毗连，西与大庄户相邻，东与夏各庄镇接壤，南与三河县相接。

82 岁老村干部耿连明说：大旺务原来叫大（dài）王府，不清楚为啥叫的这个，以后改为大王务。啥时候咱县把府都改为务了，像龙家府改为龙家务，赵家府改为赵家务。后来咱村为吉利，才改为大旺务村的。79 岁老生产队长王福山说：大王府，据说原来住过大王，就是过去的山大王，占山为王。青龙山顶还有堡子遗址，围墙、房岔子、水井、碾子等。耿连明老人接着说：听说原来村里有个龙王庙，山顶上有小庙。这山是青龙山，山上有松树，有两眼井，还有碾子。90 岁老村治保主任王绪友（图 107）也说：村东头老爷庙，原来冲（chòng）西的，正对着村里的一眼井。据说有个南蛮子瞧风水，改成朝南了。村东北一座山，叫拔旗场，叫白了簸些（xie）掌。村西南有个山，叫打鼓台，山半腰一平台，这边打鼓，那边摇旗，互相联系。

图 105　大旺务村委会（摄于 2007 年 4 月）

图 106　大旺务村委会（摄于 2019 年 4 月）

这是村人所言，大意是说过去这里住过兵，且占山为王，并说当年的堡子遗迹尚存，两边山上还有拔旗场、打鼓台。而《北京市平谷

图 107　90 岁老村治保主任王绪友（摄于 2019 年月）

县地名志》记载：大旺务，“商代成村，村西北有当时聚落遗址，村名不详。明代称大王府，据传明代有位将领居住该村，占山为王，故称大王府。后将‘府’字改为‘务’字，又称大王务。清代时村民为求兴旺发达，改称大旺务。抗日战争时期，化名望龙”。这里所记“商代成村”，是说村西北有早可至商代的居住遗址。其实，这商代遗址与今天的大旺务村无关，不是由那时一脉相承下来的，故说大旺务商代成村不妥。这里又说“明代称大王府”，如是这样，则意味着大旺务明代成村了。

依村里老人所言，既称大王府，又称大王务，就像赵家务一样，所谓“逢府必务”，作者在写赵家务村时看到一些材料，认为一般凡是姓在首的“务”字尾村名往往也称“府”，反之亦然，都应是元代以前建成的村落，且是元代所命名。据说元世祖忽必烈统治时期，采取移民屯田等政策，增强大都经济实力，保持社会稳定。如在大都设置“营田提举司”，管理大都地区的营田事宜。为加强税粮管理，便在适当的村落设负责管理收集税粮的民间机构，称作“务”，“务”的负责人不是官而是吏役，或由地方官指定富户主人操办收取税粮，这种管理者也称作“府”，而税粮收存保管的地方也称作“府”。税粮收集负责人姓氏，就是“务”的具体机构名称。往往有“务”机构的地方就必然有“府”，反之，有税粮收储的“府”则必然有个“务”机构在那里，故俗语有“逢务必府”或“有府必务”之说了。大旺务是否元代或元代以前就已成村，目前没有直接记载或证据，但一定早不到商代的。

历史上，大旺务由平谷和三河两县管辖。清康熙十二年（公元1673年）《三河县志》“地理志·疆域”记载：有“英城社，在县北三十里”，大旺务当在英城社内。只是三河志没有具体写出村庄名字，也就没有大旺务之名了。

清康熙六年（公元1667年）《平谷县志》“地理志·乡社”有“大王务，十五里”记载，同时还有“新店，十里”，“在县南境”的记载。这部平谷县志为清初所编写，主要内容当延续了明志，因此，大旺务及辛店明时应该立庄了。雍正六年（公元1728年）和乾隆四十二年（公元1777年）《平谷县志》“地理志·村庄”所记，与此没有变化。

清乾隆二十五年（公元1760年）《三河县志》“乡闾志·里社”记载：这时“三河民居村落纷多，分二十五社”，其中仍有“英城社”。“乡闾志·村庄”“东北路信一乡”，记载有“大王府庄”。《平谷县志》写作大王务，《三河县志》写作“大王府”，或说明这俩名是同时称呼的，应该没有先后。因为这两部县志编写前后仅差十几年，几乎可以看做是同时编写。

民国二十四年（公元1935年）《三河县新志》“卷之六·经制志·乡闾篇·区域”记载：“按旧志所载五百五十七村，今则五百三十九村，向分八路十五乡二十五社一百零八保。庚子（清光绪二十六年，公元1900年）后改行新政，分为二十四区。至宣统二年（公元1910年），划区自治，并为十三区，后又并为九区。现并为三区。”“第一区公所在皇庄镇，辖一百八十三村，编一百零五乡；第二区公所在夏垫镇，辖一百八十四村，编一百零五乡；第三区公所，在张各庄镇，辖一百七十三村，编九十三乡。”这时大旺务应属于第三区公所。而志书所记，“今将全县村庄仍按九区时代分辖数目开列”，第九区有“大旺务”，这时已不再写“大王务”了。同时，民国二十四年（公元1935年）《三河县新志》“卷之六·经制志·乡闾篇·村庄户口”列有“三河县第九区户口调查表”记载：大旺务，8户，男33口，女20口，男女总计53。

这是20世纪30年代初调查资料，为什么记载大旺务仅有8户人家、53人呢？作者来村访谈，90岁老村治保主任王绪友记得，以前大旺务归两个县管，村里有个东西向大街，中间以早市为界，南半个村属于三河县，北半个村属于平谷县。过去县里来人要钱收税，平谷人来，有人就到三河这边，说我是三河的。三河人来，就到平谷这边，说我是平谷的。大旺务村西150米左右，平三路东侧，有个新店。过去是个独立村，新中国成立以后，才与大旺务村合并为一个村。大旺务有15个生产队，新店是第11生产队。现在也叫新店村，是大旺务村第11村民小组。新店原来10多户，四五十人。现在新店有30来户，六七十人，主要有乔、孙、刘、耿、闫等姓。这里，老人是说两县各管半个村庄，顺便也把辛店的变化说了。要是三河县也管半个村庄，怎能仅有8户人家、53人呢？作者来大庄户访谈，83岁老村书记于德庆老人说：过去听老人说过，大旺务东南角有几户人家，归三河县管。大概这是实情，与三河新志所记 8 户、53 人相吻合了。

民国九年（公元 1920 年）《平谷县志》“卷一·地理志·村庄”“第三区”有“大旺务，十里”记“辛店庄，十二里”记载，这时已写作“大旺务”了。

民国二十三年（公元 1934 年）《平谷县志》“卷二下·经政志·自治”记载，这时全县分为三个区、77 个乡。“卷一·地理志·市乡”第一区，有“第十一乡，大王务，副乡辛店”。看来直至这时，辛店应该还是一个独立村庄。而这部志书此处又写作“大王务”了。

抗日战争开始后，在中国共产党领导下，随着冀东西部抗日根据地的开辟，于 1940 年 4 月起，至 1946 年初，相继建立蓟（县）平（谷）密（云）、平（谷）密（云）兴（隆）、平（谷）三（河）密（云）及平（谷）三（河）蓟（县）等联合县，大旺务相继属于这几个联合县。

1946 年 3 月，取消联合县建制，恢复平谷县的单一建制，至 1949 年 8 月，全县下设 7 个区，大旺务属于第二区（南独乐河区）。1950 年 5 月，将 7 个区合并为 5 个区，大旺务属于第一区（城关区）。1953 年 6 月，建立乡政权，全县划分为 6 个区，80 个乡（镇），大旺务属于城关区大旺务乡。1956 年 7 月，撤销区级建制，将 79 个乡镇并为 34 个乡镇，大旺务当属于东高村乡。1958 年 1 月，将 34 个乡镇合并为 18 个乡，大旺务属于城关乡。1958 年 9 月，撤销乡建制，建立 5 个人民公社，大旺务属于马坊人民公社东高村管理区内。1961 年 6 月，撤销管理区，将

5个人民公社划为21个人民公社，大旺务属于东高村人民公社。直至1984年4月，全县人民公社改为乡，大队改为村。这时改为东高村乡，大旺务大队改为大旺务村委会。1990年3月，撤销东高村乡，设立东高村镇，大旺务属于东高村镇，延续至今。

耿连明老人说：大旺务村第一大户是姓耿的，然后就是姓陈的和姓赵的，还有张、王、李姓等。当问及哪姓来得最早，即谁先来立庄时，据说大旺务最早来的是田姓，是田家立的庄。现在，村中间十字街南还有田家胡同（图108），只是排门牌号时近年把田家胡同改为田家路了。如今，村里还有姓田的，田瑞芝、田瑞云都已去世，田长荣也90多了。田家现在有6户，20多人。人不多，这也应了坐庄户往往人丁不旺的话。

图108　大旺务村十字街，65岁村支委陈永和所指即是田家胡同（摄于2019年4月）

耿姓，耿连明老人说：耿姓据说是从河南野鸡岗搬来的。父亲叫耿守志，爷爷叫耿柏成，太爷叫耿钱，老太爷叫耿天俊，老老太爷叫耿元通，再往上记不住了。过去小家谱就写到这儿。我儿子叫耿会来，孙子叫耿进山，有重孙子了。耿家到现在，最小的孩子已经是24辈儿了。这样看来，按25年一辈儿计，耿家来这大致五百七八十年，近600年了，当在明朝前期过来的了。

听说耿家历史上有个举人，跟着大官干事，具体干啥不清楚。大官中途罢官，叫他回家，他会看相，说大官罢官去哪儿他就跟哪儿去，没过多久，大官官复原职，他又跟着大官回朝廷了。80 岁老生产队长耿时瑞（图 109）说：我父亲叫耿云秀，爷爷叫耿汝丛，太爷叫耿连元，老太爷不太清楚叫啥了。我儿子叫耿仲宝，孙子叫耿秋亮。

57 岁村副主任耿吉明（图 110）说：我父亲叫耿志荣，爷爷叫耿玉山，太爷不记得叫啥了。我儿子叫耿伟，孙子叫耿佳睿。我和耿连明是平辈，耿时瑞辈儿小，属孙子辈儿。

耿姓占全村人约 35%，2000 人左右。

陈姓，65 岁村支委陈永和（图 111）说：听说陈家是从河南信阳挑着挑子逃荒过来的，一开始到兴隆，在那边生活不下去了，就搬到了这儿，就是我老太爷那辈儿小时候过来的。父亲叫陈宝山，爷爷叫陈续

图 109　80 岁老生产队长耿时瑞（摄于 2019 年 4 月）

图 110　57 岁村副主任耿吉明（摄于 2019 年 4 月）

图 111　65 岁村支委陈永和（摄于 2019 年 4 月）

祥，太爷叫陈柏芝，老太爷叫啥不知道了。我儿子叫陈国强，孙女叫陈梦然。现在，我们这门有十几户，七八十人。陈姓大致分五大门，是不是都从河南信阳来的，我就不清楚了。

91 岁老生产队长陈克恒（图 112）说：听说陈家从河南搬来的。我父亲叫陈从芝，爷爷叫陈俊田，太爷叫陈刚，老太爷叫陈广达，老老太爷叫陈万仓，就是陈万仓过来的，到我这儿是第六辈儿，全算上 9 辈儿人了。这样看来，陈家来此 200 年上下，约在清嘉庆末年至道光初年之际。现在，陈家百八十户，300 多人。

赵姓，63 岁村广播员赵建文（图 113）说：我不知道赵家从哪儿来的，父亲叫赵现古，爷爷叫赵以仟，太爷叫啥不清楚。女儿叫赵红霞、赵红梅。71 岁退休职工赵以海（图 114）也说：没听老人说过赵家从哪搬来的，就记得赵家有四大门。父亲叫赵柱林，爷爷叫赵连和，

图 112　91 岁老生产队会计陈克恒（摄于 2019 年 4 月）

图 113　63 岁村广播员赵建文（摄于 2019 年 4 月）

图 114　71 岁退休职工赵以海（摄于 2019 年 4 月）

再往上不知道了。儿子叫赵振军，孙女叫赵洋。这么说来，过去赵家应该有老哥四，从而形成了四大门。赵以海老人也说：大旺务村里不是一个赵，那即是说还有从其他地方搬来的赵姓人的，与他们不是本家。现在，赵姓有 100 多户，二三百人。

周姓，78 岁村民周克芳说：周家从桥头营搬来的。桥头营周家占百分之六七十，我小时候还到那边上坟呢。父亲叫周廷元，爷爷叫周贵。据说是老老太太带着周家过来，嫁给耿家人。我女儿叫周晓鹏、周晓军。现在，我们这个周有十几户，40 来人。村里还有一个周，周长海的周，是从周村搬来的。

张姓，72 岁老村书记张建富（图 115）说：听老辈儿人说张家是从山西搬过来的，先到杨家会村，后又搬到这儿。父亲叫张永和，爷爷叫张福，太爷这辈儿老哥四（sè），张思丛、张思静、张思德，还有一个太爷不知道叫啥了，形成四大门。我儿子张小龙，孙女张馨宁。现在，张家四大门有 20 多户，100 多人。还有两个张姓，张学珍的张、张汉文的张，不清楚是不是一个家族的。

图 115　62 岁老村书记张建富（摄于 2019 年 4 月）

李姓，78 岁村民李仲普（图 116）说：李家从赵各庄搬过来的，到这第一辈儿是太爷李修德，爷爷叫李占鳌，父亲

图 116　78 岁村民李仲普（摄于 2019 年 4 月）

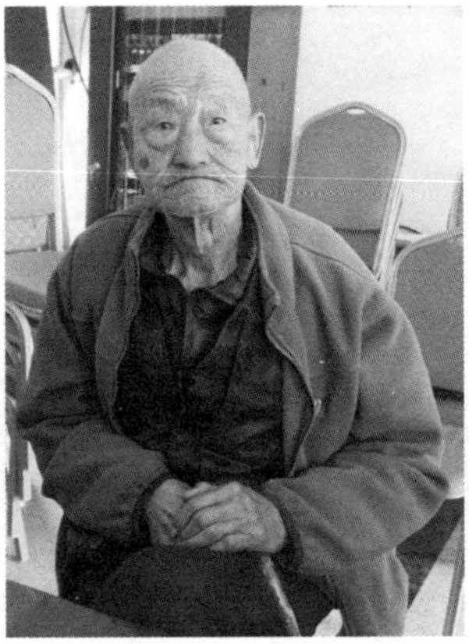

图 117　90 岁村民吕德广（摄于 2019 年 4 月）

图 118　73 岁老生产队长吕德禄（摄于 2019 年 4 月）

叫李长福，女儿叫李国芹。全村来看，我们李家已见着 8 辈儿人了。这样算来，大概到这儿一百七八十年左右。现在，李家有 30 多户，150 来人。

吕姓，90 岁村民吕德广（图 117）说：吕家从南边三河过来的，不知道是哪村来的。父亲叫吕奇，爷爷叫吕文起，太爷不记得了。我儿子叫吕长兴，孙子叫吕小龙，有重孙子记不住叫啥了。

73 岁老生产队长吕德禄（图 118）说：父亲叫吕臣，爷爷叫吕文明。儿子叫吕长生、吕长满、吕长青，孙子叫吕海兴。

现在，吕家有 30 来户，百十人。

翟姓，70 岁村民翟友富（图 119）说：翟家听说是从河南过来的，是大旺务的老户了，人丁不是很旺。我父亲叫翟善和，爷爷叫翟万春，太爷不记得了。儿子叫翟松山，孙女叫翟宇鑫。现在，翟姓有 7 户，20 多人。

图 119　70 岁村民翟友富（摄于 2019 年 4 月）

图 120　79 岁老生产队长王福山（摄于 2019 年 4 月）

图 121　81 岁老生产队长乔自宽（摄于 2019 年 4 月）

王姓，79 岁老生产队长王福山（图 120）说：我们这王家，从河南搬过来的。第一辈儿叫王万祥，第二辈儿叫王显章，第三辈儿叫王勋，第四辈儿叫王朝凤，第五辈儿叫王会军，第六辈儿叫王秉善，第七辈儿就是我了，第八辈儿我儿子叫王印发，第九辈儿我孙子叫王伟杰，第十辈儿重孙子叫王子博。现在，新修了家谱，王家共 40 多户，200 来人。看来，王家从河南到这儿，如果最小的一辈儿忽略不计，9 辈儿人大致 230 年上下。

耿连明老人谈及 90 岁老村治保主任王绪友时说，他是他妈从北张岱带来的，就一人，没有儿女。

乔姓，81 岁老生产队长乔自宽（图 121）说：我们乔家与辛店的乔是一个乔，我们是从辛店搬来的，不知道辛店乔家从哪儿来的。听说上边有个“乔老公”，不知道是哪辈儿，在辛店村东一大片乔家坟，有个乔老公坟，有石供桌。1975 年前后，乔家坟地在平坟中给平了。周克芳老人接着说：都传说过去那里使响场啥的，都以为坟里有好东西，结果平坟的时候好些人去看，里边啥也没有。耿连明老人说：据说辛店村建庄比大旺务还早，就是没发展起来，尤其抗战时期，鬼子把辛店烧毁了。李仲普老人说：辛店现在还有姓乔的，如乔玉宝，他父亲叫乔连芳，他儿子叫乔有志。乔自宽老人说：我不知道乔家到大旺务的第一辈儿叫啥，我父亲叫乔玉德。现在，大旺务乔家有5户，20来人。辛店那边有6户，20多人。加一块，乔家有10多户，40多人。

此外，村里还有宋、高、韩、潭、刘、符、朱、孙、郭、姜等小姓，其中韩姓和朱姓属于较大的户，都20多户，百八十人。其他姓都是小姓，也就三两户，十来个人。

现在，大旺务村有1800多户，5700多人，为全区最大村庄之一。

附　大旺务所属辛店村

85岁退休职工乔玉宝说：辛店这名咋来的不知道了，只听说是姓闫的和姓乔的来得最早。明朝建都南京，后又迁都北京，乔家就从南边跟着过来了。所以，辛店也应该是个老村。

村人所谈，辛店明朝成村。《北京市平谷县地名志》记载：辛店“大旺务村委会辖村”，“明代成村，原名新店。据传未成村时，就有人在此地新开一客店，成村时便以新店为村名，后演变为辛店”。地名志亦说辛店明时成村，大致不差。对于村之得名，村人都说不知道如何得名。如是地名志说“有人在此地新开一客店，成村时便以新店为村名”这样，八九十岁老人应该不至于不知道。所以，此说值得研究。

旧志有“新店铺”记载。翻阅现存最早的清康熙六年（公元1667年）《平谷县志》“地理志·邮驿·铺舍附”所记：“邮，以传命也；驿，以厚使也。命传，则上下之情通；使厚，则往来之劳节。壅命薄使，责有攸（yōu所）归矣。其所系，讵（jù岂）不重哉！若夫铺舍，亦邮驿之类耳。”从志书来看，所说古代邮驿或铺舍，是有今天邮电功用了。县志接着写道：“邮驿无。铺舍，在城南总铺，在县治南，今废。高村铺，在县治南，今废。新店铺，在县南十里。下箭务铺，在县北二十里。二铺知县姚湛建。”

清康熙志主要应承继了明志内容，故这里所记“铺舍”当为明时所建了。既然城南总铺、高村铺已废，“二铺知县姚湛建”之“二铺”，或指新店铺及下箭务铺了，下箭务应为今乐政务。

知县姚湛，翻阅清康熙六年（公元1667年）《平谷县志》，“卷之二·秩官志”缺失。雍正六年（公元1728年）《平谷县志》“卷之二·秩官志·职官”记载：明知县，“姚湛，辽东沈阳卫人，举人，二十四年任”。这“二十四年”，即为明嘉靖二十四年（公元1545年），在任大概一年左右，嘉靖二十五年（公元1546年）记载就是山东平度王椿任知县了。作者觉得，“新店”得名，或与新店铺有关。

即是村人公认新店为闫姓、乔姓来得最早，而乔家有人曾任知府，且安葬于此，并立有墓碑，时间为明万历二十几年。一是既然做得知府，起码是进士或举人，查阅康熙时县志，进士、举人中未有乔姓者，为官者亦未有乔姓者。说明任知府的乔家人不是在平谷参加的科考，或如乔玉宝老人所说，乔家从湖北过来，老祖宗明万历时有个知府葬这儿了。按乔玉宝老人说的，乔家到他这儿十六七辈儿，应该有重孙子辈儿了，这样满打满算20辈儿，每辈儿按25年计，最小一辈人也许三两岁，不够成年，可不计，19辈儿约四百七八十年，大致在明嘉靖中期，恰与知县姚湛明嘉靖二十四年（公元1545年）建新店铺吻合。因此，新店村也极可能建于此时。

清康熙六年（公元1667年）《平谷县志》“地理志·乡社”记载，“新店，十里”“在县南境”。这部平谷县志为清初所编写，主要内容当延续了明志。雍正六年（公元1728年）和乾隆四十二年（公元1777年）《平谷县志》“地理志·村庄”所记，与此相同。民国九年（公元1920年）《平谷县志》“卷一·地理志·村庄”“第三区”，有“辛店庄，十二里”记载，这时已写作“辛店”了。据旧志记载，从全区村落来看，初名“新”字，后改为“辛”字者，不止三五个村庄。1943年，鬼子把辛店房子拆了，修炮楼。村子毁了，村人只好投亲靠友。1945年日本投降以后，乔家、耿家、刘家及闫家搬了回来，称“四大家”。有落户到兴隆等外边的，就不回来了。1958年高级社后，这儿家归大旺务西小街，编为第六队，自此成为大旺务一部分了。

辛店乔、耿两姓为大户。

乔玉宝老人说：据说乔家是从湖北随着明朝移民过来的，过去有家谱，“文化大革命”时毁了，第一辈儿叫啥也记不住了。我们乔家坟地，就是大明朝时立的。乔家坟地在辛店村东南1里来地，据说有个老祖宗是知府，在哪儿当知府不知道，就葬这儿了。有个石碑，万历二十二年（公元 1594 年）或二十三年（公元 1595 年）立的，1 米来高，坟前还有石人石马，我小时见过，还有两三个。那片坟地不够 1 亩地，葬有六七辈儿人，还种一溜儿地。西边还有一片坟地，也有六七辈儿。我老家挨着大马路，过去还有上马石、下马石，六七十公分高，半边低半边高。过去乔家有个当老公的，就是太监，称乔老公，趁钱。听说在家里使响场，也忒张狂了，后来挨抄了。88 岁老大队长耿瑞田说：听说是底下埋着木杠，上面挂着铃铛，牲口拉着碌碡一轧场哗哗响，具体啥时候就不清楚了。

乔玉宝老人说：乔家到我这儿有十六七辈儿。我父亲叫乔连芳，爷爷叫乔怀信，太爷叫乔宗旺，老太爷不记得叫啥了。我儿子叫乔爱民、乔爱国、乔爱春，孙子叫乔建，孙女叫乔兰、乔杰、乔洋。乔家有搬到大旺务村的，还有搬到三河李旗庄。有个乔家人，在三河饭店学徒，在那边说个媳妇，就落那边了。还有搬到河北兴隆县的。我哥哥当兵，转业到甘肃兰州了。

闫姓，64 岁村民闫起顺（图 122）说：听我大爷说过，闫家是从山东过来的，他要活着有 100 多岁了。别的就不知道了。闫家是老户，大伙儿都这么说。父亲叫闫福恒，父亲生下来两三岁，爷爷、奶奶就没了，跟着三河蒋福山姑姑长大的。20 来岁以后还回来，就自个儿过，娶个媳妇，还不会生养，抱养的我。我是梨树沟的，本姓齐。我儿子闫学刚，孙子闫新宇。现在，闫家三四户，30 来人。

88 岁老大队长耿瑞田（图 123）说：耿家从河南野鸡岗搬过来的，来到大旺务，带着 5 个儿子，第一辈儿叫啥不知道了。后来有一个又回

图 122 64 岁村民闫顺起（摄于 2019 年 4 月）

图 123 88 岁老大队长耿瑞田（摄于 2019 年 4 月）

河南了，这边留下 4 个儿子，形成四大门。现在，耿家是大旺务最大的姓。我父亲叫耿树海，爷爷叫耿会民，太爷叫耿玉召，再往上不知道了。我儿子叫耿仕武、耿仕东，有 4 个孙女。耿家现在已有 24 辈儿了。

抗战时期，辛店村有二十一二户，其中，乔家 7 户，刘家 1 户，孙家 1 户，闫家 3 户，耿家 3 户等，共 100 多人。现在，辛店有 30 来户，100 多人。

大庄户村

大庄户村，坐落镇域东南部（图 124，图 125），东与大旺务接壤，北与大旺务辛店毗连，西与赵家务相邻，南与三河县相接。

83岁老书记于德庆说：先有大旺务，后有大庄户，大庄户就是大旺务庄户。84岁村民于德启说：大旺务又叫大（dài）王府，叫白了又叫大（dài）儿府，我们这村名就叫大（dài）儿府庄户。71岁老村治保主任耿清奇说：我们由大王府搬过来，新立的庄，叫庄窝。初步立庄的姓刘，叫刘庄头，在这儿先盖的房，后来姓耿的由大王府搬过来。头100年前就叫庄户，不叫庄窝。后大王府改名大旺务，我们村就随着改叫大庄户了。1956年，大旺务还有一个别名，叫旺龙高级农业生产合作社，我们村改为永生农业生产合作社。这名儿只叫了2年，1958年就叫大庄户生产大队了。于德庆老人记得，1958年改为大庄户，原来叫小庄户。耿清奇老人接着说：到“文化大革命”时，叫大庄户革命委员会，现在叫大庄户村民委员会。

图124　大庄户村委会（摄于2007年月）

图125　大庄户村委会（摄于2019年3月）

《北京市平谷县地名志》记载：大庄户，“清代成村，光绪三十三年（公元1907年）称庄窝，民国十五年（公元1926年）称大旺务庄窝。该村因由大旺务迁出的农户在此建立，附属大旺务，故名。1945年以后独立，称大庄户。抗日战争时期，化名‘西王府’”。这里所记“清代成村”，也应在清代中晚期，不然，起码清乾隆四十二年（公元1777年）《平谷县志》应该有记。说“光绪三十三年（公元1907年）称庄窝”不知所依何据，但叫“庄窝”，与村里老人访谈吻合。说“民国十五年（公元1926年）称大旺务庄窝”，所记有误，民国九年（公元1920年）《平谷县志》就有“大旺务庄窠，十里”的记载了。

历史上，大旺务由平谷和三河两县管辖。于德庆老人记得，过去听老人说过，大旺务东南角有几户人家，归三河县管。这么说，大庄户历史上与三河县没有关系了。大庄户独立成村前，应为大旺务村一部分，主要属于平谷县了。

清康熙六年（公元1667年）《平谷县志》“地理志·村庄”有“大王务，十五里”记载，雍正六年（公元1728年）和乾隆四十二年（公元1777年）《平谷县志》“地理志·村庄”所记没有变化。如果至乾隆时这里已有一定规模、且具一定影响的人家，志书不会遗漏一个村落的。

民国九年（公元1920年）《平谷县志》“卷一·地理志·乡社”的“村庄”，第三区有“大旺务，十里”，亦有“大旺务庄窠，十里”记载。这里的“大旺务庄窠”，应该就是今天的大庄户，也就是访谈中老人所说的“庄窝”。这是志书第一次出现大庄户村名，作者在南宅庄户写道：所谓“庄窠”与“庄户”一样，大意是指人居住的地方或人家，往往是在老庄旁边渐渐建起新的人家。对这新成村且由附近大村搬来的小村，一般称为“庄窠”或“庄户”了。

民国二十三年（公元 1934 年）《平谷县志》“卷一·地理志·市乡”记载：“第一区”“第十一乡，大王务，副乡辛店”，有“大旺务”，而没写大庄户。这是一部有史以来，记载最为翔实的志书，看志书所记，那时平谷 70 多村子，几乎每个村名都有，可没有大庄户，应该是这时还没独立成村，就是一个不大的自然村，仍属于大旺务一部分。不然，不会不记。地名志所说大庄户“1945 年以后独立”，成为一个独立的行政村大致或在这前后了。

1949 年 8 月，全县下设 7 个区，大庄户在第二区内。1950 年 5 月，将原 7 个区合并为 5 个区，大庄户属于第一区（城关区）。1953 年 6 月，建立乡政权，全县划为 6 个区，80 个乡（镇），大庄户应在城关区大旺务乡。1956 年 7 月，撤销区级建制，并为 34 个乡镇，大庄户应在东高村乡。1958 年 1 月，将 34 个乡镇合并为 18 个乡，大庄户应在城关乡。1958 年 9 月，撤销乡建制，建立 5 个人民公社，下设管理区。大庄户应在城关人民公社东高村管理区。1961 年 6 月，撤销管理区，将 5 个人民公社划为 21 个人民公社，大庄户应在东高村人民公社。直至 1984 年 4 月，全县人民公社改为乡，大庄户属于东高村乡。1990 年 3 月，撤销东高村乡，设立东高村镇，大庄户属于东高村镇至今。

大庄户有耿姓、张姓、于姓三大姓。

耿姓，71 岁老村治保主任耿清奇说：耿家从河南野鸡岗搬来的，先到大旺务，由大旺务又搬到这儿，大概有 300 年了。我父亲叫耿长

图 126　67 岁退休干部耿贵江（摄于 2019 年 3 月）

图 127　64 岁村干部张左银（摄于 2019 年 3 月）

玉，爷爷辈儿是哥仨，三爷叫耿立君，另外哥俩不知道叫啥。我儿子叫耿贵武，孙子叫耿晨熙。67 岁退休干部耿贵江（图 126）说：我父亲叫耿清城，爷爷叫耿长起，太爷叫耿福君，老太爷叫耿明星，再往上不知道了。我儿子叫耿仲君，孙子叫耿兴。现在，耿家大概有百十户，300 来人。

张姓，64 岁村干部张左银（图 127）说：张姓不知道从哪儿来的，父亲叫张福臣，爷爷叫啥都不知道了。我儿子叫张爱新、张爱伟，孙子叫张金磊、张宇森。现在，张姓有八九户，40 来人。

于姓，84 岁村民于启德说：传说于家是从山东大水泊哥俩挑挑子要饭过来的，一个落掘山头，掘山头 90% 姓于；另一个落通县了，顺义有个村叫于地，是这哥俩的后代，搬到顺义，我们肯定是一个于。大庄户于是从掘山头搬过来的，老祖坟就在掘山头。掘山头村在大庄户村南 5 里地，

图 128　84 岁村民于德启（摄于 2019 年 3 月）

图 129　84 岁老生产队长李福田（摄于 2019 年 3 月）

属于三河县。我父亲叫于尚有，爷爷叫于自瑞，太爷叫于财，再往上不知道了。我儿子叫于柏稳，孙子叫于海鹏。于姓分 3 大门。我们这于家有 14 户，四五十人。

83 岁老村书记于德庆说：于家据说是从山东大水泊过来的，到这儿的第一辈儿叫啥不知道了，先有家谱，“文化大革命”时烧了。我父亲叫于洪，爷爷叫于瑞堂，上边有个叫于润的，不知道是哪辈儿了，应该在上边四五辈儿。女儿叫于艳萍、于艳东、于艳华、于艳梅、于小曼。现在，我们这于家有 22 户，106 人。

84 岁村民于德启（图 128）说：我父亲叫于浩生，儿子叫于文生、于文水、于海生，孙女叫于涵月。

李姓，84 岁老生产队长李福田（图 129）说：李家从南宅搬来的。作者在南宅访谈，了解到南宅李家是从山东搬来的。李福田说：父亲叫李增春，爷爷叫啥不知道。耿贵江接过话

图 130　84 岁老生产队长贾增顺（摄于 2019 年 3 月）

茬，说就是从他爷爷那辈儿搬过来的。李福田老人继续说：我儿子叫李全林、李全祥、李全兴，孙子叫李晓光、李鹏远。有个重孙子，想不起叫啥了。现在，李家有 21 户，40 多人。

贾姓，84 岁老生产队长贾增顺（图 130）说：我们贾家是从西鹿角搬来的，就从我爷爷那辈儿过来的。西鹿角有前街贾，后街贾，我们是西鹿角后街的贾。我爷爷叫贾连山，父亲叫贾银，女儿叫贾丽芳，外孙子叫贾俊超、贾俊鹏，重外孙叫贾子轩。贾家就我们这 1 户，7 个人。

老人们说，村里还有梁姓、赵姓、周姓等。

梁姓，梁桂春，87 岁，从山东过来的，梁家有 10 来户，30 多人。

赵姓，赵春生，60 多岁，赵家有 7 户，20 来人。

周姓，周振海，82 岁，父亲周志浩，从东寺渠搬来的。周家有 3 户，10 来个人。

现在，大庄户村有 200 多户，800 多人。

东高村

东高村，坐落镇域中部（图 131，图 132），东与夏各庄镇稻地村接壤，北与南埝头村毗连，西与西高村相邻，南与大旺务村相接。

东高村得名，84 岁原北屯中学校长王正荣说：原名叫枣林庄，东高村南边原来是一片枣树林，后来从东南山沟发水，对居住有危险，村庄逐渐北迁至现在这个地方。枣林早没有了，那时又称皋埠，金、元时称高村铺，明时称东皋村，清朝称东高村。抗日战争时期，化名东亭。

图 131　东高村村委会（摄于 2007 年 8 月）

图 132　东高村村委会（摄于 2019 年 4 月）

《北京市平谷县地名

志》记载：东高村，“汉代成村，原名枣林庄，又称高埠。金、元时期称高屯铺。明称东皋村。清称东高村。均因村址地势略高，又在西高村东面，故名。抗日战争时期，化名‘东亭’”。又记载，“村东南有汉代聚落遗址，出土文物有陶片、陶纺轮、铁锄、铁斧等。”

王正荣老人所谈，与地名志所记基本一致。不知是听老辈儿人口口相传，还是后来看了地名志或《平谷村情》一书，而《平谷村情》一书的主要内容来自地名志。当然，也不排除编写地名志时来村访谈了村里老人。75岁村老建筑公司经理孟广瑞（图133）说：听说以前叫枣林庄，后来着一把火给烧了，就往这边盖，叫东高村。现在枣林那地方叫河道床子，一刨好些瓦砾，好多坛坛罐罐。或是说枣林村毁于火灾，与王正荣老人所说不完全一样。

图133　75岁村老建筑公司经理孟广瑞（摄于2019年4月）

东高村东南大概历史上有个枣林庄，只是这个枣林庄未见旧志记载。按地名志所记，东南汉代聚落遗址，即是枣林庄了。以此便说东高村“汉代成村”，值得商议。毕竟今天的东高村人，应该不是由枣林庄人一脉相承下来的。又说金、元时称高村铺，明称东皋村，亦未见相关资料。

平谷旧志乃至《金史》有传的官至横海军节度使的巨构，其墓就在东高村西北，平三公路西侧原金属公司院内。作者曾到西高村访谈老人，告说巨家坟前立一石碑，足有七八尺高，下面土掩着。老人记得石碑上好像写着“东、西皋村”“东皋村西缘”等字迹。1984 年金属材料公司院内施工发现一石椁木棺墓，石椁盖上平放一方墓志，有些残损且风化浸蚀严重，“如此故东皋”字样，可与村人所谈“东、西皋村”相印证，而东高村现在还有巨姓人。这证明金代应该叫“东皋村”“西皋村”。

当然不止这些，作者在编写史话整理“石刻”资料时，研究 1993 年 6 月大旺务村发现的辽修五代后唐王仲福墓志，有“夫人齐氏”“去辽应历九年十二月十三日遇疾，终于蓟州渔阳县界高村之私第也”语。起码说，辽应历九年（公元 959 年）甚至以前，就有高村了，且一开始名字可能就叫“高村”。根据王仲福墓志发现于大旺务及墓志“高村之私第”所记来看，这高村应该是东高村。那时，极可能还没有分东西高村，或说西高村还没有成村，就称高村。而“高”字或与金代巨君墓志所写东西皋村之“皋”字，二字或为并用，毕竟“皋”字所取的，应该也为“高地”之意，当然，“皋”有“水边高地”意，“高”字则没有。

元初荣禄大夫赵铸为独乐河玄宝观柏树所撰《玄宝观活死柏之记》有“余方客东皋，与是村相望一舍耳”语，“一舍”一般是指三十里，《左传》“僖公二十八年”有“退三舍辟之”语。这里写到赵铸住在“东皋”的客店，“东皋”即是东皋村，看来元时东、西高村依然以“皋”字相称，而不是地名志写的“高村铺”。清康熙六年（公元 1667

年）《平谷县志》“地理志·村庄”，记载县南境，有“东高村，八里”。清初时所记村庄，应该是延续明时旧志。如民国二十三年（公元1934年）《平谷县志》“卷六下·艺文志·琐记”所记：“明代平谷旧志载有距城四里闫家庄、马圈庄二村。近百年来，邑中所属久已无此村庄。”而康熙六年（公元1667年）《平谷县志》“地理志·村庄”记载，则有“闫家庄”“马圈庄”，就是明证。也就是说，明代时又叫东高村了，而非清代。雍正六年（公元1728年）和乾隆四十二年（公元1777年）《平谷县志》“地理志·村庄”所记与此没有变化。

民国九年（公元1920年）《平谷县志》“卷一·新政志·自治”记载“地方分区自治”，设5个区，其中“第三区，自治办公处，东高村临泉寺”，所记有“东高村，五里”。民国二十三年（公元1934年）《平谷县志》“卷二下·经政志·自治”记载“现时区镇乡村”，全县分为3个区，共77个乡，实际上相当于一个行政村一个乡了。“卷一·地理志·市乡”记载：“第一区，位县之西、南境，所属共二镇、二十六乡”，其中“第十乡，东高村”。

抗日战争时期，随着冀东西部抗日根据地的开辟，于1940年4月起，相继建立蓟（县）平（谷）密（云）联合县、平（谷）密（云）兴（隆）联合县、平（谷）三（河）密（云）联合县、平（谷）三（河）蓟（县）联合县，东高村隶属其中。1946年3月，取消联合县建制，恢复平谷县单一建制，至1949年8月，下设7个区，东高村应在第二区内。

1950年5月，将原7个区合并为5个区，东高村属于第一区（城关区）。1953年6月，建立乡政权，全县划分为6个区，80个乡（镇），东高村属于城关区东高村乡。1956年7月，撤销区级建制，将79个乡镇并为34个乡镇，东高村属于东高村乡。1958年1月，将34个乡镇合并为18个乡，东高村当在城关乡内。1958年9月，撤销乡建制，建立5个人民公社，下设21个管理区，东高村当在城关人民公社东高村管理区内。1961年6月，撤销管理区，将5个人民公社划为21个人民公社，东高村隶属于东高村人民公社。直至1984年4月，全县将公社改为乡，大队改为村。东高村属于东高村乡。1990年3月，撤销东高村乡，设立东高村镇，东高村属于东高村镇，并作为东高村镇驻地至今。

图134　69岁社区书记王全利（摄于2019年4月）

东高村有5姓老民，69岁在职社区书记王全利（图134）如是说：这5姓老民包括，姓蔡的，姓巨的，姓黄的，姓任的，姓湛的。姓黄的现在没人了，其他4姓都在。

图135　69岁老社区书记巨存（摄于2019年4月）

巨姓，69岁老社区书记巨存（图135）说：都这么说5姓老民，巨姓是这儿的老民，据说过去是皇上封的。我叔叔巨有才清楚，去年去世了。过去有家谱，大年三十挂出来。我没见过，早就没了。巨家坟在村西北 1 里，有 100 亩地，600 多坟头，从西向东埋的。石人石马在坟地的西北位置，附近有个大碑，大碑东西两边各有一小碑。这 3 个是交龙碑，底下方坐。石人抱着上朝的笏板，一边一个石人，还有一对石马、一对石羊等。我小时候上坟去还骑上去玩呢，“文化大革命”时全给砸了。金代老祖巨构，传说叫巨无霸，在朝廷做节度使。据说打仗让人把脑袋砍了，朝廷给做个金脑袋。下葬时，一宿（xiǔ）刮起一个大沙坨子，把这坟就埋上了。

71 岁老村书记张文圣（图 136）说：那地名叫西沙子，一个大沙丘。20 世纪六七十年代，生产队垫猪圈，用大车拉沙子拉没了。大沙丘西坡是西高村的，北坡是南埝头的。修这条新道时，就从沙丘中间修的。大道东边还留着一个沙包，是南埝头的，现在也没了。

图 136　71 岁老村书记张文圣（摄于 2019 年 4 月）

巨存老人记得，石人石马的坟没扒，就是平了。修大道建琴岛时，挖出不少尸骨。巨家有不少搬到外面去了。如西高村过去有 1 户，叫巨同，现在没了。稻地有 1 户，将军关也有，都从这儿搬去的。鱼子山巨家也是这儿的，那儿人多，有几十户。我父亲叫巨来顺，爷爷叫巨原，太爷叫巨凤奇，再往上不知道了。我儿子叫巨德生、巨德全，孙子叫巨星、巨祥，有重孙子了。现在，东高村有巨家3户，20多人。

84岁原北屯中学校长王正荣说：王家在明朝初年，从山东省济南市大槐树村过来的。当时山东闹大灾，燕王扫北，把灾民就带过来了。王家第一辈儿来老哥俩儿，叫啥不知道了。老哥俩儿打铁，落在了东高村，形成东王、西王。东王是老大，西王是老二。村东二三里地东边山坡上，老小学东边有王家坟，10多亩地。王家坟又叫杨树坟，听说过去坟地上有大杨树。坟地有石碑、石供桌，是洪洞县令的。王家有搬到王都庄的。我父亲叫王金柱，爷爷叫王吉庆，太爷叫王堂，老太爷叫王沾元，再往上记不清了。我儿子叫王文献、王文玉，孙女叫王一然、王晶。王家到我这儿是第九辈儿。

69岁在职社区书记王全利说：父亲叫王奎，爷爷叫王永生，太爷记不住了。我儿子叫王金鹏，孙女叫王思迈。

如果王家要是明朝初年过来的，起码应该有20多辈儿了。如果确如王正荣老人所言，到他这儿是第九辈儿，他84岁，一般这岁数应该有重孙子了，再加3辈儿，共12辈儿，25年一辈儿，也不过二百七八十年，到这儿也就清初。不排除老人所记的辈儿数到他这是第九辈儿，是从中间哪辈儿算起的，而不是从最初到这儿的整个辈儿数。

现在，东高村王家有百八十户，三四百人。

赵姓，71岁老村建筑公司经理赵如模（图137）说：赵家听说从山东大槐树跟着燕王扫北过来的，到这儿的第一辈儿不知道叫啥。除了巨家坟，就是赵家坟大了。赵家坟在村南1里地，有几十亩地，坟地有不少松柏树，还有石碑。石碑1人多高，那时太小不记得碑上的

图 137　71 岁老村建筑公司经理赵如模（摄于 2019 年 4 月）

图 138　72 岁退休干部赵宝金（摄于 2019 年 4 月）

字。“文化大革命”中平坟，把赵家坟平了。老坟东边是个土场子，过去竟刨出瓦罐啥的。

72 岁退休干部赵宝金（图 138）记得，后来村北修桥，石碑当桥板使了。过去清明上坟，有搬到蓟县等地的赵家都来这儿上坟。

赵如模老人接着说：我父亲叫赵枫，爷爷叫赵锦荣，太爷叫赵芳，往上就不清楚了。我儿子叫赵守兴、赵守连，孙子叫赵宗远、赵宗昊，孙女叫赵宗锦。

赵宝金老人说：赵家分为东门和西门，我们属于东门，赵如模属于西门。我父亲叫赵福仁，爷爷叫赵敏，太爷叫啥记不住了。我儿子叫赵晓东、赵晨东，孙女叫赵润媛、赵润佳。

现在，赵家 540 多户，1500 多人。

孟姓，71 岁村老村企业厂长孟昭祥（图 139）说：孟子的故里是山东邹城，东高村孟家是从三河栲栳山搬过来的，不知道啥时候过来的，我父亲还到栲栳山那边上坟呢。父亲叫孟广庆，我过继给大爷（ye）孟广生，爷爷叫孟继荣，太爷叫孟学增。我儿子叫孟宪波，孙子叫孟庆宇。

75岁老村建筑公司经理孟广瑞说：我父亲叫孟继元，爷爷叫孟学师，女儿叫孟小云。

现在，孟家有30多户，100多人。

阎姓，82岁原东高村小学校长阎福旺说：阎家从阎家庄搬来的。听说阎家庄全是参加白莲教的，后来反清，全村让清朝政府打跑了，我们就跑到东高村来了。父亲叫阎学海，爷爷叫阎起明，太爷叫阎升，老太爷叫阎庆太，再往上说不清楚了。过去有家谱，一九七几年拆房失落了。我儿子叫阎宝印、阎宝华，孙女叫阎然、阎妞妞。

图139　71岁老村企业厂长孟昭祥（摄于2019年4月）

说到阎家庄，2001年版新编《平谷县志》“大事记”记载：“（清）顺治六年（公元1649年）七月，以城西阎家庄、马圈庄为中心，爆发白莲教起义，围攻平谷县城，被知县牟云龙镇压，阎家庄、马圈庄被夷为平地，起义失败。”民国二十三年（公元1934年）《平谷县志》“艺文志·琐记”亦记载：“明代平谷旧志载有距城四里阎家庄、马圈庄二村。近百年来，邑中所属久已无此村庄。询之故老，尚能指其遗址。访其处，则禾黍高低，无一居室。惟农人耕地犹有犁出房基者，则信乎其昔为村落也。相传清顺治六年七月，白莲教匪揭竿蜂起，直薄城下。经邑令牟云龙率兵众击溃，并剿灭阎家庄、马圈庄，庐舍为墟，由是二庄遂废焉。”

近年，作者去贾各庄村调查，村里人谈及村南有一地方，称“破庙子”，就是现在老服装厂的厂址处。过去这里有个阎各庄，明末清初时闹过白莲教，上面把这村给“洗”了。据说岳各庄还有一家姓阎，就是从这儿搬去的。后来问及岳各庄人，说确实有一家姓阎的，从阎家庄搬来。看来，也有阎家搬到东高村的了。这么说来，阎家到这儿当在清顺治六年（公元1649年），距2019年已370年了。

现在，阎家有10多户，40多人。

图140　73岁社区老书记袁沛旺（摄于2019年4月）

73岁社区老书记袁沛旺（图140）说：袁家跟着燕王扫北从山东过来的。父亲叫袁守成，爷爷这辈儿哥仨袁宝合、袁宝森、袁宝庆，再往上不知道了。我儿子叫袁柏松，孙子叫袁睿豪。现在，袁家（图141）有五六十户，200多人。

图141　68岁老村书记袁福祥（摄于2019年4月）

李姓，68岁社区书记李义忠（图142）说：听说李家从山东逃荒过来的。父亲叫李祥，爷爷叫李朝臣，太

图 142　68 岁社区书记李义忠（摄于 2019 年 4 月）

图 143　69 岁社区书记张铁柱（摄于 2019 年 4 月）

爷爷叫李凯。我女儿叫李春霞、李双。李春霞在日本读的经济管理博士，如今在日本留校教书。现在，李家 70 来户，180 多人。

张姓，71 岁老村书记张文圣说：张家从夏各庄镇张各庄搬来的，据说是从山东搬到张各庄的。老坟在村南西边。我 10 来岁的时候，扛着铁锹、背着书包，还跟着父亲到那儿去上坟，后来平整土地坟都平了。搬到这儿有五六辈儿了，我爷爷张中林，那辈儿哥四个，还有张中发、张中奎、张中富，这以后就分开了，但这四家最近，都到村南上坟。坟地 10 多个坟头，还有一石香炉。我父亲叫张仕，爷爷叫张中林，太爷叫张路。我儿子叫张洪山，孙女叫张薇。现在，张家 8 户，30 来人。

张姓，69 岁社区书记张铁柱（图 143）说：我们这个张也是从山东过来的。父亲叫张福，爷爷叫张树顺，再往上不知道了。我儿子叫张海进，孙

图 144 85 岁退休职工湛普树（摄于 2019 年 4 月）

女叫张晶博、张晶渊。现在，我们这个张有 20 来户，五六十人。

湛姓，85 岁退休职工湛普树（图 144）说：湛姓是小姓，好像别处很少有姓湛的。听说是老哥仨儿在明成祖朱棣的时候从山东过来的。我父亲叫湛亭，爷爷叫湛子安，太爷叫湛义。我儿子叫湛洪利，孙女叫湛晓月。现在，湛家有 40 多户，200 来人。

从村里人所谈可以看出，除巨姓是金代巨构家族后代，其他如王姓、赵姓、袁姓、湛姓都是明朝初年从山东移民过来的。而闫姓是清初从闫家庄搬来的，孟姓是从三河梣梣山过来的，就晚了。

现在，东高村有 1850 户，5730 人。

高家庄村

高家庄村，坐落镇域西南部（图 145，图 146），北邻侯家庄，东接鲍家庄，西连曹家庄，南与三河接壤。

高家庄得名，72岁老村会计高树江（图147）说：过去村里整理过村史，说是高家先来的，高家人又多，就叫高家庄。尚家后来的，据说尚家曾给高家扛过活。记得高昌和说过，高昌和1906年生人，说高家是随燕王过来的，好像是万历年间到的高家庄。现在村史不知道哪儿去了。《北京市平谷县地名志》也大致这样记载：“高家庄村，明万历年间高姓由山东迁此，建村后以姓得名，沿用至今。抗日战争时期化名‘万丈’。”

图145 高家庄村委会（摄于2007年8月）

图146 高家庄村委会（摄于2018年10月）

历史上，高家庄由平谷和三河两县管辖。清康熙六年（公元1667年）《平谷县志》“地理志 · 村庄”，有“高家庄，十五里”的记载。雍正六年（公元1728年）和乾隆四十二年（公元1777年）《平谷县志》“地理志 · 村庄”所记，与此没有变化。民国九年（公元1920年）《平谷县志》“卷一 · 地理志 · 乡社”下，收录了以前县志所记的8社及村庄，有“高家庄，十五里”记载。“卷一 · 地理志 · 乡社”的“村庄”也有高家庄记载。

图 147 72 岁老村会计高树江（摄于 2018 年 10 月）

图 148 70 岁老生产队长高国兴（摄于 2018 年 10 月）

清乾隆二十五年（公元 1760 年）《三河县志》“卷之六·乡闾志·村庄”记载“东北路信一乡”，有高家庄。民国二十四年（公元 1935 年）《三河县新志》“卷之六·经制志·乡闾篇·区域”记载：“按旧志所载五百五十七村，今则五百三十九村，向分八路十五乡二十五社一百零八保。庚子（清光绪二十六年，公元 1900 年）后改行新政，分为二十四区。至宣统二年（公元 1910 年），划区自治，并为十三区，后又并为九区。”其中第九区有“高家庄”。

由于高家庄过去归两县管辖，所以 70 岁老村大队长高国兴（图 148）记得，高家庄中街，从李印祥家那儿分，西边是三河县，东边是平谷县，他一家分俩县。李印祥爸爸说过，要是三河找我要花销（xiao），我就上炕脚头睡去。要是平谷找我要花销，我就上炕头上睡去。至今村人记忆犹新。这应该是以农村老房的东屋的大火炕来说的，西边是炕头儿，连着外面屋地的灶火，做饭烧火炕头儿先热；东边是炕脚头。

村里第一大姓高姓，80 岁老村书记高凤山（图 149）说：据说高姓是从山东黄县过来的，山东烟台地区过去有黄县，现在改为龙口市。新编《平谷县志》“第三编 · 人口 · 第一章 · 源流 · 规模”“第一节 · 源流”记述“移民 · 民屯”，“明初移民，由布政司编里发迁，或由吏部编里发迁。迁民由后军都督押解送交各地州县辖治，以屯田区域分里甲。……永乐年间，民屯多来自山西、山东。高家庄的高家……，由山东省迁来。”老人所谈与志书所记基本一致。高国兴老人记得：我父亲叫高连生，爷爷叫高树荫，太爷叫高恩元，老太爷叫高昙，往上高天覆、高大春、高文尉、高登魁、高宗禹、高景贤、高应求、高德义、高怀仁。到我这儿是 14 辈儿。儿子叫高印良，孙子叫高凌鑫。共 16 辈儿，一脉相承。

另外，64 岁老村书记高玉清（图 150）、63 岁村书记高起胜（图 151）也参加了座谈。

图 149　80 岁老村书记高凤山（摄于 2018 年 10 月）

图 150　64 岁老村书记高玉清（摄于 2018 年 10 月）

图 151　63 岁村书记高起胜（摄于 2018 年 10 月）

村人高树权整理了高氏家谱，20字大排行。当然，也有没按这个排着叫的：

怀德应景宗，登文大天松。

恩树连国印，凌云起幸风。

第一辈儿　高怀仁

第二辈儿　高德义

第三辈儿　高应求

第四辈儿　高景贤

第五辈儿　高宗禹、高宗惠

第六辈儿　高宗禹生3子高登荣、高登魁、高登鳌

高宗惠生2子高登营、高登池

第七辈儿　高文炳、高文斗、高文尉、高成龙、高成章、高成秋

第八辈儿　高大慰、高大来、高大勇、高大观、高大纯、高大用、高大春、高大田、高万胜、高万倾、高万顺、高万元、高万财、高万玉、高万龙

第九辈儿　高天德、高天禄、高天秀、高天书、高天民、高天座、高天锡、高天翼、高天覆、高天云、高天启、高天发、高安邦、高殿邦、高德邦、高俊邦、高庆邦、高见邦、高振邦、高明额、高明瑞、高明学、高天发

第十辈儿　高松普、高松青、高松义、高松英、高松亨、高松海、高松伶、高松胜、高松山、高松月、高　拥、高　宣、

高　辉、高　昙、高　旭、高松柏、高松武、高　斌、高　伶、高　忠、高自明、高自起、高自发、高自友、高自强、高自刚、高自义、高自然、高　安、高　义、高　锡、高　原、高　顺、高　起、高　昆、高　明、高焕军、高焕章

第十一辈儿　高恩仓、高恩巨、高恩顺、高恩连、高恩俊、高恩荣、高恩隆、高恩俸、高恩照、高恩路、高恩洪、高恩成、高恩利、高恩兰、高恩凯、高恩普、高恩光、高恩义、高恩祥、高恩生、高恩远、高恩哲、高恩库、高恩元、高恩宽、高恩广、高恩山、高恩厚、高恩浩、高恩友、高恩旺、高恩起、高长江、高长山、高长河、高建军、高建春、高建东、高建伟、高志云、高志恒、高志宽、高志成、高志国、高来启、高志财、高志福、高志合、高振民、高振友、高振英、高振海、高振财、高振青、高振永、高振伦、高振环、高振铎、高振刚、高恩惠、高恩治、高恩付

第十二辈儿　高树圆、高树合、高树生、高树海、高树吉、高树松、高树江、高树山、高树来、高树国、高树华、高树强、高树泉、高树刚、高树枫、高树军、高树义、高树民、高树德、高树魁、高树同、高树仁、高树洞、高树良、高树勋、高树功、高树发、高树兴、高树旺、高树椿、高树明、高树义、高树增、高树满、高树枝、高树荫、

高树林、高树奇、高树礼、高树田、高树青、高玉华、高玉珠、高玉宝、高玉启、高玉青、高玉发、高择原、高启林、高启圣、高启发、高启旺、高启顺、高胜利、高启明、高启祥、高文学、高文博、高依格、高凤明、高凤祥、高凤合、高凤山、高永德、高永兴、高永旺、高永起、高永文、高永武、高永发、高永贵、高永全、高树田、高树明、高树春

第十三辈儿　高连山、高山乐、高双喜、高连双、高连国、高连运、高连兵、高连军、高连臣、高连通、高连波、高连明、高连玉、高宝林、高宝贵、高　江、高连杰、高连坤、高连祥、高连凯、高连喜、高连科、高连怀、高　善、高连汉、高　鳌、高连芳、高连财、高连合、高连友、高连宝、高连海、高连江、高连付、高连起、高连举、高连云、高连仲、高连生、高连荣、高连贵、高连发、高连庆、高连城、高连如、高连五、高小龙、高立新、高立健、高小健、高杰伟、高立豪、高立佳、高建华、高新华、高金华、高铁华、高宝忠、高瑞祥、高瑞云、高瑞财、高瑞国、高瑞金、高瑞银、高洪源、高瑞山、高瑞林、高瑞东、高瑞合、高瑞革、高瑞启、高瑞喜、高瑞海、高文良、高文启、高连柱

第十四辈儿　高二毛、高三毛、高大毛、高国征、高国超、高金阳、高宇轩、高占军、高鹏涛、高毅杨、高家兴、高国强、

高国新、高国宾、高国圣、高国冬、高国臣、高国风、高国岐、高燕青、高燕波、高国海、高国启、高国文、高国政、高国葵、高国忠、高国顺、高国发、高国兴、高国全、高国旺、高国起、高国辉、高国伟、高国勇、高国明、小珠子、高国刚、高国宝、高国梁、高国正、高海龙、高海军、高　华、高　征、高飞宇、高飞岐、高　旭、高　举、高小军、高光明、高广臣、高广达、高广福、高广玉、高东升、高建宇、高　阳

第十五辈儿　高印湟、高印城、高印东、高印峰、高印来、高月昆、高　森、高印泉、高印柱、高印明、高印龙、高印海、高云征、高　畅、高保哲、高　亥、高英浩、高　博、高　深

第十六辈儿　高凌鑫、高凌晨

另，高氏家谱第六页左侧所记高德山这个高，请教高国兴老人，告说是从其他地方搬来，与他们这个高不是一个高。具体从哪儿搬来，有多少辈儿，不清楚。谨按谱记此，以存资料。

高德山、高为山

高占魁、高占元

高　云、高士林

高少堂、高少文、高少武、高凤岐、高凤来

高子顺、高子明、高子旺、高子宝、高子华、高　峰、高成启

高国财、高国庆、高国朋、高国友

高云朋

高姓如今已到“凌”字，16 辈儿了。第一辈儿是高怀仁。高凤山老人说：高怀仁没过来，葬在了山东，这边是个空坟，只有一块砖，砖上刻着“高怀仁”仨字儿。老高家祖坟在村南 1 里来地，坟地大约 5 亩多地，都是坟头，西北——东南排列，“脚蹬七节木，头顶丫髻山。”三河灵山有个地方叫七节木，形状像一把钥匙，即冲（chòng）西北。八卦上的“仨仨丙”，罗盘上有，就是西北——东南，后来又分出多片坟地。

要是这样的话，说明高怀仁本人没到这边来，立坟时才会设一座空坟。所以，到这儿的第一辈儿实际上应该是高德义。另外，说高家随燕王过来，过来时不知是否先到别的地方，后又迁到这里？村人没说。要是跟着燕王过来，就应该是明初，大致有 600 多年了。若按高昌和所说高家是万历年间到的高家庄，应明晚期，距今 400 多年。而按 16 辈儿计，高怀仁没过来，最后一辈儿还不到成年人可以不算，减去两辈儿，那么高家来这儿约 350 年上下，大致在清康熙初年，也就是清初。这么说，高姓应该不止 16 辈儿，要 16 辈儿就到不了那么早。况且，清康熙六年（公元 1667 年）《平谷县志》已有“高家庄，十五里”的记载，证明在这以前，或者说明时高家庄已经立庄无疑，而且既然祖辈所说为“万历年间”，口口相传，应该有据。

图 152　74 岁村民尚宝印（摄于 2018 年 10 月）

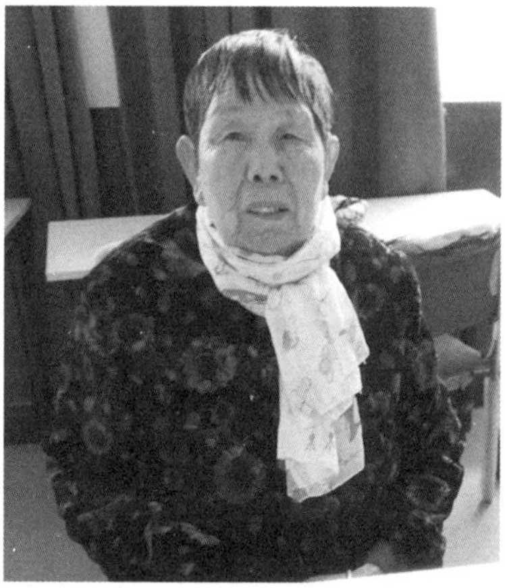

图 153　74 岁村民高树芹（摄于 2018 年 10 月）

现在，高家有 140 多户，约 400 人。

村里第二大姓尚姓，74 岁村民尚宝印（图 152）说：尚家从山东来的，父亲叫尚自新，爷爷叫尚玉民，太爷叫尚文慧，再往上不记得了。儿子叫尚昆朋，有一孙女。现在，尚家 20 来户，七八十人。

谢姓，74 岁村民高树芹（女）（图 153）说：婆家为本村，谢姓，男人叫谢岐山，听说谢家是从河北沧州挑挑子过来的。谢岐山父亲叫谢德树，爷爷叫啥不知道，儿子叫谢新（残疾）。现在，谢家 10 多户，40 多人。

李姓，高凤山老人说：李家跟着高家从山东过来的。54 岁村民李秀发（图 154）说：父亲叫李春芳，爷爷叫李宗冉，太爷叫李茂堂，再往上不知道了，第一辈儿叫啥也不知道。儿子叫李金辉，孙子叫李博涵。现在，李家 20 来户，50 多人。

贾姓，66 岁老村主任贾近友（图 155）听父亲说，贾家是从山东过

图 154　54 岁村民李秀发（摄于 2018 年 10 月）

图 155　66 岁老村主任贾近友（摄于 2018 年 10 月）

来的，第一辈儿叫啥不记得了，父亲叫贾德成，爷爷去世早没见过，也不知道叫啥。儿子叫贾卫国，孙子叫贾士博。现在，贾家十四五户，50 多人。

除上面这些姓外，还有其他一些小姓，老人们说：

张姓，1 户，4 人。

蔺姓，2 户，6 人。

金姓，金姓来得比较晚，1955 年从河北香河县渠口镇金庄村来的。推广种棉花，那人是工作队的，在这村住着，与这村李家姑娘结婚，就落这儿了。现在，金家有 5 户，十五六人。

焦姓，1970 年以后过来的，现在有 2 户，5 人。

路姓，2 户，8 人。

付姓，4 户，十六七人。

耿姓，1 户，3 人。

孙姓，5 户，20 来人。

朱姓，4 户，10 多人。

民国二十四年（公元 1935 年）《三河县新志》“卷之六·经制志·乡闾篇·村庄户口”列有“三河县第

九区户口调查表”记载，高家庄，户数 33，男口 85，女口 63，男女总计 148。这个统计数字，应该是属于三河县那部分的户数和人数。现在，高家庄村有 210 多户，700 多人。

侯家庄村

图 156　侯家庄村委会（摄于 2007 年 8 月）

图 157　侯家庄村委会（摄于 2019 年 3 月）

侯家庄村，坐落镇域西部（图 156，图 157），东北、西北分别与崔家庄、北张岱接壤，西分别与张岱辛撞、南张岱毗连，南与门楼庄相邻，东南与赵庄户相接。

侯家庄得名，83 岁退休教师马润生（图 158）说：侯庄子没有姓侯的，村里媳妇儿有姓侯的。我听说以前有个姓侯的，称侯爷，不干好事，他姑姑是皇上媳妇。我们

图 158　83 岁退休教师马润生（摄于 2019 年 3 月）

庄有四大官道，凡是结婚的，路过四大官道，他就骑着马去看新娘子，新娘子好看的就扣下，老百姓天天告状。皇上知道了，对他姑姑说，你看看你侄子。他姑姑不信，也打扮成新媳妇，坐着八抬大轿到了四大官道，结果他骑着马也过来了。他姑姑一看真是她侄子，就把她侄子给杀了。侯家从此绝了，以后这个地方也就没有姓侯的了。

马润生老人所言，恰说明侯家庄之所以叫侯家庄，是与侯家有关。以姓为村名者，多与此姓来得最早或影响力大有关。就像鲍家庄是鲍姓人先来立庄一样，不排除侯家庄也是侯姓人先来此立庄而得名侯家庄。

《北京市平谷县地名志》记载：侯家庄“明代成村，因村西北原有火神庙，传为明末侯爷所建，很有名声，村以此得名。也曾叫过怀福辛庄。抗日战争时期，化名‘荷兰’”。

访谈中，村人谈及火神庙，也谈及侯爷，但未谈及侯爷建火神庙事，所记“怀福辛庄”村里人也未谈及，不知出自何处。按说如果是一个曾叫多年的村名，即使后来改名不叫了，村里人代代口口相传，也不至于没有一个人知道。假如真叫过这名，那么“辛庄”即“新庄”，建庄当不会很早。

历史上，侯家庄由三河县管辖。清康熙十二年（公元 1673 年）《三河县志》“地理志 · 疆域”记载：有“英城社，在县北三十里”，此志没有具体写出都有哪些村庄，侯家庄当在英城社内。乾隆二十五年（公元 1760 年）《三河县志》“卷之六 · 乡闾志 · 里社”记载仍有“英城社”，“卷之六 · 乡闾志 · 村庄”之“东北路信一乡”记载，有侯家庄。民国二十四年（公元 1935 年）《三河县新志》“卷之六 · 经制志 · 乡闾篇 · 村庄户口”所列“三河县第九区户口调查表”中有侯家庄，写作了“侯庄子”，现在村里人随口也常常这么叫。1946 年 3 月，取消平三蓟联合县建制，恢复平谷县单一建制。这时，侯家庄从三河划归平谷，这是新编 2001 年版《平谷县志》“第一编 · 建置沿革”所记，已写作“侯家庄”。新编《三河县志》“第一章地理位置 · 第二节境域变化”记载，1946 年底将侯家庄划归平谷，也写作“侯家庄”。

至 1949 年 8 月，平谷县下设 7 个区，侯家庄应在第七区内。1950 年 5 月，将原 7 个区合并为 5 个区，侯家庄应在第二区（马坊区）内。1953 年 6 月，建立乡政权，全县划为 6 个区、80 个乡（镇），侯家庄在马坊区内。1956 年 7 月，撤销区级建制，将乡镇并为 34 个乡镇，侯家庄应在门楼庄乡内。1958 年 1 月，将 34 个乡镇合并为 18 个乡，侯家庄亦在门楼庄乡内。1958 年 9 月，撤销乡建制，建立 5 个人民公社，侯家庄应在马坊人民公社门楼庄管理区内。1961 年 6 月，撤销管理区，将 5 个人民公社划为 21 个人民公社，侯家庄在门楼庄人民公社内。直至 1984 年 4 月，全县人民公社改为乡，大队改为村，侯家庄属于门楼庄乡。2000 年 7 月，撤销门楼庄乡，并入东高村镇，侯家庄属于东高村镇至今。

图 159　75 岁本村村民刘淑华（摄于 2019 年 3 月）

图 160　80 岁老生产队长刘瑞（摄于 2019 年 3 月）

侯家庄有刘、张、马三大姓，村里人公认刘姓为第一大姓，几乎半庄子都姓刘。哪姓最早先来立的庄，村里老人说不清了。75 岁村民张杰说：应该是张廪这个张来得最早，还有刘家，这两大户。

刘姓，75 岁村民刘淑华（女）（图 159）说：刘姓从洼里搬来的。我父亲叫刘俊起，爷爷叫刘玉宽，再往上不知道了。80 岁老生产队长刘瑞（图 160）说：我父亲叫刘俊会，爷爷叫啥不知道，去世早，没见过。我儿子叫刘兰生，孙子叫刘宇涵。

现在，刘姓有 30 多户，100 多人。

张姓，为村里第二大姓。87 岁退休教师张廪（图 161）说：村里有 3 个张，张德才的张，听说从南张岱搬来的。张杰的张，从英城搬来的。我们这个张都说是本地张，也叫大碾子张，从哪来的不知道了。父亲叫张进峰，爷爷叫张庆余，二爷叫张庆福，三爷叫张庆生。爷爷辈儿是老哥仨。太爷叫啥不记得了。张庆生

图 161 87 岁退休教师张凜（摄于 2019 年 3 月）

图 162 71 岁退休职工张庆明（摄于 2019 年 3 月）

图 163 75 岁村民张杰（摄于 2019 年 3 月）

是张杰姥爷，张杰是张庆生外甥。我儿子叫张秉忠，孙女叫张惠子。

从相传下来的“本地张”来看，也说明这个张应该来得很早了，在村各姓中一定也是比较早的了。现在，本地张有 20 户，50 多人。

71 岁退休职工张久明（图 162）说：听父亲说我们这个张是从南张岱过来的。

作者曾到南张岱访谈，南张岱张姓有 200 多户，700 来人，为村里第一大姓。88 岁老兽医张仲福听老人说，这个张是从山东省菏泽县大榆树搬来的。74 岁老村书记张佩德接着说：听说是燕王扫北随龙过来的。这么说，南张岱的张应是明朝初年从山东过来的了。

张久明老人说：我父亲叫张普，爷爷叫张德山。我儿子叫张海江，孙子叫张帅。现在，南张岱张有 10 来户，30 来人。

75 岁村民张杰（图 163）说：我们这个张从英城过来的，张家从英城搬来还有比我们早的。作者 2007 年 6 月曾到英城访谈 81 岁张贵城，说英城的张是安徽老家，祖上挑着挑子过来的。张杰老人记得：1948 年我父亲被“伙会儿”杀害了。我们在英城种了几年地，当时村里帮助种地，代耕，管种管收，家里没水了也给挑水。我母亲是这村娘家，大概是 1953 年，我七八岁时，母亲带着我和哥哥张瑞过来了，并照顾我姥姥。我父亲叫张树怀，爷爷叫张起胜。我儿子张小强、张小伟，孙女张旭冉、张依琳。现在，英城张有六七户，20 来人。

马姓，83 岁退休教师马润生说：马家从山东过来的，是明朝的时候。听说这地儿过去是一片沼泽地，不知道啥时候，下了三天三夜土，给下平了，皇上就让人迁这儿来了。这是听上辈儿人说的。我问过山东那边的马家人，他们承认马家往北京这边迁了不少。不知道从山东啥地方迁过来的，到这儿第一辈儿叫啥更不知道了。我父亲叫马孟林，爷爷叫马群儒，太爷叫马成顺。我儿子叫马小波，孙子叫马天宇。

80 岁村民马润清说：我和马润生是一个太爷，父亲叫马孟洲，爷爷叫马俊儒，太爷叫马成顺。我儿子叫马小安，孙子叫马明宇。

马家在村里为第三大姓，有 12 户，40 多人。

何姓，81 岁村民何宝德说：何家从东鹿角搬来的。我七八岁时，清明时还跟着大人到那边上坟，那边管饭。

作者 2019 年 9 月到东鹿角村访谈时，村里老人说东鹿角是马家先来的，62 岁村民马德龙说马家是从山东挑着挑子过来的，随后何家就来了。71 岁老村大队长何忠听说何家、马家一块儿来的，但何家从哪儿来的不知道了。80 岁老村干部何如旺也只是听祖上相传，说何家是坐地户。

图 164　76 岁村民岳军（摄于 2019 年 3 月）

图 165　85 岁老村大队长郝学礼（摄于 2019 年 3 月）

这样看来，东鹿角村的马家、何家，过来早不过明初。何家有人由东鹿角村再搬到侯家庄，应该更晚了。

何宝德老人说：我父亲叫何普，爷爷叫何玉春，再往上不知道了。我儿子叫何军，孙子叫何嘉宾。何家到我这儿超不过 7 辈。如这样，再加上儿子、孙子两辈儿，共 9 辈儿，大致来这儿 200 年左右。现在，何姓有 5 户，20 多人。

岳姓，76 岁村民岳军（图 164）说：我记得小时候跟着大人清明时到南张岱上坟，岳家可能从那边搬过来的。南张岱岳姓，82 岁老生产队长岳玉珍听说是从山东过来的，与张岱辛撞岳姓都是一个岳。我父亲叫岳进贵，爷爷去世早，不知道叫啥。我儿子叫岳春明，孙子叫岳文。现在，岳姓有 7 户，30 来人。

郝姓，85 岁老村大队长郝学礼（图 165）说：郝家从顺义西辛撞搬来的。我父亲郝仲三，一直都是教私塾的。爷爷去世早，没见过。我儿子郝金富、郝金来，孙子郝东、郝亮，还有个重孙子。现在，郝姓有 4 户，20 多人。

民国二十四年（公元 1935 年）《三河县新志》“卷之六·经制志·乡闾篇·村庄户口”列有“三河县第九区户口调查表”记载，侯庄子，户数 50，男口 144，女口 121，男女总计 265。75 岁村民张杰记过去在村里当保管，记得全村人口高峰达到 379 口，60 多户。现在，侯家庄村有 100 多户，300 多人。

克头村

图 166　克头村委会（摄于 2007 年 4 月）

克头村，坐落镇域中部（图 166，图 167），北与前台头村相邻，东与赵家务相接，南与赵庄户毗连，西与崔家庄交界。

谈起村名来历，84 岁村民张泉说：过去不叫克头，叫⿱雨活⿱雨沰庄。查阅清康熙六年（公元 1667 年）《平谷县志》“地理志 · 乡社”记载“村庄”，其中“⿱雨寻⿱雨沰庄，十二里”。雍正六年（公元 1728 年）和乾隆四十二年（公元 1777 年）县志亦如此记述。民国九年（公元 1920 年）县志在“卷一 · 地理志 · 乡社 · 村庄”下写作“⿱雨寻⿱雨沰庄”。而“卷一 · 新政志 · 自治”第三区下则写作“⿱雨活⿱雨沰庄”了，与村里人所谈一致。

图 167　克头村委会（摄于 2018 年 4 月）

村为啥叫这名？58 岁村副书记贾荣安（图 168）随口说：大概是村里过去地势低，常年积水的缘故。作者 2007 年 4 月曾来村访谈，村里老人也说：这里地势低洼，一下雨周边村的雨水都往这儿流，水就泡着村庄。1957 年发大水，庄里积水有半人深。1980 年全村迁到现在的高地方，老村在新村的东边。现在老村还有 2 棵老树，有 100 多年了。在老庄西头，1 棵大槐树 1958 年放倒，又长出 1 棵小槐树，现在也有 1 尺多粗了。如今老村的地方都推成鱼塘，塘边已垂柳成行了（图 169）。

图 168　58 岁村副书记贾荣安（摄于 2018 年 9 月）

图 169　克头村老村的地方被推成鱼塘，塘边已垂柳成行了（摄于 2007 年 4 月）

又啥时候改称克头的呢？76 岁老村副书记刘起宽（图 170）记得，老公章上刻的就是霈霔庄。20 世纪 70 年代初，贾殿来一上来当村书记，公章就改为“克头”了。其实，过去人们也叫克头村，好像是小名似的。北边村是台头，后来改的前台头，这边叫克头，为啥这么叫、有没有一些关联就不清楚了。

《北京市平谷县地名志》记载克头村，“汉代成村，因村址略高，三面低洼，雨季受水包围而不受淹，群众俗称克头，沿用至今。抗日战争时期化名‘云村’”。

图 170　76 岁老村副书记刘起宽（摄于 2018 年 9 月）

这里说克头村汉代成村，不知所依何据。如周边有汉代相关的遗址或墓葬，也只能说汉代这里曾有人居住或有人活动，与今天的村落没有一脉相承的联系。从最早立庄的康、贾、于三姓看，特别是康姓说或从山东或从山西来的。若此，克头村立庄极可能在明朝，至早明朝初年。像最大的刘姓家族达200多户，七八百人，也只是200多年前，即清乾隆末年嘉庆初年，从峪口镇大官庄搬来。

访谈中，村里人公认，最早是康、贾、于三姓先来立的庄，于姓现在没人了。73岁老电工刘兴安说：当时于家的坟地在村西头，现在是村中心。坟地两个大坟头，有3米高，坟前面没有石碑。坟地周围是人家的地，两家闹矛盾，人家就把这地儿改名“网圈（quān）儿”，意思是一网把鱼打绝了。于家后来真的绝后了，在这儿也混不下去了，就搬走了。

康姓，69岁村民康洪利（图171）说，康家从哪儿过来的不是很清楚，有说山东，有说山西。据老祖宗说，来的时候是老哥仨，老大落这儿了，老二落苏子峪了，老三落玉田了。

如是这样，作者曾访谈大华山镇苏子峪村79岁退休老师康士文，康士文老人整理了康氏家谱，记述始祖康文秀从山西康庄迁来。现在，康家已见着12辈儿人了。最小一辈儿应该尚未成年不计，且按11辈儿、每辈儿25年计，约二百七八十年上下，也就意味着康家大致在清乾隆时过来的了，而苏子峪村亦当在此时立庄。那么，克头康家也应此时过来的了，这就晚了。作者就此专门访谈康士文老人，说过去没听老人说过这件事，与

图171　69岁村民康洪利（摄于2018年9月）

克头那边也一直没啥联系。看来，苏子峪康家与克头康家虽然都是一个康姓，应该不是一个康了。

康家祖坟在村东北五六十米的地方，得有40亩地，有1棵大杜梨树，1搂来粗。坟地南北有160米长，从南往北埋的，后来又分到赵庄户那边一片。在20世纪六七十年代，平整土地时康家祖坟给平了。我父亲叫康岳山，爷爷叫康瑞春，太爷叫康万俊，老太爷叫康印，再往上是康德发、康文玉、康兆祥。过去供祖宗就供到康兆祥，再往上不清楚了。我儿子叫康自彪，孙子叫康淋博，我哥那屋已有重孙子。从康兆祥算起，已到11辈儿。现在，全村康姓有20来户，70多人。

贾姓，82岁退休职工贾福兴（图172）说：过去只是说克头是由康、贾、于立的庄。村西大庙山门外头有两棵大槐树，东边大槐树上挂着一口大铁钟，钟有1米高，80来公分直径，上面铸着康、贾、于三姓。贾家不知道从哪儿来的，贾家坟在老庄村南，有三四十亩地，坟前没有石碑。东高村、前台头、崔庄子的贾姓，都从这儿搬出去的，过去一到清明节，他们都来这儿上坟。69岁村民贾久富（图173）说：听父亲说过，我们与罗庄的贾是一个贾，听说是从山西过来的，啥时过来的不知道。过去放光、罗庄、西鹿角、东高村、安固等村贾姓，都来这儿上坟。贾福兴说贾家坟第一个大坟头就是贾守身，而

图172 82岁退休干部贾福兴（摄于2018年9月）

图 173　69 岁村民贾久富（摄于 2018 年 9 月）

贾福兴父亲叫贾连起，爷爷叫贾亭必，太爷叫贾守身，儿子叫贾和平，孙子叫贾宁，重孙子叫贾默涵。

如果这样，贾家来此满打满算才 7 辈儿。从外边一些村的贾姓来这儿上坟以及贾家作为立庄户看，似乎比这辈儿要多。况且，作者研究放光村贾姓，出了清代唯一进士贾名伸。贾名伸曾编撰放光村贾家家谱，说他们这个贾是从王辛庄镇齐各庄搬去的，同时有搬到罗庄、鹿角等多个村庄。贾家究竟如何，暂且存疑，以后方便时再行研究。

58 岁副书记贾荣安说，父亲叫贾忠田，爷爷叫贾体瑞，太爷贾广春，老太爷贾仲元，儿子叫贾明军，孙女叫贾一诺。

现在，贾姓有 100 多户，200 多人。

刘姓，78 岁老村会计刘春泽（图 174）说：刘姓从峪口镇大官庄搬过来的，大官庄刘姓是从通

图 174　左起 78 岁老村会计刘春泽、72 岁老生产队长刘春岭（摄于 2018 年 9 月）

州苹果滩搬过来的。72岁老生产队长刘春岭接着说：大致在清嘉庆三年（公元1798年），乾隆皇帝还当太上皇呢，刘姓搬到这儿的。第一辈儿叫刘贵卿，是这儿的始祖，到春字共11辈，现在已见着14辈人了。

刘兴安听长辈儿说，当时刘贵卿是一挑子把仨儿子挑过来的，落（lào）这儿了，大致在乾隆末年。由这仨儿子后来形成三大门，老大叫刘德秀，老二叫刘德魁，老三叫刘德灿。老二刘德魁没有后代，过继一个东鹿角的，不是刘贵卿媳妇的侄儿，就是刘贵卿闺女的儿子。即刘贵卿外甥。那边没人了，过继到这儿改姓刘，叫刘德捷。分成东刘、西刘，我们这一大家子在村东边住，称东刘。

刘春岭老人说，父亲叫刘福山，爷爷叫刘吕合，太爷叫刘克俭，老太爷叫刘振生，再往上刘文林、刘成孝、刘永泰、刘世连、刘德秀、刘贵卿。我儿子叫刘兴刚，孙子名字记不清了。

刘春泽说父亲叫刘福田，爷爷叫刘吕峰，太爷叫刘克勤，再往上就都一样了。儿子叫刘兴利，孙子叫刘亚俊，重孙女叫刘晶晶。刘春泽记得，过去家里有7个祖匣，从爷爷开始，一直供到刘成孝。

刘兴安父亲叫刘春芳，往上跟刘春泽的一样，与刘春泽是亲爷俩。儿子叫刘学文、刘学勇，孙子叫刘鑫跃。

刘启宽父亲叫刘福春，爷爷叫刘吕端，太爷往上跟刘春泽的一样。儿子叫刘宝利、刘宝良，孙子叫刘正、刘磊。

34岁平谷中学教师刘昭信（图175），整理了克头村东刘家谱：

克头村刘姓，分为东刘、西刘。20世纪80年代之前，东刘主要住在老村东部，西刘主要住在老村西部。迁至新村后，东刘主要住在新村南，西刘主要住在新村北。

图 175　34 岁平谷中学教师刘昭信（摄于 2020 年 3 月）

东刘由峪口镇大官庄村迁来，第一辈儿始祖叫刘贵卿，已为东刘人所共识。家谱记载，刘贵卿父亲叫刘应元，刘应元父亲叫刘仲金，再往上没有了。至于迁来时间，有乾隆年间说，嘉庆元年（公元 1796 年）说及嘉庆三年（公元 1798 年）说。尤其刘春岭老人说，小时候看到过老匣子上写的字是什么元年，应该就是嘉庆元年。这样看来，东刘从大官庄迁来，当在乾隆末年、嘉庆初年了。现在，东刘已见着第 15 辈儿人了。而大官庄刘，是从通州苹果滩迁来的，又从哪儿迁到苹果滩的，或说山东，或说山西，也有说陕西的，所说不一。适当时机，再至大官庄及通州进一步访谈。

老人们说，东刘、西刘不是同一宗族，即西刘不是刘贵卿后代，也不是刘贵卿养子刘德捷后代，刘德捷后代现在都有哪些人比较清楚，也属于东刘。而西刘刘宝海、刘顺利老人说：他们也是大官庄搬来的，甚至说克头村的东刘在官庄是西刘，西刘在官庄是东刘。同属西刘的刘保祥说他们是从通州北边的苹果滩搬来，没去过大官庄。这样看来，无论东刘、西刘，根子都是通州苹果滩刘了。

当然，克头刘姓，不都是官庄刘或通州苹果滩刘，尽管有的也称为西刘，如刘国绅那一家是从东鹿角搬来的，本来不姓刘，搬到西刘边上，改为刘姓的。刘宝生一家是从赵家务搬来的，等等。

第一辈儿　刘贵卿

第二辈儿　刘德捷（养子）、刘德秀、刘德奎、刘德灿

第三辈儿　刘士璞、刘士连、刘士玉、刘士朝、刘士敏、刘士全、刘士纯、刘士禄、刘士彦

第四辈儿　刘永太、刘永吉、刘永照、刘永绅、刘永佩、刘永顺、刘永立、刘永瑞、刘永富、刘永平、刘永贵、刘永兴

第五辈儿　刘成孝、刘成学、刘成武、刘成忠、刘成文、刘成柱、刘成栋、刘成梁、刘成功、刘成美、刘成仪、刘成仁、刘成德、刘成明、刘成亮

第六辈儿　刘文林、刘文奇、刘文昌、刘文达、刘文章、刘文柄、刘文翰、刘文熊、刘文斌、刘文英、刘文起、刘文增、刘文龙、刘文镕、刘文澡、刘文辉、刘文华、刘文田、刘文焕、刘文长、刘文敬

第七辈儿　刘振刚、刘振友、刘振乾、刘振刚、刘振莫、刘振伏、刘振君、刘振儒、刘振宗、刘振宗、刘振择、刘振生、刘振滨、刘振铎、刘振雍、刘振勋、刘振邦、刘振吕、刘振满、刘振盈、刘振海、刘振书

第八辈儿　刘克瑞、刘克善、刘克发、刘克里、刘克敬、刘克义、刘克瑞、刘克祥、刘克敏、刘克顺、刘克训、刘克正、刘玉贤、刘玉福、刘玉春、刘玉生、刘克宽、刘克用、刘克明、刘克从、刘克举、刘克让、刘克勤、刘克俭、刘玉公、刘玉芝、刘玉同、刘玉真、刘玉坦、刘玉丰、刘玉信、刘玉合、刘玉普、刘玉昆、刘玉凯、刘玉全、

刘玉达、刘玉良、刘克会、刘克纯、刘玉连、刘玉怀

第九辈儿 刘恒山、刘恒全、刘瑞成、刘瑞甫、刘瑞金、刘瑞清、刘瑞永、刘恒中、刘恒啟、刘恒田、刘恒胜、刘恒发、刘恒付、刘恒胜、刘恒林、刘恒财、刘吕中、刘吕芬、刘润田、刘俊田、刘仲田、刘贺田、刘树田、刘春田、刘桂田、刘制成、刘制瑞、刘吕庆、刘吕奉、刘吕先、刘治顺、刘治祥、刘吕真、刘吕仁、刘吕昆、刘吕清、刘吕丰、刘吕端、刘吕祥、刘吕和、刘庆林、刘宝林、刘茂林、刘顺林、刘森林、刘会林、刘啟林、刘瑞林、刘沛林、刘雨林、刘秀林、刘广林、刘树林、刘汝林、刘春林、刘付林（刘玉良之子）、刘友林、

刘付林（刘克纯之子）、刘贺林、刘贵林、

刘玉达的四个儿子在北京东城多福巷

第十辈儿 刘庆和、刘庆连、刘庆来、刘庆友、刘庆伍、刘庆利、刘庆生、刘庆红、刘怀中、刘怀德、刘怀庆、刘怀玉、刘怀春、刘怀友、刘怀生、刘怀金、刘怀立、刘庆增、刘庆勋、刘庆才、刘庆元、刘庆海、刘庆江、刘庆平、刘庆荣、刘庆雨、刘庆军、刘庆民、刘庆国、刘庆维、刘万山、刘万全、刘万常、刘崇礼、刘崇义、刘崇啟、刘崇海、刘崇江、刘崇满、刘崇来、刘崇友、刘崇军、刘崇慧、刘洪勋、刘洪如、刘洪财、刘树堂、刘瑞堂、刘满堂、刘顺堂、刘付堂、刘洪恩、刘洪业、刘洪全、刘洪生、刘福海、刘福林、刘福先、刘福成、刘福金、

刘福银、刘福瑞、刘福全、刘福双、刘福禄、刘福来、刘福田、刘福臣、刘福良、刘福顺、刘福春、刘福同、刘福荣、刘福生、刘福奎、刘福增、刘福山、刘福利、刘福星、刘福明、刘福平、刘福刚、刘福东（湖北武汉）、刘福贵、刘　方、刘　忠、刘全荣、刘友荣、刘乃荣、刘长久、刘军荣、刘海荣、刘兴文、刘兴奎、刘兴武、刘秋成、刘秋义、刘秋胜、刘兴顺、刘久成、刘久江、刘久锁、刘久利、刘久顺、刘久全

第十一辈儿　刘长纯、刘长栋、刘长占、刘长礼、刘荣久、刘荣德、刘荣元、刘荣华、刘荣胜、刘荣启、刘长兴、刘长旺、刘长启、刘长付、刘长发、刘长友、刘长岑、刘春印、刘春江、刘春弟、刘春玉、刘春德、刘春庆、刘春贵、刘春连、刘春合、刘春宝、刘春义、刘春石、刘春库、刘春财、刘春友、刘春杰、刘春芳、刘春泽、刘春华、刘春生、刘春长、刘春雨、刘春胜、刘启芳、刘启旺、刘啟凤、刘啟明、刘啟宽、刘啟祥、刘连合、刘春来、刘春发、刘春旺、刘双印、刘春兰、刘春付、刘春啟、刘春岑、刘春林、刘秀春、刘桂春、刘占国、刘秀春、刘贵春、刘成春（大胖）、二胖、刘占丰、刘东凯、刘东琦、刘　伟、刘　建、刘　玄、刘保海、刘保生、刘保满、刘向明、刘向东、刘旭东、刘京华、刘京超、刘京硕、刘京伟、刘京辉、刘盼盼、刘长山、刘长国、

刘长松、刘长海、刘长华、刘东生、刘洋、刘长春、刘长玉、刘长松、刘长财、刘自成、刘自利、刘自强、刘自清、刘自江、刘自海、刘自军、刘自民、刘井龙、刘二龙、刘自安、刘艳青、刘艳春、刘岩、刘鑫毅、刘鑫宇、刘钟鸣、刘自福、刘自芳、刘自明、刘自友、刘志宇、刘欣宇、刘思孝、刘志超、刘丰满、刘海双、刘明言、刘丰会、刘明杰、刘占辉、刘占方、刘占胜、刘占喜、刘占鹏、刘秋明、刘利明、刘长明、刘占明、刘春明、刘秋军、刘秋杰、刘晓明、刘晓林、刘佳宾、刘继华、刘振华、刘将华

第十二辈儿　刘兴安、刘兴利、刘宝国、刘宝江、刘占江、刘永江、刘　涛、刘兴江、刘占利、刘占华、刘占平、刘宝占、刘宝利、刘宝良、刘兴国、刘连明、刘连贵、刘兴亚、刘兴治、刘兴本、刘兴普、刘兴国、刘兴汉、刘兴茂、刘兴太、刘兴旺、刘兴占、刘连占、刘兴刚、刘兴强、刘兴革、刘文革、刘兴左、刘兴东、刘兴龙、刘青海、刘清宇、刘小君、刘金宝、刘海滨（刘荣生之子）、刘清元、刘清泽、刘清河、刘清波、刘清江、刘卫立、刘卫宾、刘卫志、刘卫军、刘卫国、刘卫宁、刘兴东、刘兴亮、刘立博、刘秋良、刘秋力、刘秋海、刘青国、刘青宏、刘青岭、刘青春、刘青松、刘青占、刘青亚、刘青林、刘青森、刘海龙、刘　宁、刘志强、刘志钢、

刘治国、刘鑫鑫、刘蒸蒸、刘兵兵、刘　奇、刘东磊、
刘云峰、刘云超、刘云亮、刘海山、刘海旺、
刘海滨（刘自利之子）、刘海超、刘海楠、刘海涛、
刘海鑫、刘帝佐、刘晓乐、刘宇罡、刘洛涵、刘占山、
刘梓洋、刘邵柯、刘润超、刘家琪、刘永亮、刘晶亮、
刘洪亮、刘广亮

第十三辈儿　刘学文、刘学勇、刘亚俊、刘海鹏、刘昆鹏、刘俊鹏、
刘正、刘磊、刘小杰、刘小正、刘振、刘硕、刘佳林、
刘学军、刘学民（刘兴普之子）、刘学正、刘学锋、
刘学凯、刘学建、刘学欣、刘学民（刘兴旺之子）、
刘佳民、刘佳俊、刘建文、刘贺杰、刘明明、刘士杰、
刘　帅、刘　琪、刘浩尚、刘贺增、刘贺文、刘宝增、
刘会奇、刘连增、刘荣增、刘贵增、刘士奇、刘毅宸、
刘昊泽

第十四辈儿　刘　鹤、刘　东、刘鑫跃

第十五辈儿　刘洪尚

刘昭信说：父亲叫刘向明，爷爷叫刘万常，太爷叫刘吕芬，老太爷叫刘克正，老老太爷叫刘振君，再往上刘文达、刘文达生父刘成孝、刘文达养父刘成美、刘成孝之父刘永太、刘成美之父刘永吉、刘永太生父刘士玉、刘永太养父刘士连、刘永吉之父刘士朝、刘德秀、刘贵卿。我是第十二辈儿，儿子叫刘士奇，女儿叫刘婉清，为第十三辈儿。

77岁村民刘国桐（图176）说：我们这个刘是西刘，父亲叫刘宝全，爷爷叫刘景和，再往上记不住了。儿子叫刘明利、刘明春，孙子叫刘鹏飞、刘宇飞。

图176 77岁村民刘国桐（摄于2018年9月）

刘春泽老人说：刘姓历史上有个秀才叫刘成孝，我看到过画像，有一人高，带着红顶子，穿着马蹄靴子，过去一到春节供祖宗时就摆出来，到“文化大革命”“破四旧”就烧了。刘成孝六儿子刘文炳也是秀才，再往下刘克宽也是秀才，刘家一共出了3个秀才。

刘兴安老人说：刘文炳在这一带很出名，能双手写字，人称快笔刘六。当地财主家里有“白事”，请他做点主官。听说到密云那边点主，去的也晚点。密云的人家就问为啥这晚还没到？有人到大门外一瞅，一老头正跟一帮叫花子在墙根底下烤火呢。老头穿着不咋样，跟济公一样，这就是刘文炳。人们发现了，赶紧请他进去。别人都穿着很好，见他这样瞧不起他。到后上一点主，一下子把在场的人都给镇住了。点主就是家里老人去世了，立牌位时要写着什么什么之主，主字先写成“王”字，后来用鸡血点那一点儿。当时是大户人家才请秀才来点主，点主时要穿戴好才行。

东刘、西刘加在一起，有 200 多户，七八百人，占村里人口的大半了。

张姓，84 岁村民张泉说：张家从河北三河唐迴店搬过来的，到这儿的第一辈儿是张怀庆，就是我太爷，8 根绳挑来的。一个筐 4 根绳，前后各 1 个筐，太爷挑着爷爷他们过来的。我爷爷叫张之瀚，父亲叫张凤和，儿子叫张满印，孙女叫张明新。我太爷是属猪的，我 10 岁的时候太爷 86 岁。84 加 76 等于 160，也就是说，太爷活到现在是 160 岁，来到这即是已经成家且有孩子，挑着孩子过来，说明孩子不大，太爷大概 30 来岁，也就意味着张家来此 130 年左右，大致在清光绪时。现在，张家有 58 人，基本都在外面工作。

村里还有李姓、饶姓等。李姓 1 户，土地改革以后从上纸寨搬过来的，10 多人。饶姓有 5 户，20 多人，从峪口镇大官庄搬过来的。

现在，克头村有 380 户，1100 人。

门楼庄村

门楼庄村，坐落镇域西部（图 177，图 178），东南与高家庄、曹家庄村相邻，南与南宅庄户相接，西北与南张岱相望，东北与侯家庄毗连。

门楼庄村得名，72 岁老村书记郭有海（图 179）说：过去写村史找

图 177　门楼庄村委会（摄于 2007 年 5 月）

图 178　门楼庄村委会（摄于 2018 年 9 月）

老人调查，任克功说是赵姓、任姓、郭姓先来立的庄。郭是我们这个郭，郭进山的郭是后来从北张岱搬过来的。而原来的张姓是 3 辈儿财主，兴盛时开过烧锅，做过买卖。有钱，就在家里盖一门楼子，盖得比较好，南、北张岱人都过来瞅。村里人到外面，人家问哪儿的？门楼的。一来二去，就叫门楼庄了。

72 岁退休职工任兰河（图 180）说：张家过去是大户，酿酒，听说京东都有名。张家在庄东头盖一座大门楼，盖得特别好。不知道啥时候盖的，门楼早就没了。我小时候也没见过，就见过一个门墩，石头的，一尺半长，一尺来高，8 寸宽，一个人能搬得动，上面没有雕花，都磨光了。过去一般村头没有门楼，就我们村东头路口的地方有这么一座门楼。因为这个门楼特别明显，三里五村的一问都知道，以后叫熟了，就叫门楼庄了。后来张家做买卖，跟另一个做买卖的打官司，人家官方有人，张家打输了，就渐渐败家了，现在张家还有后人。

68岁村书记任兰山说：过去丫髻山庙往下踩点，说这里应该修一门楼。有人说得了吧，起个地名就叫门楼吧。他们定庙点修庙，要经过多少门，这是听说的。

《北京市平谷县地名志》记载："门楼庄村，明代成村，村东北原有一门楼，传为北据70里的碧霞元君祠所建，村以此得名。抗日战争时期，化名'家宅'。"

村得名所说不一，也许各有道理。但作者以为，任兰河老人所谈张家在村东头修建高大门楼，从而得村名之说更为确实可信。那么，张家不是立庄户，也就是后来的，张家做买卖也要有个发家的过程。而张家在村头盖门楼，一定是在其鼎盛之时。盖门楼之前，按常理，村子不应该没有名字，叫啥已无从查考了。地名志写门楼庄明代成村，根据村里人口源流等情况看，即使明代成村，也不会太

图179　72岁老村书记郭有海（摄于2018年9月）

图180　72岁退休职工任兰河（摄于2018年9月）

早，也就是明后期或明末清初。88 岁老保管员郭进山记得，他 10 来岁的时候，即 1941 年前后，村里才五六十户人家，300 来人。如果明初成村，经过五六百年发展，一个村落不会仅这么些人。

门楼庄过去归三河县管辖，清康熙十二年（公元 1673 年）《三河县志》“地理志 · 疆域”记载有“英城社”，现在东高村镇域内旧时属于三河县的村落，应在英城社内，但没有写出都有哪些村庄，所以，那时有没有门楼庄、情况如何也就不清楚了。乾隆二十五年（公元 1760 年）《三河县志》“卷之六 · 乡闾志 · 村庄”记载“东北路信一乡”中，有门楼庄，说明乾隆二十五年以前，就已经立庄，且就叫门楼庄，一直延续至今。1946 年，门楼庄由三河县划归平谷。后来，门楼庄曾设乡或公社，且作为乡或公社驻地。直至 2000 年 7 月，门楼庄乡撤销，并入东高村镇。

至于门楼庄谁先来立庄，郭进山老人记得爷爷说过，最早是姓刘的先来立的庄，我 10 来岁的时候，到村北边 1 里多地割草，那里有刘家坟，大概 40 多个坟头，1 亩来地，没有石碑。记得刘家有个叫刘金喜的，我小时候刘家还有人，现在没人了，不是搬走了，是没有后代。作者调查访谈区内村落，发现一个普遍现象，即大多立庄户多人丁不旺，也有后来搬走了的，甚至还有这一姓后来没人了的。

赵姓，77 岁老村书记赵长德（图 181）说：我们这个赵是东赵，听老人说是从王辛庄镇莲花潭搬来的，父亲叫赵松，爷爷叫赵振喜，太爷叫赵永贵，老太爷叫赵起，老老太爷叫赵儒，赵儒就是到这儿的第一辈儿。我儿子叫赵福庆，孙子叫赵建辉、赵鹏飞，重孙女赵伊伊，到现

图 181 77 岁老村书记赵长德（摄于 2018 年 9 月）

图 182 77 岁老村生产队长赵明（摄于 2018 年 9 月）

在 9 辈儿，约 200 年上下，大致清嘉庆末年至道光初年之际。现在，东赵有十几户，六七十人。赵家祖坟在村东 1 里多地，有 10 亩地。东赵、西赵不是一个地方搬来的，却一起来填坟。老祖坟北头一个大坟头，比一间屋面积大，有 3 米来高，不知道谁的坟。

77 岁老村生产队长赵明（图 182）说：我们是西赵，由河北三河榜栳山搬来的，第一辈叫啥不记得了。父亲叫赵振清，爷爷叫赵永耕，儿子叫赵伟杰、赵伟民，孙子赵思奇、赵思雨，重孙女赵梦瑶。现在。西赵有 30 多户，120 人。到这儿以后，东赵和西赵都认祖了，就一块儿填坟了。

任姓，72 岁退休职工任兰河听说任姓是从山东来的，直接就到这儿了。到这儿的第一辈儿不知道叫啥。父亲叫任克功，爷爷叫任俊，再往上不知道了。往上是单传，到爷爷是哥俩，任杰、任俊，任杰是老大。我儿子叫任增永，还有个孙子。任姓有多少辈儿不清

图 183　68 岁村书记任兰山（摄于 2018 年 9 月）

图 184　78 岁老村生产队保管员郭怀林（摄于 2018 年 9 月）

楚，现在有十三四户，50 多人。68 岁村书记任兰山（图 183）参加了座谈。

郭姓，72 岁老村书记郭有海说：郭家是从北边山里见草沟搬来的，离兴隆不远，是平谷的地方，一挑子挑过来的。来时有庄了，我们在这儿待不下去了，就上三河梼栳山。到那儿还待不了，又搬回来了。郭家谁最早来的不清楚，父亲叫郭凤云，爷爷叫郭怀金，太爷叫郭希福，再往上就不知道了。儿子叫郭玉东、郭玉明，孙子叫郭松垚，孙女叫郭思奇。现在。郭姓有 20 多户，百十口人。

78 岁老村生产队保管员郭怀林（图 184）说：我与郭有海是一个郭，父亲叫郭希良，爷爷叫啥不知道了。

郭姓，88 岁老村保管员郭进山说：我们这个郭，是从北张岱搬过来的，到这儿第一辈儿是老太爷，约 150 年左右，大致在清同治前后。郭进山记得：小时候父亲带着我，去北张岱老坟地填坟，祖坟在北张岱村东

1里多地。父亲特意叮嘱我，别把郭家祖坟忘了。父亲叫郭继先，爷爷叫郭怀清，太爷叫郭金永，老太爷叫啥不知道了，就是老太爷子那辈儿搬来的。儿子叫郭云龙、郭云强，孙子叫郭连起、郭艳清，孙女叫郭艳伶，重孙子有了，记不住名儿了。现在，郭姓有10多户，五六十人。

图185　73岁村民张印路（摄于2018年9月）

张姓，73岁村民张印路（图185）说：不知道张家从哪儿来的，父亲叫张庭洞，从小就没见过爷爷，祖上的情况也不清楚。儿子叫张立新，孙子叫张凯，孙女叫张艳。现在，张姓就3户，12口人。

图186　71岁老拖拉机手曹存（摄于2018年9月）

曹姓，71岁老拖拉机手曹存（图186）说：听说曹家从山东来的。父亲叫曹福增，爷爷叫曹永苍，往上不知道了。儿子曹俊明，还有孙女。现在，曹姓有10来户，四五十人。

王姓，77岁老村副书记王志有说：王家从山东逃荒过来的，父亲叫王立忠，爷爷叫王玉朝，往上不知道了。儿子叫王保国，孙子叫王雨松、王雨明。现在，王姓有 13 户，40 多人。

门楼庄除上面几个姓外，还有一些姓，村里老人记得：

吕姓，从河北尉县来的，现在就 2 户，10 来个人。

杨姓，从青杨屯搬来的，现在就 3 户，10 来个人。

田姓，不知道从哪儿来的，有 7 户，40 多人。

高姓，从河北小甲（现在叫小港村）来的，现在有 2 户，10 来个人。

于姓，从大旺务庄户来的，现在就 3 户，10 来个人。

梁姓，从河北兴隆搬来的，现在也 3 户，10 来个人。

村里还有 2 个张姓，一个是张荣的张，从河北兴隆塔前村搬来的，就 2 户，10 来个人。另一个是张景林的张，从青杨屯搬来的，现在有 3 户，10 来个人。

民国二十四年（公元 1935 年）《三河县新志》“卷之六 · 经制志 · 乡闾篇 · 村庄户口”列有“三河县第九区户口调查表”记载，门楼庄，户数 34，男口 151，女口 178，男女总计 329。现在，门楼庄村有 150 多户，520 多人。

南埝头村

南埝头村，坐落镇域东北部（图 187，图 188），东与夏各庄镇稻地村接壤，北与平谷镇东寺渠村隔洵河相望，西与西高村相邻，南与

图 187　南埝头村委会（摄于 2007 年 4 月）

图 188　南埝头村委会（摄于 2019 年 4 月）

东高村相接。

92 岁老村会计刘印海说：这村原来叫小碾庄，我们到这儿的时候，姓李的就已经有几家了，他们是老户，究竟啥时候来的不知道。这么说来，李家应该是立庄户了。74 岁老村书记刘长付也说：2018 年整治洵河的时候，清理出一个碾子，跟现在的碾子不一样，应该是用水作动力，碾盘有槽儿。刘印海老人说：我们小碾庄是不是由这个碾子来的？刘长付老人记得，在李家胡同南口，过去散落着一个石臼，现在也不知道哪儿去了。刘长河老人接过话茬，听说元代以后才有推的碾子，以前就使这儿石臼，这水碾听说也是元代的。老人的话也许有一定道理，现在区内不少村街头，还可见散落的石臼。当然，这水碾是不是元代遗物，还得请文物专家来考证认定了。

《北京市平谷县地名志》记载：南埝头“汉代成村，原名小碾头庄，因村址在小碾河（逆流河）尽头之南，故名。清光绪年间因村北有道儿土埝埂，又称埝头庄，因有北埝头，故改称南埝头。抗日战争时期，化名‘令村’”。

图 189　62 岁老村干部刘马立（摄于 2019 年 4 月）

地名志写着“埝埂”，62 岁老村干部刘马立（图 189）说：河道两边有埂子，跟河堤一样，叫埝坨。刘印海老人也说：这道埝埂，过去从东边大庙一直到南边巨家坟，是通着的，整个庄就在埝埂上。可地名志说南埝头“汉代成村”，就值得推敲了，大概是因村周边有汉代遗址，可今天的南埝头人并非那时人发展延续下来的。根据访谈中村人所谈，主要的族人刘家从山西大槐树下随龙先到张家口，再到这儿。刘家来这儿之前，李家先来了，大致应在明朝初年。

清康熙六年（公元 1667 年）《平谷县志》“地理志 · 乡社”有“小碾头庄，四里”的记载，雍正六年（公元 1728 年）和乾隆四十二年（公元 1777 年）《平谷县志》“地理志 · 乡社”及“村庄”所记，与此没有变化。确如村人所言，南埝头村一直称为“小碾头庄”。明嘉靖三年（公元 1524 年）《蓟州志》“地理志 · 山川”记载，“逆流河，一名小碾河”。而小碾河或因这里有水碾而得名，村应该又因河而得名了。

民国九年（公元1920年）《平谷县志》“卷一·地理志·乡社”之“村庄”所记“第三区，有“埝头庄，四里”，看来是清末民初，将“小碾头庄”改名“埝头庄”了。民国二十三年（公元1934年）《平谷县志》“卷一·地理志·市乡”记载第一区“第二十一乡，埝头庄”。随着1946年3月，将三河县“埝头”（今属大兴庄镇）划归平谷。因重名之故，为便于区分，应该是这时根据两村所在地理位置，才有了南、北埝头之称。

抗日战争时期，随着冀东西部抗日根据地的开辟，于1940年4月起，相继建立蓟（县）平（谷）密（云）联合县、平（谷）密（云）兴（隆）联合县、平（谷）三（河）密（云）联合县、平（谷）三（河）蓟（县）联合县，南埝头村隶属其中。1946年3月，取消联合县建制，恢复平谷县单一建制，至1949年8月，下设7个区，南埝头村应在第二区内。

1950年5月，将原7个区合并为5个区，南埝头村属于第一区（城关区）。1953年6月，建立乡政权，全县划分为6个区，80个乡（镇），南埝头村属于城关区南埝头乡。1954年，南埝头乡并入东高村乡，南埝头村属于东高村乡。1956年7月，撤销区级建制，将79个乡镇并为34个乡镇，南埝头村应属于东高村乡。1958年1月，将34个乡镇合并为18个乡，南埝头村当在城关乡内。1958年9月，撤销乡建制，建立5个人民公社，下设21个管理区，南埝头村当在城关人民公社东高村管理区内。1961年6月，撤销管理区，将5个人民公社划为21个人民公社，南埝头村隶属于东高村人民公社。直至1984年4月，全县将公社改为乡，大队改为村。南埝头村属于东高村乡。1990 年 3 月，撤销东高村乡，设立东高村镇，南埝头村属于东高村镇至今。

南埝头村主要就是刘姓，其他姓有，人都很少。

刘姓，92 岁老村会计刘印海说：我们刘家从山西大槐树根下随龙过来的，那地方是一个拨民（移民）点，先到张家口，从张家口又到这儿。听说是老哥儿仨，过来老哥儿俩，叫啥不知道了。张家口那儿有地，那边人种着，给这哥儿俩租子。以后人多了，给不起租子了，就给毡帽头。看来，刘家应该是明朝初年从山西过来的，先到张家口，随后又到这儿。刘印海老人记得，刘家过去有家谱，就是卷轴那样的，长期挂着。1955 年洵河发大水，水漫上第一个窗户凳儿。1958 年又发大水，比 1955 年发的大水还高，漫到了第二个窗户凳儿。房子有 1 米多高的磉，水起码有 5 尺高，要当院站着，得把我没了。东高村往东往北都是水，像海一样。杨各庄、马各庄院里都放着石头垛子，留着发大水了站上去。就是在 1958 年发大水的时候，把家谱冲走了，到现在有多少辈儿了也不记得了。我父亲叫刘玉柱，爷爷叫刘杰，太爷叫刘近程，老太爷叫刘山，老老太爷叫刘汉富，再往上不知道了。我有仨儿子，大儿子叫刘国东，二儿子叫刘国明，三儿子叫刘国庚。有四个孙子，大孙子叫刘文松，二孙子叫刘文华，三孙子叫刘文洲，四孙子叫刘文龙。还有四个重孙子，大重孙子叫刘念，二重孙子叫刘果，三重孙子叫刘楚，四重孙子叫刘尊。

67 岁退休职工刘庆友（图 190）说：我父亲叫刘玉峰，爷爷叫刘贵。我儿子叫刘小兵，孙女叫刘霜爱。

图 190　67 岁退休职工刘庆友（摄于 2019 年 4 月）

图 191　64 岁村干部刘庆忠（摄于 2019 年 4 月）

64 岁村干部刘庆忠（图 191）说：我父亲叫刘朝全，爷爷 39 岁就不在了，不知道叫啥。我儿子叫刘智兴，孙子叫刘梓涵。

73 岁老村干部刘长合（图 192）说：我父亲叫刘德义，爷爷叫刘清，太爷叫刘万河。我大儿子叫刘志永，二儿子叫刘小利。孙子叫刘佳宾，孙女叫刘冬婉。

74 岁老村书记刘长付（图 193）说：我父亲叫刘如海，爷爷叫刘顺三，太爷叫刘存。我有个儿子叫刘国强，孙子叫刘宇航。

70 岁老村书记刘维远（图 194）说：我父亲叫刘少信，爷爷叫刘德寿，太爷叫刘郭庆，再往上不知道了。我儿子叫刘锦生、刘锦利，孙子叫刘益鑫、刘益智、刘益思。

图 192　73 岁老村干部刘长合（摄于 2019 年 4 月）

图 193　74 岁老村书记刘长付（摄于 2019 年 4 月）

图 194　70 岁老村书记刘维远（摄于 2019 年 4 月）

79 岁原东高村学区校长刘志福（图 195）说：我父亲刘宝林，爷爷叫刘吕珍，太爷叫刘仲如，老太爷叫刘信，老老太爷叫刘春山，再往上不知道了。我儿子叫刘云峰、刘云龙、刘云虎、刘云震，孙子叫刘贺迪、刘贺飞、刘贺祥、刘晨禹。

62 岁老村干部刘马立说：我父亲叫刘海合，爷爷叫刘永，太爷叫刘际祥，老太爷叫刘富荣。我儿子叫刘启新，孙子叫刘亦玺。

56 岁村书记刘云峰（图 196）参加了座谈。

李姓，73 岁退休职工李树生（图 197）说：南埝头我们李家来得最早，我不知道李家从哪儿搬来的。刘长付老人接着说：村东北有一条李家胡同儿，是全村唯一一条以姓氏命名的胡同儿。李树生老人说：我父亲叫李福廷，爷爷叫李铭，太爷叫啥不知道了。我儿子叫李建平，孙女叫李洋。现在，李家有 20 多户，六七十人。

74 岁老村书记刘长付说：1951 年 1 月发土地照，南埝头全村 137

图 195　79 岁原东高村学区校长刘志福（摄于 2019 年 4 月）

图 196　56 岁村书记刘云峰（摄于 2019 年 4 月）

图 197　73 岁退休职工李树生（摄于 2019 年 4 月）

户，其中刘姓 120 户，其他有姓朱的 1 户叫朱德友，从山东要饭过来的，朱德友就光棍一人；姓耿的 1 户，叫耿运河。姓赵的是个女的，男人没了，后来去北京了。剩下就是李姓 14 户。

现在，南埝头村有 340 多户，有 1200 多人，刘姓占 90%多。

南宅村

南宅村，坐落镇域西南部（图 198，图 199），北邻南宅庄户，东接普贤屯，西濒洵河，南与三河接壤。

南宅村得名，80 岁老村副书记盛景德（图 200）说：南宅过去叫南寨庄。听老人说，清代那年大地震，咱们这儿是震中心，把北寨庄

图 198　南宅村委会（摄于 2007 年 5 月）

图 199　南宅村委会（摄于 2018 年 10 月）

全震塌了，剩下活着的人就搬到南边这儿盖房子，就叫南寨庄，后来叫白了就叫南宅村了。其实，这种类似情况平谷旧志也有记载，如金海湖镇上宅村，过去就叫“上寨庄”，慢慢才叫“上宅村”的。而这里说的大地震，应该是清康熙十八年（公元 1679 年）农历七月二十八日，平谷、三河大地震，震级为 8 级。83 岁退休干部李炳燃说：北寨庄就在村北半里地，南宅庄户西边。至于为啥称“寨”，村人说不清楚。

《北京市平谷县地名志》记载：南宅“汉代有人活动，聚落情况不详，唐代形成村落，传说有一李姓将军战死后葬在此地，士兵扎寨在墓南看守，称南寨，后演今名。抗日战争时期，化名‘老义’。”

地名志所记南宅“唐代成村”，未见典籍有记。更以“士兵扎寨在墓南看守，称南寨”，未免有些牵强附会之嫌，仅依“传说”，似不足信。

图 200　80 岁老村副书记盛景德（摄于 2018 年 10 月）

地名志记载南宅庄户“汉代成村”，又记载南宅“唐代成村”，访谈中村人直言“不对”，一再说庄户人是从这村搬过去的，才叫庄户。84 岁退休干部李炳灿说：应该是先有南宅，后有南宅庄户。南宅村要比南宅庄户古老得多，我家门口 1 棵大槐树，在村西北角，烧锅大街那儿。大槐树两三搂粗，直径得有一米六七。1958 年“大跃进”，把大槐树砍了炼钢铁了。大槐树都长空了，就剩一层皮。我们小的时候一下雨，三四个小孩儿就钻进去避雨。我们庄有一口老井，井边铺 4 块大石头，井绳来回提水，磨得有一寸半深沟。4 块大石头，每块都有两三个沟。老辈儿人用麻绳提水，绳子常年在井口石头上磨，把石头都磨出了很深的沟，可见年深岁久了。井边上有个饮马槽，也是大石头凿的，约 1.5 米长，1 米高，1 米来宽。边上还专门凿了一个眼儿，拴牲口的。听老人说，隔几年井就要淘一回，免得太脏。下边用大料石码起来，老辈子叫甃井。最下边是柏树或松树的大木方，要找平，上面再垒石头。李炳燃老人说：洵河现在在村西 200 多米，过去就在村边。我们村这口老井与河通着，河水涨井水就涨，河水下井水就下。李炳灿老人接着说：南宅最老的房子就是烧锅大街那个，还有个叫五道庙，死了人先到那儿报丧。现在的南宅庄户有一棵槐树，也就 1 尺半到 2 尺粗。过去我们家在庄户东边有 3 亩地，我小时候秋天割谷（gū）了，用毛驴赶垛子往家里驮，经常从庄户过。要是庄户比南宅早，村里一定有老槐树。南宅村主要有李姓、盛姓、侯姓三大姓。盛景德老人说：这三大姓部分人先后从本村搬到庄户那边去了，那边原来全是南宅私人的地，比如我大爷（ye）、二大爷（ye）和我们在庄户那边有 6 亩地，就在那边盖了房子。过去的人都是这样，在自个儿家地上盖房子。

村里人所说是对的，只是地名志及近年一些编写的书都写南宅庄户“汉代成村”，比南宅建村还早，误导了一些人。

历史上，南宅村由三河县管辖。清康熙十二年（公元 1673 年）《三河县志》“地理志 · 疆域”记载：有“英城社，在县北三十里”，南宅村当在英城社内。当然，此志没具体写出南宅村名字。乾隆二十五年（公元 1760 年）《三河县志》“卷之六 · 乡闾志 · 里社”记载：这时“三河民居村落纷多，分二十五社”，其中仍有“英城社”。“卷之六 · 乡闾志 · 村庄”所记，三河“以亲、睦、礼、让、仁、义、忠、信分八路十五乡”，其中“东北路信一乡”有“南寨庄”，与村人所谈一致。民国二十四年（公元 1935 年）《三河县新志》“卷之六 · 经制志 · 乡闾篇 · 村庄户口”所列“三河县第九区户口调查表”中，有“南宅”，而不再写南寨。

李姓，李炳灿听老人说：李家是从南张岱搬过来的，李家祖坟过去在南张岱街中心，南张岱在南宅村北边 3 里地，南张岱的人是给李家看坟的。59 岁村民李玉正说：本来庄北 3 里之内是老李家的坟，由于啥到三河县衙打官司，紧张口误，在县衙上说成30里地是老李家的坟。知县一听，那三河县衙都是你们的了。一字之差，结果打官司输了，坟地就不是李家的了。

作者在南张岱访谈，88岁老兽医张仲福说，李姓是从南宅搬来的。看来这两村的李是本家无疑，如果李家祖坟在南张岱街中心，且南张岱人过去给李家看坟，说明李家开始还应在南宅，也就是说，李姓是从南宅搬来的，张仲福老人所记应该无误。

李炳燃老人说：过去听老辈儿人说，李家最早是从山东过来的，过去开烧锅，就称“烧锅李”。74岁老村治保主任李炳星（图201）说：我们这门儿，最早是李大德、李俊德哥儿俩。过去李炳炯家有个祖宗匣子，任何人不让动。李炳炯死了之后，打开祖宗匣子，就是这俩人名。

李炳灿老人说：我父亲叫李树怀，爷爷叫李文瑩。爷爷这辈儿叫“文”字儿的，李文瑩、李文慧、李文炳。太爷叫李桂德，这辈儿是“德”字，李大德、李俊德、李桂德和一个记不住名的共兄弟4个。再往上是“继”字辈儿，李继昌、李继庆、李继先、李继祥，这哥儿四个是开烧锅的，所以称为“烧锅李”，有一百三四十年了。我老老太爷是李继昌。再往上就是李跃（yào）强、李跃本，这“烧锅

图201　74岁老村治保主任李炳星（摄于2018年10月）

李”就是李跃强底下的，李跃本他们在南宅庄户，过去叫干二爷。村西头大坑西北 100 米的地方，一大片李家坟地，大概有四五亩。坟地西北角有棵大白杨树，1 搂多粗，三四十米高，人们一般叫“傻青杨”，一刮风树叶子哗哗响，整个村里都听得见。1958 年把它砍了。大杨树底下有个最大的坟头，直径够 5 米，高 2 米多，据说是李义的坟，李义是整个南宅北边姓李的老祖宗。我们这一脉是李跃强，李跃强下面是“继”字辈儿，4 个儿子。上面到李义还有没有其他辈儿，有几辈儿，就不清楚了。看来老祖宗是从山东过来，先到的南张岱，以前我们还都去南张岱上坟，从南张岱搬到南宅。往下，我儿子叫李朝军，孙女叫李妮。从“跃”字辈算的话，下面是继、德、文、树、炳，到我第六辈儿，到孙女是 8 辈儿。

李炳燃老人说：我父亲叫李树桓，爷爷叫李文炳，太爷叫李俊德，老太爷叫李继昌，再往上就跟李炳灿一样。我儿子叫李东升，孙子叫李栋，还没有重孙子。

李炳星老人说：我父亲叫李树普，爷爷叫李文友，太爷叫李大德，老太爷叫李继昌。我仨儿子，大儿子叫李朝兵，孙子叫李国威，“朝”字辈儿后就不排了。

村里公认我们“烧锅李”先来，且在村里是大户。现在，李姓有四五十户，200 来人。

盛姓，80 岁老村副书记盛景德说：盛家从南边三河胜家屯搬来的，离这儿 40 多里地。据老人说是当时皇上到东陵出殡，村里有人告状，说胜家有造反之心。也是由于啥伤人了。而状一告便准，皇上派人就把这庄抄了。我看书上写着，那时是姓胜利的“胜”，现在那边没有姓胜的了，繁体“勝”下面“力”字改“水”字，全姓“滕”了。当时胜家跑了哥儿四个，跑到山东一个，跑到河南一个，跑到南宅这儿一个，就一个不知道跑哪儿去了。改成盛姓。我有个大爷（ye）叫盛俊廷，去那边上过坟。那边有一个坟咕头，有半亩地一亩地那么大。要是这么说，清东陵是从顺治皇帝开始建的，盛姓从胜家屯搬来最早也得是康熙的时候。盛景德老人说：估计清初康熙那时候搬过来的，盛家老坟在南宅村南 1 里多地的南关地那儿，得有五六代了。我们这边的新坟也有四五代了，南宅庄户姓盛的也来这儿上坟。我父亲叫盛俊英，爷爷叫盛庆凯，太爷叫盛朝元，老太爷叫盛云峰或盛云凤，不知道这哥儿俩哪个是亲太爷，老哥儿俩的坟在一起，再往上就不清楚了。我儿子叫盛文学，孙子叫盛涛，还有个重孙子。现在，盛姓有 10 来户，40 多人。

李姓，59 岁村民李玉正（图 202）说：我与李玉领是一个李，听说从山东来的，父亲叫李云献，爷爷叫李宝财，太爷叫李仲起，再往上记不清了。家谱有记载，到我这儿是第九辈儿，听我父亲念叨过第一辈儿叫李成。我儿子叫李满春，孙子李俊冉，现在见着 11 辈儿了。

图 202　59 岁村民李玉正（摄于 2018 年 10 月）

82 岁村民李玉领（图 203）说：李姓听说是从山东一挑子挑过来的，

直接就到南宅了。父亲叫李云龙，爷爷叫李宝珍，太爷叫李仲举，老太爷叫李贵选。我儿子叫李百生，孙子叫李兆新。66岁村干部李百胜父亲叫李玉昆，爷爷叫李云庆，太爷叫李宝祥，老太爷叫李仲元。儿子叫李强，孙子叫李光耀。现在，李姓有40多户，200来人。

图203 82岁村民李玉领（摄于2018年10月）

60岁村会计侯建国（图204）说：侯姓是从山东过来的，与张岱辛撞、三河唐回店是一个侯姓，一块儿过来的，落在这仨地儿了。我父亲叫侯元忠，爷爷叫侯家勋，太爷叫侯西瑞，再上边是侯文魁，“侯举人”就是我们祖上。我女儿叫侯凌燕。现在，侯姓有60多户，300多人，南宅庄户的侯也从这边搬过去的。

图204 60岁村会计侯建国（摄于2018年10月）

民国二十四年（公元1935年）《三河县新志》“卷之六·经制志·乡闾篇·村庄户口”列有“三河县第九区户口调查表”记载，南宅，户数106，男口334，女口337，男女总计671。现在，南宅全村有400多户，1200多人。

南宅庄户村

南宅庄户村，坐落镇域西南部（图 205，图 206），北邻门楼庄，东接普贤屯，南连南宅，西濒沟河。

南宅庄户得名，84 岁老村主任王松生说：是南宅人搬过来的，就叫南宅庄户。74 岁老村书记张福贵也说：村里李姓、侯姓、盛姓就从南宅先搬过来的，过去这边有南宅人的地，有的盖上房子就过来了。有一家就有两家，外边逃荒的也有落这儿做点活儿安身，慢慢就成村了。根据盛家家谱所记和卖地文书及李家、侯家所传辈数，南宅庄户大致立庄于清嘉庆末年至道光初年之际，距今约 200 年上下。

对于一座村庄，建庄 200 年上下时间并不算长。尽管如此，作者在普贤屯村访谈时，曾听说南宅庄户原来在南宅村东面，离沟河很近，一年发大水，就只好搬到南宅村东北、相距七八百米的现在的地方了。也就是说，南宅庄

图 205　南宅庄户村委会（摄于 2007 年 5 月）

图 206　南宅庄户村委会（摄于 2018 年 10 月）

户在这 200 年间，因洵河发水曾搬迁过一次的。但在南宅庄户访谈时，村人未曾谈及此事。

《北京市平谷县地名志》记载南宅庄户，“汉代成村，传称山前庄，村址在现村西，后因地震，村毁人亡，又由南宅村迁来几户，住于现址，改为今名。抗日战争时期，化名‘少义’”。说南宅庄户汉代成村，当依据村西汉代遗址，且记述“村西台地有汉代居住遗址，已发现古窑和古井”。这只能说汉代时这里已有人生活居住，且留下了居住遗址。而这遗址与今天的南宅庄户没有关联，也就是说今天的南宅庄户人，不是汉代当时居住的人一脉相承延续下来的，而是由南宅村人后来搬过来的。“传称山前庄”，不知所依何据，未见相关记载。

历史上，南宅庄户由三河县管辖。清乾隆二十五年（公元 1760 年）《三河县志》“卷之六 · 乡闾志 · 里社”之“东北路信一乡”记载，有“南寨庄”，看来当时南宅村叫南寨庄，应该还没有南宅庄户。民国二十四年（公元 1935 年）《三河县新志》“卷之六 · 经制志 · 乡闾篇 · 村庄户口”所列“三河县第九区户口调查表”中，有“南宅”和“南宅庄窠”。随着南寨改为南宅，南宅庄户至民国二十四年（公元 1935 年）前已成村，且称南宅庄窠，意为成立时间不是很长的一个新村。同时，像大庄户写作“大旺务庄窠”，赵庄户写作“赵家务庄窠”。所谓“庄窠”与“庄户”一样，大意是指人居住的地方或人家，往往是在老庄旁边渐渐建起新的人家。所以，对这新成村且由附近大村搬来的小村，一般称为“庄窠”或“庄户”了。1946年，由三河划归平谷时，新编2001年版《平谷县志》和新编《三河县志》都写作“南宅庄户”。

图207　73岁老村会计李仕连（摄于2018年10月）

图208　76岁老村书记李殿海（摄于2018年10月）

李姓，73岁老村会计李仕连（图207）说：最早是李姓、侯姓先来这儿的。我们这个李据说是从山东挑着挑子过来的，先到南张岱，又到南宅庄户，现在是村里最大的户。76岁老村书记李殿海（图208）说：我们这个李叫“羊房李”，估计是祖上有人养羊吧，和南宅李不是一个李。李仕连老人说：到这儿第一辈儿是李友、李玉兄弟俩，下边好像是“国”字辈儿、“守”字辈儿。我父亲叫李殿才，爷爷叫李希孟，太爷叫李万和，老太爷叫李永祥，老老太爷叫李守成，“国”字辈儿的记不住了，再往上就是李友、李玉。我儿子叫李艳新，

图 209　79 岁退休职工李殿安（摄于 2018 年 10 月）

孙子叫李显宇。

76 岁老村书记李殿海说：父亲叫李希武，爷爷叫李万春，太爷叫李永茂，老老太爷叫李守啥记不住了。我儿子叫李仕奎，孙子叫李建波，重孙女叫李冬羊。

79 岁退休职工李殿安（图 209）说：父亲叫李希明，爷爷叫李万玉，太爷叫李永芳。我儿子叫李仕永，孙子叫李显如，重孙子叫李浩轩。

李殿海老人说：村里还有“下坡李”，是从南宅搬来的，与南宅李家是当（dàng）家子，过去他们都到那边上坟去。还有一两个别处来的李。

现在，“羊房李”有 100 来户，300 多人，算上在外边的得有三四百人。

图 210　68 岁退休教师侯庆元（摄于 2018 年 10 月）

侯姓，68 岁退休教师侯庆元（图 210）说：侯姓是从南宅搬来的，不知道南宅侯姓从哪过来的，也不清楚上面祖辈的事情。我父亲叫侯凤龙，爷爷叫侯克让，太爷叫侯善桐，老太爷叫侯永清，老老太爷叫侯德啥记不住了，再往上更不清楚了。我儿子叫侯小朋，孙子侯佳辰。村里侯姓有几辈我不知道，打我记事起说的这几辈儿人都在这边，只不过老老太爷往上的人名说不清了，只记得“德”字辈儿上面是“国”字辈儿，“国”字辈儿应该是第一辈，到现在有10辈儿了。本来从“国”字辈儿开始排了12个字的辈分，现在越往下越不清楚，也乱排了，目前也就排到我重孙那一辈儿。

图211　78岁退休职工侯凤仪（摄于2018年10月）

这样看来，侯姓来这儿也应该200年上下，如果200年多也多不了多少，大致在清嘉庆末年道光初年的时候。

78岁退休职工侯凤仪（图211）说：父亲叫侯克斌，爷爷叫侯善荣，再往上不知道了。我儿子叫侯庆丰，孙子叫侯玉臣。

现在，侯姓有五六十户，200来人。

盛姓，82岁村民盛景发说：盛姓也是从南宅搬来的，第一辈儿叫盛宗才。南宅的盛姓从哪儿搬来的不知道了。父亲叫盛俊如，爷爷叫盛庆生，太爷叫盛朝贵，老太爷叫盛福呈，老

图212　南宅庄户盛景瑞家名堂

老太爷就是盛宗财。我儿子叫盛文松，孙子叫盛誉。我孙子这辈儿就是村里姓盛最小的一辈儿了，算起来是 8 辈儿。

平谷五中高级教师盛景瑞，家里保存着挂在墙上的名堂（图 212），整理如下：

第一辈儿　盛宗财

第二辈儿　盛福呈

第三辈儿　盛朝贵、盛朝福、盛朝友

第四辈儿　盛庆生、盛庆丰、盛庆余、盛庆田、盛庆春

第五辈儿　盛俊如、盛俊全、盛俊江、盛俊海、盛俊表、盛俊河、盛俊勇、盛俊清、盛俊军

第六辈儿　盛景堂、盛景芝、盛景发、盛景贺、盛景华、盛景瑞、盛景志、盛光明、盛光艳、盛　利、盛利国、盛利冬、盛利明

第七辈儿　盛文松、盛文起、盛文昭、盛文奇、盛文泰、盛雨晨、盛泽成

第八辈儿　盛誉、盛磊、盛子硕

经统计，南宅庄户村盛姓共有 27 户，其中男子 56 人（含在外工作者），女子 31 人（含出嫁外村者）。盛姓分为三支，村西盛宗财一支，有 12 户，男子 24 人（包括未婚者），女子 18 人（包括出嫁者）；村西盛庆荣一支，有 6 户，男子 14 人，女子 6 人；村东盛庆隆一支，有 9 户，男子 18 人，女子 7 人。而盛景瑞为第六辈儿，父亲盛俊全

图 213　盛俊全（摄于 20 世纪 90 年代初）

图 214　盛景瑞（摄于 2016 年春）

图 215　盛文泰，2016 北京航空航天大学航空科学与工程学院毕业

（图 213），爷爷盛庆丰，太爷盛朝福，老太爷盛福呈，老老太爷即盛宗财。盛景瑞（图 214）之子、第七辈儿盛文泰（图 215）。

这样看来，盛姓自盛宗财迁至南宅庄户，已至 8 辈儿。盛景瑞带来村里盛文松保存的一张清道光四年（公元 1824 年）盛宗财卖地文书（图 216），全文如下：

立退契文约人盛宗财：

因乏手无钱使用，凭中人说合，情愿将自己本身官地二段五亩，坐落南寨庄西南北畛。今出退与侯国印名下，永远为佃，同众言明。退价小数钱七十五吊整，其钱笔下交完不欠。自退之后，自许至主耕种，永不许退主。相干元足自纳。此系二家情愿，各不许反悔。恐后无凭，立退契存照。

中　见　人　侯封林

　　　　　　盛宗见

中保说合人　盛云起

立 退 约 人　盛宗财

代　写　人　侯廷贵

道光四年拾壹月二十日

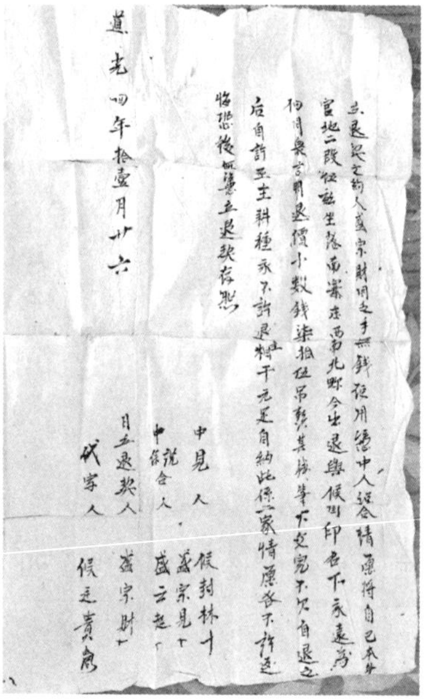
恐後無憑立退契存照

中見人　侯封林

　　　　盛宗見

中保說合人　盛云起

立退契人　盛宗財

代字人　侯廷貴

道光四年拾壹月廿六

图 216　清道光四年（公元1824年）盛宗财卖地文书

通过这张契文，可以看出几点：一是清道光四年（公元1824年）时，南宅村名还叫南寨庄；二是由于所退地在南寨庄西南，而南宅庄户在南宅村北，不排除这地是盛宗财在南寨庄时地的可能，也就意味着盛宗财是在这前后搬到庄户的，距今大致200来年。而盛景发82岁，一般这年纪大多见着重孙子了。所以，从八九辈儿人算，大致也200来年，二者基本吻合。三是与盛宗财同时生活的人，盛家还有盛宗见、盛云起，侯家还有买地人侯国印及中见人侯封林、代写人侯廷贵，这对研究南宅和南宅庄户盛姓、侯姓的发展，具有重要价值。

王姓，84岁老村主任王松生说：王姓从王辛庄镇许家务来的，是我爷爷挑着挑子挑过来的。我爷爷叫王林，父亲叫王永祥，儿子叫王广清，孙子叫王海龙，5辈儿了。我父亲就在这村生的，要活着100出头。

就王松生老人84岁来看，正常情况下，应该有重孙子辈儿了，也就是满打满算应该6辈儿，最小一辈儿尚未成年不计，以5辈儿、每年25年计，王姓来这儿村大概一百二三十年上下。现在，这个王姓有8户，30多人。

王姓，80岁村民王振丰（图217）说：听老人说我家是从山东省济南府王家寨搬来的，先搬到南张岱看坟，就是村北那一大片坟地。坟地大概有百八十亩，有几个挺高的石碑，四五年前让人弄走了，弄哪去了不知道。坟主叫啥也不清楚，但都是姓张的多，就叫张家坟。后来搬到这儿，到这儿的第一辈儿叫啥我不知道。我父亲叫王寿旗，爷爷叫王善维，儿子叫王友，孙子叫王春胜，重孙子叫王晨晨。现在，我们这王姓有30多户，百八十人。

图217 80岁村民王振丰（摄于2018年10月）

图218 74岁老村书记张福贵（摄于2018年10月）

张姓，74岁老村书记张福贵（图218）说：我老家是从三河县李旗庄镇丁桥庄搬来的，到我这儿3辈儿。我父亲叫张洪模，爷爷叫张志堂，就从我爷爷搬来的。我奶奶是南宅侯举人亲叔的妹子，我家早先也是大户人家，破落了，维持不了生活，我奶奶就带着孩子来投奔娘家，后来就搬到南宅庄户来了。侯举人跟这个村的侯应该是一个侯，要不怎么都叫表字呢。我儿子叫张艳召，孙女叫张思颖。满打满算 5 辈儿，大致百十年。现在我们在村里就 1 户，5 口人。村里还有一个张，和我们不是一个张，他们大概有四五户。

除了上面这些姓，村里人说，还有贾姓，不知道哪儿来的。董姓，从顺义大孙各庄镇小唐村搬来的。董姓有个舅舅在这村，是这村的姥姥家，然后外甥就来投靠了，董姓也只有一户，六七个人。朱姓，和南宅的朱是当家子，大概有七八户，20 多人。原来村里就李、侯、盛、王、张、贾、朱这 7 个姓，现在还有一个石姓，是侯家招赘过来的，这样就变成了 8 个姓。

民国二十四年（公元 1935 年）《三河县新志》“卷之六 · 经制志 · 乡闾篇 · 村庄户口”列有“三河县第九区户口调查表”记载，南宅庄窠，户数 84，男口 210，女口 209，男女总计 419。现在，南宅庄户村有 280 多户，700 多人。

南张岱村

图 219　南张岱村委会（摄于 2007 年 8 月）

南张岱村，坐落镇域西部（图 219，图 220），北连张岱辛撞，东接侯家庄，西、南隔洵河与马坊镇相邻。

图 220　南张岱村委会（摄于 2019 年 4 月）

88 岁老兽医张仲福（图 221）说：张家从山东省菏泽到这儿，起名叫张岱。山东五岳之首泰山，岱字是泰山的简称。言外之意，南张岱是张家立的庄，而张家是从山东来的，取名“岱”字有纪念山东之意了。这是一种说法。作者在北张岱访谈时，记得 80 岁老大队长王宏桂说，这一带过去沙岱多，村北都是。就是沙包，管沙包叫沙岱。这“岱”字指沙包之意。78 岁老村干部王乃云也说：先有南张岱，后有北张岱。那边建村以后就叫张岱，后来这边成村了，且在北边，就叫北张岱，那村就叫南张岱了。作者觉得因张家先来，以沙岱为名，似更符合实际。至于立庄，74 岁老村书记张佩德听老人说，张家是燕王扫北随龙过来的。“燕王”就是后来称为明成祖的朱棣，这样说来，南张岱为明朝初年立庄了。

图 221　88 岁老兽医张仲福（摄于 2019 年 4 月）

《北京市平谷县地名志》记载南张岱，“传说西周时期，有张姓人家在此沙岱上落户成村，称张岱。后有了北张岱，更为今名，沿用至今。抗日战争时期，化名‘左右’”。且记述“村西邻泃河，东岸有西周、战国、汉、唐、辽、金居住遗址和墓葬区”。

地名志记载南张岱西周时落户成村，当依据这里的居住遗址和墓葬区了。这一切，只能说早至西周或西周以后，这一带已有人生活居住，且留下了居住遗址及墓葬，但与今天的南张岱人没有关联。今天立庄的张姓人，是明初由山东移民过来的。当然，也有村人说张家西汉时就过来了的说法，也应该是根据村子附近的汉墓了，这是不能简单联系在一起进行推测的。

历史上，南张岱村由三河县管辖。清康熙十二年（公元1673年）《三河县志》“地理志·疆域”记载：有“英城社，在县北三十里”，南张岱村当在英城社内，只是此志没有具体写出都有哪些村庄。乾隆二十五年（公元1760年）《三河县志》“卷之六·乡闾志·村庄”记载“东北路信一乡”，有南张岱村。民国二十四年（公元1935年）《三河县新志》“卷之六·经制志·乡闾篇·村庄户口”所列“三河县第九区户口调查表”中，有南张岱村，没有变化。

1946年3月，取消平三蓟联合县建制，恢复平谷县的单一建制。这时，南张岱村从三河县划归平谷，这是新编2001年版《平谷县志》“第一编·建置沿革”所记。而新编《三河县志》“第一章地理位置·第二节境域变化”记载，1946年底将南张岱村划归平谷。至1949年8月，平谷县下设7个区，南张岱村应在第七区内。1950年5月，将原7个区合并为5个区，南张岱村应在第二区（马坊区）内。1953

年6月，建立乡政权，全县划分为6个区、80个乡（镇），南张岱村应在马坊区北张岱乡内。1956年7月，撤销区级建制，将79个乡镇并为34个乡镇，南张岱村应在门楼庄乡内。1958年1月，将34个乡镇合并为18个乡，南张岱村应在门楼庄乡内。1958年9月，撤销乡建制，建立5个人民公社，南张岱村应在马坊人民公社门楼庄管理区内。1961年6月，撤销管理区，将5个人民公社划为21个人民公社，南张岱村在门楼庄人民公社内。直至1984年4月，全县人民公社改为乡，大队改为村，南张岱村属于门楼庄乡。2000年7月，撤销门楼庄乡，并入东高村镇，南张岱村属于东高村镇至今。

张姓，88岁老兽医张仲福说：听念叨张家从山东省菏泽县大榆树搬来的。咋过来的？74岁老村书记张佩德接着说：听说是燕王扫北随龙过来的。最早的张家祖坟在村南，有2亩多地，后又分穴4处，共5处张家坟。

张仲福老人说：过去，张家没有进士、举人。父亲叫张存，爷爷叫张瑞有，太爷叫张贵，老太爷叫张起凤，老老太爷叫张美。我大儿子叫张连才，二儿子叫张连杰，三儿子叫张德友，孙子叫张俊卿。

图222 74岁老村书记张佩德（摄于2019年4月）

张佩德老人（图222）说：父亲

叫张乾，爷爷叫张永富，太爷叫张瑞成，再往上不知道了。我儿子叫张海丰、张海成，孙子叫张思正。

85岁老生产队长张连江说：父亲叫张德龙，爷爷叫张仕金，太爷叫张秀，老太爷叫张永安，老老太爷叫张起。我儿子叫张新华、张学民，孙子叫张亚明、张亚亮。

88岁老生产队长张怀林说：父亲叫张春广，爷爷叫张凤文，太爷叫张熙若，老太爷叫张俊，老老太爷叫张含峨。我儿子叫张义田、张秋田，孙子叫张雷、张东举，还有一个重孙女。

76岁老村书记张志明（图223）说：父亲叫张继恒，爷爷叫张叔德，太爷叫张福林，老太爷叫张玉合。我儿子叫张艳辉，孙子叫张凡。

84岁村民张凤（图224）说：父亲叫张玉荣，爷爷叫张君，太爷叫张福清，老太爷叫张伶，老老太爷不记得了。现在，我孤身一人。

图223　76岁老村书记张志明（摄于2019年4月）

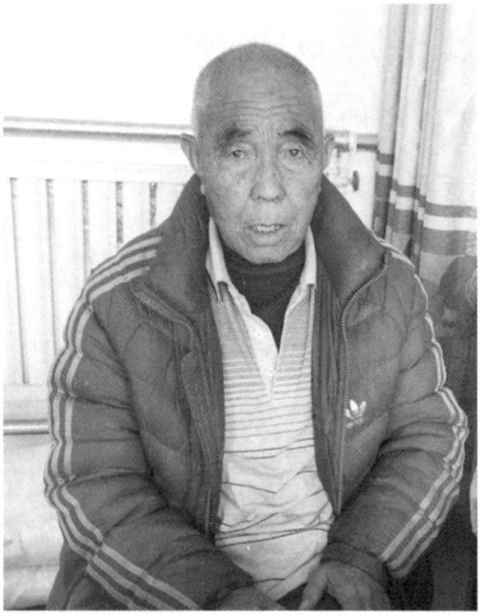

图224　84岁村民张凤（摄于2019年4月）

图 225　75 岁老生产队长张体德（摄于 2019 年 4 月）

图 226　82 岁老生产队长岳玉珍（摄于 2019 年 4 月）

75 岁老生产队长张体德（图 225）说：父亲叫张振君，爷爷叫张纯，太爷叫张廷喜，往上记不清了。我儿子叫张维山、张维胜、张维刚，孙子叫张洋、张宁、张伯、张腾，重孙女叫张情。

张连江老人记得，村东北有个“石人坑”，是填坟使土使的，有个石头人。张仲福老人接着说：听说有个石头人。说是老张家随着燕王扫北过来的，日子好过，就来个要饭的。过去有这么一个说法，要是早饭已过，午饭不到，这时要饭没有饭。所以，要趁着饭熟的时候来要。做饭的是个妇女，问要饭的：你咋天天来要饭呢？要饭的说：你家富裕。妇女正拿着笊篱捞米呢，一听，拿笊篱就往要饭的脑瓜子拽（zhuāi）了一下。后来被人瞅见了，说这石人脑瓜子咋还有饭米粒呢？人们这才知道，要饭的原来是这个石头人。

张家全村有 200 多户，700 来人，为村里第一大姓。

岳姓，82 岁老生产队长岳玉珍（图 226）说：听说岳姓从山东过来的，与张岱辛撞的岳姓是一个岳，我小时候跟着父亲到村西北上坟去。父亲叫岳德友，爷爷叫岳长山，太爷叫岳思义。我儿子叫岳学文，孙子叫岳智雄，重孙女叫岳科研。现在，岳姓有 10 多户，四五十人。

对于岳家坟，张仲福老人听老人说，过去有个将军姓岳，打仗让别人把脑袋给砍下来提拎走了，就铸个锡脑袋，在那儿葬的坟地，石桌子、石碑全有。听念叨不知道是锡脑袋还是银脑袋，反正坟咕头里头是炭埋的，当间儿是棺材，比别的坟都高级。那地儿开过稻畦，我看稻畦，就见稻畦的水往里面流，流半天也没有流满。咱们西河（洵河，在村西边）这儿是个河湾，像个月牙，英城白坟是冲这儿葬的。英城东边有查家坟，白灰抹的，就叫白坟。这里是一个大沟，北边是我大爷家树行子，南边是老岳家树行子，当间（jiàn）儿是一道沟。这两个树行子就像两炷香，白坟就冲这儿葬的。西半街挑水全上河沿儿挑去，担着水筲，到那儿一掱水给他点一下头，一掱水给他点一下头，就是借着这个风水葬的白坟。这儿的风水压着他的风水，所以黑夜就让人给砸了。锡脑袋坟在村西北角，洵河东边。这边锡脑袋坟地势高，南边地势低，那边认为压着他们的风水，便来人黑夜就把坟地摆设的石桌子、石碑都砸了。锡脑袋坟地有 10 来个坟头，过去张岱辛撞姓岳的都过来上坟。1958 年的时候坟被平了，平坟的时候，我扒了六七袋子炭，生炉子使了。

徐姓，78 岁老村支委徐凤来（图 227）说：我们是满族，1917 年，

图 227 78 岁老村支委徐凤来（摄于 2019 年 4 月）

图 228 66 岁村支委柴玉山（摄于 2019 年 4 月）

我父亲 15 岁时由东北满洲里先搬到北京，后搬到马各庄，又从马各庄搬到北寨福吉卧。1957 年，父亲 55 岁去世。北寨是山区，不好说媳妇，1982 年二哥徐凤起先搬来的，1983 年我和大哥徐凤顺也一块儿搬到这儿了。我父亲徐树云，爷爷没见过，也不知道叫啥。我儿子叫徐立国，孙子叫徐龙。现在，徐家有五六户，十几个人。

柴姓，66 岁村支委柴玉山（图 228）说：听我奶奶说，柴家从云峰寺搬来的，就是太爷那辈儿过来的。

云峰寺村柴姓，从密云县东邵渠村迁来。而东邵渠柴姓，从山东大榆树庄搬来的。东邵渠为明代立庄，柴家是“坐山户”，即一立庄就来了。现在有 30 多户，百八十人。明末清初，柴姓一脉搬到云峰寺，始祖柴世禄，生有三子柴仲金、柴仲银，另一据说可能叫柴仲旺，这就是云峰寺柴氏第一辈儿、第二辈儿先人，繁衍至今，已见着 16 辈儿人了。云峰寺有柴姓近百户，300多人。柴家从云峰寺多有外迁者，本区内有魏辛庄村、毛官营村、岳各庄村、南张岱村、夏各庄村；顺义区故现村、吕不屯村；河北兴隆县、香河县、围场及贵州省平坝市等。

柴玉山记得：柴家坟地在村东北，父亲在世的时候，坟地上有三排坟头。我父亲叫柴福廷，爷爷叫柴少先，太爷叫柴松林。我儿子叫柴森林、柴亚林，孙子叫柴志增、柴志杰。我大爷（ye，伯父）叫柴焕廷，儿子叫柴永全，孙子叫柴亚欢，还有两个重孙女。现在，柴姓一共2户，17人。

村里还有其他一些姓，张仲福、张连江等老人记得：

李姓，李姓是从南宅搬来的。李檀，现在90岁了，父亲叫李成福，儿子叫李起平、李富平，有3个孙子、4个重孙子，10来户，三四十人。

史姓，不知道史姓从哪儿搬来的，史仲义70多岁，爷爷叫史元凯，父亲叫史瑞成，儿子叫史志永，有一孙女。现在，史姓有10来户，三四十人。

逯姓，逯家从三河梣梽山搬来的，逯长有66岁，爷爷叫逯增，父亲叫逯春田，儿子叫逯维山，孙女叫逯颖。现在，逯姓有2户，10来人。

牛姓，牛建宝68岁，从天津宝坻搬来的。父亲叫牛玉章，爷爷叫牛振，就是牛振这辈儿挑挑子过来的。牛建宝有俩儿子。现在，牛姓有7户，20多人。

刘姓，刘玉生，73岁，原姓高，随他妈姓。他妈是三河灵山城子人，嫁高庄。他姨是我们这村的，从小在他姨家长大。他姨在北京给人家哄孩子，土改时也分了房子分了地，就落这儿了。有个儿子叫刘大忠，是教师。有个孙子，也当老师。

周姓，1户，叫周顺，从门头沟投亲过来的。张体生妹子嫁到梨羊，周顺媳妇是梨羊娘家，是张体生妹子给介绍过来的。周顺，69岁，有仨闺女。

马姓，1户，叫马润泽，67岁，从侯庄子搬来的，也是投亲过来的。父亲叫马孟存，爷爷叫马洪如。马孟存妈是这村娘家，年纪大了就回这村来了。马润泽有俩儿子，其中一个叫马小龙。

宋姓，1户，叫宋起凤，20世纪80年代中期，从大华山镇苏子峪山门沟过来的。儿子叫宋宝忠，孙子叫宋杰。

村里还有迟姓、高姓等，高姓有高贵祥、高贵德等。

张仲福老人说：咱庄上还有俩老古物，村小庙东边犄角一个，西边犄角一个，东边犄角是仰着的，西边犄角是扣着的，这叫“碓”，就是一个大石头，中间有个大圆坑。过去吃粮食没碾子没磨，就用木头棒子去碓那杵去，杵碎了吃。老人特意说：这是砸粮食的，叫“碓”。还有小的砸蒜的，叫“臼”。记得在其他村访谈时，一般说这大的就是“石臼”，也有称“碓臼”的。

民国二十四年（公元1935年）《三河县新志》“卷之六·经制志·乡闾篇·村庄户口”列有“三河县第九区户口调查表”记载，南张岱，户数133，男口370，女口352，男女总计722。现在，南张岱村有400多户，1100多人。

普贤屯村

普贤屯村，坐落镇域西南部（图 229，图 230），北与曹家庄接壤，西与南宅村毗连，西北与南宅庄户相邻，东、南与河北三河相接。

图 229　普贤屯村委会（摄于 2007 年 8 月）

图 230　普贤屯村委会（摄于 2018 年 10 月）

普贤屯村得名，88 岁老村会计桑树林（图 231）听老人说：过去村子中间有个菩萨庙，供奉的是普贤菩萨，就由这儿叫的普贤屯。普贤菩萨为我国佛教四大菩萨之一，这四大菩萨为：浙江普陀山观音菩萨、四川峨眉山普贤菩萨、山西五台山文殊菩萨、安徽九华山地藏菩萨。这里所谈，与《北京市平谷县地名志》所记类

图 231　88 岁老村会计桑树林（摄于 2018 年 10 月）

似："普贤屯，明代成村，因有普贤菩萨庙，故名。"地名志还记载普贤屯，抗日战争时期化名"文化村"。

作者 2007 年来村调查寺庙，普贤屯村旧有纪念性祠庙老爷庙、道教庙宇五道庙及佛教庙宇菩萨庙。村里人只听说有这么一座菩萨庙，并没见过。据说在普贤屯村中间一个大坡下边，且说是拆了菩萨庙，盖的五道庙。至于村名，当时村里老人说，据传过去有个外来户，带着一尊普贤菩萨像，村因此改名普贤屯。立庄时不叫这个名字，叫什么村里人说不清了。

当然，说到"屯"，一般多指军屯。明朝初年，平谷、三河这一带多有驻军，如永乐二年（公元 1404 年），就从塞外迁营州中屯卫于平谷。三河县志亦记载，有兴州卫、营州卫所属的军队亦从塞外内迁至三河。"兴州、营州二卫，额设指挥十员，千户二十三员，百户二十七员，边军二千一十五名，屯军三百八十五名，屯地一千二百二十六顷六十亩，人丁二百九十五丁"。这些驻军，常常以卫、所为单位，所辖军人为世袭，称为军户，携家属在卫、所周围定居屯垦，这些定居点多有带"屯"字的地名。到了清代，便成为平民。比如清康熙十二年（公元 1673 年）《密云县志》"卷之五・后卫六屯"，记有"汝口屯""胡家营屯”。而1998年北京出版社出版的新编《密云县志》“第一编建置·第二章行政区划”记载：明洪武五年（公元1372年）置密云中卫，领29屯；三十年（公元1397年）置密云后卫，领6屯，统由守备掌管。清康熙四年（公元1665年）裁去守备，原守备掌管的密云中卫、后卫35屯中，有24屯并于密云县，设中卫里。这即是说，明洪武三十年（公元1397年）所设密云后卫中，有汝口屯、胡家营屯，清康熙时划归地方了。应该是由此二屯，演变为今天的峪口、胡家营二村了。不知普贤屯是否与军屯有关，访谈中未有人谈及，暂且不论。

历史上，普贤屯由三河县管辖。清康熙十二年（公元1673年）《三河县志》“地理志·疆域”记载：有“英城社，在县北三十里”，此志没有具体写出都有哪些村庄，普贤屯当在英城社内。乾隆二十五年（公元1760年）《三河县志》“卷之六·乡闾志·里社”记载，仍有“英城社”。“卷之六·乡闾志·村庄”之“东北路信一乡”记载，有普贤屯。民国二十四年（公元1935年）《三河县新志》“卷之六·经制志·乡闾篇·乡闾篇·村庄户口”所列“三河县第九区户口调查表”中，有“普贤屯”。1946年3月，取消平三蓟联合县建制，恢复平谷县单一建制。这时，普贤屯从三河划归平谷。

图232　63岁村民包长金（摄于2018年10月）

村里人公认，是包姓和杨姓先来立的庄。2007年调查寺庙时村里人也说，立庄时最早来的户姓包，是“坐地户”，大约有 400 多年了。如此，约在明万历前后，当为明后期。

包姓，63 岁村民包长金（图 232）听老辈儿人说，包家从山东过来的，父亲叫包玉顺，爷爷叫包财。爷爷去世早，再往上就不知道了。儿子叫包全有，孙女包蕊菡。现在，包姓共 3 户，14 个人。

79 岁退休职工姚景财说：据传包家过去是吃皇粮的，有个祖宗画像，也有说包家是满族人的。都是听说，谁也没看见。79 岁老村支委朱德启接着说：我小时候看见过他们的老祖宗画像，穿着清代服装，就跟过去家里挂的名堂那样，逢年过节就挂出来。这么说来，作者以为包家即是从山东来的，本身应该是汉族，极可能是到了清代，包家有人有了什么科考功名，比如秀才，这才有身着清服的祖宗画像。应该到不了进士，不然后代一定会记得很清楚的，县志也一定会有记载的。画像今已无存，详情不得而知了。

杨姓，72 岁村民杨永付（图 233）说：听说杨姓跟包姓一块儿来的。姚景财老人补充道：据说杨家是随着包家过来的，是包家的佣人。杨永付说：杨家到这儿的第一辈儿叫啥不知道了，我父亲叫杨文生，爷爷那辈儿哥四个，爷爷是老二，名字不记得了。我儿子叫杨继东，孙女叫杨红艳。现在，杨

图 233　72 岁村民杨永付（摄于 2018 年 10 月）

姓有十几户，七八十人。

姚姓，79 岁退休职工姚景财说：姚家有家谱，是清雍正年间（公元 1723—1735 年），从马坊东店过来的，东店的姚是从山东过来的。作者 2007 年 8 月来村调查寺庙时，83 岁老村干部姚景荣说：姚家从山东聊城来的，始祖叫姚近诚。甚至当时还顺口说出“一片杨树林，一座孤女坟”的话来，或是姚家人一辈辈儿口口相传至今的对聊城故乡的一点记忆了。姚景财老人记得，到这儿的第一辈儿是姚近诚，一挑子挑过来的，落到这儿，当时的房子在村子最中央。姚近诚生仨儿子，老大叫姚自立，老仨叫姚正三。老大有个女儿，嫁北张岱王家。老三生有四子，长子过继给老大，由此姚家形成四大门。还有个老二，姚景财老人说叫姚景姚，看老人整理手写的家谱本，就写作姚望姚，还有一张手写一长纸上折页的姚氏家谱为姚名望。近年打印的姚氏家谱，字不是很清楚，写的好像是姚各望，旁边一行小字：出继择各庄。“择”字不清楚，好像是。而老人手写家谱本，写第一辈儿姚近诚，“娶泽各庄刘太君”。问及老人，说大概是“翟各庄”。这就是了，过去人们对“择”“泽”字，都读“zhái”音。又比如第一辈儿的名字，打印谱写作姚近诚，整理手写折页为姚近城。姚景财老人说：其他姓，如刘姓是村里第二大户，还有包、李、朱等姓，都在前街。后边这大趟街，都是姚姓。过去姚家人一到五六岁都要念书，有人教，这是家族传下来的。念不好就挨打，我小时候没少挨打。

姚景财老人保存的手写家谱本，是 1999 年 2 月，由姚庆德、姚庆田、姚庆春抄续整理，以此为主，并参照打印的姚氏家谱及访谈时老人所谈，将姚景财一脉主要情况整理如下：

大致在明时，姚家从山东聊城迁来。至清朝雍正年间，始祖姚近诚从马坊东店迁居至此，娶翟各庄刘氏女为妻，生有三子。马坊南，旧有老祖茔地数十亩。二条街、三条街、小屯庄窠、老公庄、青杨屯、张家湾、顺义县、韩庄等，皆有姚姓族人居住。

第一辈儿　姚近诚，生有三子。

第二辈儿　姚自立，生一女，嫁北张岱王家，收广志为继子。

姚各望（打印谱），手写家谱本为姚望姚，手写折页为姚名望，打印谱旁有一句“出继择各庄”，次子姚各望当是出继翟各庄外祖父家了。

姚正三，生有四子，长子广志过继姚自立。

第三辈儿　姚广志、姚广意、姚广聪、姚广忠（打印谱似姚广惠），由此形成姚家四大门。

姚广志生有四子，以下主要由此脉下传。

第四辈儿　姚谱、姚诠、姚详、姚咏，姚咏生有三子。

第五辈儿　姚咏长子姚廷瑛，生有一子。

第六辈儿　姚杰，生有二子。

第七辈儿　姚凤临，一女，收文尚为继子。

姚凤奎，生有二子。

第八辈儿　姚文成，无子。

姚文尚，生有二子。

第九辈儿　姚景德，生有一子。

姚景财，生有四子。

第十辈儿　姚宝东，姚宝林，姚宝江，姚宝河，为景财四子，此辈儿按排行应为“庆”字。

第十一辈儿　姚云峰，姚自强，姚佳阔。这以下各家所起名字，已经没有统一辈儿字了。

这是姚景财一脉主要传承谱系，到 11 辈儿。这样看来，此当为姚家大门，即由姚广志一脉相承下来。姚景财老人说：普贤屯姚家最小已至 13 辈儿：

第十二辈儿　姚广智　姚广慧

第十三辈儿　姚云龙

70 岁老村副书记姚庆怀（图 234）说：父亲叫姚景瑞，爷爷叫姚文茂，太爷叫啥不知道了，是凤字辈儿的，儿子叫姚占航，孙子叫姚宇欣。

根据手写折页姚氏家谱，姚文茂上面为姚凤年，姚凤年上面为姚荣，姚荣上面为姚廷璧，再往上为姚祥，再往上为姚广志，再往上为姚正三，再往上就是来普贤屯始祖姚近诚了。而姚庆怀为第十辈儿，其子姚占航为第十一辈儿，其孙姚宇欣为第十二辈儿。

图 234　70 岁老村副书记姚庆怀（摄于 2018 年 10 月）

69 岁退休职工姚景文说：父亲

叫姚文发，爷爷是凤字辈的，弟弟是姚景武。根据手写折页姚氏家谱，姚文发上面为姚凤卜，姚凤卜上面为姚栏，姚栏上面为姚廷琛，姚廷琛上面为姚谱，姚谱上面为姚广志，姚广志上面为姚正三，再往上就是来普贤屯始祖姚近诚。

姚姓不是立庄户，来得晚些，现在却是全村最大的户，姚姓人约占全村百分之七八十，有一百四五十户，400 来人。

刘姓，80 岁退休职工刘子生说：刘家不知道从哪儿搬来的，父亲叫刘景汉，爷爷叫刘夫，儿子叫刘玉喜，孙女叫刘敬函，外孙子叫姚大帅。74 岁老村副书记刘子成（图 235）与刘子生是一个刘，说父亲叫刘景三，爷爷叫刘杰，儿子叫刘海军，孙子记不住名儿了。现在，刘姓有 20 多户，六七十人。

刘子生老人说：普贤屯还有一个“刘”，就是刘贵和的刘，他们是从西马坊搬过来的，就是马坊河北村。现在，这个刘有五六户，20 来人。

图 235　74 岁老村副书记刘子成（摄于 2018 年 10 月）

图 236　79 岁老村支委朱德启（摄于 2018 年 10 月）

图 237　63 岁老村副主任谢占才（摄于 2018 年 10 月）

图 238　70 岁老赤脚医生李宝德（摄于 2018 年 10 月）

朱姓，79 岁老村支委朱德启（图 236）说：听念叨朱家是从江苏过来的，先搬到马坊南边一个村，然后从马坊那边又搬到南宅，从南宅又搬到这儿。父亲叫朱万春，爷爷叫啥记不住了，就从爷爷这辈儿搬过来的。儿子叫朱晓刚，孙子叫朱宇晨。现在，朱姓有 4 户，十几个人。

谢姓，63 岁老村副主任谢占才（图 237）说：据说谢姓是从山东过来的，一直就到这儿。父亲叫谢西贤，爷爷叫谢必廷，再往上不知道了。女儿叫谢立娟、谢立华。现在，谢姓有 6 户，20 来人。

桑姓，88 岁老村会计桑树林说：桑家是从山东桑家海村搬过来的，父亲叫桑元，爷爷叫桑守本。儿子叫桑长旺、桑连旺、桑起旺，孙子叫桑建、桑硕、桑路，孙女叫桑可新，重孙子记不住名字了。我们桑家就是爷爷这辈儿过来的，父亲这辈儿就哥一个，我这辈儿也哥一个，没有亲兄弟。我母亲从小奶了一个孩子，南宅村的，出生刚 3 天他母亲死了，那边姓侯，到这边改姓桑，叫桑树森。现在，桑姓有两大户，20 多人。

李姓，刘子生老人说：村里有两个李，一个是李东奇的李，他们从河北省三河县北务村搬来的，现在有 3 户，20 来人；一个是李宝德（图 238）的李，不知道从哪搬来的，现在有 4 户，十几个人。李家有个李宝林，任武警北京总队副司令、少将，应该是 1976 年的兵，从士兵到将军了。

村里老人记得，以前还有一个高姓，叫高占魁，现在没人了。一个张姓，叫张永顺，张家坟挺大的，在村西北挨着房子，有 1 亩地，30 多个坟头。现在张家没人了，有的搬到南张岱村去了。一个梁姓，从赵家务搬来的，叫梁文科，就这一家，现在全到外面去了。还有一个姓孙的，叫孙贵和，现在就 1 户，10 来个人。

作者 2007 年来村时，曾看到村里尚存一座老门楼，是过去的一座大门道，现在已然不多见了。还有一家门前保存着过去的上马石，没有英城村的那对上马石精致。上马石这家原是村里一个大户，大门没了，只剩两个没有纹饰、素面的上马石。上马石西边有一道胡同，胡

图 239　普贤屯村姚家老宅有门楼和“学大寨赶夕阳誓争粮食双跨江”标语（摄于 2007 年 8 月）

图 240　普贤屯村姚家老宅门楼木柱上有“福”“禄”二字（摄于 2007 年 8 月）

同西侧那道山墙上，有一些图案和“琴棋书画”四字，一看就有些年月了，或是在新中国成立以前所绘吧。有座姚家老宅，有门楼和“学大寨赶夕阳誓争粮食双跨江”标语（图 239），这应是 20 世纪 60 年代末 70 年代初的标语口号了。在老房西侧，一座很精致的门楼，在后房檐下又出一短檐，下面为门，有两个八角形的小木柱嵌在门楣上，上有“福禄”二字（图 240）。这小木柱就是过去所讲究的“门当户对”的“户对”了。还有其他对联及横批，看不清了。这些都是难得的民俗文物。

图 241　53 岁村治保主任姚占武（摄于 2018 年 10 月）

这次为编写史话，又来村访谈。79 岁老村支委朱德启说：据说清代姚家出过举人，是个武举，叫姚五。本来考上了，一高兴又绕一圈。刀一扫地，武举就被取消了。53 岁村治保主任姚占武（图 241）记得，姚家过去

图 242　普贤屯后街姚景怀家门口大门两边上马石、下马石（摄于 2007 年 8 月）

有个门楼子，在胡同北口的一个大门，现在后街姚景怀家门口。大门两边有上马石、下马石，就是一个长方块的石头（图 242）。上马石、下马石据说就是举人家门口的。69 岁退休职工姚景文（图 243）接着说：上马石、下马石那家，门楼上有匾，好像是“忠厚传家”四个大字，建门楼子的时候写的。70 岁老村副书记姚庆怀也说：村北 100 多米的地方，有一条马道，据说是姚五练武用的。看来 2007 年前所见旧宅及上马石等，当是武举人家之物了，两次访谈可相互印证。

图 243　69 岁退休职工姚景文（摄于 2018 年 10 月）

2013 年作者再次来村时，见村南 1 眼水井，常年流水，称为满井。2017

图 244　普贤屯村南满井（摄于 2018 年 10 月）

年，村里对此井予以修葺，围以护栏，并树立一通螭首龟趺坐功德碑（图 244）。井东边六七十米处，旧有 1 眼泉，水很冲，称为大泉。村里人说，过去这里有 1 对金鸽子，让南蛮子憋宝给憋走了。井西边有 2 座小石桥，井南边一道小河。小石桥连接着南北道路，往北穿过村子，直通门楼庄。人们说这条道是一条龙，井与泉就是龙眼。以前村里人就吃这眼井里的水。约在 1964 年前后，村里淘井，以方松木条一层层垒成方形井帮，方木之间以铁锔子勾连，井上铺条石。井底扣一个大铁锅，锅底凿一个窟窿，就从窟窿往上冒水。大泉是在 20 世纪 70 年代大旱时干的，满井是在这之后的 80 年代干的。从 20 世纪 80 年代初到现在，这里的地下水位下降了 20 米，而普贤屯村海拔仅 23 米。村里人认为普贤屯的位置好，风水不错，建庄以后一直就在这个地方，像离这儿不远的南宅庄户，原来在南宅村东面，离泃河很近，一年发大水，就只好搬到南宅村东北、相距七八百米的现在的地方了。

民国二十四年（公元 1935 年）《三河县新志》“卷之六 · 经制志 · 乡闾篇 · 村庄户口”列有“三河县第九区户口调查表”记载，普贤屯，户数 84，男口 213，女口 204，男女总计 417。现在，普贤屯村有 210 多户，560 多人。

前台头村

前台头村，坐落镇域中北部（图 245，图 246），北临泃河，西与青杨屯相邻，东与东高村相接，南与克头村接壤。

92 岁老木匠王志安说到村名：我大致有这么个印象，原来叫南台头，北边四五里地有北台头，属于平谷镇。为啥叫“台头”，咋起的，咱村和北台头有没有关系，我就不知道了。大概是村里人老觉得“南”和“难”一个音，“难抬头”，老抬不起头，就改成“前台头”了。自个儿改了别人不知道，还老叫“南台头”，那时候村里干部请周边村干部，叫“请会”，说我们村改名

图 245　前台头村委会（摄于 2007 年 8 月）

图 246　前台头村委会（摄于 2019 年 4 月）

“前台头”了，以后慢慢就叫出去了。

76岁村民王兰平（图247）说：听我爸说过，咱村一立庄就有姓蔡的和姓王的，是这俩姓一块儿立的庄。最早不叫前台头，叫东庄户、西庄户。东庄户在村子北边，即村委会北边五六十米的地方，过去还能看到砖头瓦块，还有丘子，丘子是砖垒的，炕席纹的砖。王志安老人接着说：咱村一开始在东庄户立的村，以后又搬这边来了。王兰平说：西庄户就在村委会西边三四百米，到西头那边。是东、西庄同时有，还是有先后，我就没听说了。就听老人说以前叫东庄户、西庄户，解放以前叫南台头，新中国成立以后就改为前台头。原来这地儿归过河北管，那时候河北叫“直隶”。

图247　76岁村民王兰平（摄于2019年4月）

如老人所说的丘子（一般多是古代以砖垒砌的墓葬）或炕席纹砖，过去管那里叫东庄户、西庄户，或与现在的前台头村没有直接关系。也就是说，我们现在前台头的村民，不是由丘子的墓主人一脉相承延续下来的，而是后来由山东等地移民过来的。那些丘子、遗址等，应该比我们现在的村子要早。这些散落的炕席纹砖，或是汉代遗物。也就意味着，我们现在的人过来时，这里原来的村庄早就成遗址了，丘子早有了。从王姓山东逃荒过来看，前台头立庄应该早不过明朝或更

图 248 前台头村委会前南侧石碾轱辘及一个臼（摄于 2019 年 4 月）

晚些。在村委会前南侧，有个石碾轱辘及一个臼，村里人说是村东大庙西侧井边的兑臼（图 248）。

而《北京市平谷县地名志》记载：前台头“汉代成村，原名南台头庄，因地处高地，周围低洼，形似大台子，又与北台头相对，故名。后为避免‘难抬头’的谐音，故改称前台头。抗日战争时期，化名丁村。”

上面已说清了，不能因为丘子等，就说台头“汉代成村”。而地名志解释村名因地“形似大台子”，村里老人也未谈及此，如是，不会不谈。

历史上，前台头由平谷县管辖。清康熙六年（公元 1667 年）《平谷县志》“地理志・乡社”记载：全县分为 8 社，其中“鹿角社，在县西、南”。接着下面记载“村庄”，其中有“南台头庄，九里”，“在县西境”。根据所记，南台头当属鹿角社。雍正六年（公元 1728 年）和乾隆四十二年（公元 1777 年）《平谷县志》“地理志・乡社”及“村庄”所记，与此没有变化。民国九年（公元 1920 年）《平谷县志》“卷一・地理志・乡社”“村庄”记载：“第三区，自治办公处，东高村临泉寺”，区内有“南台头庄，十里”。看来直到民国九年（公元 1920 年），前台头还叫南台头庄呢。民国二十三年（公元 1934 年）《平谷县志》“卷一·地理志·市乡”记载：“第一区，位县之西、南境所属共二镇、二十六乡”，其中“第二十四乡，前台头庄”。这时已写作“前台头”，看来是在民国九年至民国二十三年（公元1920年至1934年）间，南台头改称前台头的了。92岁王志安老人所说：村里人先改名，后又“请会”告知之说，当是实情。

1946年3月，取消平三蓟联合县建制，恢复平谷县单一建制。至1949年8月，下设7个区，前台头村应在第七区（马坊区）内。1950年5月，将原7个区合并为5个区，前台头应在第二区（马坊区）内。1953年6月建立乡政权，全县划分为6个区80个乡（镇），及1956年7月撤销区级建制并为34个乡镇，1958年1月将34个乡镇合并为18个乡，期间都设门楼庄乡，1958年9月撤销乡建制，建立5个人民公社，下设21个管理区，有门楼庄管理区。据王兰平老人回忆，那时多去门楼庄那边开会，看来，前台头村应在门楼庄乡（或管理区）内。1961年6月，撤销管理区，将5个人民公社划为21个人民公社，前台头村在东高村人民公社内。直至1984年4月，全县人民公社改为乡，各大队改为村委会，前台头村在东高村乡内。1990年3月，撤销东高村乡，设立东高村镇，前台头村属于东高村镇，延续至今。

前台头村村民主要都姓王，76岁村民王兰平说：王家从山东逃荒过来的，就落这儿了，一起过来老哥儿仨，叫啥不知道了。王家老坟在青杨屯东边，过去那儿是王家的地，青杨屯的“王”从这村搬去的，王姓还有搬到金海湖镇海子村及兴隆县的。

92岁木匠王志安说：我听老人说过，来这儿是老哥儿仨，逃荒过来的。王家有3片老坟，东边一老坟，南边一老坟，西边一老坟（青杨屯老坟）。那时候也没家谱，不知道这哥儿仨叫啥了，到现在传多少辈儿也说不好了。我父亲叫王全，爷爷叫王芝龙，太爷就不记得了。我两儿子仨孙子，大儿子叫王发，二儿子叫王来顺，大孙子叫王立新，二孙子叫王立刚，小孙子叫王立斌，还有俩重孙子一个重孙女。

王兰平老人说：我父亲叫王文胜，亲爷爷叫王秀峰。我父亲过继出去了，过继的爷爷叫王春喜。太爷叫王连第，再往上不知道了。我大儿子叫王长军，二儿子叫王长起，大孙子叫王杰，二孙子叫王烨，重孙子叫王子航。

77岁老村书记王东青说：我父亲叫王福刚，爷爷叫王振元，太爷不知道了。我儿子叫王国立，孙子叫王新。

65岁老生产队长王连合（图249）说：我父亲叫王兰祥，爷爷叫王景奎，太爷叫啥不知道了。我大儿子叫王小兵，二儿子叫王海兵。

图249　65岁老生产队长王连合（摄于2019年4月）

现在，王家有100多户，400多人。

蔡姓，与王姓同时立庄来的。王兰平老人说：过去村里有姓蔡的，如蔡福德、蔡福民、蔡福才、蔡福生。这是我小时候记的。现在蔡家没人了，不是搬走了，就是没人了。我三姑奶奶嫁到侯庄子，三姑奶奶的孙子弄到这边，改成姓蔡，叫蔡兴元，一直没回去，就死这边了。他儿子叫蔡长发，孙子叫蔡虎。后来又改叫张虎，改回侯庄子姓了。蔡家坟有两片，村东一片，村东南一片，比王家坟不少，地也不少。前台头一立庄就王、蔡两姓，听我爸说，村里有姓李的姓贾的姓周的姓范的，都是一两户，外边来的。

图 250　70 岁退休职工李付（摄于 2019 年 4 月）

李姓，70 岁退休职工李付（图 250）说：李家从南宅搬来的。我父亲叫李仲山，就父亲这辈儿搬来的，爷爷叫李茂祥。我爷一死，我爸 60 来岁，就把我们带过来了。父亲生了 4 个儿子，李普、李付、李成，还有一个老四，出生一多月，让邻居周家抱养去了，改名周洪顺。我儿子叫李学军，孙女叫李煜桐。我大哥李普在外面工作。在村里，我们李家就 2 户，10 个人。

王兰平老人说：村里还有一些小姓，如贾姓，从克头搬来的，叫贾祥，是个老头，现在也没人了；朱姓，老村书记朱玉刚，从大旺务搬来的；周姓，有周山，从东高村搬来的；赵姓，从周村搬来的，赵海，俩儿子，大儿子叫赵飞，二儿子叫赵亮。

现在，前台头村有 150 多户，480 多人。

青杨屯村

青杨屯村，坐落镇域中北部（图 251，图 252），东与前台头接壤，南与崔家庄毗连，西南与北张岱相邻，北临沟河。

青杨屯村得名，86 岁老村支委王才浦说：村名原来是八户下屯，南苗王造反，老百姓逃荒跑到这边，有 8 户落这儿了。其中有曹姓、朱姓，别的姓记不清了。村东北过去有几棵大杨树，村名就改为青杨屯了，大致是在民国几年改的。2007 年 8 月，作者调查寺庙来村访谈，81 岁老村书记王振芝（图 253）说：村东头关公庙北边墙外，有一片和尚坟，六七座坟头，坟地上有 2 棵大杨树，村名由此而来。二人所谈杨树都在村东部，且村因杨树而得名。大的方面一致。

图 251　青杨屯村委会（摄于 2007 年 8 月）

图 252　青杨屯村委会（摄于 2019 年 3 月）

图 253　81 岁老村书记王振芝（摄于 2007 年 8 月）

历史上，青杨屯由三河县管辖。清康熙十二年（公元 1673 年）《三河县志》“地理志·疆域”记载有：“英城社，在县北三十里。”此志没有具体写出都有哪些村庄，青杨屯当在英城社内。乾隆二十五年（公元 1760 年）《三河县志》“卷之六·乡闾志·里社”记载仍有“英城社”。“卷之六·乡闾志·村庄”之“东北路信一乡”记载，有青阳屯。看来那时尚未写作“青杨屯”，而是太阳的“阳”字。民国二十四年（公元 1935 年）《三河县新志》“卷之六·经制志·乡闾篇·区域”记载：三河 539 村，向分 8 路 15 乡 25 社 108 保。庚子（公元 1900 年）后，改行新政，分为 24 区。至宣统二年（公元 1910 年），划区自治，并为 13 区，后又并为 9 区，再并为 3 区。其中七八九区域，为今之第三区。青杨屯当在第三区内。民国二十四年（公元 1935 年）《三河县新志》“卷之六·经制志·乡闾篇·村庄户口”列有“三河县第九区户口调查表”，写作“青羊屯”，是放羊的“羊”了。

1946 年 3 月，取消平三蓟联合县建制，恢复平谷县单一建制。这时，青杨屯从三河划归平谷。这是新编 2001 年版《平谷县志》“第一编·建置沿革”所记，依然写作“青羊屯”。新编《三河县志》“第一章地理位置·第二节境域变化”记载，1946 年底将青杨屯划归平谷，这里则写作了“青杨屯”。

至1949年8月，平谷县下设7个区，青杨屯应在第七区内。1950年5月，将原7个区合并为5个区，青杨屯应在第二区（马坊区）内。1953年6月，建立乡政权，全县划分为6个区、80个乡（镇），青杨屯在马坊区内。1956年7月，撤销区级建制，将79个乡镇并为34个乡镇，青杨屯应在门楼庄乡内。1958年1月，将34个乡镇合并为18个乡，青杨屯亦在门楼庄乡内。1958年9月，撤销乡建制，建立5个人民公社，青杨屯应在马坊人民公社门楼庄管理区内。1961年6月，撤销管理区，将5个人民公社划为21个人民公社，青杨屯在门楼庄人民公社内。至1984年4月，全县人民公社改为乡，大队改为村，青杨屯属于门楼庄乡。直至1990年编写《平谷县志》时，所写仍是“青羊屯”。1993年所编《北京市平谷县地名志》却写作“青杨屯”。2000年7月，撤销门楼庄乡，并入东高村镇，青杨屯属于东高村镇至今。

看志书所记，清乾隆时所记为“青阳屯”，说明清乾隆之前称为“青阳屯”。民国二十四年（公元1935年）《三河县新志》所记，为“青羊屯”，新编《平谷县志》仍如是。而新编《三河县志》记载1946年底将青杨屯划归平谷时，已写作“青杨屯”。而1993年所编平谷地名志，才写作“青杨屯”，这是官方权威部门所写，以后便一直这样写了。看来，民间或是“杨”“羊”乃至“阳”字过去都用，随手所写，才会出现志书所记不一样的情况。称“青杨屯”，如王才浦老人所言，是在民国几年，应该大致如此。现在，村委会所挂牌子写作“青杨屯”，已与地名志统一了。

《北京市平谷县地名志》记载：“青杨屯，原称八户下村，汉代有八户人家落户于此得名。到明代村中有两棵高大青杨树，改称青杨屯，沿用至今。抗日战争时期，化名‘大头’。”还记载，“村东北有临河谷台地有汉至元代的墓葬群，面积 1000 平方米左右，发现席纹墓砖”。

地名志所记“八户下村”，不知所依何据，与村里老人所说“八户下屯”不一样。又解释“汉代有八户人家落户于此得名”，所说汉代，当依据村东北遗存的汉墓了。前面不止一次说了，有汉墓或汉代遗址，与今人无一脉相承的必然关系，只能说是汉代这里已有人生活了，与立庄无关。对此来作者工作室的 71 岁退休干部王福忠也认同此说，并说 1963 年“小四清”时，村里几个人写村史，就说到“八户下屯”，记得当时大伙儿认为青杨屯立庄不是北宋就是南宋。也是村里人当时的“认为”，没有确切资料。地名志所记“到明代村中有两棵高大青杨树，改称青杨屯”，此记不知从何而来，清代《三河县志》明确写作“青阳屯”，民国时《三河县新志》写作“青羊屯”，这两部志书根本没有“青杨屯”之名。

无论是“青阳屯”，还是“青羊屯”，抑或“青杨屯”，包括王才浦老人所说的“八户下屯”，名有所异，但都称作“屯”，这就值得研究了。说到“屯”，一般多指军屯。明朝初年，平谷、三河这一带多有驻军，如永乐二年（公元 1404 年），就从塞外迁营州中屯卫于平谷。三河县志亦记载，有兴州卫、营州卫所属的军队亦从塞外内迁至三河。“兴州、营州二卫，额设指挥十员，千户二十三员，百户二十七员，边军二千一十五名，屯军三百八十五名，屯地一千二百二十六顷六十亩，人丁二百九十五丁”。这些驻军，常常以卫、所为单位，所辖军人为世袭，称为军户，携家属在卫、所周围定居屯垦，这些定居点多有带

“屯”字的地名。到了清代，便成为平民。比如清康熙十二年（公元1673年）《密云县志》“卷之五·后卫六屯”，记有“汝口屯”“胡家营屯”。而1998年北京出版社出版的新编《密云县志》“第一编建置·第二章行政区划”记载：明洪武五年（公元1372年）置密云中卫，领29屯；三十年（公元1397年）置密云后卫，领6屯，统由守备掌管。清康熙四年（公元1665年）裁去守备，原守备掌管的密云中卫、后卫35屯中，有24屯并于密云县，设中卫里。这即是说，明洪武三十年（公元1397年）所设密云后卫中，有汝口屯、胡家营屯，清康熙时划归地方了。应该是由此二屯，演变为今天的峪口、胡家营二村了。而所称“八户下屯”“青阳屯”“青羊屯”“青杨屯”，不知是否与军屯或移民有关，大概起初来时就是8户人家落在此地了。其成村，亦应在明朝，或具体些极可能是明初，应该早不到汉或宋的。

谁先来立的庄，王才浦老人说有曹姓、朱姓等8户，故称八户下屯。所说“南苗王”，询问老人，说也不知道是什么人，在哪朝代更不知道。这是说有曹、朱等8姓先来立的庄，可访谈中未见有此二姓者。王福忠老人记得1963年“小四清”编写村史时，说到“八户下屯”，有丁姓等，其他还有啥姓记不住了，并说酸枣王不在8户之内。

图254　91岁村民高景如（摄于2019年3月）

91岁村民高景如（图254）说高

姓从山西大槐树过来的，70 岁退休工人刘怀生老人也说刘家从山西洪洞县搬过来的，比如这两姓作为移民，来此早不过明初。

王姓，86 岁老村支委王才浦说：村里有四五个王，我们这个王，听我爷爷说是东北辽宁那边的，那边种山地穷，穷受不了了，就逃荒到这边来了。当时一块儿从东北来老哥仨，一个落大厂夏垫，一个落顺义，一个落这儿。我父亲叫王林，亲爷爷叫王云章，我父亲是过继给二叔王守章，太爷叫王立明，老太爷叫王荣。王茂是老大，王荣是老二，王相是老三，王家祖坟从这老哥仨开始，王家祖坟在村西南 1 里多地。我大儿子叫王荣发，孙子叫王刚，重孙女叫王梦晗；二儿子叫王荣启，孙子叫王旭强。现在，我们这个王有 20 多户，100 多人。

王才浦老人说：北张岱的王从这儿搬去的，北张岱几乎有半个庄都姓王，北张岱有个老祖坟 1 亩多地。作者在北张岱访谈时，80 岁老大队长王宏桂说：北张岱村是王姓先来立的庄，从山西老槐树挑挑儿过来的。村北有王家坟，20 多亩地，连周围地大约有 50 多亩。过去洵河到这儿正拐一道大弯，绕着老王家坟。王才浦老人说北张岱从这儿搬去的王，看来不是王宏桂老人说的北张岱立庄王了。王宏桂老人记得，北张岱原来是八大王，最多的是我们这个王，第二个王是王化贤那个王。再往下是少数的，王海是一个王，王宝利是一个王，王朝贵是一个王。王贺臣原来不姓王，姓钱，人少势孤就改随王姓了。王国彬的王、王太的王和王德的王，这 3 个王都没人了。现在，八大王就剩下五大王。不知王才浦老人所说北张岱从这里搬去的王，是这八大王中的哪个王。既然王才浦说他们是从东北辽宁过来的，或在清代了。

图 255　70 岁村民王秀德（摄于 2019 年 10 月）

71 岁退休干部王福忠来作者工作室，说与王才浦不是一个王，明确地说王才浦这个王与北张岱王化贤的王是一个王，从北张岱搬到青杨屯的，过去听老人说过。

70 岁村民王秀德（图 255）说：我们这个王是村里最大的王，叫酸枣王，为啥叫酸枣王不清楚，听人说是从山东来的。据说青杨屯最开始 8 家落这儿，有酸枣王，还有丁、高等姓。2007 年来村时，王振芝老人说：据说王家是一个老太太带着一个儿子随龙过来的。村东头有王家坟，20 亩地。后来，王姓陆续迁到果各庄、西鹿角等村。68 岁的村民王士成说：王家坟在村东头，约 50 亩。在坟地西边有棵杜梨树，1 搂多粗。

王福忠老人也是酸枣王，说王家从哪儿过来的不知道，听老人说当初老祖宗是从军还是经商记不得了，落这儿了，成了家。老家那边先有家室，媳妇带着孩子找来了，一看这边又成家了，就走了，家谱也带走了。听说到了口外，说是“百家子”。过去王家有人到那边去，一说是酸枣王，那边人很热情，临来还送一程。王家坟地面积挺大的，坟地西边有个长约十六七丈、宽约七八丈、深约 2 米来的一个大土坑，就是过去年年上坟取土形成的。坟地有 2 棵大杜梨树，杜梨树长得慢，大概有 40 公分粗。后来这地方埋不下了，就分穴了。像我们这一支，从我太爷迁葬到崔庄子后头了。

所说王家，如是从山东“随龙过来”，当在明初，已 600 多年。如时间不长，不大可能繁衍众多，且搬迁外村。王家老坟起码二三十亩，之所以所说不一，只因面积较大，随口估摸所致。当然，王福忠对作者也一再强调，王家到青杨屯也就明末清初，根据是先后坟地大致安葬的辈儿数等。同时还说，村里中间大街的街北，几乎都是他们王家，随手并画了一张村落示意图（图 256）。即是王家居住村中间，客观上说明王家即使不是立庄户，也是来得较早的住户。而老人所谈王家无论是一老太太领着儿子来，或是一男人先来，媳妇领着儿子来找，细看大同小异，时间久远，口口相传，出现些异同在所难免。

图 256　71 岁退休干部王福忠（摄于 2019 年 10 月）

王秀德老人说：我爷爷到内蒙古昭乌达盟喀喇沁旗上瓦房村开个荣升车店，发家以后，我爸爸、叔叔在 1945 年搬回来，我爷爷老了也回青杨屯了，那边还有王家人。我父亲叫王福胜，爷爷叫王振元，太爷叫王君，再往上不知道了。我儿子叫王金龙，孙子叫王伟波。王福忠老人说：我父亲叫王守纯，爷爷叫王荣，太爷叫王金柞，往上不知道了。我儿子叫王大为。69 岁村民王甫君（图 257）说：我父亲叫王守纯，爷爷叫王荣，我爷在天津当过厨子。太爷不知道叫啥了。我儿子叫王大鹏，孙女叫王坤宜。王福忠、王甫君应该是亲哥俩，为啥不排着叫“福”字？王福忠解释，过去办身份证时随手写的，我们这辈儿应该是“福”字。68 岁村民王士成（图 258）说：父亲叫王福义，爷爷没见过，再往上更不知道了。我就一人，无儿无女，村里人称我“孤家寡人”，又称“老皇上”，这都是玩笑。我过继一个闺女，叫王志红。

现在，酸枣王有 50 户，200 多人。

高姓，73 岁退休干部高怀志（图 259）记得，听说高家是从山东过来的，是汉族，我奶奶是满族，家里过去不过腊月三十，到正月初三才正式过年。现在高家也全是汉族。记得我们小时候管奶奶不叫奶奶叫太太，管爷爷就叫爷爷。查阅有关资料，“旗人男称爷，女称奶，乃极尊贵之名称”。意思满族称爷不是祖父的意思，满族称奶奶不是祖母的意思，分别是对男、女之尊称。称祖母为“太太”，祖父为“达

图 257　69 岁村民王甫君（摄于 2019 年 3 月）

图 258　68 岁村民王士成（摄于 2019 年 3 月）

图 259　73 岁退休干部高怀志（摄于 2019 年 10 月）

达”，或“玛法”。从这里证明奶奶是满族，而爷爷是汉族无疑。王福忠老人也说：他们应该不是满族。听说过去高胜远上边哪辈儿做过庄头，但是啥庄头不清楚，也不是高家都是庄头。高怀志老人说：“文化大革命”中，有人贴大字报，说高家是“皇粮庄头”，实际上不是。在村里访谈中，70 岁村民高志祥说：高家过去有家谱，土改复查时弄没了。也只是听说高家是满人在旗，过去是皇粮庄头，给皇帝催缴皇粮。

综而观之，高家本身是汉族，高怀志奶奶是满族。过去满汉通婚的不少。历史上，高家也许有人做过庄头，或皇粮庄头。而这与志书记载的“皇庄”，似乎不是一回事。清乾隆四十二年（公元 1777 年）《平谷县志》下卷最后设“皇庄”，记载：“皇庄之设，自明至清，由来旧矣。本朝定鼎，从龙之众率多关左世族。”“世族”，应指世家大族。高家应该不是志书所记的皇庄的庄头。

高怀志老人说：我父亲叫高相远，爷爷叫高云步，爷爷有个别名叫高奇峰，再往上记不得了。我儿子叫高长胜，孙女叫高玥。

高志祥老人说：父亲叫高恩远，爷爷叫高云成，太爷叫高善仁，老太爷叫高芝，老老太爷叫高德石，再往上不知道了。我儿子叫高宇。

91 岁村民高景如说：我父亲叫高凤生，爷爷叫高善玉，太爷不记得了。我儿子叫高万普，孙子叫高志强，重孙子叫高坤。

43 岁村书记高照（图 260）说：我父亲叫高怀成，爷爷没见过。儿子叫高天宇。王福忠记得高照爷爷叫高振远。

高志祥老人说：村里有 3 个高，我们是一个高，有十五六户，七八十人。还有一个高占衡的高，有10多户，四五十人。打铁庄的高从这村搬去的，与高占衡是本家。另外有一个高井禹的高，从三河小甲村搬来的，就1户，五六个人。

图260　43岁村书记高照（摄于2019年3月）

刘姓，70岁退休职工刘怀生（图261）说：听说刘家从山西洪洞县搬过来的，爷爷叫刘万同，父亲叫刘一，儿子叫刘永新。现在，刘家有20多户，百十人。村里还有两个刘，刘宝奎的刘，有4户20来人。刘长河的刘，有4户，20来人。

图261　70岁退休职工刘怀生（摄于2019年3月）

2007年8月调查寺庙时，作者访谈70岁村民刘长奇（图262），说全村有王、高、刘、张四大姓，刘姓是从三河山河营迁来的。2019年10月又来时，问及村人，说灵山南边有个山河营，俗称蛮子营。当时刘长奇谈到刘姓，从上往下捋的：刘国起、刘文宁、刘万付、刘仲、刘怀忠、刘长奇。并随口说村里的老尹家、老周家

图 262　70 岁村民刘长奇（摄于 2007 年 8 月）

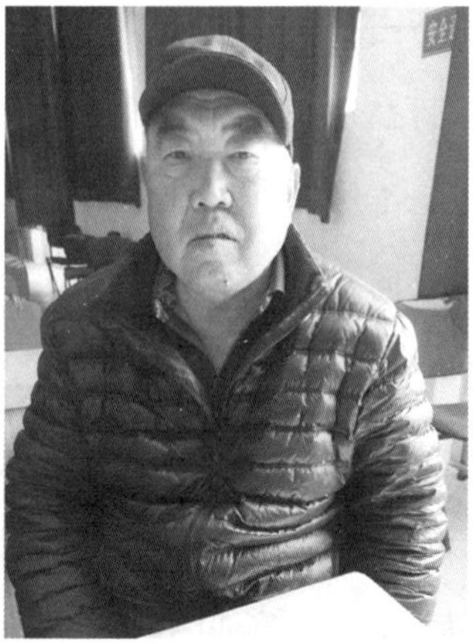

图 263　71 岁退休职工李永锋（摄于 2019 年 3 月）

图 264　68 岁退休职工李永福（摄于 2019 年 3 月）

是从大旺务来的。

李姓，71 岁退休职工李永锋（图 263）说：我与李永福是兄弟，属一爷之孙。我们李姓从山东搬来的，先到三河北务村，后又搬到这儿。在北务村，我们李姓是大户，过去我大爷活着时说过，李有南李北李，都是山东的李。我太爷的媳妇是高照家的姑奶奶，我太爷挑着我爷和大爷过来的，我父亲还到那边上坟去呢。太爷叫啥不清楚，太爷下边俩儿子，爷爷叫李香，大爷叫啥也不清楚，父亲叫李贵德。儿子叫李宝利，孙女叫李嘉新。68 岁退休工人李永福（图 264）说道，父亲叫李贵生，爷爷叫李香。我有仨闺女，大闺女李春燕，二闺女李春娟，三闺女李春玉。现在，我们李家到这儿已有 6 辈儿，我们这一大家子有 6 户，30 来人。

崔姓，王甫君老人说：崔永福的崔，有 8 户左右 30 多人。还有一个崔六合的崔，就 1 户，8 口人。

尹姓，尹相的尹，有 15 户，60 多人。

丁姓，丁宝库的丁，就 1 户，3 人。

耿姓，耿发东的耿，有 2 户，8 人。

杨姓，杨果柱的杨，就 1 户，7 人。

张姓，张国立的张，20 多户，百八十人。

闫姓，闫志富的闫，3 户，20 多人。

蔡姓，蔡军的蔡，有 1 户，3 人。

姚姓，姚满发的姚，有 4 户，20 多人。还有一个姚，姚德元的姚，有 10 多户，40 多人。

史姓，史自发的史，从赵家务搬过来的，有 4 户，20 多人。

民国二十四年（公元 1935 年）《三河县新志》“经制志 · 乡闾篇 · 区域”列有户口调查表，青羊屯，户数 144，男口 452，女口 411，男女总计 863。现在，青杨屯村有 470 多户，1500 人。

西高村

西高村，坐落镇域北部（图 265，图 266），东北与南埝头村、东南与东高村相邻，北、西隔泃河与平谷镇相接。

图 265　西高村村委会（摄于 2007 年 4 月）

图 266　西高村村委会（摄于 2019 年 4 月）

西高村得名，83 岁村民张廷（图 267）记得，原来叫西皋村，东高村叫东皋村。为啥叫东皋村、西皋村？查阅词典，“皋”（gāo），为水边高地之意。这样看来，两村名之所以用一“皋”字，当指两村当初就建于泃河岸边高地之上了。

87 岁退休干部李环接着说：过去听老人说，在南埝头村西有个苟家坟（俗称狗头坟），原来的村子在那地方，西边是泃河，通船。为了

图 267 83 岁村民张廷（摄于 2019 年 4 月）

交通方便，便搬到这儿了。

《北京市平谷县地名志》记载，西高村“汉代成村，村东北有汉聚落遗址，时名不祥。金元时称西高屯，明时称西皋村，清时称西高村，因村址在泃河东南岸上，又在东高村西，故名。抗日战争时期化名‘亭西’。”

地名志所记西高村“汉代成村”，值得商议，即使村东北有“汉聚落遗址”，应该与今天的西高村没有必然联系。也就是说，应该不是那个聚落遗址的人一脉相承至今的。当然，李环老人所说原来村子在苟家坟那地方，可能过去那里有人居住，是否为西高村前身，已难考证。地名志记载“明时称西皋村，清时称西高村”亦不确切。平谷旧志乃至《金史》有传的官至横海军节度使的巨构，其墓就在东高村西北，平三公路西侧原金属公司院内。作者以前也曾访谈西高村老人，告说巨家坟前立一石碑，足有七八尺高，下面土掩着。老人们记得石碑上好像写着“东、西皋村”“东皋村西缘”等字迹。这个所记是不差的。1984 年金属材料公司院内施工发现一石椁木棺墓，石椁盖上平放一方墓志，有些残损且风化浸蚀严重，有“如此故东皋”字样，可与村人所谈“东、西皋村”相印证，而东高村现在还有巨姓人，证明金代时就叫“东皋村”“西皋村”了。

作者编写史话整理“石刻”资料时，研究1993年6月大旺务村发现的王仲福墓志，有“夫人齐氏”“去辽应历九年十二月十三日遇疾，终于蓟州渔阳县界高村之私第也”语。起码说，辽应历九年（公元959年）甚至以前，就有高村了，且一开始名字应该就叫“高村”。根据王仲福墓志发现于大旺务及墓志“高村之私第”所记来看，这高村应该是东高村。那时，应该还没有分东西高村，或说西高村还没有成村，就称高村。而“高”字或与金代巨君墓志所写东西皋村之“皋”字，二字或为并用，毕竟“皋”字所取的应该也为“高地”之意，当然，“皋”有“水边高地”意，“高”字则没有。

元初荣禄大夫赵铸为独乐河玄宝观柏树所撰《玄宝观活死柏之记》有“余方客东皋，与是村相望一舍耳”语，“一舍”一般指三十里，《左传》“僖公二十八年”有“退三舍辟之”语。这里写到赵铸住在“东皋”的客店，“东皋”即是东皋村，看来元时东、西高村依然以“皋”字相称，而非地名志写的“明时称西皋村”。清康熙六年（公元1667年）《平谷县志》“地理志・村庄”，记载县西南境，有“西高村，八里”。清初时所记村庄，应该是延续明时旧志。如民国二十三年（公元1934年）《平谷县志》“卷六下・艺文志・琐记”所记：“明代平谷旧志载有距城四里闫家庄、马圈庄二村。近百年来，邑中所属久已无此村庄。”而康熙六年（公元1667年）《平谷县志》“地理志・村庄”记载，则有“闫家庄”“马圈庄”，就是明证。也就是说，应该明代又叫西高村了，而非清代。雍正六年（公元1728年）和乾隆四十二年（公元1777年）《平谷县志》“地理志・村庄”所记与此没有变化。

总而言之，西高村附近可能有汉代或晚些的聚落遗址，但与今天的西高村应该无关。西高村在金代应该就成村了，当然东高村应该更早，但金代时就叫“西皋村”及“东皋村”。究竟两个村最早啥时成村，一时无确切资料可考。以“皋”字为名，当为“水边高地”之意，即是这俩村都建在泃河岸边的高地上了。至元时仍称西皋村及东皋村。应该至明代，已称西高村及东高村。之所以将“皋”字改“高”字为名，作者请教对古文字深有研究的书画家翟德年先生，告说“皋字有高之意，但高字不能同皋。二字读音相同，皆为平声”。这样看来，一是“皋”“高”二字同音，二是二字同有高处之意，故民间两字都有所用。至明时，将“皋”字写作了“高”字，即不在写“皋”字了。又作为两个村落，一在东，一在西，故以东高村、西高村相称了。

民国九年（公元 1920 年）《平谷县志》“卷一 · 新政志 · 自治”记载“地方分区自治”，设 5 个区，其中“第三区，自治办公处，东高村临泉寺”，所记有“西高村，六里”。民国二十三年（公元 1934 年）《平谷县志》“卷二下 · 经政志 · 自治”记载“现时区镇乡村”，全县分为 3 个区，共 77 个乡，实际上相当于一个行政村一个乡了。“卷一 · 地理志 · 市乡”记载：“第一区，位县之西、南境，所属共二镇、二十六乡”，其中“第十二乡，西高村”。

抗日战争时期，随着冀东西部抗日根据地的开辟，于 1940 年 4 月起，相继建立蓟（县）平（谷）密（云）联合县、平（谷）密（云）兴（隆）联合县、平（谷）三（河）密（云）联合县、平（谷）三（河）蓟（县）联合县，西高村隶属其中。1946 年 3 月，取消联合县建制，恢复平谷县单一建制，至1949年8月，下设7个区，西高村应在第七区（马坊区）内。

1950年5月，将原7个区合并为5个区，西高村属于第一区（城关区）。1953年6月，建立乡政权，全县划分为6个区，80个乡（镇），西高村属于城关区东高村乡。1956年7月，撤销区级建制，将79个乡镇并为34个乡镇，西高村属于东高村乡。1958年1月，将34个乡镇合并为18个乡，西高村当在城关乡内。1958年9月，撤销乡建制，建立5个人民公社，下设21个管理区，西高村当在城关人民公社东高村管理区内。1961年6月，撤销管理区，将5个人民公社划为21个人民公社，西高村隶属于东高村人民公社。直至1984年4月，全县将公社改为乡，大队改为村。西高村属于东高村乡。1990年3月，撤销东高村乡，设立东高村镇，西高村属于东高村镇至今。

村里人公认，西高村第一大姓是张家，第二大姓是李家，第三大姓是艾家。那么，西高村哪姓来得最早？李环老人说：应该最早来这儿的是里姓，一里二里地的“里”，他们是坐庄户，从哪来的不清楚。后来，大概他们觉（jiǎo）着自己这姓人少，就跟着我们姓十八子这个“李”了。他们这个李现在最大的是李成富，80岁了，身体不好没有来。他父亲叫李

图268　74岁退休干部艾发（摄于2019年4月）

瑞，再往上记不住了。李成富儿子叫李来福、李来发，他有3个孙子，1个重孙子，1个重孙女。李成富有个弟弟叫李成友，已经没了，李成友儿子叫李来勇，有俩孙女。现在，他们这个李共有3户，16口人。

张姓，74岁退休干部艾发（图268）说：西高村一个是弓长张，一个是立早章，后来立早章也改成弓长张了。

83岁村民张廷说：我们这个张，听说是从山西大槐树搬来的，过去还听说有人去山西大槐树上坟。张家坟在村东四五百米的地方，大道边上，在巨家坟南边。坟地有很多碑，一般差不多1米高，有大有小。我父亲叫张玉芬，爷爷叫张沛，再往上不知道了。我儿子叫张瑞国，孙子叫张永。

图269　75岁村民张连成（摄于2019年4月）

75岁村民张连成（图269）说：张廷、张珍、张保、张亮、张春都是一个张。我父亲叫张志广，爷爷叫张桂珍。我儿子叫张洪良，孙子叫张铁军。

图270　77岁村民张珍（摄于2019年4月）

77岁村民张珍（图270）说：我父亲叫张叔兰，爷爷叫张勤。我儿子

图 271　78 岁村民张保
（摄于 2019 年 4 月）

图 272　82 岁村民张亮
（摄于 2019 年 4 月）

图 273　88 岁村民张春
（摄于 2019 年 4 月）

叫张洪力、张洪友、张洪全，孙子叫张金鹏、张金宇。

78 岁村民张保（图 271）说：我父亲叫张如兰，爷爷不知道叫啥。我儿子叫张学忠，孙子叫张启航。

82 岁村民张亮（图 272）说：我父亲叫张起兰，爷爷叫张春。我儿子叫张吉海，孙子叫张硕。

88 岁村民张春（图 273）说：我父亲叫张浩山，爷爷没见过，不知道叫啥。我儿子叫张振河、张振友，孙子叫张俊、张愿，还有个重孙子。

现在，张家有 100 多户，400 多人。

85 岁村民张福增（图 274）说：我这个张和他们几个的张不一样，我是平谷建设街的。在县城北岔子那儿有张家店，就是我家开的。那是个大市场，叫张家店大街，村里人去那儿赶集，还会到家里坐坐。我家来西高村后，村里人就说我家是“张家店大街的那个”。我爸早就不在了，要活着有 100 多岁了。这儿是我太姥姥家，太姥姥没儿子，有俩闺女，一个嫁到赵府，一个嫁给我爷爷，给四亩地，做脂粉

图 274　85 岁村民张福增（摄于 2019 年 4 月）

图 275　82 岁村民李显松（摄于 2019 年 4 月）

钱。我太姥姥后来过继一个儿子叫张仲兰，闹不一块儿。我爸 5 岁时，就跟着我爷爷搬到这儿了，让我们过来伺候她。我家过去有家谱，让耗子给嗑了。我父亲叫张振德，爷爷叫张汝谟，再往上记不住了。我有 4 个儿子张明生、张明友、张明松、张明春，5 个孙子张会城、张会东、张会元、张会超、张会祥，3 个重孙子张志豪等，4 个重孙女。我有个兄弟叫张福全，他有儿子叫张明伟，张明伟有两个儿子。我们这个张就 2 户，21 人。

李姓，87 岁退休干部李环说：听老辈儿人说，李家从山东济南府随龙过来的，过去到那边，只要到济南府一说“路二甲方七社”，就知道是当家子。清代有个秀才叫李朝，现在李家有个大学教授叫李德富，带研究生，退休了。李家坟在村东张家坟南边，道北边是张家坟，道南是李家坟，李家坟坟地面积有四五亩地，坟地上边没有石碑。我父亲叫李显富，爷爷叫李勤，太爷叫啥想不起来了。我儿子叫李来顺，孙子叫李壮。

82岁村民李显松（图275）说：我父亲叫李才，爷爷叫李文奎，太爷叫李刚，再往上不知道了。我有仨儿子，叫李国勇、李国富、李国强。有俩孙子，叫李建丰、李建平，还有俩孙女。

图276　74岁村民艾永平（摄于2019年4月）

现在，李家有120来户，400来人。

艾姓，74岁村民艾永平（图276）说：艾家据说从河南过来的。

74岁退休干部艾发接着说：听说是跟着燕王扫北过来的。坟地在村西南，有10来亩地。坟地上有块石碑，1米多高。

83岁村民张廷记得，石碑上的名字叫艾继春，好像是清代人。传说乾隆皇帝下乡，这个人拦驾，递上一呈子。乾隆皇帝一看字写得挺好，就要封官。旁边大臣说不能封，这一路有才能的人多了，封不过来。

87岁退休干部李环说：清代的时候，艾家管收皇粮，是西高村的庄头。村里人交租子就交到艾家，我小时候还交过，端一大瓢棒子去交。

艾发说：听说到这儿的第一辈儿祖宗叫艾士虎，生四儿子，分别叫艾龙、艾凤、艾呈、艾祥。我父亲叫艾成明，爷爷叫艾坦，太爷不

图 277 79 岁村民罗荣（摄于 2019 年 4 月）

知道叫啥了。我儿子叫艾满胜，孙子艾桢。

艾永平老人说：我父亲叫艾忠，爷爷叫艾仲文，再往上不知道了。我有俩闺女叫艾月荣、艾月霞。

现在，艾家有七八十户，300 来人。

罗姓，79 岁村民罗荣（图 277）说：罗姓从兴隆后苇塘搬过来的。83 岁村民张廷接过话茬，说罗家是从周村搬到这儿，他爸罗洪如到兴隆开荒种地，1947 年土地平分时又回来了。罗荣说：我父亲叫罗洪如，爷爷叫啥不记得了。我儿子叫罗国久，孙女叫罗文静。现在，罗姓有 20 多户，百八十人。

访谈中，老人们还谈及村里其他一些姓氏：

冯姓，张廷老人说是从马昌营镇天井村搬来的，冯玉林，87 岁，父亲叫冯禄，爷爷叫冯景武。冯玉林有俩儿子，大儿子冯君，二儿子冯小强。还有俩孙子，一个重孙子。现在，冯姓有 30 来户，100 多人。

王姓，艾发老人说王建海，77 岁，父亲叫王印，有王河等俩儿子。现在，王姓有 10 多户，40 多人。

高姓，李环老人说：高家从高庄搬来的，高晓春，50 多岁，父亲叫高世杰，爷爷叫高顺。有俩儿子。现在，高家有四五家，20 来人。

沈姓，李显松老人说：沈家从东高村搬来的，沈德，84 岁，父亲叫沈瑞清。有俩儿子，叫沈金城、沈金力，还有仨孙子。现在，沈家有六七户，20 多人。

刘姓，张连成老人说：刘勇，88 岁，有个儿子叫刘贵生，还有个孙子。现在，刘家有六七户，20 多人。

周姓，张连成老人说：周义，74 岁，父亲叫周庆华，有个儿子。现在，周家有 20 来户，100 来人。

经过访谈，除礼家作为立庄户没来，不知从哪儿、啥时搬来外，其他主要姓，第一大姓张家从山西大槐树搬来，第二大姓李家从山东济南府随龙过来，第三大姓艾家跟着燕王扫北过来，可以说西高村这三大姓，都是明朝初年过来的了。至于曾有西高村艾姓是满族之说，与艾家人包括迁至外面的艾家人以及西高村的其他姓老人了解，都说是汉族。李环老人所说，清代艾家管收皇粮，是西高村的庄头，这并不表明艾家是满族。作者就此特意请教李环老人，一再说艾家不是满族。

现在，西高村有 600 多户，2000 来人。

张岱辛撞村

张岱辛撞村，坐落在镇域西部（图 278，图 279），北邻北张岱，东接侯家庄，南连南张岱，西濒洵河。

图 278　张岱辛撞村委会（摄于 2007 年 8 月）

图 279　张岱辛撞村委会（摄于 2019 年 3 月）

张岱辛撞得名，81 岁老村会计张卫勤（图 280）说：我们这村在南张岱和北张岱俩村中间，南、北各 1 里，就叫张岱辛撞，“撞”字啥意思不太清楚。2007 年调查寺庙时，关于村子来历，村里人说，先有南张岱，后有张岱辛撞。

历史上，张岱辛撞由三河县管辖。清康熙十二年（公元 1673 年）《三河县志》“地理志 · 疆域”记载：有“英城社，在县北三十里”，张岱辛撞当在英城社内，只是此志没有具体写出都有哪些村庄。乾隆二十五年（公元 1760 年）《三河县志》“卷之六 · 乡间志 · 村庄”之“东北路信一乡”记载，在南张岱、北张岱两村后，有新撞庄。这新撞庄应该就是今天的张岱辛撞，只是前面没“张岱”二字，且是“新旧”的“新”字。民国二十四年（公元 1935 年）《三河县新志》“卷之六 · 经制志 · 乡间篇 · 村庄户口”所列“三河县第九区户口调查表”中，在南张岱、北张岱两村后，有张岱辛庄，应该就是今天的张岱辛撞。这时已写有“辛苦”的“辛”，将“撞”字写作“庄”字了。

从志书所记“新”与“辛”和“庄”与“撞”字的变化，可以看出，由于相对于南张岱成村要晚，故称“新庄”，应该是后来演化为“辛撞”。“撞”字或是当地人对“庄”字读音的变音，其本字应该就是“庄”字。比如我们相邻的西边的顺义区龙湾屯镇有个山里辛庄，作者姥姥家离那里不是很远。小时常听大人说到这个村名，声调就读四声“zhuàng”，且是儿化音，山里辛庄（zhuàng）儿。张岱辛撞平时也读儿化音“张岱辛撞（zhuàng）儿”的。据顺义有关资料解释，山里辛庄最开始就是“新庄”，慢慢写作了“辛庄”。

图 280　81 岁老生产队会计张卫勤（摄于 2019 年 3 月）

曾参加编写县地名志的 88 岁退休干部张礼动也说：我们这个村名，通过考察，原叫张岱新庄。过去这里没有庄的时候，是洵河整天冲刷形成的大沙滩、沙岱。有个张姓的人先来在南张岱那地方落了户，所以叫张岱。在沙岱上刨土种地。岱有山岱的岱，也有沙子堆一起叫沙岱，就是大沙包。在这一带是南张岱先建的庄，就叫张岱。在张岱北边，就我们庄这地方，发现一座汉墓，墓主人好像是个侯爷，在坟南面有看坟的，慢慢形成了聚落，叫张岱新庄。张岱新庄开始看坟的人，都是我们庄的侯姓人。也就是说，我们庄先有侯姓，是侯姓人先来立的庄，看坟一户两户慢慢形成了南北那条胡同儿，叫侯家胡同，逐渐发展为东西向大街。这即是说，张岱辛撞是侯姓人先来看坟，且渐渐立庄了。

那么，侯姓人什么时间来立的庄？2016 年 7 月，作者到马昌营村访谈。83 岁退休老师马润海说：马昌营应该是先由姓马的立的庄。据传明太祖朱元璋有个马娘娘，是马娘娘带过来的家人，搬到这里落下了。当然，也有马家随“燕王扫北”来之说。无论是“马娘娘带过来的家人”或随“燕王扫北”过来，应该都在明朝初年。而马昌营村，现有马、侯、张三大姓，各有百八十户，三四百人。侯姓，从山东侯庄搬来。既然村里人公认先有南张岱，后有北张岱及张岱辛撞。而南张岱张姓，88 岁老兽医张仲福说张家是从山东省菏泽到这儿，74 岁老村书记张佩德听老人说，张家是燕王扫北随龙过来的。要是这样，南张岱亦为明朝初年立庄了。侯姓人到马昌营应该晚于马姓。而张岱辛撞的侯与马昌营的侯即是本家，且张岱辛撞的侯，至今仅四五十户，100 多人，尽管 83 岁侯宝民老人说马昌营的侯是从这儿搬去的。但从实际情况看，应该是侯家由山东先到马昌营，再由马昌营到张岱辛撞的。所以，侯姓人搬到张岱辛撞，应该更晚。况且一家人到这儿，也并不意味着就成村，只是看坟而已。82 岁老村副书记岳俊芝说岳家是从南张岱搬过来的，且一直和南张岱岳家葬在一起。一定是岳家这边有地，随着人口增多，南张岱那边房子不够住了，就在这边自己的地上建房子，渐渐聚集家多了，也就成村了。按常理，一两代人也就是三五十年，在本村不大可能房子或地方不够用。这样看来，在外面自己的地里另建新居，甚至另成新村，起码要百八十年以后。所以，张岱辛撞建庄早也要在明中后期。作为“新庄”，之所以前面加上“张岱”，一定与南张岱有关。比如南宅村，主要有李姓、盛姓、侯姓三大姓，80岁老村副书记盛景德说：这三大姓部分人先后从本村搬到庄户那边去了，那边原来全是南宅私人的地，比如我大爷（ye）、二大爷（ye）和我们在庄户那边有6亩地，就在那边盖了房子。过去的人都是这样，在自个儿家地上盖房子。所以，这小村叫“南宅庄户”。就是例证。张岱辛撞的三个张姓，虽然说不清楚从哪儿搬过来的，但不排除有从南张岱搬来者。

《北京市平谷县地名志》记载张岱辛撞，“汉代成村，比张岱建村较晚，称张岱新庄，后演为今称。抗日战争时期，化名‘照一万’”。且记述“临村西北曾有汉墓，村民俗称‘高顶’，出土五铢铜钱几十斤，有席纹、绳纹砖，现已无存”。

地名志说张岱辛撞汉代成村，或据此汉墓了。其实，这只能说汉代时这附近已有人生活，且留下了墓葬。而这墓葬与今天的张岱辛撞没有必然关联，也就是说今天的张岱辛撞人，不是汉墓主人一脉相承延续下来的，而是由南张岱及附近村人后来陆续搬过来的。

1946年3月，取消平三蓟联合县建制，恢复平谷县的单一建制。这时，张岱辛撞从三河县划归平谷，这是新编2001年版《平谷县志》“第一编·建置沿革”所记。而新编《三河县志》“第一章地理位置·第二节境域变化”记载，1946年底将辛撞村划归平谷。至1949年8月，平谷县下设7个区，张岱辛撞应在第七区内。1950年5月，将原7个区合并为5个区，张岱辛撞应在第二区（马坊区）内。1953年6月，建立乡政权，全县划分为6个区、80个乡（镇），张岱辛撞应在马坊区北张岱乡内。1956 年 7 月，撤销区级建制，将 79 个乡镇并为 34 个乡镇，张岱辛撞应在门楼庄乡内。1958 年 1 月，将 34 个乡镇合并为 18 个乡，张岱辛撞应在门楼庄乡内。1958 年 9 月，撤销乡建制，建立 5 个人民公社，张岱辛撞应在马坊人民公社门楼庄管理区内。1961 年 6 月，撤销管理区，将 5 个人民公社划为 21 个人民公社，张岱辛撞在门楼庄人民公社内。直至 1984 年 4 月，全县人民公社改为乡，大队改为村，张岱辛撞属于门楼庄乡。2000 年 7 月，撤销门楼庄乡，并入东高村镇，张岱辛撞属于东高村镇至今。

侯姓，83 岁村民侯宝民（图 281）说：侯家是来这儿最早的，不知道从哪儿来的，只知道和马昌营的侯是一个侯，他们是从这边搬去的，小时候那边清明时还来我们这儿上坟。上面已写，作者编写《马昌营史话》，到马昌营村访谈，说侯姓从山东侯庄搬来的，应该是先到马昌营，后由马昌营搬到这儿。侯宝民老人说：我父亲叫侯兆廷，爷爷叫侯玉良，太爷叫侯永清，老太爷记不清了。我儿子叫侯虎山。全村就一个侯姓，比下坡张人多些，是全村最大的户，约四五十户，100 多人。

图 281　83 岁村民侯宝民（摄于 2019 年 3 月）

除立庄的侯姓外，张姓和岳姓都是村里比较大的姓。

张姓，胡同张，88 岁退休干部张

礼动说：我们村有3个张，上坡张，张龙家；下坡张，张卫勤家；小时候人家叫我们这个张，是胡同张。我们这个张从哪儿来的不知道，小时候庄东北有个老坟，约半亩多地，说的吃官坟就是吃这个。坟地没有石碑，有三四十个坟头。父亲叫张维翰，爷爷叫张福山，太爷叫张珍，老太爷不记得叫啥了。我大爷（ye）考秀才没考上，叫“学而未进”，就教私塾了。记得我家过去有家谱，后来失落了，这些都是父亲跟我说的。我大儿子叫张义泉，孙子叫张文东；二儿子叫张义海，孙子叫张文学，重孙子叫张新州。我们胡同张大致有20多户，百十人。

下坡张，81岁老村会计张卫勤说：不清楚我们下坡张从哪里来的，父亲叫张庆茂，爷爷叫张忠，太爷叫张景敏，老太爷叫张锡荣，再往上张会元、张明儒、张居、张文玉、张天福、张进东。张进东不是到这儿的第一辈儿，上面还有呢。张姓到我这儿，已经11辈儿了。我儿子叫张连科，孙子叫张帆，重孙子叫张俊豪。现在能够说出来的，共14辈儿，大致330年上下，即清康熙中期。

69岁村民张卫发（图282）说：我与张卫勤是本家，刚出五服。父亲叫张庆珍，爷爷叫张田，太爷叫张景峰，老太爷叫张锡勇，老老太爷叫张会元。我儿子叫张连喜，大孙女叫张欣怡，二孙女叫张子熙。

图282　69岁村民张卫发（摄于2019年3月）

张卫勤老人记得：赵家务、大旺

图 283　82 岁老村副书记岳俊芝（摄于 2019 年 3 月）

图 284　80 岁村民何广治（摄于 2019 年 3 月）

务的张跟我们是一个张，他们是从我们这儿搬过去的。现在，我们下坡张有 40 多户，100 多人。

张卫发说：还有一个上坡张，张龙家，大约 10 多户，40 多人。

岳姓，82 岁老村副书记岳俊芝（图 283）说：岳姓据说是从南张岱搬过来的。过去岳家坟在村西南半里地，这个坟过去是和南张岱岳家一块儿埋的，有四五亩地，坟地都是榆树，小时候还到那边上坟，上完坟一块儿吃饭，叫吃官坟。到这个村的第一辈儿叫啥记不清了，我太爷叫岳永喜，爷爷叫岳年，父亲叫岳长茂，大儿子叫岳建柱，孙子叫岳杰，重孙子叫岳雨臣；二儿子叫岳建存，俩孙女，叫岳章、岳林；三儿子叫岳建忠，孙子叫岳啸；四儿子岳建震，孙子叫岳巍。姓岳在村里有 50 多户，一百六七十人。

何姓，80 岁村民何广治（图 284）说：不知道何姓从哪来的，但英城、侯家庄、崔庄子都是一个何。父亲叫何永海，爷爷叫何显军，太爷爷叫何春喜，再往上不知道了。大儿子叫何延庆，二儿子叫何延宾，三儿子叫何延亮，还有一个女儿。大儿子何延庆有2个女孩儿一个男孩儿，男孩儿叫何旺，女孩儿叫何珊、何平；二儿子何延宾有1个男孩，叫何宽，在念大学；三儿子何延亮有1个女孩，叫何畅。第四辈儿人也有了，何旺生了个男孩。何家门里有个作家叫何理，是我哥哥，在河北承德文联上班，现已去世，出版了一本《唱一唱农村》的书，写诗比较多。何家有十几户，四五十人。

村里还有王姓，王如祥家，从北张岱搬来的，就1户，六七个人。

还一个王姓，王贵忠家，1970年前后修黄松峪水库时，从黄松峪乡雕窝搬来的。也是1户，4个人。

刘姓，刘云贵家，有十几户，30多人。

朱姓，朱凤义家，有10来户，30来人。

民国二十四年（公元1935年）《三河县新志》“卷之六·经制志·乡闾篇·村庄户口”列有“三河县第九区户口调查表”记载，张岱辛庄，户数94，男口310，女口282，男女总计592。现在，张岱辛撞村有370多户，800多人。

赵家务村

赵家务村，坐落于镇域中南部（图285，图286），东与大庄户接

图 285　赵家务村委会（摄于 2007 年 8 月）

图 286　赵家务村委会（摄于 2019 年 3 月）

壤，北与克头毗连，西与赵庄户相邻，南与三河县相接。

赵家务得名，86 岁老村大队长张甫俭说：过去有一句话，逢府必务。所以，原来叫赵家府，后来叫赵家务。81 岁老村会计史怀本接着说：土改复查以前叫赵家府，复查以后叫赵家务。76 岁老村会计苗沛元（图 287）说：抗战时期，村子化名“闻东”。对于赵家府或赵家务这名儿最初咋起的，都说不清楚。

老人所谓“逢府必务”，是说一个村子如果叫什么府，一定还有一个名字叫什么务了，赵家府又称赵家务就是这样。作者曾看到一些材料，认为一般凡是姓在首的“务”字尾村名往往也称“府”，反之亦然，都应是元代以前建成的村落，且是元代所命名。据说元世祖忽必烈统治时期，采取移民屯田等政策，增强大都经济实力，保持社会稳定。如在大都设置“营田提举司”，管理大都地区的营田事宜。为加强

图 287　76 岁老村会计苗沛元（摄于 2019 年 3 月）

图 288　71 岁老村书记陈承敬（摄于 2019 年 3 月）

税粮管理，便在适当的村落设负责管理收集税粮的民间机构，称作“务”。里面的负责人不是官而是吏役，或由地方官指定富户主人操办收取税粮，这种管理者也称作“府”，而税粮收存保管的地方也称作“府”。税粮收集负责人姓氏，就是“务”的具体机构名称。往往有“务”机构的地方就必然有“府”，反之，有税粮收储的“府”则必然有个“务”机构在那里。两者有内在联系，故俗语有“逢务必府”或“有府必务”之说。那么，赵家务老人既然过去听说“逢府必务”的话，且赵家务过去又称赵家府，赵家务是否元代以前就已成村呢？目前没有足够的直接或间接证据，需要进一步深入了解研究。

71 岁老村书记陈承敬（图 288）说：按说咱村叫赵家务，应该有姓赵的，好像也没几户姓赵的。张甫俭老人说：村里有 3 家姓赵的，一家是天津来的，赵学勤、赵学成和赵学忠；

一家是东高村来的，叫赵成；一家是大旺务来的，叫赵已敬，家里已经没有人了。陈承敬老书记所说提出了一个重要问题，这就是既然村名叫赵家务或赵家府，就应该是赵家先来立的庄，可村里现在没有最早来的赵姓了，陈书记明确地说：最早的赵家坟地也没听说过。现有的 3 家赵姓来的都很晚，不是立庄的赵。这话说得很对，立庄应该与最早的赵家有关。

《北京市平谷县地名志》记载赵家务："汉代成村，时名不详。据传明代曾有驻平谷营州中卫屯一位赵姓官员住该村，故称赵家府，后改称赵家务。抗日战争时期化名'闻东'。"并记载，"村北有汉、辽、金、元墓葬群，出土有铜、铁、陶瓷等。"

地名志所说"汉代成村"，当与村北汉墓有关。其实，村附近有汉墓，应该与我们今天的赵家务无关，也就是说，我们现在的赵家务人，不是由汉墓主人一脉相承下来的。只能说赵家务村附近有汉墓，汉代时一定在这一带有人类生活，而不能说今天的赵家务汉代已经成村。当时人们住在哪里，村落叫什么名字，我们不清楚，更不是今天的赵家务村。

地名志所记营州中屯卫赵姓官员住此而成村且得名，如是这样，亦当在明朝初年。新编 2001 年版《平谷县志》"大事记"，有明"永乐二年（公元 1404 年），营州中屯卫自塞北大宁地区徙入平谷县内"的记载。但是，历史上赵家务由三河县管辖，不归平谷县管，与营州中屯卫应该无关。

明太祖朱元璋在洪武后期，设置屯田卫所，在北疆地区陆续设置广宁五屯卫、营州五屯卫、大同五屯卫、开平五屯卫及兴州五屯卫等。

这是“屯田守边”，且带家属。燕王朱棣称帝，迁都北京，调整边防部署，将营州屯卫、兴州屯卫迁至燕山以南，如营州中屯卫迁至平谷，兴州屯卫等迁至三河。明万历时刘效祖所纂《四镇三关志》明确记载：“营州前屯卫，在香河县治东，永乐元年（公元 1403 年）建；营州后屯卫，在三河县治东南，永乐二年（公元 1404 年）建；营州右屯卫，在蓟州治北，营州中屯卫，在平谷县治东，俱永乐二年（公元 1404 年）建。”所以，清乾隆二十五年（公元 1760 年）《三河县志》“卷之十・兵防志・城守・营署”记载：“明，兴州屯卫，在县治西；营州屯卫，在县治东南。”“兴州、营州二卫，额设指挥十员，千户二十三员，百户二十七员，边军二千一十五名，屯军三百八十五名，屯地一千二百二十六顷六十亩，人丁二百九十五丁。”“清，本朝定鼎后，两卫官军俱奉裁地圈丁投所，余丁地归通州卫，后归本县。”这正说明兴州屯卫、营州屯卫两卫的一部分官兵，就分布在三河境内，至清时大概这些卫所官兵就变成普通百姓了。也就是说，如赵家务与屯兵有关，也应是迁至三河境内的兴州屯卫或营州屯卫之兵。这与赵庄户老人所谈村委会东侧有个四眼井，听说这里过去是屯兵的地方，水井是饮马的之说相吻合。若此，赵家务屯兵以及随之立庄或在明初了。

清康熙十二年（公元 1673 年）《三河县志》“地理志・疆域”记载有“英城社”，没写具体村名，赵家务当在英城社内。乾隆二十五年（公元 1760 年）《三河县志》“卷之六・乡闾志・里社”记载仍有“英城社”。“卷之六・乡闾志・村庄”之“东北路信一乡”记载，有“赵家府”，看来那时赵家务就叫赵家府。民国二十四年（公元 1935 年）《三河县新志》

“卷之六·经制志·乡闾篇·村庄户口”所列“三河县第九区户口调查表”中，有“赵家务”，且不再写赵家府了。看来，民国二十四年（公元1935年）以前已经就叫赵家务了。就民间而言，两名应该是同时称呼，只是官方志书乾隆时写作“赵家府”，民国时写作“赵家务”了。

1946年3月，取消平三蓟联合县建制，恢复平谷县单一建制。这时，从三河县划入平谷县86个行政村，其中有“赵家务”。这是新编2001年版《平谷县志》“第一编·建置沿革”所记。而新编《三河县志》“第一章地理位置·第二节境域变化”对此记载，时间为1946年底，所写也是“赵家务”。至1949年8月，下设7个区，赵家务应在第七区内。1950年5月，原7个区合并为5个区，赵庄户在第二区（马坊区）内。1953年6月，建立乡政权，全县划分为6个区、80个乡（镇），设赵家务乡。这是个小乡，陈承敬老书记记得，赵家务乡包括赵家务、赵庄户、克头、前台头4个村，赵家务就在赵家务乡内。1956年7月，撤销区级建制，将79个乡镇并为34个乡镇，赵家务应在门楼庄乡内。1958年1月，将34个乡镇合并为18个乡，赵家务还应在门楼庄乡内。1958年9月，撤销乡建制，建立5个人民公社，赵家务应在城关人民公社东高村管理区内。1961年6月，撤销管理区，将5个人民公社划为21个人民公社，赵家务在东高村人民公社内。直至1984年4月，全县人民公社改为乡，大队改为村，这时赵家务属于东高村乡。1990年3月，撤销东高村乡，设立东高村镇，赵家务属于东高村镇至今。

当谈及哪些姓先来，81岁老村会计史怀本说：最开始，赵府先有边、黄、刘、董、班、鲍姓这6家，现在已经没有黄姓和边姓了，以后其他各姓才陆续搬来。

苗姓，76岁老村会计苗沛元说：苗家是从山东过来的，具体山东哪个地方不知道，到这儿的第一辈叫啥也不清楚。我父亲叫苗仲福，爷爷叫苗成仪，再往上太爷不知道叫啥了。我儿子叫苗润山，孙子叫苗真、苗训。

图289　67岁老村干部苗润生（摄于2019年3月）

67岁老村干部苗润生（图289）说：我父亲叫苗沛文，爷爷叫苗玉臣。我儿子叫苗旺，孙子叫苗浩谊。现在，苗姓有10多户，五六十人。

史姓，史怀本老人说：史家从浙江搬来的，到这儿的第一辈儿是我爷爷那辈儿。我父亲叫史忠珍，爷爷叫史信臣，二爷叫史护臣，是这老哥俩从浙江搬来的。到底为啥搬过来的，我也没具体了解。我有5个女儿。从我爷爷那辈儿过来，我下面都有重孙子辈儿了，满打满算6辈人。这样算来，当130年上下，清末了。现在，村里姓史的大概有十几户，三四十人。

图290　78岁老中医瞿振亚（摄于2019年3月）

瞿姓，“瞿”字作为姓，一般读

“qú”。当然还有一个读音读“jù”，古通“惧”。78 岁老中医瞿振亚（图 290）特意说：我们这姓读 jù，并说是从浙江省绍兴县西大桥村过来的。第一辈儿叫啥不记得了，第二辈儿叫瞿家瑞，第三辈儿叫瞿龙、瞿兴，第四辈儿是瞿少宗、瞿少刚、瞿少福、瞿少祥、瞿少昌。第五辈儿就是我们了，瞿振亚、瞿振华、瞿振东、瞿振义、瞿振全、瞿振生、瞿振丰等十几人。第六辈儿是我子侄辈儿，有瞿浙清、瞿浙江、瞿浙才等十几人。第七辈儿我孙子辈，也有七八个。瞿家有家谱。这样算来，瞿家到这儿约 150 年上下，大致在清同治晚期、光绪初期间。现在，村里瞿家有十几户，七八十人。

陈姓，71 岁老村书记陈承敬说：我们陈姓的事儿让我大哥承校说，大哥写家谱来着。陈家有搬到兴隆的，雾灵山一开禁，这边很多人都到那边开荒种地去了。

76 岁老瓦匠陈承校（图 291）说：陈家是从山东威县搬过来的，到这边的第一辈儿叫陈顶千，到现在有多少辈儿了不清楚。我父亲叫陈庆昌，爷爷叫陈世珍，太爷叫陈玉和，老太爷叫陈万香，再往上不记得了。我儿子叫陈少为、陈少懿，孙子叫陈兴华。老书记陈承敬说：我父亲叫陈庆贺，爷爷叫陈世瑞，我和承校一个太爷陈玉和，还没出五服呢。我儿子叫陈海

图 291　76 岁老瓦匠陈承校（摄于 2019 年 3 月）

元，孙子叫陈帅，重孙子叫陈亿昂。陈家估计是村里第一大户了，我们“承”字辈儿就有 70 多人，当然有些人已经不在了。现在，陈姓最少有五六十户，200 来人。

刘姓，85 岁村民刘永海（图 292）说：刘家不知道从哪儿来的，我父亲叫刘自强，爷爷叫刘荣，再往上不记得了。我有四个儿子，叫刘久如、刘久明、刘久长、刘久顺。有俩孙子，一个叫刘会军，那个叫啥想不起来了。重孙子叫刘洋。现在，刘家有 20 多户，六七十人。

董姓，66 岁老村干部董彬（图 293）说：董家不知道哪儿来的，第一辈儿是谁，到现在有多少辈都不清楚。我父亲叫董玉芝，爷爷叫董文灿，再往上不知道了。我儿子叫董长虎、董长增，孙子叫董鄂儿。现在，董家有十五六户，三四十人。

丁姓，75 岁老生产队长丁发（图 294）说：丁家从哪儿来的不清楚。我父亲叫丁怀春，爷爷叫丁义，太爷叫啥不记得了。我儿子叫丁

图 292　85 岁村民刘永海（摄于 2019 年 3 月）

图 293　66 岁老村干部董彬（摄于 2019 年 3 月）

图 294　75 岁老生产队长丁发（摄于 2019 年 3 月）

图 295　78 岁村民尹有田（摄于 2019 年 3 月）

金友、丁金生，孙子叫丁宁、丁宇。现在，丁家有三四十户，100 多人。

尹姓，78 岁村民尹有田（图 295）说：尹家是从山东过来的，我也不知道第一辈儿叫啥。我们家以前有家谱，“文化大革命”的时候给烧了。尹家以前有搬到怀柔等地的。我父亲叫尹殿香，爷爷叫尹德柱，再往上记不住了。我儿子叫尹广才，孙女叫尹子璐。现在，尹家有 15 户，70 多人。

图 296　63 岁老赤脚医生付井如（摄于 2019 年 3 月）

付姓，63 岁老赤脚医生付井如（图 296）说：据说付家是从山东柳子口逃荒过来的，刚开始时是这个“傅”，后来写着写着就简单写成“付”字了。到这儿的第一辈儿是我爷爷那辈。我父亲叫付爱荣，爷爷叫付怀让。爷爷那辈儿，是老哥 4 个一块儿过来的，老大叫付怀谦，老二是我爷爷付怀让，老三叫付怀恭，老四叫付怀敬，合起来就是“谦让恭敬”。我太爷叫啥记得不很清楚了，听说叫付强。我儿子叫付东亮，孙子叫付宇航。村里付姓在我爷爷他们老哥四个来之前，还有其他姓付的，比如付恩这个“付”，就和我们不是一宗，他们人少点。现在，付家有 50 来户，100 多人。

张姓，86 岁退休干部张甫俭说：张家不知道从哪儿过来的。我父亲叫张继荣，爷爷叫张文芳，太爷不清楚了。我儿子叫张志宇、张志彬，下面有四个孙子，叫张兴华、张兴旺、张兴佳、张兴伟。还有俩重孙女，叫张楚雯、张楚颐。村里大概有 7 个张，我们这个张人最多，大概有百八十户，300 来人。我记得特别清楚，老祖坟坟头就 80 多个。张家有个武举人，叫啥不知道，是我爷爷那辈儿，跟我爷爷是叔伯兄弟。他会射箭，我见过他的帽子和弓箭。就是清朝的那种红顶帽子，过去村里人娶媳妇，都跟他借箭。过去结婚娶媳妇，射箭就是射五鬼的，老一辈儿传下来的传统，驱邪。陈承校老人接过话茬，说结婚射箭，是在新娘子一下轿，脚不着地，地上要铺上茓（xué）子，连成长长的一溜，送新娘进婚房。到门槛的地方，放一个小鞍子和火盆，让新媳妇跨过去。

丁发老人记得：我爱人就是坐轿过来的，是村里最后一个坐轿结婚的。当新娘到屋以后入洞房，新郎就拿着弓，挑起新娘的盖头。张甫俭老人说：我见过那个举人，中举后也没当啥官，现在他要活着估计有 140 来岁了。这么说，当是清末的举人了。

图 297　76 岁老生产队会计李万明（摄于 2019 年 3 月）

李姓，76 岁老生产队会计李万明（图 297）说：李家听说是从三河县双村过来的，到这儿的第一辈儿不记得了。我父亲叫李珍，爷爷去世早，叫啥不知道。我有 4 个儿子李秋旺、李秋云、李秋胜、李秋海，仨孙子李浩、李昱、李旭，有一孙女老不在家，叫啥不记得，还有个重孙女刚几个月。我们这个李家大概有七八户，30 多人。村里还有别的李，李茂海一个李，李仁一个李，李月一个李。有个叫李先登的，好像是个教授，他是李仁那个李。作者认识李先登，他应该在国家博物馆工作，考古专家。

图 298　74 岁老村长张德发（摄于 2019 年 3 月）

张姓，74 岁老村长张德发（图 298）说：我家这个张是从兴隆西杏峪搬来的，西杏峪就在将军关北边 10 多里地。从我爷爷那辈儿下来的，爷爷那辈儿弟兄 8 个，那边留了一个老二，剩下哥 7 个都来这儿了。我父亲叫张方，爷爷叫张昆山。我儿子叫张珺，孙子叫张玥漾。现在，张家有 20 多户，百八十人。

图 299　84 岁村民孙满绪（摄于 2019 年 3 月）

孙姓，84 岁村民孙满绪（图 299）

说：孙家从山东挑着挑子过来的，具体是哪个地方就不知道了。我父亲叫孙奎林，爷爷叫啥我不知道。我儿子叫孙长友，孙子叫孙亚光，重孙女叫孙洋洋。现在，孙家有20多户，六七十人。

图300　71岁村民朱启（摄于2019年3月）

朱姓，71岁村民朱启（图300）说：朱家从山东过来的，先到张岱辛撞，后来我爷爷搬到这儿了。我爷爷叫朱连芝，父亲叫朱凤元，儿子叫朱银重，孙子叫朱文章。现在，朱家都在外面工作，有的在县城，有的在北京，就剩下我们1户，5口人了。

图301　69岁退休职工梁建堂（摄于2019年3月）

梁姓，69岁退休职工梁建堂（图301）说：梁家从山东过来的，直接到这儿的，就是我太爷那辈儿挑挑儿逃荒要饭过来的。太爷我没见过，见过我太太，1963年去世的时候我都记事了。我父亲叫梁万宽，爷爷叫梁文学，太爷名儿不记得了。我儿子叫梁盛，孙女叫梁静怡。梁姓不只我们一支，我们这支梁姓共7户，30来人。村里还有两支姓梁的，有叫梁万德、梁万亿、梁万祥的，是一支

图 302　54 岁村书记丁平（摄于 2019 年 3 月）

的。排着叫的，不是本家。

54 岁村书记丁平（图 302），参加了座谈。

赵家务全村大小姓有 30 多个，上面所谈是部分主要姓氏。

民国二十四年（公元 1935 年）《三河县新志》“卷之六·经制志·乡闾篇·村庄户口”列有“三河县第九区户口调查表”记载，赵家务，户数 240，男口 634，女口 576，男女总计 1210。老书记陈承敬记得：1983 年我当书记的时候，村里分 6 个生产队，有 700 多户，2600 多人。现在，赵家务村有 870 多户，2500 多人。

赵庄户村

赵庄户村，坐落镇域中部（图 303，图 304），东与赵家务接壤，北分别与克头、崔家庄毗连，西与门楼庄相邻，南与鲍家庄相接。赵庄户得名，89 岁老生产队长艾仲连说：过去叫赵庄窝，后来改为赵庄户。小时候我背着上马子赶集去，上马子上面就写着“赵庄窝”，为啥这么叫就不清楚了。赵庄户最早来的是姚、史、王三姓。83岁退休职工王富（图305）说，是赵家务的人先搬到这儿建的村，原来叫赵府庄户，简称赵庄户。71岁老村书记姚成春说：一开始是赵府人的地在这儿，有人种地，就落这儿了。88岁村民魏德记得：赵庄户最早来的是11户，主要是姚姓、魏姓、王姓、史姓等。那时从大街往北有人，往南以前都没人。后来成立一个小庄，就叫赵府庄户。68岁老村书记史润城也说：以前村史写的是庄窝，应该是赵府的人搬到这里，过去建房子啥的都得在自家地上。我家老房还是光绪三年（公元1877年）盖的，在门东侧砖窑儿上写着“光绪三年修”。老房是方椽、砖板的砖房，现在已经拆了。我太爷时家有87亩地，还有一个油坊和一个面坊。现在这老房子也没了。

图303　赵庄户村委会（摄于2007年5月）

图304　赵庄户村委会（摄于2019年3月）

赵庄户得名与立庄村里老人说得很清楚，即由赵府的人在这儿种

图 305 83岁退休职工王富（摄于2019年3月）

地，慢慢成村。最早有姚、史、王等姓，而姚姓从西鹿角过来，王姓从大兴庄镇石桥过来，也就意味着是史姓从赵家务先过来立的庄了。史润城老人所说“砖窑儿”，其实就是过去建造房子时，在房前屋门东侧外面以砖所砌的一个小窑洞儿，称作“宅神窑儿”，到时也烧香，可看做是庙宇的一种。

历史上，赵庄户处于平谷、三河两县交界处，故两县县志先后都曾有记。清康熙六年（公元1667年）《平谷县志》“地理志·乡社”“村庄”下记载，没有赵庄户，当然，赵家务一直属于三河县，所以平谷志书一直没有记载。清乾隆二十五年（公元1760年）《三河县志》“卷之六·乡闾志·里社”记载有“英城社”，还有“乡闾志·村庄”记载“东北路信一乡”有赵家府，即赵家务。这是志书所记，还没有赵庄户。不知这时这里是否已有人家，如果有了几户人家，也应该还没有独立成村。民国二十四年（公元1935年）《三河县新志》“卷之六·经制志·乡闾篇·村庄户口”列有“三河县第九区户口调查表”中，有“赵家务”，仍然没有赵庄户，这时这里应该有居住的人家了。再看民国九年（公元1920年）《平谷县志》“卷一·地理志·乡社”的“村庄”下记载有“大旺务庄窠”“杨各庄庄窠”，也没有赵庄户。但在民国二十三年（公元1934年）《平谷县志》“卷一·地理志·市乡”记载第一区，位县之西、南境所属共二镇、二十六乡”，其中“第二十五乡，赵家务庄窠”。这“赵家务庄窠”，应该就是赵庄户。1946年3月，新编2001年版《平谷县志》“第一编·建置沿革”记载，从三河县划入平谷86个行政村，今东高村镇有13个村，其中就有赵家务，而没有赵庄户之名，或许原本就在平谷县内了。可新编《三河县志》“第一章地理位置·第二节境域变化”对此记载，时间为1946年底，划入平谷的不仅有赵家务，且有赵庄户，说明三河县也将赵庄户列为所辖的。无论是1934年或1946年，都证明这之前赵庄户已独立成村。在村访谈中，姚成春、姚维更等老人一再说：1951年的土地证，还是三河县发的，上面盖着大戳呢。因为三河新志记载是1946年底赵庄户等村划归平谷，是否与划归之前已进行土改有关呢？不得而知。

既然民国二十三年（公元1934年）《平谷县志》记有“赵家务庄窠”，而民国九年（1920年）《平谷县志》未记，说明赵庄户独立成村或在1920年至1934年之间。史润城、姚成春、姚维更等老人都说：抗战的时候赵庄户就已经独立成村了，且说光绪三年盖的老房子在大街南面，甚至说成村应该有300多年了。还说村委会东侧有个四眼井，两块儿大青条石头一对，井口有4个井眼。不知道哪辈儿挖的，听老人说这里过去是屯兵的地方，水井是饮马的。所说成村300多年，亦属推测，这里即使先有几户人家也应属于赵家务一部分，而没有独立成村。如果早已独立成村，三河县志或平谷县志不会只记赵家务，而不记赵庄户的。至于屯兵之说，这一带明、清或更早有屯兵，实属正常，与赵庄户村本身没有关联。

《北京市平谷县地名志》记载：赵庄户“清代成村，光绪三十三年（公元1907年）称庄窝。该村因由赵家务迁出的农户在此建立，故名。民国二十九年（公元1940年）简称赵庄户。抗日战争时期，化名‘里人’”。

应该说，独立成村前，约在清中后期当是赵各庄史家先来这里，也就是在自家地上盖了房子，分出一支在这儿生活。而后其他人家包括外面来的在这里渐渐聚集而成一座村落。这大概就是地名志说的“清代成村”了，严格意义上，有一二户人家，应该还没有独立成村。慢慢人家多了，就称作赵府庄户，像大旺务庄户一样。所谓上马子上或村史写着的“庄窝”，如果村里人所记无误，也当与“庄窠”意思类同，也就是这座大庄子旁边的新形成的且与大庄子相关联的一个小庄子。比如大旺务庄户，旧志就写作“大旺务庄窠”。而“窝”“窠”二字有些相似，时隔久远，是否村人会不会谁有一时记混，而相传至今，不得而知。要说村里不止一人这么说，应该不至于有错。暂且不论，民国二十三年（公元1934年）《平谷县志》是写作“赵家务庄窠”的。

至1949年8月，平谷县下设7个区，赵庄户和赵家务一起，在第七区（马坊区）内。1950年5月，将7个区合并为5个区，赵庄户在第二区（马坊区）内。1953年6月，建立乡政权，全县划为6个区、80个乡（镇），赵庄户在马坊区赵家务乡内。1956年7月，撤销区级建制，将乡镇并为34个乡镇，赵庄户应在门楼庄乡内。1958年1月，将34个乡镇合并为18个乡，赵庄户还在门楼庄乡内。1958年9月撤销乡建制，建立5个人民公社，赵庄户应在城关人民公社东高村管理区内。1961年6月，撤销管理区，将5个人民公社划为21个人民公社，赵庄户应在东高村人民公社内。直至1984年4月，全县人民公社改为乡，大队改为村，赵庄户属于东高村乡。1990年3月，撤销东高村乡，设立东高村镇，赵庄户属于东高村镇至今。

村里公认史家、姚家等，为村里来得较早的大姓。

68岁老村书记史润城说：村里史姓就一个史，听说是从山东过来的，到了赵家务，后来搬到这儿，小时还到那边上坟。在史家我是小辈儿，史家过去有家谱，在我大爷家座钟的钟罩子里面搁着，我瞧过。到这儿第一辈儿是史运来和史运福哥俩，到我这儿七八辈了。赵府史家老坟在村东，有100多坟头。史家新坟在庄户村南，有两片，各有四五辈儿，应该是同时埋的，坟头超不过二三十个。我父亲叫史振铎，爷爷叫史俊荣，太爷叫史永啥记不住了，“永”字上面是“郭”字，“郭”字上面是“万”字，“万”字上面就是“运”字。我儿子叫史东健，孙子叫史轩宇。现在，史姓有四五十户，200来人。

史润城所说两片墓地，看来就是由最早过来的史运来和史运福哥俩安葬下来的了。从这哥俩算起，到史润城7辈儿，再加上史润城儿子、孙子两辈儿，共9辈儿。最小一辈儿尚未成年不计，以8辈、每辈儿按25年计，约200年上下。也就意味着史家从赵家务到这儿约200年上下，大致在清嘉庆末年至道光初年之际。后渐渐聚集，称为“庄窝”或“庄窠”。如果此即算成村，也是属于赵家务的小自然村。

71岁老村书记姚成春（图306）说：我们姚家从西鹿角搬过来的，祖坟在西鹿角。一开始是姚家在这儿种赵府人的地，后来就落这儿了。姚家来的时候是老哥俩，以后分东姚、西姚。我父亲叫姚安，爷爷叫姚万足，太爷叫啥不知道了。我儿子叫姚健，孙女叫姚如意。

图306　71岁老村书记姚成春（摄于2019年3月）

68岁退休职工姚维更（图307）说：我父亲叫姚仲伦，爷爷叫姚普，太爷叫姚成啥，记不清了。我儿子叫姚文鹏，孙女叫姚清宇。

图307　68岁退休职工姚维更（摄于2019年3月）

83岁村民姚仲伍（图308）说：就自个儿生活，父亲叫姚林，爷爷叫姚成方。姚成春老人说：全村有200多户，700多人，姚姓约占1/4，史姓第二，王姓第三，其他还有魏姓（图309）等，就是小姓了。

姚家所谓东姚、西姚，究其根底，应该还是一个姚，由最初老哥俩繁衍下来的两脉而已。

图 308　83 岁村民姚仲伍（摄于 2019 年 3 月）

图 309　88 岁村民魏德（摄于 2019 年 3 月）

艾姓，艾仲连老人说：艾姓是从西高村搬来的，西高村艾姓不知道从哪儿搬来的。到这儿第一辈儿是我母亲。我母亲娘家是赵庄户的，我两三岁时母亲带着三个孩子过来的。在西高村，我爷爷他们兄弟仨就有我父亲自个儿。我父亲文化棒着呢，在村大庙里面教私塾。后来和村里有钱的人学会了抽大烟、白面，把房子、地全卖了。再后来让共产党管好了，解放后在通州参加工作了，在通州文工团工作过。我 20 多岁时父亲才过来。我排行老二，上面有个哥哥，当八路军 1944 年打官庄时牺牲了。我下面还有一个弟弟，也落这村了。我有仨儿子，大儿子叫艾庆春，二儿子叫艾庆余，仨儿子叫艾庆国，孙子叫艾明、艾军、艾斌，仨重孙子，大重孙子叫艾欣然。我兄弟有俩儿子。现在，艾姓有 5 户，20 多人。

83 岁退休职工王富说：赵庄

户王姓分东王和西王，这两个王不是一家人，我们是东王。听说我们东王是从大兴庄镇石桥村搬过来的，具体是东石桥还是西石桥不清楚。我父亲叫王连山，从小我母亲就不在了。我儿子叫王启仓，孙女叫王亚清、王亚楠。

作者编写《大兴庄史话》时，曾到东、西石桥访谈。东石桥就李、韩两大姓，王姓仅 1 户，赵庄户王富这个王，应该不是从东石桥来的。西石桥有张、王、李、白、刘、牛等姓，而王姓人最多。王姓是两个王，77 岁老村书记王相这个王，是挑着挑子从天津逃荒到这儿，现在有七八十户，300 来人。71 岁老村书记王永顺这个王，是从山东周村来的。当初从山东周村过来老哥仨，分别落周村一个、白各庄一个、岳各庄一个。平谷周村王分为南大门、北大门，不是一个王，他们属于

图 310　赵庄户村大街西头照壁及大水坑（摄于 2019 年 3 月）

北大门，从周村再搬到西石桥。这个王姓有 9 户，50 来人。由此来看，赵庄户王富这个王，应该是从西石桥来的。具体是天津王还是周村王，就不得而知了。

现在，赵庄户有 200 多户，700 多人（图 310）。

寺　庙

东高村镇，辖22个行政村，旧有大小庙宇68座，分为纪念性祠庙9座，主要是关公庙、财神庙；道教庙宇39座，主要是真武庙、三官庙、龙王庙、财神庙、火神庙、五道庙、二郎庙等；佛教庙宇20座，主要是佛祖庙、菩萨庙。现在，东高村临泉寺前殿尚存。

这是2007年作者来东高村镇调查寺庙的数字，当时大旺务人未曾谈及辛店庙宇。2019年12月，作者找到原辛店人访谈，辛店村过去有4座庙宇，其中纪念性祠庙2座，主要是关公庙、药王庙；道教庙宇1座，主要是五道庙；佛教庙宇1座，主要是菩萨庙。另外，2007年座谈后汇总时，将普贤屯听说的菩萨庙，且说是拆了菩萨庙，盖的五道庙，就没把菩萨庙单算，而是与五道庙算作一座庙了。现在看来，应该各是一座庙。这样算来，东高村镇旧有大小庙宇73座，其中纪念性祠庙11座，道教庙宇40座，佛教庙宇22座。

这些庙宇规模大小不一，既有前后两进大殿的，也有一进大殿的。更多的往往就是一间，有的村五道庙甚至在中间还砌一堵隔断墙，前面供奉五道等，后面供奉观音菩萨等。

庙宇中供奉的神像，多为泥塑像，也有铜铸像及铁铸像。那些规模较小的庙宇，尤其是各村五道庙，多是画像。每座庙宇所供奉的神像常以一种为主，兼及其他神像。全镇大致说来，有纪念性祠庙供奉关公、刘备、张飞、药王等神像，道教庙宇供奉真武大帝、天官、地官、水官、火神、龙王、二郎及苗神、虫王、马王、土地、五道等神像，佛教庙宇供奉佛祖释迦牟尼、观音菩萨、文殊菩萨、普贤菩萨等神像。这一切，充分体现了民间的多神信仰。

随着寺庙的建造，一些村落规模较大的庙宇逐渐形成自己的庙会，如北张岱村三官庙农历正月初十为庙会，前后达 5 天。南埝头村过去农历二月十九观音菩萨生日时走会、烧香、说大鼓书，到时前后殿搭席棚连上，热闹四五天。东高村白云庵农历三月十八为庙会，前后 3 天，唱大戏、走会，甚至有从北京请来的“唱京班大戏”。

祠　庙

东高村地区有纪念性祠庙 11 座，主要是关公庙，即鲍家庄关帝庙、大旺务老爷庙、大旺务辛店关公庙、大庄户老爷庙、东高村大老爷庙、小老爷庙、普贤屯老爷庙、青杨屯关公庙、西高村老爷庙、赵家务老爷庙；还有药王庙，即大旺务辛店药王庙。

关公庙

关公庙，又称关帝庙，俗称老爷庙，主要供奉的是三国时的关羽。

关羽，三国蜀将，俗称关公，山西省运城市解州东南10公里常平村，为关羽故里。关羽少时以打铁为生，后到涿郡，与刘备、张飞结为兄弟，跟从刘备起军。建安五年（公元200年），被曹操所俘，委任为偏将军，封汉寿亭侯。之后，关羽脱离曹操，仍归刘备。建安十九年（公元214年），关羽驻守荆州，率兵大破曹军。后大意失荆州，被东吴将领吕蒙杀害。关羽生前官至“前将军”，封爵“汉寿亭侯”，以忠义闻名于世。死后，历代帝王对其多有加封，有“壮缪侯”“忠惠公”“武安王”，直至封为“三界伏魔大帝神威远镇天尊关圣帝君”“忠义神武关圣大帝”及“忠义神武灵佑仁勇威显关圣大帝”等。由于历代统治者大力推崇，尤其清雍正三年（公元1725年），命天下直省郡邑皆得立庙，春秋祭以太牢，再有描写刘、关、张故事的著名长篇小说《三国演义》广泛传播，使关羽的社会影响不断扩大，祭祀的祠庙也在全国广为修建。而关羽就有了“武圣人”之称，与“文圣人”孔子齐名，关庙故又称武庙。

东高村地区的关公庙，按关公塑像大致分两种，一是关羽头戴冕旒，手持圭板，一副帝王装束，常称为关圣帝君，此类庙往往称作关帝庙；二是关羽形如武将，且周仓、关平在前侍立，此类庙常称作关公庙。关羽是“忠义神武灵佑仁勇威显关圣大帝”，神武、仁勇自是守城作战所不可或缺；关公还“司命禄，庇护商贾，招财进宝”，且忠义，故被奉为财神，所以，祈求财神保佑，甚至祈求自己发财，为民众普遍信念；关羽被封为“三界伏魔大帝神威远镇天尊关圣帝君”“伏魔大帝，神威远镇”“祛病除灾，驱邪避恶，诛罚叛逆，巡察冥司”，因此，民间又将关公庙有时也作为一种“镇物”，建在街头或河边等地，祈求一方平安。有的关公庙中，还同时供奉刘备、张飞。

东高村地区有关公庙 10 座。

鲍家庄村关帝庙

鲍家庄村关帝庙（图 311），位于村东北，坐北朝南，庙前 1 棵大槐树，有二三搂粗。庙面阔一间，庙内神台上，供奉关公泥塑坐像。传说庙前边有块三角地，那里闹鬼，就建了这座庙镇着，因为关公是“伏魔大帝”。庙里有一个石香炉，黑夜村里一些孩子曾到庙里搬香炉，说可以练胆儿。关帝庙毁于 20 世纪 50 年代末 60 年代初。

图 311　73 岁退休职工张成明在鲍家庄家谈村庙宇情况（摄于 2007 年 5 月）

大旺务村老爷庙

图 312 大旺务村 70 岁老村干部郭长城在谈村庙宇情况（摄于 2007 年 4 月）

大旺务村老爷庙（图 312），又称东老爷庙，位于村东头，坐北朝南，东西宽约 9 丈，南北长约 6 丈。庙南面为大水坑。南辟山门，一座砖砌门楼。院内，北为大殿，殿前一边 1 棵大柏树，没有石碑。大殿面阔五间，有东耳房一间，西耳房三间。殿内神台上，供奉关公泥塑坐像，北墙及东西山墙画满壁画。老爷庙毁于 20 世纪 50 年代。

大旺务辛店关公庙

图 313 大旺务辛店 86 岁村民乔玉宝在家中谈寺庙等（摄于 2019 年 12 月）

2007 年作者来大旺务村调查寺庙，当时人们未曾谈及辛店庙宇。2019 年 12 月，作者来到 86 岁退休职工乔玉宝家，就辛店庙宇进行访谈。

乔玉宝老人（图 313）记得：辛店村过去有 4 座庙，南边北边各 2 庙，中间相隔100多米。我1935年出生，这些庙小时候见过，到1943年连村带庙都被日本鬼子平了。

北边俩庙，在村西墩台北边100多米处。一座是关公庙，一座好像是药王庙。南边俩庙，一座菩萨庙，一座五道庙。关公庙，在南北向马路西边50多米，建在一片土台子上，土台子有4亩地大小，庙在中间。庙面阔一间，庙内为关公泥塑坐像，墙上有壁画，画的是关羽的故事等。

大庄户村老爷庙

大庄户村老爷庙（图314），位于村东头，坐东朝西，正对大街。庙前有一小院，西面一座小门，门前没有树和石碑，直对着大街。进门后为一道影壁，以砖垒砌，没有字画，两面中间为“灯笼芯”，白灰抹缝。院内没有树，庙为一间，庙内供奉关公泥塑坐像，南为周仓持刀侍立像，北为关平侍立像，墙上没有壁画。过去村里人逢年过节和初一、十五来庙里烧香。1947年土改中推倒神像，20世纪50年代庙毁。

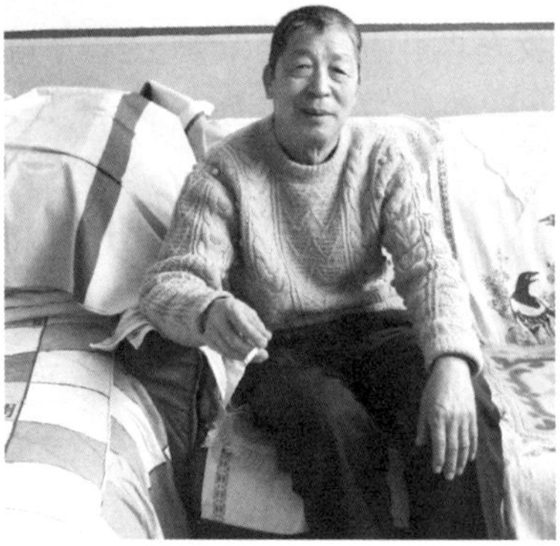

图314　大庄户68岁老村书记于德庆在家中谈庙宇情况（摄于2007年4月）

东高村大老爷庙

东高村大老爷庙（图 315），位于村东侧，坐东朝西，正对着堡子街，为两大间，前有小院，朝西开小便门。庙内供奉关公泥塑坐像，旁边周仓拿刀侍立。1957 年前后拆毁，一名老复员军人回来家中没有房，就把这座庙拆了，这地方给他家盖房子了。

图 315　东高村 78 岁老村干部赵仕清谈庙宇情况（摄于 2007 年 8 月）

东高村小老爷庙

东高村小老爷庙，位于村东大街东头，坐东朝西，面阔一间，前有小院。门前一道影壁，以砖砌筑。影壁底下以一块立砖垒上来，上边 4 块砖，顶上为帽子，两出水，上覆筒瓦，且饰以兽头。影壁磨砖对缝，一推就摇晃，却是晃而不倒。原来最初垒砌时，在影壁里边底下，栽了 3 根松木桩子，直通到顶，设计很巧妙。庙内为画像，画有关公坐像。这是村里大财主王文的家庙，毁于 1953 年前后。

普贤屯村老爷庙

普贤屯村老爷庙（图 316），位于村南部，坐北朝南，面阔一间（也有两小间之说），前有小院，没有树和石碑。庙前一道影壁，以砖垒砌。庙内北墙画有 3 尊坐像，中间是红脸关公，东边是刘备，西边是张飞。两山墙画有壁画。庙内有 3 个石香炉。这庙名为老爷庙，实际供奉的是刘关张，应该是三义庙。村里人逢年过节，便到这里烧香上供。老爷庙与五道庙一起，于 1956 年拆毁，盖初级社的驴棚了。

图 316　普贤屯 83 岁老村干部姚景荣谈庙宇情况（摄于 2007 年 8 月）

青阳屯村关公庙

图 317　青杨屯 70 岁村民刘长奇谈庙宇情况（摄于 2007 年 8 月）

青杨屯村关公庙，位于村东。清乾隆《三河县志》“寺观”记载青杨屯有“关帝庙”，即指此庙。民国《三河县新志》“金制古物”记载：“关帝庙钟高五尺五寸，径四尺，铸年未详。在青阳屯。”在调查中，村里人（图 317）

未谈及此钟。

关公庙坐东朝西，南北宽约20丈，东西长约20丈。西为山门，对开红木门。山门前一道影壁，长约3米，高约三四米，以砖垒砌，底座窄，上面宽，村里人说一般的瓦匠修不上。影壁上有砖雕，西面为“二龙戏珠”，东面为“李春孝打虎”。据说李春孝力气很大，十几岁时为救父曾把一只恶虎打死，周文王打猎中收了李春孝。

院内，西南角有1棵大槐树，四五搂粗。东面南部为正殿，山门与正殿门对着，中间铺砌甬路，正殿前北边有1棵“龙果树”，五六寸粗。龙果树所见不多，生长缓慢，树身大部脱皮，枝形如龙爪。开白色花，果实青皮黑壳，内为白色豆状，甜脆清香，麦收时节果实成熟。正殿面阔三间，南有耳房，为看庙人所住。殿内砌筑神台，神台上供奉关公泥塑坐像，头戴冕旒，帝王装扮，志书记载为关帝庙，名副其实。北边有周仓持刀侍立像。墙上画有壁画，形如现在的连环画形式，如“三战吕布”等三国故事。院内西北部，贴北墙和西墙，建有菩萨殿三间，坐北朝南，供奉1尊菩萨泥塑坐像。在菩萨殿东侧，关公殿北侧，后来又盖两排房，各三间，南北对着。两排房中间有1棵柏树，1尺多粗。

过去是逢年过节烧香。1947年，推倒庙内神像，改作学校。20世纪60年代，将殿堂建筑拆毁。

在关公庙北边墙外，有一片和尚坟，六七座坟头，有2棵大杨树。还有1棵大槐树，树干都空了。这里之所以有和尚坟，大概与关公庙内有菩萨殿有关，即是说关公庙里曾住着和尚。

西高村老爷庙

西高村老爷庙，位于村西，坐东朝西，建在一座高台上（图318）。西为山门，砖砌的门楼，前面有17级台阶。山门前有1棵老槐树。庙西为洵河，有1眼白马泉，很大，据说当初是为镇白马泉而建老爷庙。老爷庙南北宽约五六米，东西长约十二三米，有一小院落，院内没有树和石碑。正殿为一大间，一说二间，殿内神台上，供奉关公泥塑坐像，金脸庞，头戴冕旒，手持圭板。南北两边还有2尊坐像，南为二郎神，是个小伙儿，二郎神下面还有1只小狗；北面是一个白胡子老人，村里人不知是什么神像。贴着两山墙处，一边3尊站像，如一进门右边把门的地方是拿着大刀的周仓。墙上绘有三国故事壁画。老爷庙毁于20世纪50年代。

图318　西高村77岁村民艾春富谈庙宇情况（摄于2007年4月）

赵家务村老爷庙

赵家务村老爷庙，又称庙上庙（图319），位于村西北，坐北朝南，东西宽约20多米，南北长约四五十米。前殿为马殿，是南倒座，

图 319 赵家务街头村民左起 83 岁丁怀德、74 岁史怀友、74 岁瞿绍利谈庙宇情况（摄于 2007 年 8 月）

面阔三间，中间是门，东西间各塑 1 匹马像，且有一拉马的马僮。院内，有东西厢房各三间，北为正殿，面阔三间，前出廊，没有耳房，梁架施以彩绘。殿前东侧，有 1 通石碑。殿内砌筑神台，神台上供奉关公泥塑坐像，红脸庞，脸前耷拉着穗穗。这当是关帝的打扮，即头戴冕旒。与大寺一样，1943 年被日军将大殿砖拆走，去修炮楼了，但梁架没倒。“文革”时由于老爷庙年久失修而倒塌，已是 20 世纪 70 年代了。1977 年，在大殿后面，挖出一座道士墓，有 2 个大瓷罐一扣。

药王庙

药王庙，主要供奉药王的庙宇。

药王，道教俗神。由我国古代历史上或传说中的名医演化而来。一为神农，尝百草，首创医药，后世尊为药王。二为扁鹊，洞晓医源，深明医理，后世祀为药王。道教尊扁鹊为药王真君。三为孙思邈，后人尊为药王，奉祀不辍。孙思邈（公元 581—682 年），唐朝著名医学家。京兆华原（属今陕西耀县）人。少时因病学医，博涉经史百家，兼通佛典，善谈老庄及百家之说，性好道家之学，行医修道，拒不为官。孙思邈总结唐以前临床经验和医学理论，收集方药、针灸等内容，著有《千金要方》《千金翼方》。书中收集有5300余药方，记载800余种药物，对其中200余种药物的采集和制作做了专门记述，为我国医药学作出了重大贡献，后世尊为“药王”。同时，孙思邈也受到历代道家推崇。唐代被敕封为“真人”，宋徽宗敕封为“妙应真人”。

在我国民间信仰中，药王信仰极为普遍。因各地民俗不同，信奉药王也远不止这几位。人们祭祀药王，就是祈求安康、祛病禳灾的一种精神寄托。

东高村地区过去有药王庙1座。

大旺务辛店药王庙

86岁退休职工乔玉宝老人记得，辛店村过去有4座庙，南边俩庙，北边俩庙，中间相隔100多米。北边俩庙，西边是关公庙，在关公庙东边100多米还有一座，好像是药王庙。那里垒道大影壁，影壁南边辟个小龛，老人所说的“小窑窑”，里边是画像，也摆个小香炉烧香。既然好像是药王庙，那么，这窑窑里画的就应该是药王了。

宫 观

东高村地区有道教宫观40座，其中三官庙3座，真武庙1座，龙王庙1座，火神庙1座，二郎庙1座，财神庙1座，五道庙32座。

三官庙

三官庙，供奉天官、地官、水官之所。

三官为天官、地官、水官合称，三官信仰源于原始宗教中对天、地、水的自然崇拜。三官功能为，天官赐福，地官赦罪，水官解厄。因与人之祸福荣辱密切相关，故受到广泛崇奉。道教为我国本土教，常常把对中华民族发展起过重要作用的历史人物树而为神。而三官来历说法不一，其中一种较为普遍的说法，三官就是我国远古三位部落首领尧、舜、禹，被道教封为三官大帝。因三官大帝出生日是在三元日，即上元正月十五，中元七月十五，下元十月十五，所以三官又称“三元大帝”。

东高村地区有三官庙3座。

北张岱村三官庙

北张岱村三官庙（图320），位于村西北，坐北朝南，建在一座高台上。东西宽约60米，南北长约30米。高台前有戏台，石头所垒，约十二三米见方。

图320 北张岱村81岁老村干部王以福谈庙宇情况（摄于2007年8月）

南为前殿，面阔三间，辟前后门。前殿东西两侧，各辟一座小门楼状的便门。前殿的前面，砌筑月台，宽约5丈。前殿内为画像，村里人已不知画的什么神像了。

院内，北为后殿，后殿门前一边1通石碑，均为龟趺座，所谓王八驮石碑。殿前东侧有1棵松树，六七寸粗细。后殿面阔五间，东西耳房各两间，东西配殿各三间。耳房为看庙人所住，东西配殿画有神像。后殿前为槅扇窗，殿内神台上，供奉天官、地官、水官3尊泥塑坐像。三官坐像东西两侧，各有1尊泥塑坐像，其中西侧为药王，东侧不知什么神像。东西山墙前，一边2尊站像。殿内共9尊神像。两山墙绘有壁画。

民国《三河县新志》“庙宇”中，记载北张岱有“药王庙”，尽管

图 321　北张岱村三官庙高台遗址（摄于 2007 年 8 月）

没有写庙宇格局、供奉神像等具体内容，由三官庙西侧供奉药王可知，志书所记药王庙，极可能是这座三官庙了。

过去农历正月初十为庙会，前后 5 天，唱蹦蹦戏、卖东西等。

三官庙于 1947 年推倒神像，20 世纪 50 年代拆毁。现存三官庙高台（图 321），街头散落着 3 个柱础，柱础约 50 厘米见方，柱钉 40 厘米直径。还有三官庙残碑，是碑首，宽 65 厘米，高 60 厘米，厚 18 厘米，上雕刻二龙，所谓螭首，看去碑应较为高大。碑额阴刻篆书四个字（图 322），请京城书法家翟德年先生帮助辨识，说是“万善同居”，尤其那“居”字，上边多出一笔，

图 322　北张岱村三官庙残存的碑首（摄于 2007 年 8 月）

以致书法家辨识时也有些疑惑。碑首下边残留一些字迹，除一些村庄人名外，还有“顺天府”三字。明、清两代设顺天府，负责京畿地方之事，所属地方近京州县，包括三河、平谷。北张岱时属三河县。此碑应为明、清时所立的功德碑，不是创建庙碑就是重修庙碑了。

克头村塘庙

克头村塘庙，位于村东头，坐北朝南，西为水坑，村里人称为“塘坑（音 kèng）”，由此得名塘庙。塘庙仅为一小间，前面临水坑，庙前一道影壁。庙内供奉 3 尊泥塑坐像。过去正月初一至十五来庙里送香，平常不去。村里人求雨、报庙烧纸都不来这里，看来与龙王、五道之神无关。塘庙早已无存。

这是 2007 年 4 月，来村调查寺庙时所谈的情况（图 323），当时人们未能说出叫什么庙，供奉什么神像，故只是将其列入道教宫观里边，而未说是道教中什么庙。现在看来，既然庙内供奉 3 尊泥塑坐像，且正月初一至十五来庙里送香，又建在水坑旁，极可能为供奉天官、地官、水官的三官庙了。

图 323　克头村 81 岁老村会计刘宝祥谈庙宇情况（摄于 2007 年 4 月）

过去克头村地势低洼，1980 年

全村迁到现在的高地方，老村在新村的东边。2007年4月来村调查寺庙时，在旧村址发现仅存一座旧房（图324），大概有百八十年了，房主为刘景江。旧房留有后门，青砖砌垛，秫秸苫背，小瓦覆顶。东屋内，耷拉着几根秫秸秆，为典型的秫秸秆吊顶棚，糊一层顶棚纸。这样的房子平原地区已不多见。旧房西山，青砖砌垛，石头砌心，顶起大脊，砖垒的烟囱，而非乡村的一根泥烧的烟筒管。前面（图325），门东侧，设2个小龛，估计左边小的，或许在逢年过节时，放灯的；右边宽大的，券拱形，村里人说过去里边放香炉，当是供奉神灵的，是个宅神窑（图326）了。说来，这也是庙宇的一种，就像山里三五块石头一搭的小石头庙一

图324　克头村仅存的刘景江家一座老房（摄于2007年4月）

图325　克头村刘景江家老房前面及宅神窑（摄于2007年4月）

图326　克头村刘景江家老房的宅神窑（摄于2007年4月）

样，只不过是小且简陋罢了。

青杨屯三官庙

青杨屯村三官庙，位于村西北，坐北朝南，有正殿三间，前有一小院。三官庙应该供奉天官、地官、水官神像，村里人没有细说。庙前边原想修一座关公庙那样的影壁，后来没修成。三官庙毁于20世纪40年代末。

真武庙

真武庙，主要供奉北方之神真武大帝的庙宇。

相传古净乐国王子生而威猛，越东海来游，遇天神授宝剑，入湖北武当山修炼。功成飞升，威镇北方，号玄武君，后为避讳而改真武。宋代以来屡有加封：翌盛将军、翌圣保德真君、镇天武侯灵应佑圣帝君、元圣仁威玄天上帝等。明成祖崇奉真武，御用的监、局、司、厂、库等衙门中，都建有真武庙。由于宋、元以来诸代倡导，真武庙几乎遍及天下。人祈求延生长寿，都要奉祀真武大帝。农历三月初三，为真武大帝神诞之日，各地真武庙均有奉祀祝诞祭典。

东高村地区有真武庙1座。

东高村真武庙

东高村真武庙，位于村西北，坐北朝南，东西宽约6丈，南北长约10丈。南面建有南倒座三间，中间辟门，作为山门。山门前没有树和石碑，是一条街。南倒坐东、西间各有一尊画像，画的都是药王爷。院内，北为正殿，殿前西侧有1棵大柏树，1搂多粗；东侧有1通石碑，1米多高。碑上记载庙底下是一个黑水泉，修庙就把黑水泉镇住了。殿前有东西厢房各四间，过去作为学校。东厢房南侧有1棵无花果，胳膊粗细。正殿面阔三间，东西耳房各一间半，西耳房住校长，东耳房作为教室。殿内砌筑神台，神台上供奉真武帝泥塑坐像，右手举一把宝剑，左手掐着手指，食指直伸（图327）。坐像跟前有龟蛇塑像，两边一边2尊站像。

图327　东高村老村书记袁沛增在做真武大帝塑像左手掐真武诀的手势（摄于2007年8月）

1944年日军烧庄时，将南倒座烧毁。其他殿宇毁于1946年国民党军进攻时。在真武庙西北五六十米处，有一砖窑，国民党军就在砖窑上往上垒了一座碉堡，住着国民党正规军的一个排，有30多人，他们有1挺重机枪、3挺轻机枪、1门迫击炮。冀东五十三团攻打，没打下来。黑夜开打，打到天亮。平谷县城、三河县城的国民党军也打过来，全奔真武庙，大概打了500多发炮弹，把真武庙炸没了，那棵大柏树树枝都打掉了。有1发大炮弹，落在李满成家草房上，没炸，给扔到大坑里。后来挖出来，将村里一人的手崩了。

龙王庙

龙王庙，供奉龙王的庙宇。

龙王，道教神祇，源于古代龙神崇拜和海神信仰。认为龙掌管海洋中的生灵，司管人间风雨，因此水旱灾多地区常被崇拜。大龙王有4位，掌管四方之海，称四海龙王。小龙王可以存在于一切水域中。民间为祈求风调雨顺，建庙以供奉龙王。龙王形象多是龙头人身。

东高村地区有龙王庙1座。

东高村龙王庙

东高村龙王庙，位于村北，坐南朝北，正对泃河。过去泃河一发水，村外水达几丈深，所以村名东高村，就是村子建在了高台上。龙王庙也建高台上，往北是大坡，有榆树、槐树等，站这里往北可看见县城。

龙王庙面阔三间，供奉2尊泥塑坐像，一是龙王爷，一是龙王奶奶，两边没有站像。墙上绘有雷公、电母、风婆婆、腾云驾雾、龙喷

图 328　镇罗营镇五里庙村五道庙内东墙壁画（摄于 2016 年 11 月）

图 329　镇罗营镇五里庙村五道庙内西墙壁画（摄于 2016 年 11 月）

水、提着锁链子的人等壁画。壁画所描绘的，当为行云布雨的情景。近年复建的镇罗营五里庙壁画，按旧时壁画重绘，就是这样的情景，可为参考（图 328，图 329）。

建这座龙王庙，主要为镇沟河水，不在此求雨。龙王庙毁于 1953 年前后。

火神庙

火神庙，供奉火神之庙。

火神，为我国民间俗神信仰中的神祇之一。火的发明和使用在人类文明史上具有重要意义，人们永远崇敬火的发明者和管理者，尊其为火神。我国火神有祝融、炎帝、回禄（又称吴回），这 3 位名气最大。此外，还有个管理火种的小火神，名阏伯。阏伯为传说中的原始社会五帝中帝喾长子，帝喾代高阳氏颛顼为帝王后，封阏伯于商丘，专门管理火种，称作“火正”。还有一种说法，阏伯为夏禹王时一部落首领，功勋卓著，禹王赐阏伯子姓，“封商地，任火正”。阏伯为造福黎民，建“火台”，传百姓取用，人们遂奉为“火神”。至今河南商丘还有古迹火神台，台上建有火神庙，供奉阏伯神像。

火神庙供奉火神，既是对火神的祭祀，也是祈求火神保佑，一方平安，不要发生火灾。

东高村地区有火神庙 1 座。

侯家庄村火神庙

侯家庄村火神庙，位于村西。清康熙《三河县志》“寺观”中记载侯各庄有“火神庙”，当为此庙。

火神庙坐北朝南，东西长约 20 米，南北宽约 20 米。南为山门，一

图 330 侯家庄 76 岁老村干部郝学礼谈庙宇情况（摄于 2007 年 8 月）

座大门楼，对开木门。山门前东侧有 3 棵大槐树，各有 1 搂多粗。院内，有 4 棵松柏树，没有东西厢房，只有正殿三间，东西耳房各两间。大殿前出廊，廊内 1 口铁钟，高约 80 公分。大殿门前有三四级石阶。殿内砌筑神台，高约 1 米。神台上供奉 1 尊火神泥塑坐像，红脸庞，约 1 米多高。坐像一边 1 尊站像。神像前面有 1 张供桌，供桌上有 1 个磬。墙上绘有壁画。这在城乡火神庙中，也是具有一定规模的了。

火神庙于 1958 年拆毁，拆下的那些柁木檩架，都劈作劈（音 pǐ）柴，集体吃食堂做大锅饭了。

上面是 2007 年 8 月，来村调查寺庙，访谈 76 岁老村干部郝学礼（图 330）时整理的资料。2019 年 3 月，再次访谈，村里老人又谈了一些关于火神庙的情况，记此，以为补充。

81 岁村民何宝德说：村里大庙小庙都有，大庙有东西耳房，还有门楼子，棒着呢。

83 岁退休教师马润生说：村西大庙，1958 年拆了。原来庙里办学校的，后来庙被拆了，就没有学校了，现在庙旁边的树也没了。马润生老人记得，火神庙里是红色的火神，坐在中间，旁边有塑像，中间有一大的八仙桌，大供桌，还有磬。大庙前面走廊东侧还挂一个钟，据说庙还挺灵的，钟外面四遭刻着好多人名，都是谁捐钱，还有我爷爷马群儒名呢。钟有 1 米高，1 尺多粗。

75 岁村民张杰说：大殿有东西耳房，过去这里是学校，老师住东耳房，西耳房空着。

二郎庙

二郎庙，供奉二郎神之庙。

二郎神，道教俗神，传说司水，影响相当广泛。其信仰起源于蜀，但所指不尽相同。一是秦代蜀郡太守李冰第二子，助父斩蛟锁龙，筑堰平患，蜀人奉为灌口二郎神，祠祀不绝。二是隋代嘉州太守赵昱斩蛟定患，后又显灵平定水灾，民感其德，立庙灌口，奉为二郎神。三是晋襄阳太守邓遐，斩水蛟除患，乡人立庙祠祀，因曾为二郎将，后尊为二郎神。四是《西游记》与《封神演义》中，所写玉皇大帝外甥杨戬，神通广大，曾诛六怪，劈桃山。其形象，是额上多 1 只眼睛，手执一把三尖两刃刀，皂靴前还有一条哮天犬。

自古以来，在我国民间俗神信仰中，多以四川灌口为二郎崇祀正宗，且有迄今屹立在都江堰岷江东岸的二郎庙（又称二王庙）。全国许多地方都建有二郎庙，凡有水灾，必祈祷于二郎神。

平谷地区二郎庙所供奉的，几乎都是《西游记》《封神演义》中描绘的二郎神杨戬。就全国而言，有水灾，祈祷于二郎庙中二郎神。可平谷地区遇水灾，则每每祈求于龙王，所以区内多建有龙王庙。而平谷百姓建庙奉祀二郎神，或许因其神通广大，以祈求保佑一方平安了。包括那只啸天神犬，也自为百姓所爱，旧时乡村多有养犬，以看家护院。

东高村地区有 1 座二郎庙。

南宅村二郎庙

南宅村二郎庙，位于村西北，洵河岸边，大坡坎上，南为村庄（图 331）。

图 331　南宅村 71 岁退休职工李炳华谈庙宇情况（摄于 2007 年 5 月）

2019 年 10 月，作者来村访谈，83 岁退休干部李炳燃说：传说有个大富翁，是三河掘山头的，回家得过这河，正赶上发大水，过不来，咋办呢？这时就来了一匹马，他拽着马尾巴，到这边上岸。他上岸以后发现马不见了，后来到河边大坡上二郎庙里，发现二郎爷旁边的神狗身上湿了，就知道是二郎爷前的这条神狗驮着自己过的河。因为自己被救一命，后来他就想在这儿建一座二郎庙，这庄人没允许，他就在他们自个儿庄建了一座二郎庙。

二郎庙坐北朝南，东西宽约 10 米，南北长约 10 多米，四面围有院墙。南为山门，一座砖砌门楼，院内没有石碑和树木，只有大殿三间，殿内神台上，供奉二郎神坐像，东侧前边有一只白狗塑像。二郎神像两边一边1尊站像。东西山墙绘有壁画。二郎庙毁于20世纪50年代初。

财神庙

财神庙，为供奉财神的庙宇。

财神，为民间俗神，一般分文武财神。文财神比干、范蠡，武财神赵公明、关羽。此外民间信仰的财神还有五圣等。过去春节时，除夕之夜，人们吃完饺子，彻夜不眠，等待着接财神，有人还送“财神”上门，到初二往往还要祭财神。

东高村地区有1座财神庙。

南宅庄户村财神庙

南宅庄户村财神庙，位于村中十字路口处，坐北向南，仅为一间，北墙上画有3尊财神像，村里人说不清供奉的是什么财神。财神庙于20世纪50年代自然坍塌（图332）。

图332　南宅庄户75岁老村干部侯克山谈庙宇情况（摄于2007年5月）

五道庙

五道庙，供奉五道将军的庙宇。

五道将军，民间称作“五道老爷”。按道教说法，五道将军是东岳大帝属神，且是重要助手，掌管世人生死荣禄，为阴间大神，地位高于阎罗王前的判官。古典小说中的五道将军似乎可以代阎罗王决定世人寿限，但与阎罗王不同，五道将军更具同情心，能帮助、成全弱者实现自己的理想，是位具有正义感的冥神。

东高村地区过去有 32 座五道庙，一般每村 1 座，多者如南张岱、赵家务竟有 3 座。一般五道庙规模都是一间，里面多是画像，有的五道庙也有泥塑像。旧时人去世了，家里人要到五道庙“烧纸”“报庙”。一般从老人去世时开始到五道庙烧纸，称作“倒头纸”，到出灵前为止，大多烧五六遍六七遍纸。

旧社会，有要饭花子，没地方住，黑夜往往就住五道庙里。当然，过去山东等地来这边打铁谋生的，往往也住五道庙里。

鲍家庄五道庙

鲍家庄五道庙（图 333），位于村东头，坐北朝南，建在一座高台上，高台西侧下面有 1 棵半拉老槐树，2 搂多粗。庙为一间，庙内东墙

图 333　鲍家庄 77 岁村民张万元谈庙宇情况（摄于 2007 年 5 月）

图 334　北张岱 73 岁老村书记郭明玉谈庙宇情况（摄于 2007 年 8 月）

画有龙王、苗神、虫王、马王、土地、五道等 7 尊神像。1947 年土地改革推倒佛像时，把五道庙也拆了。

北张岱村五道庙

北张岱村五道庙（图 334），全村有 2 座。一在庵街西头，坐北朝南，庙前 1 棵大槐树，已空，2 搂多粗，庙为一间，画有五道阎王神像，两边画有小鬼等像；一在村东街东头，坐北朝南，庙前 1 棵槐树，1 尺多粗，庙为一间，画有五道阎王、小鬼等像。2 座五道庙都毁于 20 世纪 50 年代。

曹家庄村五道庙

曹家庄村五道庙（图 335），位于村西头，坐北朝南，面阔一间，庙前西侧有 1 棵大槐树，2 搂多粗，树干已空，大概有 500 多年了。庙内画有 7 尊神像，村里人记得靠东边是土地，习惯称之为“土地佬”。两山墙画有雷公、闪公、火烧云等壁画。

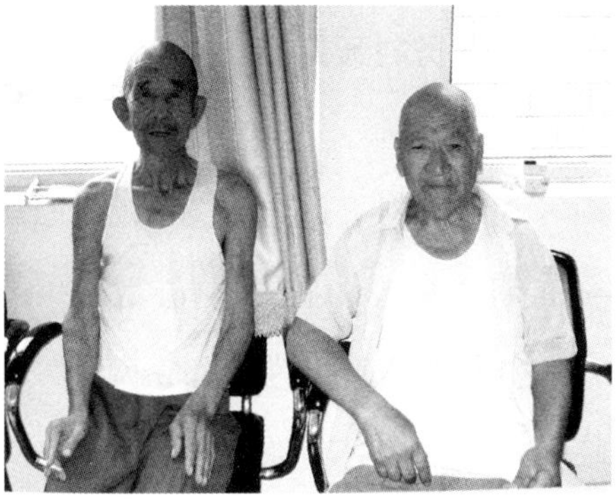

图 335　曹家庄 78 岁老村干部王守仁（左）、77 岁老村会计杨福（右）谈庙宇情况（摄于 2007 年 8 月）

1958 年将五道庙拆毁，在村南挖两个土井，用拆下的砖甃井了，木头盖驴棚了。庙前西侧那棵老槐树存活下来，树干里边全空了，近年枯死。

图 336　崔家庄 71 岁村民何玉明谈庙宇情况（2007 年 8 月）

崔家庄村五道庙

崔家庄村五道庙（图 336），全村有 2 座。一在村前街西头路北，坐北朝南，庙前有 2 棵槐树，1尺粗细。庙为一间，画有五道、雷公、闪公等神像；一在村后街菩萨庙西南侧，挨着大水坑，坐北朝南。庙为一间，画有五道等神像。2座五道庙都毁于1953年。

大旺务村五道庙

大旺务村五道庙（图337），全村有2座。一在村中心后井台，坐北朝南，仅为一间，南边临街。庙里没有塑像和画像，村附近家里人老了，就到那里去烧纸报庙；一在村大街东头，坐北朝南，也是一间，没有画像等。过去山东等外地人打铁的来了，没地方住，就住五道庙里。2座五道庙都毁于20世纪50年代。

图337　大旺务75岁村民张学友谈庙宇情况（摄于2007年4月）

大旺务辛店五道庙

辛店村过去北边俩庙，一是关公庙，一好像是药王庙。南边俩庙，一是菩萨庙，一是五道庙。南北庙中间相隔100多米。

辛店五道庙，在南北向马路的西边，与东边菩萨庙相距五六十米。五道庙坐北朝南，也是一间，没有院，没有石碑和树。庙里是泥塑像，塑有阎王、小鬼等。村里人老了，家人都会到那儿烧纸。

五道庙南边是条石河，从东边大旺务山里流出来的水，就汇到石河。石河往西往北汇到沟河了。石河南边是个大坑，夏天人们到坑里洗澡。干了，村里人使土，挖的，年久了就挖成一个大坑，有 1 亩地大小。大庄户那边的水从南边流过来，流到大坑，坑里盛不下了，就流到石河了。

大庄户村五道庙

大庄户村五道庙，位于村西头，坐北朝南，建在一座高台上，南面砌筑 6 步台阶。庙前 1 眼水井。现在全村有 200 多户，1947 年前后只有 90 多户，过去村里人就吃这眼井的水。五道庙面阔一间，神台上有 3 尊泥塑像，中间为坐像，两边为站像。墙上画有七十二司壁画，如光着脚走烧红的饼铛子等。塑像塑于 20 世纪 40 年代，为本村人张守信所塑，三里五村的庙里的神像都是他塑的。庙后墙上辟一小龛，高约七八十公分，宽约四五十公分，画有观音菩萨坐像。龛里摆着 1 个小泥香炉。五道庙毁于 20 世纪 50 年代。

东高村五道庙

东高村五道庙，全村有 2 座。

一是大五道庙，也叫王家庙，过去是老王家修的。大五道庙在村中间，坐北朝南，面阔二间，前出廊，廊下右侧，有1通石碑。庙内砌筑神台，高约1米。神台上供奉五道泥塑坐像，黑脸庞，高约2米。前有供桌，摆着1个带着两耳的石香炉，香炉高约40公分，直径50公分。右侧判官侍立，左手拿生死簿，右手拿一笔；左侧鬼卒侍立，龇牙咧嘴，左手拿一大铁链子，右手举着勾魂牌，上写“勾魂取命”。那小鬼右腿翘着，过去胆小的孩子一进去，就会吓得叫着跑出来。判官、鬼卒2尊站像，与真人一般大小。墙上画有壁画。

一是小五道庙，也叫赵家庙，在村西南，坐北朝南，一间。由于这座五道庙内塑像和大五道庙内塑像都是村里人赵全所塑，所以与大五道庙内塑像一样。这座五道庙是村里赵家所修，只是赵家有人去世了，才去烧纸报庙，不允许其他姓的人家烧纸报庙，久而久之，其他姓的人家也就不去了。

2座五道庙都毁于1953年前后。

高家庄村五道庙

高家庄村五道庙（图338），全村有2座。

过去高家庄村由平谷和三河两县管辖，村东半部归平谷管，西半部归三河管。据说哥俩分家，炕头的是三河县，炕脚头的是平谷县。修建五道

图338　高家庄75岁老村书记高凤河谈庙宇情况（摄于2007年8月）

庙也是一边1座。

一在村东南，菩萨庙前面，坐北朝南，面阔一间，庙前有3棵大柳树，3尺来粗。庙内没有塑像和画像，村里人说，过去就是在墙上用白灰横竖画几道，其实没什么意思，就是为好看。

一在村西北（图339），坐北朝南，面阔一间，前面有一道影壁，两边有字画。庙前1棵槐树，三四寸粗。庙内没有塑像和画像。

村里有人去世了，家人都来这2座五道庙烧纸报庙。1954年，将2座五道庙及菩萨庙一起拆毁，盖村小学校了。一起拆毁，盖村小学校了。

图339　高家庄83岁村民高连生谈庙宇情况（摄于2007年8月）

图340　侯家庄76岁村民张利谈庙宇情况（摄于2007年8月）

侯家庄村五道庙

侯家庄村五道庙（图340），位于村东，坐北朝南，一间，画像。由于时间久远，又烟熏火燎，画的什么神像早看不清楚了。庙里有2个泥香炉。五道庙毁于20世纪50年代。

克头村五道庙

克头村五道庙，位于村中心，坐北朝南，面阔一间。庙前有月台，再前为大街。庙内供奉泥塑像，北面神台上有5尊坐像，神台两侧一边1尊泥塑坐像。村里人记不得神像的名字了，应该有五道。台下一边1尊泥塑站像，东为判官，西为鬼卒。全区五道庙一般都是画像，有泥塑像的不多。五道庙毁于20世纪60年代初。

图341　门楼庄83岁老村干部曹友谈庙宇情况（摄于2007年5月）

门楼庄村五道庙

门楼庄村五道庙（图341，图342），位于村西头，坐北朝南。庙西侧有1棵大槐树，2搂多粗，树干已空，从树洞中间长出1棵小榆树。庙为一间，画像，北墙画有五道等3尊坐像，两山墙画有判官、鬼卒等站像。庙后墙辟小龛，画有观音菩萨坐

图342　门楼庄78岁老村女干部李秀兰谈庙宇情况（摄于2007年5月）

像。五道庙毁于20世纪50年代。

南埝头村五道庙

南埝头村五道庙，原来位于村西，这些年随着人口增加，村落向西发展，五道庙的位置现在已在村东北了。五道庙建在一座高台上，台有二三丈高。庙坐北朝南，南面砌筑石阶，以便上下。庙前1棵大槐树，有1搂多粗。庙里为画像，过去烧纸烟熏火燎，再加上要饭花子在庙里住，墙上的画像早就看不清了。五道庙毁于20世纪60年代。

南宅村五道庙

南宅村五道庙（图343），位于村东南，坐北朝南，建在一座高台上，前有四五步台阶。庙西侧有1棵大槐树，约1搂多粗。庙为一间，画有五道等神像，两山墙绘有壁画。五道庙毁于20世纪50年代。

图343　南宅74岁老村书记李振先谈庙宇情况（摄于2007年5月）

南宅庄户村五道庙

南宅庄户村五道庙（图344），位于村中间小前街东侧，坐北朝南。庙为一间，画有五道等神像。五道庙毁于20世纪50年代末。

五道庙前头，有1棵大槐树，1搂多粗，早已无存。五道庙后边，有1眼水井，石井口，双眼，有5丈多深，井边已被绳子磨出多道沟痕（图345），全村人过去一直都吃这眼井的水。

图344　南宅庄户76岁老村干部王振亮（左）、73岁老村干部王松生（右）谈庙宇情况（摄于2007年5月）

图345　南宅庄户五道庙后边的水井（摄于2007年5月）

南张岱村五道庙

南张岱村五道庙，全村有3座，村里人说是一角1个（图346）。

一在村南街口，又称张家庙，坐北朝南，庙前东侧1棵大槐树，1搂多粗。庙为一间，北墙画有3尊坐着的神像，东西山墙画有量天尺、下雨等壁画。北墙画像下砌筑神台，摆着3个石香炉。

一在村东北，又称史家庙，坐北朝南。庙前西侧有1棵大槐树，2搂多粗，树干都长空了。庙为一

图346　南张岱82岁湖南下放落此张桂夫（左）、74岁退休职工张稍林（右）谈庙宇情况（摄于2007年8月）

间，画有五道等神像。1944 年挖地道时，这座五道庙是一个地道出口。

一在村西北，又称李家庙，坐北朝南。庙前东侧 1 棵槐树，1 搂多粗。画有五道等神像。

这 3 座五道庙都毁于 20 世纪 50 年代。

普贤屯村五道庙

普贤屯村五道庙，位于村中间。西边是南北向的那条街，五道庙侧对北街口。庙面阔一间，中间横砌一堵隔断墙。南边是五道庙，画有五道阎王、雷公、闪公等画像，摆个小泥香炉；北边是菩萨庙，坐南朝北，画有观音菩萨坐像，两边为善财童子和龙女站像。五道庙与村里的老爷庙一起，于 1956 年拆毁，盖初级社的驴棚了。

前台头村五道庙

前台头村五道庙，位于村西头西街口，坐北朝南，一间，画有五道等神像，两山墙画有雷公、闪公、小鬼推磨等壁画。庙内摆放 1 个石香炉。五道庙毁于 20 世纪 50 年代。

青杨屯村五道庙

青杨屯村五道庙，位于村南，坐北朝南，建在一座高台上，前有三四步石阶。庙前一边1棵槐树，有1搂多粗。庙为一间，庙内中间横砌一堵隔断墙。南为五道庙，北墙画有五道等神像，东西山墙画有小鬼叫差等壁画；北为菩萨庙，画有观音菩萨坐像及哪吒立像。五道庙毁于20世纪60年代。

西高村五道庙

西高村五道庙，位于村中心，坐北朝南，面阔一间，前出廊，庙前写着“七圣神祠”。庙东边有1棵大槐树，树干都空了。庙内供奉泥塑像，北面正座有土地、马王、龙王、财神、五道等7尊神像，其中马王居中。东西有2尊站像，东为判官，西为鬼卒，鬼卒手里拿着勾魂牌，上面写着“你也来了”。墙上画有雷公、闪公等壁画。1947年推倒神像，20世纪60年代庙毁。

张岱辛撞村五道庙

张岱辛撞村五道庙（图347），位于村中间，坐北朝南，庙前有4棵大槐树，一边2棵，各有1搂多粗。庙为一间，画像，北墙中间画一大像，有两个大黑眼睛。两山墙画有雷

图347　张岱辛撞75岁老村干部岳顺增谈庙宇情况（摄于2007年8月）

公打鼓及闪公、云彩等壁画。五道庙毁于20世纪50年代。

赵家务村五道庙

赵家务村五道庙（图348），全村有3座。一在村前街西头，庙前1眼水井；一在村中街东头，一在村东头。3座五道庙都坐北朝南，面阔一间，画有五道等神像，毁于20世纪60年代。

图348 赵家务街头70岁村民张启先（中）、76岁村民李国清（右），48岁镇党办主任任兰军（左）谈庙宇情况（摄于2007年8月）

赵庄户村五道庙

赵庄户村五道庙（图349），位于村西大坑沿北边，坐北朝南，庙西侧1棵大槐树，有二三搂粗。庙为一间，北墙画有五道等神像，东西两山墙画有壁画。五道庙拆毁于20世纪50年代，木头盖生产队猪圈了。大槐树也一块儿放了，给村小学打了桌椅。

图349 赵庄户61岁村干部姚福谈庙宇情况（摄于2007年5月）

寺　院

佛教寺院，主要有佛祖庙和菩萨庙等，东高村地区共有佛教寺院22座。

佛祖庙

佛祖庙为佛教庙宇，主要供奉佛祖释迦牟尼以及药师佛、弥勒佛等。

佛教起源于古印度，距今3000多年前由古印度迦毗罗卫国王子乔达摩·悉达多所创，一般认为是在东汉初年传入我国。而佛教中最高的就是佛，佛祖是释迦牟尼，也称释迦佛，最流行的称呼是如来佛，还有药师佛、阿弥陀佛、燃灯佛、弥勒佛等。这些佛是庙宇中所供奉的本尊，有时也有菩萨、十八罗汉等陪祀。

东高村地区有6座佛祖庙。

北张岱村西道寺

北张岱村西道寺，又称北大寺，位于村北，坐北朝南，东西宽约10丈，南北宽约10丈。南为前殿，有前门，没设后门。前殿东西两侧，各辟一小便门，为砖砌门楼，可通院内。前殿前面，一边1通石碑，方座。西边石碑上写着“西道寺”三个字，碑首写着“万古流芳”，下边为人名、捐款数额等，是1通建庙或重修庙的功德碑。还有一道影壁，画着画。院内，有东西配殿各三间，配殿内画有神像。北为正殿，面阔五间，东西耳房各二间，耳房为看庙人所住及存放杂物。正殿内砌筑神台，神台上供奉1尊泥塑坐像，村里人称“当阳佛”，座下四角各有1大力士。两山墙前为十八罗汉。东西山墙上绘有壁画。西道寺没有庙会，1947年推倒神像，为看庙人家住了，20世纪50年代拆毁。

大旺务村南庙

大旺务村南庙（图350），位于村南，现在村小学处，坐北朝南，东西宽约80米，南北长约50米。南为山门，院内东南角有钟楼，一间，二层，方形，悬挂1口大铁钟，高约1.7米，上面铸有铭文。过去发生偷东西等事情，就会敲钟。对于偷东西的人，要罚多少小米，或者罚多少钱。1958年大跃进大炼钢铁时将铁钟弄去炼钢铁了，也有人说被推进了南面水坑里。北为正殿，殿前一边1棵大柏树，还有东西厢房各3间。正殿面阔五间，东西

图350 大旺务83岁退休干部李振昌谈庙宇情况（摄于2007年4月）

耳房各3间。耳房后来改为学校。殿内神台上供奉1尊大的泥塑坐像，高约近3米，坐像下有莲花座。两边一边1尊站像，也有3米来高。两山墙前一边各有八九尊泥塑坐像，有黑脸、红脸、黄脸的，据说是十八罗汉。这应该是一座供奉佛祖的佛教寺庙。庙里过去有和尚，村里人记得有元发、庆珍和尚。村里谁家有事就请他们去给念经，后来形成一句俗语："元发念经——对搭着来。"南庙毁于20世纪50年代。

东高村临泉寺

东高村临泉寺，位于村东（图351）。

《平谷文物志》记载：临泉寺，位于东高村镇泉水山（塔山）脚下，故名临泉寺。据《光绪顺天府志》记载："临泉寺在县东南东高邨。俗称高邨寺，辽建，明嘉靖二十七年重修。"民国二十三年《平谷县志》载："临泉寺，在东高村东一里，至县八里。大辽时建，嘉靖二十七年重修，今俗称高村寺。"

图351 东高村83岁村民巨有才谈庙宇情况（摄于2007年8月）

临泉寺，原占地1.2万平方米，坐北朝南，建有山门、影壁、东西配殿、前后大殿、耳房等建筑。前大殿三间，供奉如来佛，山墙两边台上塑有十八罗汉。大殿两边各有耳房两间。东西厢房各三间，东厢房为“三义殿”，供奉刘备、关羽、张飞。楹联为“三人三姓三结义”“一君一臣一圣贤”，横批为“义气千秋”。西厢房为仓廒。两厢房南端各有瓦房两间，为住持僧住处。后殿，三间，内供奉慈航、文殊、普贤 3 位菩萨。

建筑大部分毁于 20 世纪 50 年代，现存后殿三间，面阔 11.8 米，进深 8.8 米，整体建筑为瓦石结构，硬山调大脊，前后带廊，七檩插肩柱。20 世纪 80 年代进行维修，更换门窗，改换瓦顶。另存古井 1 眼、古柏 5 株、康熙四十三年（公元 1704 年）重修临泉寺碑刻 1 通。

临泉寺，1951 年改为学校，现今为东高村中心小学占用。

临泉寺所存建筑，是全区为数不多的古建筑之一，故文物志记载较详。在调查中，村里人口述更为具体。

图 352　东高村临泉寺前水井（摄于 2007 年 8 月）

临泉寺，又称东大寺，坐北朝南，东西宽约 10 丈，南北长约 20 丈。南为山门，是一座券拱形门洞，高约 4 米，宽约 3 米，以砖砌筑，磨砖对缝，檐有斗拱，对开木门。山门前有 1 眼水井（图 352）。相传过去东大寺在南山前边，地形是一只龟，东南角是龟头，自己会走。过去寺前边没有井，后来打了这眼井。就像一颗大钉子，钉在了龟的脖子上，从此就在这里，不再走了。

前院，正对山门，是一道影壁。过了影壁有1棵柏树（图353），下大雪时把树杈压折了。在前殿的前边，一边1棵柏树，殿前东侧还有1通石碑，上为螭首，下为须弥座，通高近3米。这是清康熙四十三年重修临泉寺碑（图354）。碑中记载临泉寺建于“辽之咸熙间”，查阅历史年表，有辽一代，未有“咸熙”年号。只是在三国时魏元帝曹奂使用了“咸熙”，且仅用2年，在公元264年至265年。至此，三国魏已被西晋司马氏取代。估计临泉寺不大可能建于魏晋之交，即是碑中明确写着“寺建于辽之咸熙间”，《光绪顺天府志》、民国《平谷县志》都写“辽建”或“大辽时建”，当有所本。而辽代有兴宗“重熙”（公元1032—1055年）和道宗

图353　东高村临泉寺前殿前面古柏(2007年8月)

图354　东高村临泉寺前殿前面清康熙时重修临泉寺碑（摄于2007年8月）

“咸雍”（公元1065—1074年）两个年号，或在这之间，故写作“咸熙”了，有如我们所说的清代“康乾”。而重修，是因清康熙十八年（公元1679年）平谷、三河大地震所震毁。“文化大革命”中，村人将此碑运至村北做桥板。“文化大革命”后，又运回重立于殿前。

前殿面阔三间（图355），前出廊，廊西侧悬挂1口大铁钟，高约1.5米。抗战时期，铁钟被运到鱼子山八路军兵工厂铸造手榴弹了。前殿有东西耳房各一间半，为看庙和尚所住。庙里和尚叫觉祥，他哥哥过去就是庙里和尚，也是弟继兄之业了。殿前木架上面，有一铁铸的“云板”，上面有云纹，说是盘山老祖所赐。有东西厢房各四间，作为粮仓，存储谷子，谷子是可以存储多年的。村里过去实行捐仓，以待荒年，好开仓救济。粮仓由庙里的和尚看管。前殿内砌筑神台，神台上供奉释迦牟尼泥塑坐像，西边有1尊侍立童子。两山墙前，有十八罗汉泥塑像。墙上绘有壁画。前殿没有后门，在耳房两边一边辟一小便门，可通后院。现存的三间大殿，即是前殿。而文物志所写“现存后殿三间”或有误。

图355　东高村临泉寺前殿（摄于2007年8月）

后院，后殿前一边1棵柏树（图356），没有厢房及石碑等物。后殿面阔三间，殿内神台上，供奉菩萨泥塑坐像，两边一边1尊站像，西边站像为铁铸，高约 1.5 米，脑袋是木头做的。

临泉寺东侧有跨院，东西宽约七八丈，南北与寺院一般长。跨院南有大木门。后殿东侧有一小便门，可通跨院。后院还有一盘碾子。过去看庙的和尚一家子都住这里，爸爸、哥哥、弟弟等，靠庙产生活。庙里有 30 多亩地，其中庙台上有 20 多亩，东山坡上有 10 多亩。

图 356　东高村临泉寺后殿前两棵古柏（摄于 2007 年 8 月）

过去，如发现秋天有偷粮食的，村里就击鼓。如果有大事了，就敲钟。看来庙里这口铁钟是“警钟”了，一敲三里五村都能听见，村里的人就到临泉寺集合。

2007 年 8 月，来村调查寺庙时，当时村人谈是在 1947 年土地改革中，推倒神像。

2020 年 3 月，与曾任东高村学区校长 84 岁的王耀电话访谈，说他就是东高村人，1937 年生，由村里的庵庙（白云庵）转到临泉寺，接着读四年级，这年他 14 岁，应该是 1951 年。庙里的佛像还有呢，他们到这儿，才把佛像推倒的。他记得很清楚，他还有几个孩子，推的是前殿东厢房，有刘备、关羽、张飞的像，就是他们给推倒的。别的殿里都有啥像，他那时还小，记不清楚了。

曾任东高村小学校长、82 岁的阎福旺也记得，他也是从庵庙过这边上学的，记得后殿铁像推倒了，是半截的，肚子里还有 2 本书和五彩线啥的。这书和五彩线，当为铸造时装藏之物。阎福旺老人随口还谈了一件抗战中的事，他听曾在庙里看庙的和尚说道：东高村有炮楼，住着日本鬼子。一天，鬼子来到临泉寺，听说中国的佛灵验，看到后殿里边西面有个铁铸的站像，掏出枪对着铁像乓就一枪，打铁像身上了，直冒火星子，吓得鬼子赶紧就扯（跑）了。

这样看来，临泉寺佛像应是在 1951 年推倒的了，2007 年 8 月时村人所谈记忆有误。

后殿以及前殿厢房已毁，现仅存前殿，东南角水井及院内 5 棵柏树尚存。水井边，垫着的一块黑乎乎的石头，当为 1 通石碑的碑首，过去建庙或重建时一定也立过碑的，如清康熙四十三年碑文所记，“历金元明迄今，亦有年矣，其间兴废不一，旧碑修载其略。”所以，庙内当存不是 1 通碑了，井边之碑或早于清康熙碑。

克头村大庙

克头村大庙（图 357），位于村西头，坐北朝南，建在一座高台上，东西宽约 7 丈，南北长约 10 丈。前有石阶，可登石阶至山门。山门是一座砖砌门楼，对开木门，宽约 2 米。山门外，一边 1 棵大槐树，约 1 搂粗细。院内，东侧有 2 棵槐树。前殿，一大间，辟前后门，殿

图 357 克头村 73 岁老村干部刘宝善谈庙宇情况（摄于 2007 年 4 月）

内供奉 1 尊泥塑坐像，其背后也有 1 尊泥塑像面朝北。村里人说不出是什么神像，估计面朝北的泥塑像可能是佛教的韦陀。殿两边走人，可通向后院。后院没有石碑，西有厢房四间，在 20 世纪三四十年代作为学校。后殿为正殿，面阔五间，前出廊，门上檐下悬挂一方大匾，上面写着四个大字，村里人已经记不住是什么字了。西有耳房二间，为老师办公之所。殿内砌筑神台，高约 1.2 米，神台上供奉 3 尊泥塑坐像，两旁一边 2 尊泥塑站像，墙上绘有壁画。村里人说不出供奉的神像名字，根据这种格局，如前面有韦陀站像，正殿供奉的就应该是佛祖释迦牟尼。这应该是一座佛教庙宇。过去正月初一至十五烧香，正月十四至十六 3 天为灯节，也散灯花等。正殿后面有后院，殿东有过道，可到后院。大庙毁于 20 世纪六七十年代。

南张岱村大庙

南张岱村大庙，位于村东北。清乾隆《三河县志》在“寺观”中记载南张岱有“福胜寺”，或为此庙（图 358）。

图 358　南张岱 73 岁老村干部张连江谈庙宇情况（摄于 2007 年 8 月）

大庙原为南宅李家家庙，后归到南张岱，连看坟再看庙。李家人是“燕王扫北”时过来的，占的南张岱这地方。那时应该还没有南张岱村呢，先建了这座大庙，同时也有人在这儿看坟。

大庙坐北朝南，东西宽约十二三丈，南北长约 30 多丈。南为前殿三间，中间有门，且辟后门。在前殿东侧，有一座山门。前殿前面有空地，为看庙人所种。其东南 30 多米处，有一座戏台，就是一个土台子，高约 1.5 米，10 米见方。前殿内，中间供奉大肚弥勒佛泥塑坐像，两边为四大金刚踩八怪。墙上绘有壁画。院内，东南角，即山门内东侧，有 1 座钟楼，高约 10 米，一间，方形，辟西门，有 6 级台阶，北、南、东三面各辟一圆窗。钟楼内，悬挂 1 口大铁钟，高约 1.5 米。北为后殿，后殿前一边 2 棵松树，各 1 尺多粗。有东西厢房各五间，为看庙人所住及村公所办公之地。后殿面阔三间，东西耳房各五间。东耳房有三间是药王殿，有 10 多个小铜像，没有泥塑像，中间那个大的就是药王，高约二三十厘米，用黄布盖着。后殿神台上，供奉如来佛泥塑坐像，后面有罩碑及大鹏金翅鸟等，两边为十八罗汉泥塑坐像。如来佛像上面悬挂有木匾，后殿门上也有匾额，墙上绘有壁画。按佛教寺院建筑格局，前殿为天王殿，后殿为大雄宝殿（图 359）。

大庙东有跨院，又称柏树院，有1棵大柏树，3丈左右高，3搂多粗，在村外老远地方就能看见。西边也有跨院，后大殿西边有月亮门，可通西院。西跨院有西厢房五间等。在前殿的大肚弥勒佛旁，是一个地道口，1944年所挖。村里的地道，从西北角出村。1944年，民兵钻进地道，日军用小钢炮打，把大庙前殿打着（zháo）烧了。后来日军又找来扇车，往地道里扇风。

大庙由于年久失修，在1976年7月28日唐山大地震中塌毁。

图359　南张岱76岁老村干部张少清谈庙宇情况（摄于2007年8月）

赵家务村大寺

赵家务村大寺，位于村中间，民国《三河县新志》“庙宇”中记载赵家务有“兴胜寺”，或为此庙（图360）。

大寺坐北朝南，东西宽约5丈，南北长约四五十米。南为山门，山门前有2棵槐树。大寺有前后两进殿，

图360　赵家务77岁老村干部李季春谈庙宇情况（摄于2007年8月）

有3棵柏树，都约1搂粗细。前院，主要是前殿，面阔三间，两边一边一个小便门，可通后院。前殿辟前后门，所谓穿堂过屋。前殿内供奉四大金刚泥塑站像，用村里人的话说就是“四大金刚踩八怪”。过了前殿为后院，有东西配殿各三间，东配殿供奉2尊泥塑坐像，其中南面是二郎神，下面还有1只小狗。北面不知什么神像；西配殿也供奉2尊神像，有1尊神像搭拉下一串珠子。北为后殿，全寺主殿，面阔三间，前出廊，廊东侧悬挂1口铁钟，高约1.2米。西耳房两间，为菩萨殿，供奉的是铜像。后殿内砌筑神台，神台上供奉如来佛泥塑坐像，下为莲花台座，座下四角一角有1个大力士扛着。两边为十八罗汉泥塑像。

过去大寺有看庙的，初一、十五打钟。1943年，日军拆大殿的砖，去垒大庄户炮楼。当时梁架没倒，后来村里又砌上，当学校的教室。大寺毁于20世纪80年代。

菩萨庙

菩萨庙，为供奉菩萨的庙宇。

汉传佛教中，一般认为有四大菩萨，即观音、文殊、普贤、地藏，因而也就有了我国四大佛教名山，即浙江普陀山、山西五台山、四川峨眉山及安徽九华山，是这4位菩萨的道场。应该说，菩萨在佛教中不止这4位。菩萨在佛国里的地位仅次于佛，又叫“大士”。观音又叫观世音、观自在、观音大士。唐代因避太宗李世民讳，略去“世”字，简称观音。观音为佛国众菩萨的首席菩萨，在世俗中的知名度和影响，不低于如来佛，特别在女信徒心中，地位甚至超过了如来佛。

东高村地区有 16 座菩萨庙。

鲍家庄村普济庵

鲍家庄村普济庵，又称菩萨庙，位于村西头。

民国《三河县新志》“庙宇”所记鲍家庄有“普济庵”，看来村里人所记准确。

普济庵坐北朝南，东西宽约 10 来丈，南北长约 20 来丈。南有山门，一座砖砌门楼。山门前有空地，约 2 丈来宽，下面有石阶。进入院内，村里人说是韦驮殿，面阔三间，辟前后门。殿内供奉韦驮泥塑站像，面向北，手拿金刚宝杵。韦驮像南面是大肚弥勒佛泥塑坐像。这应该是天王殿。从塑像两侧可以到后院。后面大殿为正殿，殿前一边 1 棵古柏，约 2 尺多粗。有东西厢房各三间，西厢房为看庙人所住，东厢房存放村会里的东西。大殿有东西耳房各两间，西耳房供奉狐仙。大殿面阔五间，前出廊，廊东侧悬挂 1 口大铁钟，约 1 米五六高。殿内神台上，供奉 3 尊菩萨泥塑坐像，中间为观音菩萨，两边有红孩妖和龙女侍立像。两山墙前有药王等泥塑庙有后院，有 2 棵大柏树，东边那棵有三四搂粗，西边那棵有二三搂粗。再往后是水坑。

普济庵毁于 20 世纪 50 年代。

北张岱村庵庙

北张岱村庵庙，位于村委会北面，这条街因此称为庵街。庵庙坐北朝南，面阔一间，供奉南海大士，即观音菩萨泥塑坐像，一边1尊站像，当为散财童子和龙女。两山墙绘有壁画。庵庙毁于20世纪50年代。

崔家庄村菩萨庙

图361　崔家庄80岁老村干部张宝环谈庙宇情况（摄于2007年8月）

崔家庄村菩萨庙，位于村中间（图361），坐北朝南，东西宽约15米，南北长约25米。南为山门，砖砌门楼，对开木门。山门前有8棵槐树，都1尺粗细。进二门就是韦驮殿，面阔一间，供奉韦陀泥塑站像，向北侍立，旁边有1个罄。过韦驮殿，有东西厢房各三间，院内还有1棵柏树。北为正殿，面阔三间，前出廊，廊东侧悬挂1口铁钟，高约1米，发现有偷棒子的等事情，就会敲钟。殿两边有东西耳房各二间，西耳房为村里办公的地方，东耳房住看庙的。殿内，供奉1尊菩萨铜像，坐在莲花瓣上，有2尺多高。铜像两边，一边还有1尊坐像。两山前各有2尊泥塑站像。1947年以前铜像就没有了。殿里有1个铜香炉，下有3只腿，上有两个爬山虎作耳朵，后来香炉被人偷到夏各庄卖了。菩萨庙毁于20世纪60年代，拆庙盖学校了（图362）。

图362 崔家庄71岁老村会计赵林谈庙宇情况（摄于2007年8月）

上面是2007年8月，作者来村访谈后所整理的资料。2019年3月，作者再次来村访谈，谈及菩萨庙：62岁老村书记李忠祥说：听说以前我们庙里的香炉是一个宝贝。78岁老村社保主任曹金财接着说：香炉里放上沙子，插上香，能一直着到底儿。香炉黑色（shǎi）儿，不知道是铜的还是啥的。香炉外边写着几个大字儿，啥字记不住了，瞅着字儿写得真棒！78岁退休职工牛春生说：庙里墙上还有画，画得也棒着呢，后来都给铲掉了。

大旺务村辛店菩萨庙

2007年作者来大旺务调查寺庙，当时人们未曾谈及辛店庙宇。2019年12月，来到86岁退休职工乔玉宝家，就辛店庙宇进行访谈。

乔玉宝老人记得，辛店村过去有4座庙，南边俩庙，北边俩庙，中间相隔100多米。南边俩庙，一是菩萨庙，一是五道庙。菩萨庙在辛店村西的墩台北边。墩台北边10来米有眼井，井边有棵大槐树，1搂多粗。树西边是马路，庙在树东边。菩萨庙坐北朝南，面阔一间，庙内为泥塑坐像，前面有个小院，没有石碑。供奉什么菩萨老人没有细说，而一般乡下的菩萨庙，多供奉的是观音菩萨。

东高村菩萨庙

东高村菩萨庙，位于村南，坐北朝南，南临大街，为十字路口东侧。庙为一间，画有菩萨等像。画像是村里老画匠赵全的手笔，他还会抓泥像，龙王庙、五道庙的神像都是他抓的，壁画也是他画的。村里人说，他本人脖子往右歪，所以他抓的泥像也像他一样，脖子都有点歪。菩萨庙毁于1953年前后。

东高村白云庵

东高村白云庵，位于村中间大街南，坐北朝南，东西宽约5丈多，南北长约30丈。北面临街处辟山门，为一道月亮门，山门前有7步青石台阶。进山门后为北殿，北殿南边有1棵柏树。北殿面阔三间，槅扇窗，前出廊，殿内砌筑神台，神台上供奉云霄、琼霄、碧霄三霄娘娘泥塑坐像。神台西边，为送子娘娘站像，背个上马子，一边露出小孩脑袋。两山墙前一边 1 尊站像，其中西山墙前为赵公明，手拄钢鞭，顶盔贯甲。北殿辟后门平时不开，从北殿东侧往南可进入中院。中院，北殿南面，有西配殿二间，为药王殿，供奉药王爷。中殿，殿前有东厢房三间，为庙内尼姑厨房等，庙里曾有 3 个尼姑，最后 1 个名普林。中殿为全庙主殿，殿前右侧有 1 棵大柏树，1 尺多粗。中殿面阔三间，前出廊，殿内砌筑神台，神台上供奉 3 尊泥塑坐像，中为南海观音，坐莲花台上；西为文殊菩萨，坐骑为青狮；东为普贤菩萨，坐骑为大象。坐像后面设有屏风。南有南倒座房四间，为尼姑的储藏室。

过去农历三月十八为白云庵庙会，前后 3 天，唱大戏、走会。由北京请来的“唱京班大戏”，最次年头也是唱影戏。村里有 13 档花会，如大鼓、吵子、五虎棍、中幡、高跷等，全部出动。到时周边村的人都来，连三河那边都来人。村北 2 里，有一片尼姑坟，大概有十几个坟头，没有墓碑。过去管那块地方就叫姑子坟。

白云庵的塑像于 1947 年推倒，填村北的大坑了。庙宇建筑毁于 1976 年 7 月 28 日唐山大地震。

高家庄村菩萨庙

图 363　高家庄 90 岁老车把式李春来谈庙宇情况（摄于 2007 年 8 月）

高家庄村菩萨庙（图 363），位于村东头，坐北朝南，据说最开始设计主殿是三间，并有配房，大庙台、地基都弄好了。结果和尚要钱，把钱要输了，修半路，和尚跑了。所以就盖了一间，前出廊。廊东侧，悬挂 1 口大铁钟，高约 1 米，过去一上香就敲钟。在抗战时期，八路军兵工厂弄去铸造手榴弹了。庙前有 2 棵槐树，1 尺多粗。庙内供奉 5 尊泥塑坐像，中间是菩萨，还有药王等，两边没有站像，墙上也没有壁画。

1954 年，将菩萨庙及 2 座五道庙一起拆毁，盖村小学校了。

图 364　门楼庄 65 岁老村干部赵长德谈庙宇情况（摄于 2007 年 5 月）

门楼庄村观音堂

门楼庄村观音堂（图 364），位于村东头，坐北朝南，前有一石头台，1 米多高，上面以砖铺墁，有一间屋大小，如戏台的样子。靠北为一堵砖墙，墙上辟一小龛，龛里画有观音菩萨像。村里人正月十五到这里来散灯花、烧香等。观音堂毁于 20 世纪 50 年代（图 365）。

图 365　门楼庄 77 岁村民郭进山谈庙宇情况（摄于 2007 年 5 月）

观音堂不大，而村里人供奉如

常，并说“庙小神仙大”。对于敬神，朴实的村里人确实是很虔诚的。

南埝头村菩萨庙

南埝头村菩萨庙，位于村东北，坐北朝南，东西宽约5丈，南北长约20丈。山门在南墙西侧，是一道便门。进院，前殿面阔三间，辟前后门。殿内神台上，供奉1尊泥塑坐像，两边各有1尊站像。据村里人所述，或许供奉的是观音菩萨，两边站像为善财童子和龙女。东西山墙上绘有画像。北为后殿，后殿前西侧1棵柏树，东侧1棵大杨树。大杨树二三人搂抱不过来，现在老杨树没了，从老杨树根上又长出1棵小杨树，也有1搂多粗了。后殿东面有1通石碑，方座，为修庙时捐款人名及数量等的功德碑。后殿前西侧有厢房三间，20世纪三四十年代改作学堂。后殿面阔三间，西有耳房二间，中有隔断墙，东间屋略大，西间屋略小，为看庙人所住。后殿内，村里人说明间（中间）供奉的是菩萨，东间有拿枪拿刀的泥塑像，村里人说不出是什么神像，或许是佛教中的韦陀等像（图366）。

图366　南埝头75岁老村干部刘顺林（摄于2007年4月）

过去农历二月十九观音菩萨生日时走会，说大鼓书，到时前后殿搭席棚连上，烧香，热闹四五天。

菩萨庙毁于20世纪50年代。

上面是2007年4月，作者调查寺庙时村里老人所谈。2019年4月，作者再次来村访谈，92岁老村会计刘印海老人说：过去从东边大庙一直到南边巨家坟是通着的，这庄整个是在埝埂上。过去有个说法，认为这道埝埂直通小屯，要出皇上。就在这里修一座菩萨庙，为镇这道埝埂。这座庙有两个殿，前殿是三官殿，后殿是菩萨殿，过去有话儿，说是“水生三官”，“旱生一佛”。我们把这座庙就称为大庙。

南宅村北大庙

南宅村北大庙，位于村北（图367），坐北朝南，东西宽约14丈，南北长约8丈。南为山门，一座普通的二门楼子，对开木门。山门前约有2丈来宽空地，西侧有4棵槐树，七八寸粗。山门空地前为一大下坡，坡下边有道。道边就是村庄。院内，没有树和石碑，有正殿面阔三间，东西耳房各二间，东西厢房各二间。东厢房供奉1尊泥塑坐像，一边1尊拿着刀枪的侍立像，还有一小铜像。东厢房南山墙那儿悬挂1口大铁钟，高约1.5米；西厢房供奉1尊泥塑坐像，两边也有侍立像。山门内两

图367　南宅78岁退休教师侯哲民谈庙宇情况（摄于2007年5月）

边各有一间南倒座，据说也有神像。殿内砌筑一座神台，约 1 米多高。神台上，供奉 1 尊大的泥塑坐像，村里人说是菩萨像。东西两山墙一边 1 尊站像。正殿内神台上，供奉 1 尊泥塑坐像，或说是如来佛，或说是观音菩萨，两边各有 1 尊站像。墙上绘有壁画。坐像上面悬挂一方大木匾，上写着四个大字，不知什么字了。过去初一、十五开庙门烧香。

北大庙东有跨院，跨院内有北正房五间，后来作为学校。庙西也有空地。庙北有后院，长约 10 来丈，约 10 亩地，作为庙产。村里人记得，看庙的是个村里人，叫小田文，姓李，于 20 世纪 40 年代中期去世。

北大庙应该是一座佛教庙宇，根据村人所谈正殿内神台上 1 尊泥塑坐像，两边各有 1 尊站像看，站像或为善财童子和龙女，而那尊坐像或为观音菩萨。1946 年拆毁，盖学校了。

南宅村观音庙

南宅村观音庙，位于村西部中间，坐南朝北，面对大街，街北头就是二郎庙，两庙相距约 100 米。庙为一大间，画有观音菩萨像，毁于 20 世纪 50 年代。

普贤屯村菩萨庙

普贤屯村菩萨庙，村里人只是听说有这么一座庙，没见过，有几进殿、什么样的格局，不得而知了。据说在村中间一个大坡下边，是拆了菩萨庙，盖的五道庙。民国《三河县新志》“庙宇”中记载普贤屯有复兴寺，称寺当为佛教庙宇。三河县志所载，不知是否就是村里人说的菩萨庙。

访谈时村里人说，据传过去有个外来户，带着一尊普贤菩萨像，村因此改名普贤屯。而立庄时不叫这个名字，叫什么村里人说不清了，只知道立庄时最早来的户姓包，是“坐地户”。

前台头村菩萨庙

图 368 前台头 80 岁村民王景海谈庙宇情况（摄于 2007 年 8 月）

前台头村菩萨庙，又称东大庙（图 368），位于村东边，坐北朝南，东西宽约 10 丈，南北长约 10 丈。南为山门，一座砖砌大门楼，青砖青瓦，对开木门约 5 米宽。早先院小，20 世纪 40 年代初，向南扩出 3 丈，原来 1 棵槐树在庙外西侧，扩建时扩进了院内，形成后来的格局。庙前临道。院内，那棵槐树有 2 搂多粗，略空。北为大殿，殿前西侧 1 棵柏树，1 尺二三寸粗细。院内没有东西厢房。大殿面阔五间，东西耳房各二间。东耳房为学校，西耳房为老师所住。大殿前出廊，廊内东侧有 1 口大铁钟，高约 1.2 米，过去村里一逮住偷庄稼的就敲钟，村里人就到庙里看热闹：“要罚人了！”

大殿内砌筑神台，神台上供奉 3 尊菩萨坐像，中间坐像为铁铸，2 米来高，头是泥塑，外饰彩绘。两边站像为泥塑，都坐在莲花座上。东边那个莲花座下，每角有 1 个小人，村里人说这 4 个小人一叫扳倒井，走在路上口渴了，把井扳倒就喝到水了；一叫拳打井，用拳一下打出水来；一叫撸道直，一叫扳倒山。这 4 人后来遇到了菩萨，菩萨让他们搬自己坐着的蒲墩，他们搬不动，就给压在底下了。这 4 人应该是坐像下雕饰的大力士像了。3 尊菩萨都是女像。据说中间铁菩萨是一次洵河发大水，从西鹿角那边冲下来的，村里人打捞上来建庙，又配 2 尊泥塑菩萨一起供奉。过去不知道是铁菩萨，后来推倒神像时才知道的。

20 世纪 60 年代末，菩萨庙拆毁，盖村小学。庙前那棵柏树，在建小学时下面堆放石灰，给烧死了。

西高村菩萨庙

西高村菩萨庙，俗称西庙（图 369），位于村西头，坐北朝南，东西宽约 7 丈，南北长约 8 丈。南为山门，砖砌门楼，有 6 尺多宽，上面有小兽。山门前一边 1 棵槐树，山门外东侧还有 4 间房子，称为“戏房子”，过去唱戏在那儿住过。山门西边有 1

图 369　西高村 87 岁老村干部周庆丰谈庙宇情况（摄于 2007 年 4 月）

图 370 西高村菩萨庙遗址散落的碑座（摄于 2007 年 4 月）

盘石碾。进山门后，是一道影壁，以砖垒砌。院内，北为大殿，殿前一边 1 棵柏树，殿前两边有东西禅堂各三间，东禅堂为学校，西禅堂为和尚所住。大殿面阔三间，有东西耳房各两间，耳房存放杂物。大殿前出廊，后出厦。前廊东侧，悬挂 1 口铁钟，约 2 尺多高，铸有铭文。前廊东侧还有 1 通石碑，碑首有“重修白衣庵”字样（图 370）。看来这座庙宇原名为“白衣庵”。殿内中间筑有神台，神台上供奉观音菩萨泥塑坐像，两边有 2 尊侍立像，东为红孩妖（善财童子），西为龙女。殿内东西两间为画像，村里人说东间画的菩萨座下骑着 1 头大象，穿白衣，应该是普贤菩萨了。在画像前，摆着一个小供桌，上面供奉 1 尊药王泥塑坐像，高约 40 公分；西间画的菩萨座下骑的是狮子，穿绿衣，应该是文殊菩萨了。墙上画有壁画，如同连环画，主要内容为善财童子“五十三参”。殿内檐下，悬挂一方木匾，上写“万善同归”四个大字，还有谁捐几斗米、多少钱等，是方功德匾。

过去腊月三十黑夜，村里人到菩萨庙填海灯。农历二月十九为观音菩萨生日，到时来烧香等，平常初一、十五来烧香，上供时端点煮的饺子或蒸的包子。1947 年推倒神像，20 世纪 80 年代庙毁。现存菩萨庙前 1 棵大槐树和一个碑座。

西高村小菩萨庙

西高村小菩萨庙，位于村东北，坐南朝北，为镇着北边的一座罗家坟。庙仅为一小间，庙前一道影壁。庙内为画像，画有观音菩萨坐像。有一副对联："问大士因何倒坐，恨凡夫不肯回头。"小菩萨庙毁于 20 世纪 50 年代。

张岱辛撞村大庙

张岱辛撞村大庙，位于村外北边（图 371）。清乾隆《三河县志》"寺观"中记载新撞有"隆恩寺"，不知"新撞"是否就是张岱辛撞，如果是，则隆恩寺可能就是村里人所说的大庙了。

图 371　张岱辛撞 80 岁离休干部张庆彬谈庙宇情况（摄于 2007 年 8 月）

大庙坐北朝南，东西宽约 5 丈，南北长约 8 丈。南为前殿，面阔三间，中间辟前后门，院内东厢房南山墙南边辟一小便门，向东开。前殿前面一边 1 棵大槐树，1 搂多粗。前殿门前一边 1 个石狮子。殿内神台上，供奉观音菩萨泥塑坐像，拿一净水瓶，瓶里插着树枝。在同一神台上，观音西侧，有个站像，村里人称之为红孩儿，穿着一个小肚兜，佛教称之为善财童子。

院内，北为后殿，后殿前一边2棵松柏树，各有七八寸粗。有东西厢房各三间，住着看庙的老道，称为“小老道”。以前有个老道会武术，走后，又来个小老道，有家室，连种庙地再看庙。后殿面阔三间，东西耳房各一间，耳房存放杂物等。后殿前出廊，廊内悬挂1口大铁钟，高约1.5米。殿内神台上，供奉3尊泥塑坐像，中间坐像下为莲花座，一角1个大力士，座下为鳌鱼。村里人说：“鳌鱼翻身，地动山摇，花子撂瓢。”过去人们认为鳌鱼翻身会地震；而年份好过，花子就不用要饭了。两边的坐像，西边的骑着象，东边的骑着虎（村里人这么记忆的）。大致看来，坐鳌鱼的也许是观音，也许是如来佛。就这座殿宇而言，或许是观音菩萨了，其他骑象的当为普贤菩萨，骑虎（当为狮吧）的或为文殊菩萨。也就是说，前殿供奉观音菩萨，后殿供奉观音、普贤、文殊3位菩萨，这是一座菩萨庙。当然，坐鳌鱼的若是如来佛，两边是文殊、普贤菩萨，则是“华严三圣”了（图372）。

图372 张岱辛撞75岁老村干部岳顺增（右）在画村庙的示意图（摄于2007年8月）

大庙毁于20世纪50年代，拆庙建北张岱村小学了，那时张岱辛撞村与北张岱村是一个高级社。

遗　址

东高村地区，有人类活动应该很早，从目前发现的实物遗存来看，起码可至新石器时期。而商周以后，人类生活居住的遗址，保存至今者就更多了。在访谈中，不止一个村的老人谈及附近村落遗址，比如鲍家庄村南1里多的地方，有老庄叫庞庄子，现在属于三河县。又如东高村南边，原来有个枣林庄，因一片枣树林而得名。而这里记述的遗址，主要为文物部门在册的商周时期及汉代居住遗址。

北张岱、大旺务新石器出土地点

北张岱、大旺务新石器出土地点，《平谷文物志》第三章“古遗址”第一节“石器时期遗址”（下），记述了新石器时期的上宅、北埝头遗址后，下面记载：“此外，在北张岱、夏各庄、前吉山、大旺务、前北宫等村田野中，均有新石器时期石斧等石器的发现。”这两个出土地点没有具体记述，什么时间、出土几件新石器，详情不得而知。

就此来看，应该是在北张岱、大旺务村附近田野中，发现了数量不是很多的石斧等新石器，故称其为新石器出土地点。由此可以证明，东高村地区，早在六七千年前就有人类活动了。

大旺务商周居住遗址

大旺务商周居住遗址，位于东高村镇大旺务村西南，大旺务至辛店村公路南侧（图 373）。

《平谷文物志》第三章“古遗址”第二节“历代居住遗址”记载：“1982 年 3 月第二次文物普查中发现。占地面积 4 万平方米。东至民房，西至水渠，北至机井房，南至乡间小路。东西长 100 米，南北长 400 米。遗址分布在高约 1 米的台地上，南高北低。土层中发现灰坑痕迹，曾出土过折肩罐。1998 年第三次文物普查中，地表仍可见夹砂陶片、鬲足等。根据出土器物，应为商、周时期遗址。”

图 373　大旺务商周时期居住遗址（摄于 2011 年）

2008年3月区文委《平谷文物揽胜——北京市平谷区第三次全国文物普查资料汇编》第一章“古遗址”第二节“历代居住遗址”记载：“由于在遗址上种植农作物和常年雨水、灌溉的冲刷，使台地夯土流失，高度降低，对遗址造成一定程度破坏。2007年第三次全国文物普查时，大旺务居住遗址处为耕地。整体保存状况一般。”

《平谷文物志》大事记记载：“1982年2月，对全县开始全面、系统的文物普查。3月，在东高村乡大旺务村发现商周遗址和汉墓。市文物研究所和县文管所共同对遗址、墓葬进行发掘、清理，出土器物79件。”

塔山汉代居住遗址

塔山汉代居住遗址，位于东高村镇东高村塔山西侧（图374）。

《平谷文物志》第三章“古遗址”第二节“历代居住遗址”记载：“1982年2月第二次文物普查中发现。占地面积40万平方米。东至塔山脚下，南为大片台地，西至兵营，北至公路，东西长500米，南北长800米。遗址分布在东北

图374　东高村塔山汉代居住遗址（摄于2011年）

高、西南低的多级台地上，北部台地断面中暴露出灰坑遗迹和汉砖、瓦叠压。曾出土陶纺轮、铁锄、铁斧等生产、生活用具，现为文物管理所收藏。1998 年第三次文物普查时，地表随处可见汉代砖、陶片、器物口沿等。”

2008 年 3 月区文委《平谷文物揽胜——北京市平谷区第三次全国文物普查资料汇编》第一章“古遗址”第二节“历代居住遗址”记载：“2007 年第三次全国文物普查时，遗址处为果园。整体保存状况一般。”

东高村汉代居住遗址

东高村汉代居住遗址，位于东高村镇东高村西南（图 375）。

《平谷文物志》第三章“古遗址”第二节“历代居住遗址”记载：“1982 年 2 月第二次文物普查中发现。占地面积 6 万平方米。东至平三公路，南至加油站，西至河沟，北至王家坟（现为酱菜厂）。东西长 100 米，南北长 600 米。遗址原为台地，北高南低，经平整土地后为平地。1974 年平整土地时，曾出土过一批燕国刀币和汉代五铢钱。1998 年第三次文物普查时地表

图 375　东高村汉代居住遗址（摄于 2011 年）

偶见汉代砖瓦散落。”

2008 年 3 月区文委《平谷文物揽胜——北京市平谷区第三次全国文物普查资料汇编》第一章“古遗址”第二节“历代居住遗址”记载：“因修建京平高速公路，遗址被分为南北两部分。2007 年第三次全国文物普查时，遗址北侧为草坪，西北为蔬菜大棚，遗址南侧为耕地。”

前台头汉代居住遗址

前台头汉代居住遗址，位于平谷区东高村镇前台头村北（图 376）。

图 376　前台头汉代居住遗址（摄于 2011 年）

2008 年 3 月区文委《平谷文物揽胜——北京市平谷区第三次全国文物普查资料汇编》第一章“古遗址”第二节“历代居住遗址”记载：此遗址“占地面积 5 万平方米。东至东崔路，南至民房，西至鱼塘和果树林，北至民房。遗址原为台地，东西长 500 米，南北长 100 米，北为平坦的农田。1982 年 2 月第二次全国文物普查中发现，曾出土过汉代陶片及灰坑、兽骨等。1998 年北京市第三次文物普查时地表偶见汉代碎砖瓦，根据发现的器物标本，应为汉代居住遗址。2007 年第三次全国文物普查时，遗址处为养殖厂，种有杨树。整体保存状况较差。”

南宅汉代居住遗址

图 377　南宅村汉代居住遗址（摄于 2011 年）

南宅汉代居住遗址，位于平谷区东高村镇南宅村西（图 377）。

2008 年 3 月区文委《平谷文物揽胜——北京市平谷区第三次全国文物普查资料汇编》第一章“古遗址”第二节“历代居住遗址”记载：此遗址“占地面积 6000 平方米。遗址原分布在高 2 米台地上，东西长 100 米，南北长 60 米。1983 年 6 月第二次全国文物普查中发现。由于盖民房和取土，地貌有很大改变。根据发现的遗迹，应为汉代居住遗址。2007 年第三次全国文物普查时，南宅居住遗址已建民房，为居住区”。

西高村汉代居住遗址

西高村汉代居住遗址，位于东高村镇西高村村北（图 378）。

图 378　西高村汉代居住遗址（摄于 2011 年）

2008 年 3 月区文委《平谷文物揽胜——北京市平谷区第三次全国文物普查资料汇编》第一章“古遗址”第二节“历代居住遗址”记载：此遗址“占地面积 5148 平方米。东、南至民房，西至现状土路，俗称北下坡子路，北至原大队建筑队房屋。遗址原为台地，经砖厂取土后为平地，东西长 66 米，南北长 78 米，根据发现的器物标本应为汉代的居住遗址。1982 年 2 月，第二次全国文物普查中发现，在土层中曾发现有碎砖瓦、陶片堆积，并有灰坑一处。1998 年北京市第三次文物普查时，地表可见绳纹砖和大量陶片。2007 年第三次全国文物普查时，遗址处为耕地，地表可见残存建筑构件。整体保存状况一般”。

附　辛店墩台

在辛店访谈时，85 岁退休职工乔玉宝记得，过去常说五里一墩，十里一铺。辛店村西有个墩台，墩台北边 10 来米有一眼水井，这井水好喝，辛店人过去就吃这眼井的水。井边有棵 1 搂多粗的大槐树，树西边是马路。墩台应该是大清朝以前弄的，就是个大土堆子，有三四米高，圆的，直径 10 多米，上面啥也没有，就长着荆条、指根芽子、杂草啥的。县城到辛店整 10 里。东高村西头挨（nāi）着马路也有个墩子，东寺渠东头还有个墩子。从那儿往南起，到东高村 5 里，东高村到辛店也 5 里。这是老人所见。老人说，这墩台在交通上就跟界桩一样，一看到墩台，就知道出县城 10 里了。

清康熙六年（公元 1667 年）《平谷县志》“地理志 · 乡社 · 墩堡附”记载全县有 12 处墩堡：西城墩、小碾头墩、安驾会墩、罗家庄墩、新店墩、下箭务墩、高村堡、鹿角堡、泰务堡、山东堡、放光庄堡、望马台堡。

其中“西城墩”，应该是老人所谈的东寺渠东头的墩子；小碾头即今南埝头，“小碾头墩”，在南埝头村访谈时未听人谈及，是不是与辛店人说的东高村西头马路边的墩子一回事呢？“辛店墩”，无疑是辛店人所谈的村西头水井边的墩子了。

“高村堡”，新编《平谷县志》第十编“军事”第三章“防务 · 驻军”第一节“防务”“屯堡”记载：“明代，营州中屯卫为保护屯田，防备入侵，在四、五屯内选择地理位置较好的一屯，四周挖壕沟，引水成河，筑土城，开四门以出入，设立鹿角堡、泰务堡、山东堡、望马台堡、高村堡。临近屯的辎重粮草，集中存于堡内。无警，则各居本屯；有警则避入堡内，固守以待援兵。”这里有“高村堡”，当为旧志所记的“高村堡”了。建此堡的作用，新编县志已然说清楚了。

这些墩堡，或与军事通讯及交通有关了。

墓葬

东高村地区地处平原与浅山地带，洵河环绕，早在新石器时代就有人类活动，且有商周及汉代等遗址存在，证明历史上这一地区应该是人类活动频繁且较为悠久，因此留下大量墓葬。一部分墓葬在20世纪六七十年代的平整土地及农田基本建设中已毁，一部分保存至今。

北张岱汉墓

图379　北张岱汉墓（摄于1983年4月）

北张岱汉墓，位于北张岱村东（图379）。

1958年，在这里建设县蚕厂，汉墓就在蚕厂院内北半部。20世纪60年代，蚕厂撤了，后在这里建“五七学校”。20世纪80年代，建北京邮电分院，汉墓在分院后部西侧。邮电分院又已撤销，现为一家个人工厂所在地。这座汉墓在厂地后部，以院墙相隔。

图380　北张岱汉墓（摄于20世纪90年代）

图381　北张岱汉墓墓道口（摄于20世纪90年代）

北张岱汉墓，占地面积约2000平方米，是一座东汉时期大型砖室墓（图380）。墓南向，上为高出地表3米的大宝顶，平面呈“凸”字形，有墓门、甬道、墓室、回廊等。墓门为石质，由门框、门楣、门扇（仅存1扇）、门槛组成。墓门（图381）内为甬道，甬道口内两侧有刻石。甬道长5.84米，宽0.8米，高1.4米。墓室南北长6.3米，东西宽2.3米，高3.8米。回廊宽1米，高1.7米，周长26.8米，东、西、北三面与墓室相通。甬道、墓室、回廊均以砖砌筑，上为券顶。砌法，两卧一立，起券处用楔形砖，墓室的甬道为丁字形铺砖。墓早年被盗，封土堆有3处盗洞，至今墓顶盗洞（图382）曾多次堵漏。

图 382 北张岱汉墓盗洞（摄于 2008 年 4 月）

图 383 北张岱汉墓墓门（摄于 1983 年 4 月）

1969 年，墓室被用作防空洞。后又做过菜窖使用。因长年雨水冲刷，造成封土堆塌陷，墓顶券拱有坍塌现象。

1983 年，在文物普查中对汉墓进行清理，出土陶罐 7 件，五铢钱数枚，在清理中发现了石墓门（图 383）。石墓门现为区博物馆收藏。

《平谷文物志》第四章“古墓葬”第一节“墓葬”中对北张岱汉墓记载：

1985 年 6 月，被县政府公布为县级文物保护单位。

2008 年 3 月区文委《平谷文物揽胜——北京市平谷区第三次全国文物普查资料汇编》第二章“古墓葬”第一节“古墓”记载：

2007 年第三次全国文物普查时，封土堆尚存，上面生长树木和杂草，墓结构仅存甬道、墓室、回廊三部分，局部坍塌。

图 384　2012 年，市文物局拨专款，在汉墓上砌筑封闭砖室加以保护（摄于 2016 年 1 月）

2012 年，市文物局拨专款，在汉墓上砌筑方形砖室（图 384），将汉墓封闭其间，以加强保护。

北张岱汉墓，当地俗称石王墓，或许是一位东汉石姓的王爷了。也有说过去朝廷设有六部，墓主人是相当于什么部的官。无论怎么说，即是建有如此大的宝顶，且设置石墓门，门上镌刻着画像等，说明墓主人一定是有较高政治地位的人。过去北张岱村归河北三河县管辖，查阅清康熙以来编纂的 3 部《三河县志》等典籍，一时未能查到有关资料。其身份到底如何，生前有何功绩，为何葬此，有待进一步研究。而当地至今还在流传，说过去谁家里办红白喜事，只要头天晚上到墓前上供，需要的东西第二天就给准备了，那家人到墓前去取就行。这是人们津津乐道的一种传说。

附　泃畔寻古——平谷文物普查工作回忆

燕龙生

五　汉墓探幽

1982 年 9 月 15 日，门楼庄公社（今东高村镇）北张岱村建蚕厂时发现汉墓，文管所急往勘查，经试掘，发现墓早已被盗，无发掘价值。可是在蚕厂东侧，当时的县“五七”大学院内却发现了一座大型汉墓。该墓与平谷境内其他汉墓不同，有高大的封土堆，是一座土丘砖室墓。据当地人介绍，1969 年战备时，“走资派”们在这里挖防空洞时发现了它，墓内积满淤土，因该墓砖室结构完好，甚为坚固，经过清理修整，便当做了防空洞。当时清理时，出土石鼓、石桌、宝剑各一件，但后来下落不明。以后 10 多年中，无人涉足其内，据说已成蛇之乐园。

次日，文管所会同文化科的同志携带着各种用具，进入墓室内探察。我们鼓足勇气，手持电筒，个个紧随，低头弓背，钻进墓道（图 385），待进入墓室后，方可直身，只觉墓内阴森而漆黑，我们新购置的大手电筒的光照在这里似乎大打了折扣，变得昏黄无力，所幸墓中无蛇盘踞，这才使我们放松了许多。大家在墓室中定了定神，视觉适应了环境，顺着手电的光照望去，才惊奇地发现墓室是非同一般地高大，细察之，在拱形券顶的正中有一个明显的盗洞。此洞为早期所为，因为如此巨大的墓葬，盗墓贼只能在墓室被水土淤塞之前才可能通过盗洞从墓中取得器物，由此推断，很可能盗墓贼在千百年前就已经光顾过这里了。该

图 385　北张岱汉墓墓道（摄于 1983 年 4 月）

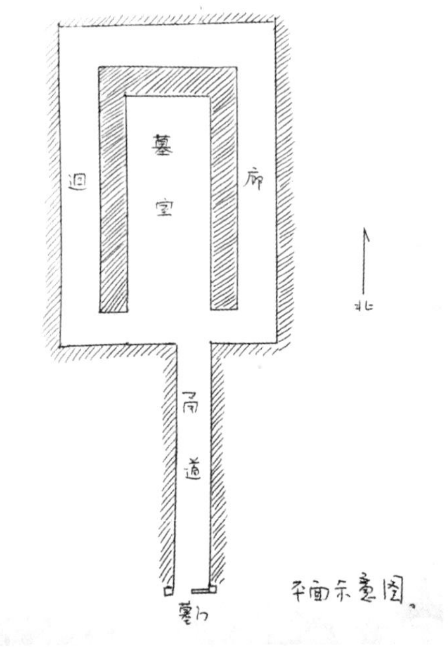

图 386　北张岱汉墓平面示意图（绘于 1983 年 4 月）

图 387　北张岱汉墓石墓门（摄于 1983 年 4 月）

墓的独特之处，是在墓室周围，有一圈方正的环形砖券回廊，可能是放置陪葬品的地方，由此也可以想象那陪葬的丰厚。我们未多停留，立即着手测量画图（图 386）。该墓坐北朝南，墓道方向为北偏西 15 度；墓道入口有门眉、门柱、门槛及墓门，均为坚硬的砂石雕刻。门高 100 厘米，宽 53 厘米，厚 8 厘米，里面浮雕一只凤凰；门柱宽 40 厘米，各浮雕一尊武士相对而立（图 387）。整个门体粗犷古朴，庄严大气，且刻工精美，是难得的北方汉代墓葬石刻。只可惜墓门已遗失一扇，据说是因其石质粗而坚硬，被人分割做磨刀石用了。砖券墓道高

图 388　北张岱汉墓墓室券顶（摄于 1983 年 4 月）

100 厘米，宽 90 厘米，长 585 厘米。整个墓道并不在墓室的中轴线上，略偏东。墓室（图 388）为长方形，南北长 585 厘米，东西宽 240 厘米，高 380 厘米。回廊高 160 厘米，宽 90 厘米，周长 2680 厘米。

经与市文物工作队同志研究，认为北张岱汉墓早年已多次被盗，且又经过修防空洞清理，不可能再有任何遗存陪葬物品，墓主人身份更不可考，所以不再具有保留价值。但石刻墓门是珍贵文物，应当妥善保护，决定对该墓之墓道部分进行抢救性发掘，取出整体墓门。10 月 26 日，用工 8 人，开掘墓外甬道，至 27 日，墓门结构全部暴露，千年古墓终于得见天日，围观者无不惊叹。28 日，将门体全部构件取出，运回文管所。

北张岱大型汉墓的存在绝非偶然。虽然墓主人身份已无可考，但肯定不是一般人物，或贵族，或官宦，而非一般平民。结合这一地区考古发现，西至英城、马坊，东至安固、稻地，均为连绵不断的汉代遗址和墓葬区，足见汉时这里经济、文化非同一般的繁荣。若是一片贫荒，何以出此显贵？

选自平谷区政协《平谷文史选辑》第八辑

巨构墓

巨构墓，位于东高村西北，平三公路西侧，原金属公司院内。

《平谷文物志》第四章“古墓葬”第一节“墓葬”中对巨构墓记载：

民国二十三年《平谷县志》地理载：巨构墓，金节度使，在县南八里，有碑。

墓南北向，占地面积400平方米。原为一大沙丘，有龟趺、碑刻、石像生排列墓前，20世纪70年代平整土地时，埋入地下。墓地表遗迹无存，现为金属公司仓库。

2000年，被北京市政府公布为地下文物埋藏区。

《平谷县志》人才：巨构，大定时第进士，累迁横海军节度使。宽厚谨慎，所至以镇静称。世宗尝曰：“巨构，外淳质而内明悟，鲜有及之者”。

《金史》列传：巨构，字子成，蓟州平谷人。幼笃学，年二十登进士第。由信都丞，察廉为石城令，补尚书省令使，授振武军节度副使。同提举解盐司事，以课增入为少府监丞。再迁知登闻检院，兼都水少监。章宗即位，擢横海军节度使。承安五年（公元1200年）致仕，卒。

2008年3月区文委《平谷文物揽胜——北京市平谷区第三次全国文物普查资料汇编》第二章“古墓葬”第一节“古墓”记载：

2007年第三次全国文物普查时，墓葬处为厂房（图389）。

巨构，官至金代横海军节度使。巨构墓，当地人俗称巨家坟。这巨家坟，实际应为巨氏家族之墓。

图389 东高村巨构墓

清康熙六年（公元1667年）《平谷县志》“地理志·古迹·陵墓”记载：“巨构墓，金节度使，在县南八里，有碑。”作者曾不止一次访谈西高村老人，告说巨家坟前，过去是一片石人石马，也就是墓冢前的石像生了。石像生分两排，东西相对侍立，中间为青石甬道。据说坟里埋的是“巨无霸”，且说埋的人是金脑袋。立着的石碑足有七八尺高，下面土掩着。

东高村金代墓葬

东高村金代墓葬，位于东高村西北，平三公路西侧，原金属公司院内。

《平谷文物志》第四章古墓葬·第一节墓葬中对此记载：

1984年，在巨构墓东南60米处施工中，发现一石椁木棺墓。墓为东向，椁盖已被民工揭开，上有一方墓志。石椁长2.7米，宽1.2米，高1.04米，壁厚0.12米。木棺已糟，骨架腐朽，葬式不清。

清理出土随葬品50余件，其中铜器6件，有铜镜、铜带环、铜带扣；瓷器14件，有黄釉瓷洗、双系弦纹白瓷罐、双系弦纹直腹罐、直腹折臂罐、双鱼瓷盘、荷叶白瓷碗、酱釉蒜头壶、鸡腿瓶、白瓷碗、白瓷罐等，并在瓷罐内发现谷子稞粒物；玉器9件，有白玉环、玉佩、玉坠、水晶球等；淳化年古钱币34枚；木盒1件。墓志由于风化浸蚀，字迹模糊不清，只能辨认出墓主人“卒于泰和三年（公元1203年）”。

根据出土器物鉴定及墓志铭文分析，墓为金代墓葬，墓主人应是横海军节度使巨构同族人。

这是1984年秋，县金属材料公司院内挖暖气沟时，在巨构墓东南

60米的地方，发现的这座墓，应该是巨氏家族墓的一部分。墓志字迹漫漶不清，墓志主人名字已难以看清了，大致与巨构应为同时代人。

附　巨家坟金代石椁墓的发掘

杨学林

巨家坟为当地人之俗称，位于平谷区城南东高村镇西北一公里许。在1971年以前，这里曾是一处1000余平方米的大沙丘。1984年秋，原平谷县金属材料公司在此处基建施工中，偶然发现了这处金代石椁墓。又据附近村民讲，在1970年以前，生产队在此处挖沙、取土时，曾发现过石人、石马、石羊等石雕，石雕分作两行，东西相对而立，中间为青石甬道，后来此物全然无存，不知去向。

当时，文物管理部门在精心发掘过程中，发现墓中石椁距地表深0.5米，为东西方向。于石椁盖上平放着一块墓志，墓志长47厘米，宽34厘米，厚9厘米。石椁底部及四壁均为整块青石板构成，石板厚度为12厘米，板面上有排列整齐的凿刻痕迹，南北两面的长石板两端有榫，与东西两面石板的凹形卯眼相连。榫的宽度22厘米。打开椁盖后发现，棺木已朽，其尺寸不详（图390）。

在石椁底部发现，有两具尸骨。其中一具较完整，为仰身直肢葬；另一具则尸骨散乱，应系二次埋葬。两具骨架的朝向皆头东脚西。大量的随葬品放置在头骨东部。在头骨与胸部附近有较多的随葬玉坠饰，腰部有铜带扣及玉带饰件，腿至脚部有散乱铜钱。在石椁的东南角和西南角分别发现两件鸡腿瓶。另外，出土的还有瓷器、玉器、木器等多种随葬品。

瓷器类：主要为食用器。

双鱼磁盘2件，完整。瓷胎，青白釉浅盘，圈足。除口沿儿外，内外壁满釉。盘内底釉下刻有双鱼水波纹。双鱼线条流畅自然，形象逼真。口径为11.6厘米，底径为6.5厘米，通高2.05厘米。

鋬耳洗1件，残。瓷胎，薄唇圆腹卧足。口沿一侧有鋬耳，耳下有系，内外壁及底部满施黄釉，卧足底部有细小支钉。口径4.5厘米，底径2厘米，通高3.4厘米。

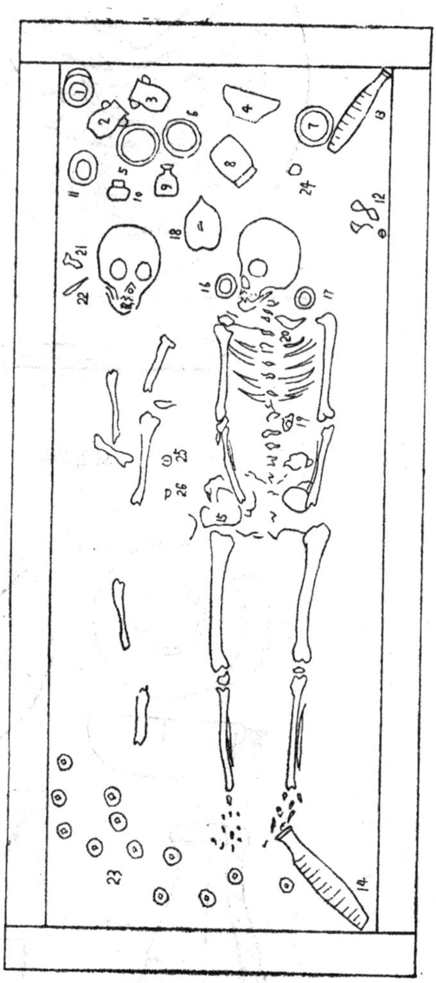

图390 东高村金代墓葬平面图

带盖小瓷罐1件，完整。瓷胎，小口鼓腹圈足。盖内凹。盖内、罐内、外腹上均施青白釉，底腹及圈足无釉。口径3.8厘米，底径2.9厘米，腹径5.89厘米，通高5.7厘米。

鸡腿瓶2件，完整。缸胎，小口细长颈，瘦长腹，小平底，厚壁，外施黑酱釉。口径 4.5 厘米，腹径 7.6 厘米，底径 5.3 厘米，通高 26.8 厘米。

荷花边碗 2 件，其一残。瓷胎，薄壁，荷花边口沿，口外敞，圈足。内外壁有六道凸棱。除口沿边外，内外壁及底部满施青白釉。口径 13.6 厘米，腹径 4.5 厘米，底径 2.4 厘米，通高 5.2 厘米。

瓷碗 1 件，完整。青白釉，外口沿下有一道弦纹。平底微内凹。除口沿外，内外壁施满釉。口径 10.6 厘米，底径 6.2 厘米，通高 4.4 厘米。

蒜头壶 1 件，完整。肩部有棱，小口，折肩鼓腹。腹下折收，圈足。外满施黑酱釉，圈足无釉。口径 1.8 厘米，腹径 7.3 厘米，底径 4.6 厘米，通高 7 厘米。

双系罐 3 件，其中一件完整。瓷胎，厚壁，圆唇高颈，溜肩鼓腹，圈足。口沿下至肩部有对称双系，腹部下有弦纹，内外壁满釉，底足无釉。口径 7.4 厘米，腹径 10.6 厘米，底径 5.8 厘米，通高 13.9 厘米。另两件残，但与上一件形制不一。瓷胎，直口有肩，深腹圈足。口肩部附对称双系，系耳高于口沿，内上壁及外壁施青白釉。口径 7.5 厘米，腹径 9.7 厘米，底径 5.8 厘米，通高 13.4 厘米。

高领罐 1 件，残。瓷胎，圆唇方，领圆肩，瘦长深腹，腹底斜折收，圈足。内外壁满施青白釉，圈足底无釉。口径 7.8 厘米，腹径 9.9 厘米，底径 5.2 厘米，通高 12.4 厘米。

玉器类：主要为装饰品。

白玉环 2 件。云纹。直径 3.9 厘米，厚 0.4 厘米。

玉佩 1 件。镂空，中部三环相接。环中部五星叶纹，环两侧有相对卷叶草纹，卷叶纹底部有五个系绳的小孔。长 6.8 厘米，宽 4.5 厘米，厚 0.25 厘米。

玉坠饰 1 件。白色玉，饰件侧有系绳小孔。长 3.1 厘米，宽 1.3 厘米，孔径 0.25 厘米。

水晶珠五件，完整。椭圆形，中有孔。长 1.55 厘米，宽 1.15 厘米，孔径 0.25 厘米。

木器类：

木盒 1 件，残。带盖，整体呈桃形，小口圆腹圜底。盖球形钮，有子母口。口径 2.6 厘米，腹径 5.4 厘米，底径 1.5 厘米，通高 4.5 厘米。

铜器类：

铜发簪 2 件，其一残。长 14.9 厘米，宽 0.6 厘米，厚 0.2 厘米。

铜带扣 1 件，残。长 5.1 厘米，宽 7.8 厘米。

铜带扳扣 1 件，残。正面有线刻缠枝纹，带胯面上刻荷花纹。长 13.2 厘米，宽 7.3 厘米，厚 2.4 厘米。

铜镜 1 件，完整。桃形素面，背面边缘起棱，板桥形纽。长 12.9 厘米，宽 10.2 厘米，厚 6 厘米。

铜钱 33 枚，方孔圆钱。主要出土于墓葬西侧，年号为“淳化”。

墓志：

志文为楷体。字间有空格，竖排 26 行，满行 20 个字（最少行 3 字），计有 419 字。志文已模糊，难已通读。

这座石椁墓为平谷地区首次发现，为研究本地区的历史文化提供了宝贵的资料。

选自平谷区政协《平谷文史选辑》第八辑

大旺务墓群

大旺务墓群，位于大旺务村西北，大旺务至辛店公路北侧（俗称阎家坟）（图 391）。

图 391　大旺务墓群

《平谷文物志》第四章“古墓葬”第二节“墓葬”中对此有记，且称为大旺务墓葬区：

1982 年 2 月，第二次文物普查中发现。东西长 200 米，南北宽 80 米，占地面积 1.6 万平方米，为汉代墓葬区。

由于盖民房和取土，部分墓葬被破坏。文物管理所曾清理一汉代砖室墓，墓砖纹饰为席纹。出土汉代铁剑、陶罐、陶九支灯、陶仓、陶灶和鱼骨纹盆等随葬品。

墓区现为农田，出土器物现为文物管理所收藏。

2008 年 3 月区文委《平谷文物揽胜——北京市平谷区第三次全国

文物普查资料汇编》第二章“古墓葬”第二节“墓群”对此有记，且称此为大旺务墓群：

2007年第三次全国文物普查时，大旺务墓群北、东、南面为民房，西面为台地。墓群处为农田。

附　洵畔寻古——平谷文物普查工作回忆

燕龙生

三　初掘商址

1982年3月16日至4月2日，市文物工作队对大旺务村的商遗址进行了考古发掘，同时还发掘了村北桃园的一处汉代砖室墓。

这是在平谷地区进行的第一次正式考古发掘，文管所全力以赴配合了发掘工作。3月16日对遗址进行了探察，摸清了遗址范围、文化层厚度及包含物情况，确定了发掘方案。17日，从村中雇工15人，由遗址中部自东向西开掘2×4m探方7个，然后根据发掘情况，分别向南北扩展。工人的任务主要是开挖探方表土，至文化层暴露后，则主要由我们用手铲细掘清理。在工人挖掘地表时，我们又对村东及村南台地进行了钻探，并在村南台地又发现一处较大的灰坑。

考古发掘是一件十分精细的工作，不仅要将文化层中的包含物（陶片、石器等）一一取出，还要注意各种现象的变化（如土色、文化层的叠压与打破关系等）。我们干的这些事，是当地群众闻所未闻的。

开工头两天，村民纷纷前来围观，以为是村中发现了宝贝，当看到我们这些“挖宝人”煞费气力又小心翼翼地从土中取出的只是一些残破的陶片时，有的大失所望，有的大为不解，但村民和大队领导都全力配合我们的工作，给了我们很多支持。民工也十分勤恳，当我告诉他们，这土里埋藏的东西是三千多年前他们的祖先留下的遗物时，一种肃然起敬之感便油然而生，工作更加认真。他们轻掘慢挖，仔细搜寻，每一小块陶片都不乱扔，一律清理得干干净净。村中老人吕得顺得知我们在地里挖了多日，甚是辛苦，却只能挖到些陶器残片，便主动献出自己收藏的一件完好的商代折肩鬲，出土地点是村南盖新房处。这样完好的器物，必是出于墓葬之中，这说明村南有商墓葬区。折肩鬲是夏家店下层文化的典型器物，我们发掘的遗址中也有折肩鬲残片出土，说明该墓葬应与遗址为同时代。

至22日，遗址中部的三个探方挖掘清理完毕，东侧及北面的探方继续扩大。3月26日，向北扩展的探方，已达遗址灰坑的边沿，至3月28日，遗址发掘清理完毕，照相、绘图后，29日回填。从30日至4月2日，全体人员投入了紧张的陶片整理工作，要对堆满了三大间屋子的不同陶质、不同纹饰、不同器形的陶片进行挑选、整理、登记、编号、黏合、复原，其艰辛程度，绝不亚于田野发掘。我们七八个人干了三天，通过对数以万计的陶片的辨认和解读，得出了对这一遗址的初步印象：这是一处商代中期的一个普通居落的居住遗址，所发掘的部分并不是居落的全部，也不是居落的中心区，而是居落的几处大小不等的灰坑。所谓灰坑，是指一个居落的居民扔放废弃物的地方，多在居落的边沿，有如今天之垃圾坑。我们所发掘的灰坑中的包含物以陶器为主，也有一些磨制石器和细石器。因为其包含物大多是居民的遗弃物，所以要想得到完整的器物极不容易，但可以复原部分器物。从复原的器物可以断定，其文化类型属于东北辽宁夏家店下层文化，但又有中原文化的影响。这说明，平谷地区自商以来就是我国北方文化与中原文化相互交汇的地区之一。

该村北桃园路边有一个塌陷的小汉墓，侧面暴露，经钻探，在东侧又发现一座完好的汉墓。这座墓呈东西长方形，墓顶仅离地表 1.2 米，工作队的同志决定将它做掉。汉墓发掘与遗址发掘基本同时进行。3 月 21 日，当墓室清理到底部淤土层时，又发现北侧墓壁有两个墓道。原来，这是一座横前室墓，即已发掘的只是一个横向的前墓室，与之相通的还有两个并列的长形后室，于是继续扩大发掘。29 日，西侧墓室清理完毕，但器物稀少，且墓主人骨骸被烧，墓内多有烧土，令人不解，可能为被盗所致。至 3 月 30 日，汉墓发掘完毕，从墓中出土的多件陶器中，最为壮观的是一具九支灯，通高近一米，完整无损，是平谷出土的汉代陶器之精品。除陶器外，唯有一枚极小的兰料耳当，取自后室一具女性头颅的下颌，可能是含于墓主人口中的。

这次考古发掘不仅取得了成功，更锻炼了我们这些初上战场的考古新兵，使我们获得了极为重要的理论和实践知识。

选自平谷区政协《平谷文史选辑》第八辑

东高村墓群

东高村墓群，位于东高村西北。

《平谷文物志》第四章“古墓葬”第二节“墓葬”中对此有记，且称为东高村墓葬区：

东高村墓葬区，东临平三公路，北为农田，距泃河1公里。

1982年2月第二次文物普查中发现，为汉代至辽、金墓葬区。墓葬为单室或多室砖室墓。较大型的砖室墓有墓门、墓道，内设多室。墓砖纹饰为绳纹和席纹。曾出土陶豆、陶灯、陶兽等随葬品。

1998年第三次文物普查时，墓葬区基本保存完好，现为农田和民房。

按照2008年3月区文委《平谷文物揽胜——北京市平谷区第三次全国文物普查资料汇编》所分类，此处应称为“墓群”，普查资料未记此处。这里所记，与下面“东高村埋藏区”有交叉。

塔山墓群

塔山墓群，位于东高村小学东侧（图 392）。

《平谷文物志》第四章“古墓葬”第二节“墓葬”中对此有记，且称为塔山墓葬区：

图 392　塔山墓群

塔山墓葬区，东为塔山，南为兵营，西北为加油站，北临东南公路。东西长 40 米，南北长 20 米，占地面积 800 平方米。

1995 年 4 月，北京市文物研究所与县文物管理所，对翠湖度假村别墅区进行考古勘探。勘探面积 800 平方米，共发现汉至明、清等不同时期墓葬 12 座，灰坑 4 个。墓葬分砖室墓和土坑墓两种。

墓区保存完好，现为苗圃地。

2008 年 3 月区文委《平谷文物揽胜——北京市平谷区第三次全国

文物普查资料汇编》第二章“古墓葬”第二节“墓群”亦有记，且称为塔山墓群：

2007 年第三次全国文物普查时，墓群为果园和民房。

赵家务墓群

赵家务墓群，位于赵家务村北（图 393）。

图 393　赵家务墓群

2008 年 3 月区文委《平谷文物揽胜——北京市平谷区第三次全国文物普查资料汇编》第二章“古墓葬”第二节“墓群”记载：

赵家务墓群，为汉、辽金、元时期墓葬区。赵家务墓群东西长 300 米，南北长 200 米，占地面积 6 万平方米。墓葬分砖室墓和土坑墓两种。墓砖纹饰为席纹。1982 年 2 月第二次全国文物普查中发现。曾出土过汉、辽金、元时期的铜器、铁器、钱币及陶器和瓷器等。

1988年在村东学校院内植树时，出土战国时期铜马饰件。

2007年第三次全国文物普查时，墓群大部分为农田，京平高速路贯穿其中，墓群东侧建有几处民房。

附　泃畔寻古——平谷文物普查工作回忆

燕龙生

六　赵家务商墓群

赵家务是一个历史悠久的村庄，其文化历史可与大旺务并驾齐驱。大旺务发现了商代居住遗址，赵家务则发现了商代墓葬群。这两个村庄东西相望，同处平谷南部，与河北省三河县灵山地区接壤。灵山充沛的水源，肥沃的土地，茂盛的丛林，广阔的山野，孕育了这一带的古代文明。八十年代初，灵山附近的孟各庄发现了新石器时代文化遗址，而孟各庄只距赵家务村南数里。

我们最初从民间征集的出土文物中，许多都来自赵家务，在闲聊中听这里的老乡说，他们在田间挖土时，见到过不少“古物”。一个青年说，他们曾经挖到过一个“铜罐子”，从他描述的样子来看，那是一尊铜壶，最晚也应当是战国时代的。壶有三四十公分高，通体有好看的图案，胫部有两个兽头衔环。后来拿到废品收购站当铜卖了，因为壶里灌满了土，不能称分量，所以就把壶砸碎，除去泥土，才称得铜的净重。还有的小孩子在地里拾到过铜镜，但是他们把它同村里的小贩换糖吃了……因此，赵家务村一直是我们关注的地方。

1982年11月4日，因赵家务村出土了商代陶碗，我们携探铲急赴出土地点探查。出土地点在村北公路北侧耕地，这是一块浅台地，面积不大。经查，陶碗出自一个商代土坑墓，墓葬距地表不超过40公分，已残。经钻探，在该墓的东侧，又有一墓，说明这里极可能是一个墓葬区。11月9日，市文物工作队郁金城、王武钰闻讯赶来，经过再次钻探，确信这是一处商代墓葬区，很可能有多个墓葬。因墓葬在耕地之中，又距地表极浅，故决定立即进行抢救性发掘。

10日上午，用工20人，在该墓葬区自西向东每间隔2米开掘南北向探沟5条，并清理了已发现的两个商墓（编号M1、M2）。两墓一残一全。全者已不见骨架，陪葬品均为陶器，鬲2件、钵3件、盒1件、罐1件；残墓只出土1件鬲，1件罐，均残。下午从探沟中发现3个墓葬（M3——M6）。为扩大战果，又对东边的一块棉花地进行了钻探，后又试掘2×5米探方两个，未见墓葬现象。

11日，发现M7，并完成了M3——M7的全部发掘清理工作。其中M3已完全破坏，未见出土物，其余虽然也有不同程度的局部破坏，但发掘结果还较为理想，特别是M7中，不但发现了棺痕，而且葬者的头、肩、上肢及胸的位置都很清楚。均可判定，墓主人为女性，头东向，为仰身直肢葬。棺宽60厘米，长250厘米，陪葬品均在棺内。12日，又发现和清理了M8，至此，发掘任务圆满完成。

赵家务商墓群的发掘进行得迅速而果断，我们的工作也相当艰苦。因为是深秋，天气冷而短，必须争分夺秒，全天候作战；又因为墓葬区为耕地，相对低洼潮湿，墓葬中的器物极易损坏，发掘时必须倍加小心，有的墓葬因过于潮湿，只能将埋有器物的部分整体取出，待干后再将器物仔细剥离出来。三天苦战，我们抢救了一处重要的商文化遗迹，它为研究平谷乃至北京地区商代土坑墓葬式提供了珍贵的第一手资料。

赵家务，这个极普通的村庄，确实有着不平凡的历史文化。

选自平谷区政协《平谷文史选辑》第八辑

南宅墓群

南宅墓群，位于南宅村北（图 394）。

2008 年 3 月区文委《平谷文物揽胜——北京市平谷区第三次全国文物普查资料汇编》第二章“古墓葬”第二节“墓群”记载：

图 394　南宅墓群

南宅墓群，东临公路，与南宅庄户村相接，为汉代墓群，墓葬为砖室墓，墓砖纹饰为席纹。占地面积 4000 平方米。1983 年第二次全国文物普查中发现。

2007 年第三次全国文物普查时，南宅墓群大部分为荒地，部分种植农作物。

2007 年 5 月，作者来村调查寺庙，村里老人就说到古墓的事：

南宅庄户村西有一土山子，相传有一位将军，打仗中被人家割了脑袋，就打个金脑袋安葬在这里。后来堆了土山子，土山子前边过去确实有座坟。现在土山子和坟都没有了。

2018 年 10 月，为编写《东高村史话》再次来村访谈，人们又谈及了古墓：

65 岁村书记王树林说：村西头 200 来米的地方，有个土包，叫山子。据说有个姓李的将军，打仗的时候，头被敌人割下来，弄个金脑袋，就埋这儿了。

84 岁老村主任王松生说：土山子，就是坟山子，在大坟北边。坟山子东西向，围拢着前边的大坟头，长有 30 多米，高 2 米。那个大坟头多年没人上坟，小时候看到的有 1 米多高，直径 3 米来的。据说是他带的兵一人抓一把土，就攒成了这座坟。

73 岁老村会计李仕连说：村西南 100 多米的地方，1973 还是 1974 年，挖稻畦时，挖下 1 人多深，挖出一口水井，是砖碹的。

这些墓葬及古井，不排除与汉代遗址有关。

南宅村83岁退休干部李炳燃说：北寨庄就在村北半里地，南宅庄户西边。有个土山子，在山子前头，都是砖头瓦块的，还有石臼。过去听老人说，有个将军死了，手下的士兵一人兜一兜土，就把这座坟山给兜起来了。这将军是啥时候的不知道，也不知有多少代了。

村里所谈，作为口碑资料录此，以备研究参考。

青杨屯墓群

青杨屯墓群，位于青杨屯村东北台地上（图395）。

2008年3月区文委《平谷文物揽胜——北京市平谷区第三次全国文物普查资料汇编》第二章“古墓葬”第二节“墓群”记载：

图395　青杨屯墓群

青杨屯墓群，为汉代墓群。南临民房，北临沟河，西为饲养场，东临青杨屯桥。东西长500

米，南北长200米，占地面积10万平方米，墓区原为台地，由于平地及挖鱼塘，部分墓葬被毁坏，墓葬为砖室墓，墓砖纹饰为席纹。1983年6月第二次全国文物普查中发现，1997年北京市第三次文物普查时地表散落大量墓砖和陶片。

2007年第三次全国文物普查时，墓群处为杨树林和耕地。

南张岱地下文物埋藏区

南张岱地下文物埋藏区，位于南张岱村西北（图396）。

《平谷文物志》第四章“古墓葬”第三节“地下文物埋藏区”记载：

图396　南张岱地下文物埋藏区

南张岱地下文物埋藏区，东至现状土坎，南至南张岱村南界的东西延线，西至洵河东岸，北至谷场以北土坎。占地面积9万平方米。

该地原为取土场，1985年—1987年，农民取土时曾出过战国时期青铜剑。现场调查发现，台地上有多座残存的汉代砖室墓、土坑墓葬及大量辽金时期的沟纹砖、陶、瓷器残片。同时征集到汉代陶罐，元代双系黑釉瓷罐等出土文物。

1987 年，北京市文物研究所与县文物管理所，对墓葬区共同进行了抢救性考古发掘。共清理古墓葬 8 座，古窖址 1 座。其中汉墓 5 座，元代墓葬 2 座，明代墓葬 1 座。

汉代墓葬，距地表 1.5—2 米，南北向，分为砖室、土坑墓两种，均为单室。出土随葬品 16 件，有陶钵、双系陶罐、陶井、陶仓、陶圈、陶猪、陶鸡、陶耳杯、陶鼎、汉五铢钱等。

元代墓葬，距地表深 1 米，为长方形砖室墓，拱顶已坍塌，出土器物 8 件，有双系黑釉瓷罐、白瓷碗、鸡腿瓶、四系瓶等。

明代墓葬，距地表 1.2 米，为长方形，墓顶崩塌，骨架已朽，葬式不详。出土随葬品 2 件，有绿釉瓷罐、黄釉瓷罐。

经清理后，有的墓底下面还有墓葬存在，是为叠压墓葬。

1993 年 3 月，北京市政府公布其为第一批地下文物埋藏区。

2008 年 3 月区文委《平谷文物揽胜——北京市平谷区第三次全国文物普查资料汇编》第二章古墓葬·第三节地下文物埋藏区有记：

2007 年第三次全国文物普查时，南张岱埋藏区为农田。

2019 年 4 月，作者来南张岱村访谈，人们谈及古墓：

88 岁老兽医张仲福说：咱们庄的年头忒多，地下尽是“墓子（zi）”。过去说六十花甲子，就像编的鸡笼形状差不多，砖碹的，底下大，上边小，这是给活人准备的墓子。到60岁，搁那里去。没活到60岁就死了，也弄一个墓子，这墓子是长方形的。到60岁还活着就进去的，是个圆形的墓子，留有小门。有阔家的还弄个茅房，弄个小门楼似的碹子，到那儿解手去。再有钱的碹的就更高级了，里面铺着炕，陪葬着泥烧的鸡、狗、马、牛、羊，还有陪葬小口、大肚的水罐，陪葬的东西都不一样。孝子就给送饭，不让出来，直到死了拉倒。不孝敬的，就在里面预备一坛子水，一坛子饭，门一砌，就得了。

张仲福老人说：北边我们住的地方，过去全是李家坟。1976年地震，1977年我搬这里来的，1977年秋天我挖白菜窖，挖出来一个东西，一个瓦片似的东西，我就注意了，慢慢的我挖出来四个东西，有一个过去像赶大车的叫油瓶子似的玩意儿，一个小嘴儿，细脖儿，烧的是缸的，有小铁丝缠的印儿。挖出来一个青瓷碗，碗上全是绷瓷。还挖出来一个小嘴儿小细脖儿下面是一个小嘟噜，也是瓷的，白地儿，绿了吧唧的花。还挖出一个小水罐儿似的东西。后来送到文物局，局里派人送来20块钱。我当时留下一个小罐儿，想着家当油坛使。来人问我还有没有啥了？我说还有一个，那人瞅瞅，这我也拿走吧。我说你拿走就拿走吧。就挖出这四个东西，给文物局了。老人所说“北边我们住的地方，过去全是李家坟”，印证了南宅李炳灿听老人说的“李家祖坟过去在南张岱街中心”的话了。

66岁村支委柴玉山说：1989年前，在猪场那边干活，搅拌机挖坑，不深就挖出来一个鼎，一个唐三彩，也给文物局了。

这些口碑资料很具体，可为志书的补充。

东高村地下文物埋藏区

东高村地下文物埋藏区，位于东高村西北（图397）。

《平谷文物志》第四章“古墓葬”第三节“地下文物埋藏区”记载：

图 397　东高村地下文物埋藏区

东高村地下文物埋藏区，东至平三公路，南至原金属公司南墙外小路，西至村西南北现状路，北至400米东西延长线。占地面积22万平方米。

埋藏区为巨构家族墓地，原有龟趺、碑刻、石像生排列墓前。后因平整土地，埋入地下。

1984年，在巨构墓东南60米处，发现一石椁木棺墓。墓为东向，石椁长2.7米，宽1.2米，高1.04米。清理出土随葬品50余件，其中铜器6件，瓷器14件，玉器9件，金淳化年钱币34枚，木盒1件，墓志1盒。根据出土器物鉴定及墓志铭文分析，墓为金代墓葬，墓主应为横海军节度使巨构同族人。

2000年6月，北京市人民政府公布其为第三批地下文物埋藏区。

2008年3月区文委《平谷文物揽胜——北京市平谷区第三次全国文物普查资料汇编》第二章“古墓葬”第三节“地下文物埋藏区”有记：

2007年第三次全国文物普查时，东高村埋藏区为办公楼及厂房。

上面这些墓葬及埋藏区，主要为区级或市级在册的。另外，还有一些因施工或平整土地等，已无存、但有些资料的墓葬。

前台头汉墓

前台头汉墓，位于前台头村东头。

2007年8月，作者来村调查寺庙，村人谈及古墓：

前台头村东头外有一土包，高约1丈5尺，称为“高庙”。土包底下有砖，还以砖垒砌了左边一洞，右边一洞。据说里边住道人。村里人说是什么“丘子”，一些地方似乎管坟地就称“丘子”。“文革”后期平掉时，挖出不少席纹砖、大钱等物。

此墓毁于20世纪70年代，从挖出的席纹砖等初步判断，当为一座汉墓。

东高村汉墓

东高村汉墓，位于东高村南。

《平谷文物志》大事记记载：

2007年5月，在东高村南清理了1座西汉土坑木椁墓，目前该墓资料还在整理中，详细资料尚未发表。

这应该为市文物部门所清理，未见相关资料。

南张岱明墓

《平谷文物志》大事记记载：

2002年10月17日，文物主管部门对南张岱基建施工中发现的古墓葬进行了抢救性清理。墓葬为八角形，长128厘米，宽102厘米。出土铜镜、铁犁、三彩炉、石砚、鸡腿瓶各一件。经有关专家鉴定，为典型的明代墓葬。

张岱辛撞墓葬

2019年3月，来村访谈，人们谈及一座古墓。

88岁退休干部张礼动记得，在南张岱北边，就我们这庄的地方，发现一座古墓，墓主人好像是个侯爷。这坟有2丈来高，封土堆占了半亩地。坟是大平大整的时候挖的，里面挖出了很多汉代陶器，大肚长嘴的瓶子，还挖出很多五铢钱。在老人家里，有仨大肚长脖嘴儿瓶子，直径1尺多粗，高六七十公分，长脖嘴儿有20多公分。

83岁村民侯宝民接过话茬：墓里还挖出小泥猪、小泥狗，还有铁器跟现在的树铲一样，一拃（zhǎ）来长，二三公分厚。应该有把儿，上面有安把儿的槽儿。还有一个印，圆的，五六公分，是木头的，里面的木头都糟了，一着风就没了，就剩外面的铜箍了。那会儿，大伙说那大土疙瘩是填坟填的，其实不是，就是整个一大死土疙瘩。墓是砖垒的，有个碹的门，由南边进来，就见着两边有暗间，一直到北头，北头还是一个暗间，共有5个暗间，这5个暗间都有门。老人说着拿起笔，大致画了墓穴的平面图（图398）。

69岁村民张卫发接着说：碹门进去后，左右4个暗室，北边把头有1个。

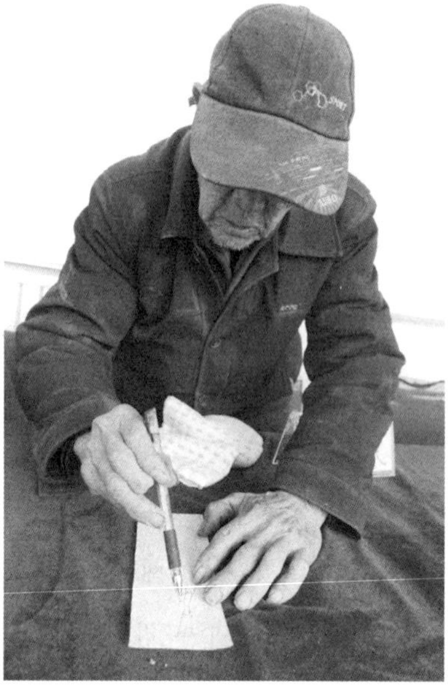
图398　张岱辛撞83岁村民侯宝民画高顶汉墓墓穴示意图（摄于2019年3月）

张礼动老人说：我小时候，张维海在道北坡上，也就是封土堆北边50米之外的地方，挖出来一个像马踏飞燕的东西，黄色的，是铜的、金的还是镀金的不清楚。当时张维海三四十岁，我才10来岁。他在那儿挖，我上面瞧着。小时候我看书报看过马踏飞燕的图，挖出来的跟马踏飞燕一样。我认为这与封土堆有关。

侯宝民老人说：墓里边没有石碑，也没有石墓门，就是砖碹的门。大墓都是砖的，生产队用那砖垒了好几十个猪圈。砖是一头大一头小，砖面上都是炕席环。墓里也没啥东西，就挖出来两个，一个是跟树铲似的，一个是印。还有泥捏的小猪小狗，就跟烧砖似的烧的，不是一个俩，多了，哪儿间里头都有。这墓是我发现的，一天我去那儿推土，推出两块砖，往里一刨，土淤上了。后来来人就往里掏，越掏砖越多，就发现碹门了。墓上面是死土疙瘩，不是三合土。这土疙瘩有三四亩地大，就是死土，不是后来堆的，是胶土。死土疙瘩上边有仨坟头，抗战的时候，八路军把这庄叫“照一万”。八路军站土疙瘩上往三河灵山那边瞅，瞅真真儿的。抗战时期挖地道，往上拉土，把旁边仨坟头掩埋了。

张礼动老人认为，这个墓一定是先在底下造墓，后堆的土，土就庄西边坑的土。这个墓还有个传说，过去墓门打开过，谁家有红白喜事，到那儿烧烧香，借桌子板凳。

侯宝民老人说：在大土疙瘩西边，还有许多小丘子坟，也是砖碹的，里边挖出来不少水罐子、碗，就是60岁花甲子不死活埋的小坟。土疙瘩西边不远，也就有200米，是侯家坟。

2007年8月来村调查寺庙，80岁离休干部张庆彬、75岁老村干部岳顺增曾说：在村北边，大庙南边约200米处，有一座土包，称为“高顶”，高约20米，圆的，周边有六七十米，四遭还有好多小坟头，村里人叫丘子。20世纪60年代末平整土地中，将这些丘子平了，也包括“高顶”。“高顶”出土一个小木牌，上面有水笔字，什么字记不清了。还有黄绸子，一着风就没了。还出土了鎏金的铜箍以及陶罐等物。

从老人们所谈曾出土的五铢钱、席纹砖等来看，这应该是一座汉墓。没有墓碑，所出土的一方印及一个铲子样的东西，那铲子应该是钺，汉代已大量使用铁器了。由此看来，墓主人极可能是一位较高级别的武将。这座墓葬或可与北张岱汉墓等一起研究。

这些史志所记及村人所谈，都是较为重要的墓葬或墓葬埋藏区。可大致看出，东高村地区几十年来确实发现不少古墓葬，且出土了一些重要的随葬器物。这些墓葬，既有平民之墓，也有较高规格的王侯武将之墓。这些墓葬或墓葬埋藏区，就像居住遗址一样，多处于洵河岸畔，分布较为密集。当时人们在这一带生活，去世后就在附近安葬。通过这些墓葬，对研究东高村地区历史上的政治、经济、历史、艺术、民俗等，无疑具有重要价值。

古　建

东高村地区，历史上古建筑应该不少，比如大小庙宇就达70余座，几乎村村有庙，因连年战乱，自然风雨蚕食，多已无存，甚至踪迹难寻了，仅存东高村临泉寺一座前殿；现存文峰塔，为全区唯一一座古塔。临泉寺和文峰塔，均为区级文物保护单位，在全区古建筑中占有重要位置。另外，还有一些保存至今为数不多的老民居等，也一并记述于此。

临泉寺

临泉寺，位于东高村村东，始建于辽，清康熙十八年（公元1679年）大地震时被毁，后复建。旧有山门、影壁、前殿佛祖殿、东西配殿及后殿菩萨殿等，现仅存前殿三间（图399）。

《平谷文物志》第五章“古建筑”第二节“寺庙”记载：

图 399　临泉寺全景（梁景起摄于 2020 年 3 月）

临泉寺，位于东高村镇泉水山（塔山）脚下，故名临泉寺。据《光绪顺天府志》记载："临泉寺，在县东南东高邨，俗称高邨寺。辽建，明嘉靖二十七年（公元 1548 年）重修。"民国二十三年（公元 1934 年）《平谷县志》载："临泉寺，在东高村东一里，至县八里。大辽时建，嘉靖二十七年重修，今俗称高村寺。"

临泉寺，原占地 1.2 万平方米，寺坐北朝南，建有山门、影壁、东西配殿、前后大殿、耳房等建筑。前大殿三间，供奉如来佛，山墙两边台上塑有十八罗汉。大殿两边各有耳房两间。东西配殿各三间，东配殿为"三义殿"，供奉刘备、关羽、张飞。楹联为"三人三姓三结义"，"一君一臣一圣贤"，横批为"义气千秋"。西配殿为仓廒。两配殿南端各有瓦房两间，为住持僧住处。后殿，三间，内供奉慈航、文殊、普贤三位菩萨。

建筑大部分毁于 20 世纪 50 年代，现存后殿三间，面阔 11.8 米，进深 8.8 米，整体建筑为瓦石结构，硬山调大脊，前后带廊，七檩插肩柱。20 世纪 80 年代进行维修，更换门窗，改换瓦顶。另存古井 1 眼，古柏 5 株，康熙四十三年（公元 1704 年）重修临泉寺碑 1 通。

临泉寺，1951年，改为学校，现今为东高村中心小学占用。1996年，被县政府公布为县级文物保护单位。

这里所写“建筑大部分毁于20世纪50年代，现存后殿三间”。作者2007年8月来村调查寺庙及以后又不止一次到村访谈，村人谈及后殿以及厢房等，认为毁于20世纪六七十年代的“文革”之时，且没谈到后殿耳房。

2020年3月，为编写《东高村史话》，作者就临泉寺电话访谈82岁原东高村小学校长阎福旺（图400），说后殿前是没有东西厢房，但后殿有东西耳房各三间。他原在村中间的庵庙（应是白云庵）上小学，后来孩子多了，一部分就到这儿来上学，这是在20世纪50年代初期，他记得后殿东耳房还做过教室。实际上，前殿前面的东配殿后墙，北面与后殿东耳房的东山墙齐的，西配殿亦如是。他是1973年作为学校负责人来这儿主持工作。前殿顶子筒瓦老是漏水，大致在60年代末70年代初，换成洋灰瓦（即水泥瓦）了。后殿拆毁，他记得应在一九七几年。作者再请教书法家、区书协常务副主席袁鹤松，袁

图400　作者（右）与82岁原东高村小学校长阎福旺（左）考察临泉寺（梁景起摄于2020年3月）

鹤松自小在东高村长大，1979 年 6 月在那儿小学毕业，清楚记得毕业时后殿还在。也就是说，1979 年 6 月时后殿未毁，说一九七几年后殿拆毁值得研究了。

翻阅 1982 年 2 月普查资料，“现存情况”栏记载：

仅余庙前古柏五棵及前后两殿，面阔三间，七檩前后廊式。前殿瓦已更换，后殿为筒瓦，沟头滴水已无。佛像及其它建筑均无存。

图 401　东高村临泉寺前殿（燕龙生摄于 1982 年 2 月）

图 402　东高村临泉寺后殿（燕龙生摄于 1982 年 2 月）

普查资料应为现场所记，不至于有误，况且当时还拍有前后大殿两张照片（图 401，图 402），与文字所记一致，说明此时后殿尚存。而且后殿确如阎福旺老人所言，有东西耳房，耳房照片上不是全部，但可以印证老人所说三间不至有差。

图 403　东高村临泉寺前殿东房山全部可见挑檐石、压面石、角柱石及耳房遗迹（摄于 2019 年 10 月）

作者多次来临泉寺考察，看现存建筑，一是前面地方不是很大，应该容不下后殿前的院子、前殿及前殿前面各面阔三间的东西配殿及山门，当初水井是在山门外东侧，山门内对着影壁和那棵大柏树。二是现存这座建筑后面 10 多米的地方，有两棵柏树，当初是在后殿前面的，柏树还在，从 1982 年 2 月照片亦可看出来。三是看现存建筑，东山墙前部，上有挑檐石，中有压面石，下有立着的角柱石（图 403），与普查时所拍照片“前殿瓦已更换”比对一致。所以，现存建筑当为前殿，而非文物志记载“现存后殿三间”了。

这样看来，后殿直至 1982 年 2 月文物普查时尚存。作者与曾任东高村学区校长的 84 岁王耀电话联系，他说 1985 年从门楼庄学区调任东高村学区校长，到这儿时后殿就没有了。这就是说，1985 年后殿已经无存。

2020 年 3 月，作者约请阎福旺老人和袁鹤松主席及镇村有关干部一起来到临泉寺（图 404），经仔细与 1982 年 2 月照片和所存建筑现场比对，认同作者看法，确认现存建筑为临泉寺前殿无疑。至于后殿

图 404　作者（左一）踏察临泉寺，访谈阎福旺（右）、区书协常务副主席袁鹤松（左二）（摄于 2020 年 3 月）

图 405　阎福旺老人指着原山门处（摄于 2020 年 3 月）

何时拆毁，阎福旺老人再三追忆，由于学校孩子增多，教室不够用，大致在 1983 年暑假的时候，经他手拆了后殿，在后边东西通长盖了 20 多间一大溜的房子。开始说的一九七几年拆的后殿记忆有误。

至此，临泉寺后殿拆毁的前后情况基本清楚了。

作者问及临泉寺山门，阎福旺老人指着大柏树前山门的具体位置（图 405），同时说进了山门有一道影壁，影壁后面是大柏树。这道影壁 2 米多高，3 米多宽，2 尺来厚，以砖垒砌的。南北两面没有字画。特意说，这影壁底下是用一块砖南北卧着垒的，撑起这道影壁来。

现存三间大殿，为前殿佛祖殿。近年，学校搬迁，文物部门对前殿进行修葺，恢复了更改的门窗、瓦顶等，并在周围护以围栏。修葺后的前殿，面阔三间，进深三间，前出廊。单檐硬山顶，顶上一道大脊，两端有鸱吻，垂脊各有 5 个小神兽。顶上恢复了筒瓦，前殿前面中间为槅扇门。门前门两边下部为坎墙，上部为槅扇窗。大殿前廊东西壁上，各有一副花瓶砖雕，或为寓意四季平安了。殿前中部置散步石阶，石阶两侧各斜置一垂带石。

尤其值得注意的，是殿内东山墙上部，保存有彩色壁画（图 406，图 407），看来当初东西山墙都应有这样的壁画。彩色壁画下部已剥落，上部也有些漫漶，不是很清楚，大致看有十二三个人物像，中间男神形象，似是玉皇大帝。南面女神，下面一个小孩，好像送子娘娘。南面有个手持宝剑者，北面有个怀抱琵琶者，似是佛教中四大天王中

图 406　东高村临泉寺前殿内东房山彩色壁画局部（摄于 2020 年 3 月）

图 407 东高村临泉寺前殿东壁壁画（石强临于 2021 年 6 月）

图 408　东高村临泉寺前殿内东山墙上部山尖壁画（摄于 2020 年 3 月）

的两个了。要是这样，西山墙壁画中，亦应该有另外两个天王了。北面还有个头部似龙王的形象，寺东边是塔山，又称泉水山，而山下有泉，流淌成汇入泃河的逆流河，寺名故称临泉了。画一人身龙头形象，或与泉水有关。就大致约略可看的神像而言，殿内壁画当佛道融合了。作者对佛道没有研究，只是就所绘人物一知半解地略说一二，还请方家教正明示。再看东西山尖所绘（图 408），为墨色所绘山水、人物、花木等，应该亦有佛道之寓意了。

壁画线条流畅，人物生动，富有神韵。临泉寺始建于辽，清康熙四十三年（公元 1704 年）重修，以后未见重修记录，所存前殿当为此遗构。殿内壁画，亦当为此时遗作了。平谷现存古建不多，有壁画甚至彩色壁画者更少，临泉寺前殿彩色壁画也就愈加珍贵，值得珍视及进一步研究。

另外，由于此建筑保存较为完好，这次只是全面进行了修缮，而整体四梁八柱等均为原物，尽管不是很清楚，但可见殿内外梁架上当初应满是彩画。再加上殿内彩色壁画和神台上彩色塑像，看去满眼定富丽堂皇了。

文峰塔

文峰塔，位于东高村东南约500米的塔山上。

我国古塔随着佛教的传入而兴起，逐步发展，由最初的存有舍利的舍利塔，发展到登高眺览、瞭望敌情、导航引渡、装点河山等公用价值，与佛教愈来愈远。这是就其作用而言。从造型来说，有楼阁式塔、密檐式塔（图409）、亭阁式塔、花塔、覆钵式塔（图410）、金

图409　北京通州燃灯塔（2009年12月）

图410　江苏扬州瘦西湖莲性寺白塔（摄于2007年9月）

刚宝座式塔、过街塔和塔门、宝箧印经塔等。文峰塔，无疑属于装点河山的楼阁式塔。

文峰塔，大约起源于14世纪，亦称“文风塔”“文兴塔”“风水塔”等，多为明、清两代县官主持建造，根据所谓“风水”学说而建，同时也有振兴一方文化之意。就平谷而言，据统计，明代近270余年间，共考取进士16人，到清代仅嘉庆元年贾名伸1人，文化教育明显大不如前了，确实需要振兴。所以，看文峰塔塔铭，就有“创修书院，文风改观”“遍览合邑形势，谓是塔不可不有也”“诚有如堪舆家之所云，都人文之□不于此，而兆其瑞哉”等语，寄予了此意。而作为文峰塔，一种标志性和观赏性的建筑，早已脱离了佛教建塔的目的。文峰塔没有明确的始建年代，清道光二十四年（公元1844年）为重修。过去有文峰塔为辽代建造之说，或为猜测了，并未有确切实据。今据其形制、作用及塔铭判断，作者觉得作为文峰塔，最早应不会早于明代。尤其塔铭有“其址旧建浮屠，堪舆家以为‘文峰’”语，应该是说：在这里过去建有一座塔，且是请堪舆家看了的，并起名“文峰塔”，更可证明此塔建于明代了。

文峰塔坐北朝南（图411，图412，图413，图414），为三层六角楼阁式实心塔，砖石结构，通高8米。全塔由塔基、塔身、塔顶组成。塔基约20平方米，高约0.3米，二层，为条石所砌，素无雕饰。塔基四面中间下层前，垒一石阶，整体形成三步石阶（图415）。塔身，建在石基上，三层，楼阁式，以青砖砌筑，白灰勾缝。以砖叠涩出三层短檐（图416）。一层南北正面，各辟一券拱形假门。由于为砖砌实

图 411　东高村文峰塔（摄于 1961 年）

图 412　东高村文峰塔（摄于 1982 年 2 月）

图 413　东高村文峰塔（摄于 20 世纪 80 年代末）

图 414　东高村文峰塔（摄于 20 世纪 90 年代末）

心，故文峰塔不能登临观赏。塔顶，为六角攒尖顶，塔刹结以巨大宝珠（图 417）。

在塔身二层南、北两面中间，分别镶嵌一方石刻塔铭。南面塔铭为《平谷县东高村重修塔记》，北面塔铭为修塔捐资费等。

文峰塔自清道光时重修，距今已 170 余年，造型典雅古朴。此塔《平谷文物志》第五章“古建筑”第四节“塔·桥”有记：

1983 年被县政府公布为县级文物保护单位。1986 年、2000 年，县文化文物局、东高村镇政府分别对文峰塔的基础

图 415　东高村文峰塔塔基（摄于 2011 年 7 月）

图 416　东高村文峰塔二层塔檐（摄于 2008 年 7 月）

图 417　东高村文峰塔塔顶（摄于 2008 年 1 月）

和塔身进行保养性修缮。

2008 年 3 月区文委《平谷文物揽胜——北京市平谷区第三次全国文物普查资料汇编》第三章“古建筑”第四节“塔 · 桥 · 井”又记：

2007 年 6 月 12 日，平谷区文委投入资金 7000 余元，在不影响其周边环境风貌的基础上，在塔基四周安装了高 1.8 米的防护栏。

多年风雨蚕食，近年进行修葺。2016 年 4 月，再次修葺，并整理塔基，增建青白石护栏，平整周围地面（图 418，图 419，图 420），但主塔基本为清道光时遗存。

我国保存至今的文峰类塔实物不多，东高村文峰塔为北京地区保

图 418　东高村文峰塔（摄于 2008 年 7 月）

图 419　东高村文峰塔（摄于 2011 年 2 月）

图 420　东高村文峰塔（摄于 2016 年 4 月）

存较为完好的一座，具有重要的文物价值及研究价值。

王家老宅

王家老宅，位于北张岱村。

2005年5月，作者来北张岱村访谈，见一王家老宅院，为祖上所留，过去应该是大户人家（图421）。大门朝东开，形如一座东厢房，有一座大门道，里边可放车及一些东西。进入大门，才是二门。二门是一座以砖垒砌、顶覆筒瓦的对开门楼（图422），很精致。正房前辟两个小龛（图423），据说右边大的供天地，左边小的供宅神。

图421　北张岱村一王家大宅院

图422　北张岱村王家大宅院及二门楼

图 423 北张岱村王家大宅院正房及小神龛

据说分家时老哥儿几个有些纠纷，就搁下了，以致厢房都有些坍塌了。过一二年，见其后人再问，说已拆了。

如此规模且保存较为完整的三合套老宅院，区内很少见。现在，随着城镇化的推进，新农村的改造，保存的具有地方特色、传统特色的北方民居建筑等，大概是愈来愈少了。

举人老宅

举人老宅，位于南宅村。

举人侯姓，侯姓是从山东过来的，与张岱辛撞、三河唐回店一个侯姓，是一块儿过来的，落在这仨地儿了。60 岁村会计侯建国记得：父亲叫侯元忠，爷爷叫侯家勋，太爷叫侯西瑞，再上边是侯文魁，“侯举人”就是我们祖上。

谈及“侯举人”，查阅民国二十四年（公元 1935 年）《三河县新志》“卷之十·文献志·选举篇·举人”记载（图 424）：“侯维垣，南宅人，光绪二年（公元 1876 年）丙子科，大挑一等签掣四川候补知县，钦加五品衔。”

这里有“大挑一等”词，清早期，人才缺乏，考取举人即可担任知县。到乾隆时，从政人数众多，以致非进士不能为官，举人只能闲处家中。在这种背景下，便产生了举人大挑制度，即在落第举人中，选拔一批人授予知县、教谕等官职。一般要三科以上会试不中进士的举人，方可报名参加大挑。被挑取为一等者可担当知县，二等者可担当教谕。而所谓“候补”，作者以为当是等着空缺了，侯维垣大致应该是这种情况。

志书记载举人名为“侯维垣”，而侯建国说：举人差不多是“文”字辈的，叫侯文魁。按其所说，侯家从侯文魁到侯建国，侯建国下面应该有孙子辈儿了，这样算来是 7 辈儿，大致 150 年左右。而志书所记侯维垣中举时为光绪二年（公元 1876 年），距今 140 多年，时

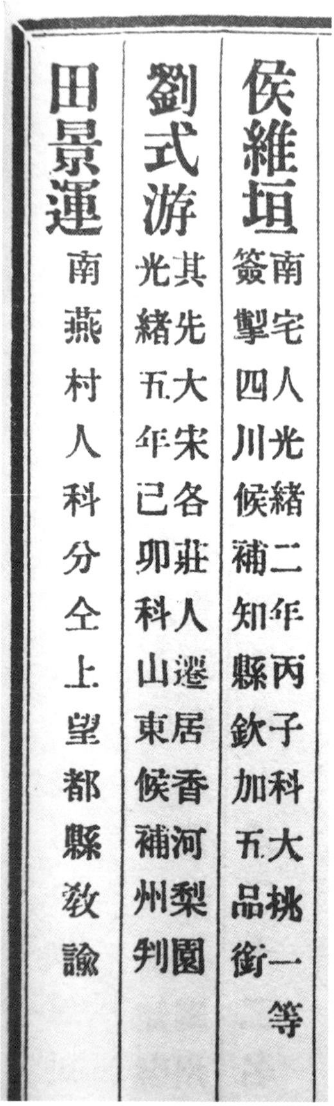
侯維垣 南宅人光緒二年丙子科大挑一等籤掣四川候補知縣欽加五品銜
劉式游 其先大宋各莊人遷居香河梨園光緒五年己卯科山東候補州判
田景運 南燕村人科分仝上望都縣教諭

图 424　民国二十四年（公元 1935 年）《三河县新志》“卷之十·文献志·选举篇·举人”关于“侯维垣”的记载

间基本吻合，看来侯文魁与侯维垣应是同一人。即是侯家人说祖上的举人叫侯文魁，那么“文魁”当是本名，而“维恒”是字或号么？不得而知。

图 425　南宅村保存至今的清代举人侯文魁家旧宅（摄于 2014 年 2 月）

侯建国说：举人的老房子还在，正房 5 大间（图 425，图 426），东西厢房各 3 间。厢房南侧，为二门子，一座门楼子。

图 426　76 岁侯家后代侯元礼，说侯举人是其四五辈以上的祖宗，是个文举人（摄于 2014 年 2 月）

83 岁退休干部李炳燃老人接过话茬：二门子外面是前院，前院有东西盝顶，再南边是南道座 5 间，中间是门道，门道前有四五步阶，台阶西边是碾道。往东走大门，大门北边是门房。往东还有一大片地方，往南是东西道，再往南一大片果园。李炳灿老人记得，在门道里边挂一块大匾，写着 4 个大字，啥字记不清了。匾在二门子上面横着，是个文举，全国二百零几名。在四川做官。1947 年土改时，从他家中翻出左一箱子右一箱子的全

图 427　房山博缝头万事如意砖雕（摄于 2018 年 10 月）

图 428　屋顶大脊饰以砖雕（摄于 2014 年 2 月）

是书，还有青花瓷器。现在，只剩下 5 间正房了（图 427，图 428）。

李炳灿老人说：当时举人在四川当税务官。他有个保姆，就是平谷人。家里想让举人见一下身边的保姆，据说举人有些看不起保姆，没见。谁知保姆上面有人，就跟上面的人说，先别给他安排，闲着他，结果把他给晾起来了。后来想让他干啥去呀？当税务官吧。税务官有财权，结果他更得势了，混得挺好。回来的时候，为防止路劫，就把花盆底下放上现大洋，上面栽上花，把大洋就带回来了。

姚家老宅与门楼

姚家老宅与门楼，位于普贤屯村。

作者2007年来村时，曾看到村里尚存一座老门楼（图429），是过去的一座大门道，现在已然不多见了。还有一家门前保存的过去的上马石，没有马坊镇英城村的那对上马石精致。

图429　普贤屯一家老门楼（摄于2007年8月）

上马石这家，原是村里一个大户，大门没了，只剩两个没有纹饰、素面的上马石。上马石西边有一道胡同，胡同西侧那道山墙上，有一些图案和“琴棋书画”四字，一看就有些年月了，或在新中国成立以前所绘。

图430　普贤屯村姚家老宅有门楼和“学大寨赶夕阳誓争粮食双跨江”标语。

有座姚家老宅，有门楼和“学大寨赶夕阳誓争粮食双跨江”标语（图430），这应是20世纪60年代末70年代初的标语口号了。在老房西侧，一座很精致的门楼，在后房檐下又出一短檐，下面为门，有两个八角形的小木柱嵌在门楣上，上有“福”“禄”二字（图431）。这小木柱就是过去所讲究的“门当户对”的“户对”了。还有其他对联及横批，看不清了。这些都是难得的民俗文物。

图431　普贤屯村姚家老宅门楼木柱上有“福”“禄”二字。

古　树

东高村地区历史上古树应该不少，主要分布于庙宇、村落、墓地等，这就与寺庙建造、村人立庄、百年寿地等有关了。比如寺庙的古树，鲍家庄东北关帝庙前有棵二三搂粗的大槐树；青杨屯村东关公庙殿前有棵五六寸粗极少见且生长缓慢的“龙果树”；侯家庄村西火神庙内外有 3 棵大槐树、4 棵松柏树。又如墓地的古树，东高村村南赵家坟有几十亩地，坟地有不少松柏树；克头村东康家祖坟上，有棵 1 搂来粗的大杜梨树；南宅村西北李家坟，有棵三四十米高、1 搂多粗的大白杨树，一刮风树叶子哗哗响，整个村里都听得见。这些古树历经战火、动乱等，今多已无存。

东高村临泉寺古柏

东高村旧有纪念性祠庙大老爷庙、小老爷庙、道教庙宇真武庙、龙王庙、2座五道庙及佛教庙宇临泉寺、菩萨庙、白云庵等9座庙宇。村中间大街南白云庵内有2棵1尺多粗的柏树，今已无存。

村东泉水山（塔山）脚下临泉寺，辽时所建，建有山门、前后大殿、东西配殿、耳房等建筑，供奉如来佛等神像。临泉寺1951年改为学校，近年学校搬迁。现存前殿、1眼古井及5棵古柏。

图432　东高村临泉寺山门内侧柏（摄于2020年3月）

图433　东高村临泉寺山门侧柏（摄于1982年2月）

临泉寺前院正对山门1棵柏树（图432），为侧柏，约2搂来粗。伸展出5根大杈，下大雪时将有的大杈压折了。据《北京郊区古树名木志》记载：此柏为一级保护古树，树高13米，胸径75厘米，冠幅东西12米，南北10米，树龄约500年。树冠丰满，长势健壮。1974年建环形水泥围栏护卫（图433），20世纪80年代树旁垒小型假山，并置喷泉（图434），成为学校一景。

前殿前一边1棵柏树（图435，图436），各有1搂粗细。

后殿前一边1棵柏树，也各有1搂来粗（图437）。据《北京郊区古树名木志》记载：此 2 柏树龄约 300 年（图 438）。1992 年增置铸铁花栏，树上青翠欲滴，树下花草繁茂。据区园林绿化局《古树名木档案》记录：此 2 柏高分别为 8.5 米、10.7 米，胸径 40.8 厘米、48 厘米，冠幅东西分别为 5.5 米、6.4 米，南北分别为 5.2 米、7.9 米，长势正常（图 439，图 440，图 441，图 442）。初为二级保护古树，现为一级保护古树。

图 434　东高村临泉寺山门内侧柏（摄于 1988 年 9 月）

图 435　东高村临泉寺前殿前 2 棵侧柏（摄于 2007 年 8 月）

图 436　东高村临泉寺前殿前 2 棵侧柏（摄于 2020 年 3 月）

图 437　东高村临泉寺后殿前 2 棵侧柏（摄于 1988 年 9 月）

图 438　东高村临泉寺后殿前 2 棵侧柏（摄于 2007 年 8 月）

图 439　东高村临泉寺后殿前东边侧柏（摄于 2005 年 6 月）

图 440　东高村临泉寺后殿前东边侧柏（摄于 2020 年 3 月）

图 441　东高村临泉寺后殿前西边侧柏（摄于 2005 年 7 月）

图 442　东高村临泉寺后殿前西边侧柏（摄于 2020 年 3 月）

西高村菩萨庙古槐

西高村，旧有纪念性祠庙老爷庙、道教庙宇五道庙及佛教庙宇菩萨庙、小菩萨庙。

村东北小菩萨庙没有古树。村西老爷庙山门前1棵老槐树、村中心五道庙东边1棵树干空了的大槐树，都已无存。

图443　西高村菩萨庙前大槐树（摄于2007年4月）

图444　西高村菩萨庙前大槐树（摄于2020年3月）

村西菩萨庙，建有山门、大殿和东西禅堂等，主要供奉观音菩萨等泥塑像，毁于20世纪80年代。山门前一边1棵大槐树，大殿前一边1棵柏树。现仅存山门前1棵大槐树（图443，图444），为国

图 445　西高村菩萨庙前大槐树树干足有 2 搂粗（摄于 2020 年 3 月）

图 446　西高村菩萨庙前大槐树树干有些空洞（摄于 2007 年 4 月）

图 447　西高村菩萨庙前大槐树树干有些空洞（摄于 2020 年 3 月）

槐，足有 2 搂粗（图 445），树干已有些空洞（图 446，图 447），长势较为良好。

大槐树东侧，还生长着 1 棵小槐树（图 448）。或许挨得太近，在大槐树遮蔽下，且东面又临房，使得小槐树只能努力向东侧弯着生长，自然长得不是很好了。

图 448　西高村菩萨庙前大槐树东侧的小槐树（摄于 2020 年 3 月）

南埝头村菩萨庙大杨树

南埝头村西道教庙宇五道庙前，1 棵 1 搂多粗大槐树，早已无存。

村东北佛教庙宇菩萨庙，有前后两进大殿，毁于 20 世纪 50 年代。后殿前西侧 1 棵柏树，今已无存；东侧 1 棵大青杨树，二三人搂抱不过来。现在老杨树没了，又从根部生出 1 棵小杨树，也有 1 搂多粗了（图 449，图 450）。

图 449　南埝头村菩萨庙内从大杨树根部生出的小杨树（摄于 2007 年 4 月）

图 450　南埝头村菩萨庙内从大杨树根部生出的小杨树（摄于 2020 年 3 月）

图 451　曹家庄村五道庙古槐（摄于 1992 年）

图 452　曹家庄村五道庙前被锯为几截的古槐（摄于 2007 年 8 月）

图 453　曹家庄村五道庙前古槐之一截，可见树心早已空洞了（摄于 2007 年 8 月）

曹家庄村五道庙古槐

曹家庄村西旧有道教庙宇五道庙，庙内画有五道、土地等 7 尊神像。庙前西侧有棵大槐树，为国槐，2 搂多粗，树干已空，据说有 500 多年了。1958 年“大跃进”时，将五道庙拆毁。庙前西侧那棵古槐存活下来，近年枯死（图 451）。

2007 年 8 月被风刮倒在地，有外地人想买走去做锯末。一听说这里过去是五道庙，认为用这槐树不好，本来都锯成了几截（图 452，图 453），每截 1 米多长，又不要了。树中间有一道铁箍，长在了树里边。铁箍为两节，中间有插销。上有字迹“光绪丙午”（图 454），即清光绪三十二年（公元 1906 年），至 2007 年已 101 年了。据说当年是一位山东铁匠，村里人称

图 454　曹家庄村五道庙前古槐所箍铁箍，打着“光绪丙午”四字（摄于 2007 年 8 月）

图 455　曹家庄村五道庙古槐（摄于 1990 年）

其为“麻李”。当初老槐树一大杈要掉，他就专门打了这道铁箍，把树杈给箍上了。铁匠后来回老家了，70 多岁时专门回来又看了一下这棵大槐树和铁箍。这铁箍不知是随老槐树毁了，还是被哪位有心人收藏起来。

据《北京郊区古树名木志》记载：古槐树龄约 400 年，树干内空，上部大杈为防风折，箍有铁箍。据说是本村孟少增于光绪三十二年雇山东麻李师傅制造并箍上的，至今大杈未折。据 1990 年县林业局《古树名木档案》记录：古槐树高 9 米，胸径 110 公分，树势较差（图 455）。列为二级保护古树。

北张岱村古槐

北张岱村古槐，在村大街西头，侯家胡同（图456）西边约20米处。

这是一棵枯干的古槐（图457），现在侯立生家院内西南角。村里人说，古槐活着的时候起码有两搂多粗。抗战时期，日本鬼子来围庄，把古槐上半截给砍去了。后古槐又长出芽来，十多年前枯死了。

图456　北张岱村72岁村民张庆福手指侯家胡同（摄于2019年3月）

图457　北张岱村枯死的古槐（摄于2019年3月）

图458　北张岱村枯死的古槐（摄于2019年3月）

从现存枯树干来看，古槐早就长空了。由小时栽上，再长到 2 搂多粗，后又慢慢长空，应该不下四五百年。况且古槐又矗立街头，或与北张岱立庄有关了，即极可能古槐为当初立庄时所栽（图 458）了。

古槐虽枯死已久，但在书中立此存照，供村人尤其走出家乡之人慰藉乡愁。

现在，东高村地区仅存这 5 棵古柏、1 棵古槐及 1 棵杨树，曹家庄、北张岱古槐近年枯死。常言道：园林好建，古木难求。确实，长成为一棵古树需要时间。所谓十年树木，百年树人。所以，这些仅存的古树，应很好地予以珍惜与保护才是。

石刻

东高村地区的石刻，历史上主要分布在村庄、寺庙和墓地中。随着寺庙的拆毁和墓地的平掉以及房屋改造，这些石刻多已无存。仅存的如东汉北张岱墓石墓门、辽代王仲福墓志、金代巨君墓志、清代临泉寺重修碑、重修文峰塔塔铭等，具有重要的文物、历史与艺术价值。

东汉石墓门

北张岱汉墓，位于东高村镇北张岱村东。

北张岱汉墓，是一座东汉时期大型砖室墓（图 459）。墓南向，上为高出地表 3 米的大宝顶，平面呈“凸”字型，有墓门、甬道、墓室、回廊等。1983 年，在文物普查中对汉墓进行清理，发现了石墓门（图 460、图 461）。

石墓门由门楣、门框、门板、门槛四部分组成，现仅存门楣 1 件，

图 459 北张岱汉墓（摄于 1983 年 4 月）

图 460 北张岱汉墓石墓门（摄于 1983 年 4 月）

图 461 北张岱汉墓石墓门（摄于 2001 年）

门框 2 件，门板 1 件，门槛 1 件。门楣长 194 厘米，宽 59 厘米，厚 27 厘米。门槛长 168 厘米，宽 67 厘米，高 16 厘米。门楣与门槛素面无饰。门框高 150 厘米，宽 40 厘米，厚 25 厘米。上刻门吏，手持有兵器殳（shū），头戴网帻（zé）巾，身着宽袍，空白处饰菱形图案。整个画面简洁洗练，古拙粗放，带有我国绘画写意的特点（图 462）。门板高 150 厘米，宽 50 厘米，厚 10 厘米。里外两面雕刻，里面线刻菱形纹图案（图 463），外面雕刻朱雀和兽面衔环图案（图 464）。门板应为两扇对开，仅存一扇。

北张岱汉墓石墓门，为北京地区目前发现的较重要精美的汉画像石墓门，这种装饰在东汉时期非常普遍，但在北京地区尚属首次发现。我国汉代画像石主要集中于河南南阳、江苏徐州等地，在我国古代艺术宝库中占有重要位置。北张岱汉墓石墓门汉画像石可与南阳、徐州汉画像石相媲美，具有重要的文物价值、艺术价值和历史价值。

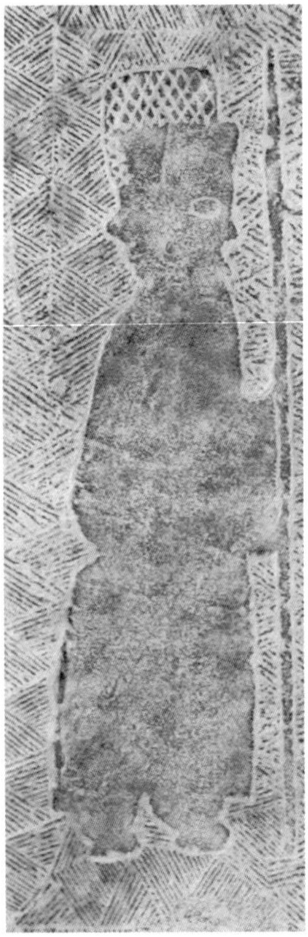

图 462　北张岱汉墓石墓门门框门吏像拓本

图 463　北张岱汉墓石墓门里面线刻菱形纹图案拓本

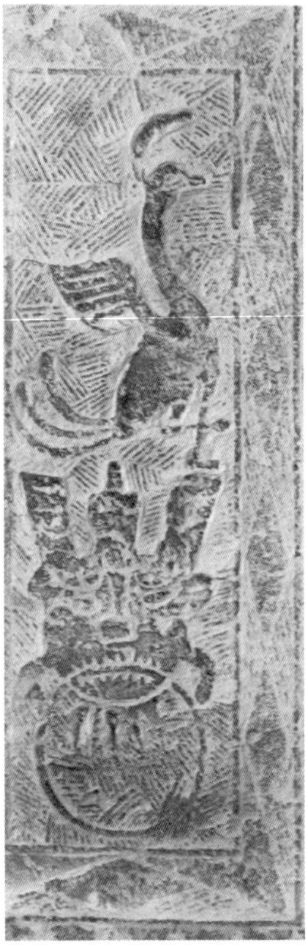

图 464　北张岱汉墓石墓门外面朱雀及兽面衔环图案拓本

辽修五代后唐王仲福墓志

辽修五代后唐王仲福墓志，《平谷文物志》第六章·石刻造像·第三节·墓志记载：

辽故盖造军绳墨都知兼采斫务使太原王府君墓志铭

辽应历十七年（公元967年）三月立石。

盝顶盖，已残，仅存下半部。盝顶四面线刻兽首人身十二生肖像，盖下左右两角各线刻宝相花一朵。残盖长23厘米，宽53厘米。志石长53厘米，宽53厘米，厚5厘米。篆书。墓志竖刻楷书24行，满行22字，共515字。首行题“故盖造军绳墨都知兼采斫务使太原王府君墓志铭并序”。

1993年6月，东高村镇大旺务村出土。

《北京辽金史迹图志》收录了此拓本，介绍文字与文物志基本一致，并写道：“志中地名《辽史》地理志无载，可补缺。”

2001年7月，文化文物局在黄松峪乡黑豆峪村“东方石窟”景区内，设立“平谷石刻艺术馆”，将汉唐以来百余件石刻文物陈列，包括这盒王仲福墓志。2003年9月，发现王仲福墓志及另一石刻丢失，石

图 465　大旺务出土的王仲福墓志志盖（已残）拓本

刻馆就此迁至上宅文化陈列馆。

盖文（图 465）：

铭　君　郡

看拓本，志盖下部右起“郡”“君”“铭”三字，为楷体，文物志写作“篆书”似笔误。

这三字，应是志盖镌刻的竖排右起 3 行文字的每行最后一字。据此推测，志盖上当镌刻 9 字，且根据志文所述为太原王氏及志文首题“太原王府君墓志铭”之意，并请教北京石刻专家刘卫东先生，志盖 9 字当为：

太原郡王府君墓志铭

“太原郡”，应该是王仲福这个王氏的郡望之地。历史上，太原王氏就像陇西李氏等家族一样，都是为众人所仰望的贵显家族。“府君”，是对已故父亲的敬称。

志文：

故盖造军绳墨都知兼采斫务使太原王府君墓志铭并序

府君讳仲福，燕人也。

其先出自姬姓，周灵王子晋，以正谏被黜，时人号为王家，子孙因命氏焉。后升仙于维岭，今瑯琊、太原皆其胤也。烈祖讳海清，任蓟州录事参军。烈考讳文僤，任卢龙军衙队军使。烈妣李氏。

府君生禀粹和之灵，长擅奇巧之事。长兴中，遇幽州都督北平王重开碣馆，载峻金台。闻其度木之能，授以抡材之用，擢补充盖造军绳墨都知兼采斫务使。府君乃明目当职，强力奉公，无弃木之心，有从绳之义。求栋梁于幽峒，构台榭于严城。人士骇其异能，匠者推为师长。无何，膏肓有疾，药饵无征。去唐清泰元年前正月二十八日，寝疾于家，奄然长逝，享年六十。寻厝于府城东，从其权也。

夫人齐氏，周太公之令胤也。齐眉起誉，誓耳全贞。去辽应历九年十二月十三日遇疾，终于蓟州渔阳县界高村之私第也，享年七十有三。寻厝于本贯。

有男三人，长曰廷珪，充蓟州衙内军使；次曰廷芝，充盖造军都指挥使；次曰廷美，未仕。有女一人，适陇西董氏。孙男三人，长曰守荣，已婚；次曰守赟，才冠；次曰九哥，方童。孙女三人，长曰婆孙，次曰不憐，次曰喜孙，并未笄。

诸孤等念劬劳义重，固宅增营。去辽应历十七年三月二日，迁祔于蓟州北渔阳县界高村管，礼也。次子廷芝，以久仕和门，早与时理。虽知深藏为妙，实虑谷变忘名。爰求贞珉，固兹刊勒。铭曰：

奇艺府君，贞善夫人。
奇艺有度，贞善无伦。
生兮齐体，殁兮同尘。
卜之此地，祔之安神。
宅窕既毕，刊勒仍新。
陵迁谷变，万古千春。

这方墓志（图 466），为王仲福次子王廷芝请人刊刻。志文中，未有篆额者、撰文者、书丹者及刊刻者，尤其志文出自谁人之手，又谁人书丹，也就不得而知了。

图 466　大旺务出土的王仲福墓志志石拓本

志文说王仲福为“燕人”，根据志文所写王仲福夫人齐氏“终于蓟州渔阳县界高村之私第”语，说明王仲福一家应早落户于此，而平谷地区古为燕国之地，故称“燕人”。

志文追述王氏出自姬姓，《史记》“五帝本纪”记载：“黄帝二十五子，其得姓者十四人。”《四语》中胥臣解释：“黄帝之子二十五宗，其得姓者十四人，为十二姓，姬、酉、祁、己、滕、箴、任、荀、僖、姞、儇、衣是也。惟青阳与夷鼓同己姓。”《史记》“三代世表”记载，尧立后稷以为大农，姓之曰姬氏。后稷承继姬姓，为周朝始祖，周初周天子姬发分封诸侯，姬姓国就有 53 个，当时应该姬姓遍地。王氏由来，东周灵王太子晋，“号为王家，子孙因命氏焉”，距今已 2500 多年了。至第十八世武成侯王离，生有二子王元、王威，自此分成两脉，王元迁到临沂，以前叫琅琊，就称“琅琊王氏”；王威迁到太原，就称“太原王氏”。所以，“今瑯琊、太原皆其胤”，即瑯琊、太原二郡之王氏，都是其后代了。根据志文首题，王仲福一脉当为“太原王氏”了。

“烈祖”，一般为对远祖之美称。根据上下志文，当指王仲福祖父王海清。“烈考”，显赫的亡父，此指王仲福之父王文僤（dàn）。“烈妣李氏”，王仲福母亲李氏。由王仲福卒年及享年 60 岁可知，王仲福祖父、父亲主要应生活于唐后期。祖父为录事参军，录事参军，唐代地方监察制度，包括巡察使的监督和录事参军的监督两部分。父亲王文僤，任卢龙军衙队军使。卢龙军，唐代主要藩镇之一，治所幽州（今北京），为唐代“河朔三镇”之一。“河朔三镇”，又称河北三镇，为范阳节度使、成德节度使、魏博节度使等三个节度使合称，是指唐朝末年藩镇割据时位于河朔地区的三个藩镇势力。范阳，又称幽州或卢龙，今日河北省北部，北京、保定及长城附近一带。“衙队”，军府卫队。看来其父是在卢龙军府卫队里做个什么官了。

志文记述王仲福有“粹和之灵”，即生来就有精纯之气。“长擅奇巧之事”，明魏学洢《核舟记》起笔就写“明有奇巧人曰王叔远”，是说明朝有个有特殊技艺或技艺精巧的人名叫王叔远。在此亦当为此意。“长兴”，唐以后有后梁、后唐、后晋、后汉、后周五代，“长兴”为后唐明宗所用第二个年号，公元 930—933 年。共 4 年。“清泰元年”，“清泰”为后唐最后一个皇帝末帝所用年号，“清泰元年”应为公元 934 年。既然王仲福去世于清泰元年（公元 934 年），享年 60 岁，古人一般按虚岁算，那么，就应该生于唐僖宗乾符二年（公元 875 年）。历经晚唐及后梁、后唐了。墓志所记之事，主要应在后唐。

“重开碣馆，载峻金台”，应该是撰写墓志铭所用的对句，并非是重修这两个建筑。“碣馆”，即碣石宫，战国时，燕昭王为齐邹衍所建的宫。因地近碣石，故名。《史记》“孟子荀卿列传”记载：“邹衍如燕，昭王拥彗先驱，请列弟子之座而受业，筑碣石宫，身亲往师之。”“拥彗先驱”，指燕昭王拿着扫帚，在前面清扫道路，礼待邹衍。“金台”，即黄金台，亦称招贤台，战国时期燕昭王筑，为燕昭王尊师郭隗之所。后以此二典比喻国君礼贤下士。如唐陈子昂《蓟丘览古赠卢居士藏用》诗之二，有“南登碣石馆，遥望黄金台”句，可做参考。在此用此二典，或许也有写北平王招贤纳士或招揽人才之意。

“度（dù）木”，指砍伐树木。前蜀杜光庭《青城山丈人殿功毕安土地醮词》有“度木鸠工，成兹大壮”语。“抡材”，选择木材。《周礼》

“地官·山虞”有“凡邦工入山林而抡材，不禁”语，明徐弘祖有《徐霞客游记》“滇游日记二”有“南二里，坞将尽，闻伐木声，则抡材取薪者，从其南渐北焉”语。大意是，幽州都督北平王建造一座什么建筑时，得知王仲福精于选择及砍伐所用的木材，就请他任“绳墨都知兼采斫务使”，主持采集、砍伐建造所用木材。“求栋梁于幽峒”，是说所需要的栋梁之材到山间寻找。下句“构台榭于严城”，“严城”，《抱朴子》“外篇·诘鲍”有“恐奸衅之不虞，故严城深池以备之”语，唐韦应物《观早朝》诗有“伐鼓通严城，车马溢广躔”句，可为参考。想来是建一座具有园林意味且高大坚固的城池了。其为人，其能力，看来很为人所折服与敬重。志文所记述的主要是这件事。

对于幽州都督北平王，唐末至五代时有个王处直，唐昭宗乾宁时被封为义武节度使，后梁太祖朱温封其为北平王。1994年河北曲阳出土了王处直墓志（图467），记其在天祐二十年（公元923年，后梁龙德三年）正月十八日病卒。而王仲福墓志所记之事，则在后唐长兴中，这时王处直已去世七八年了。如何理解？一是可能原为王处直所建造的一个什么工程，到这时还没有完，王仲福这时参与做了；二是也不排除王处直儿子所做的事，王仲福参与做了。撰写墓志时称其

图467 河北曲阳出土的王处直墓志志盖

子仍沿用“北平王”旧称，以示荣誉与尊重。究竟如何，还请方家教正与定夺。王仲福墓志写是“遇幽州都督北平王”，何为“遇”？王仲福墓志写得很清楚是“太原王府君”，而王处直墓志也明确写着“太原王公”。这么看来，王仲福与王处直都为太原王，是本家了，应该就此相“遇”并非偶然。

王仲福于清泰元年（公元934年）前正月二十八日，在家病逝。“寻厝于府城东，从其权也”，“厝”，停柩，把棺材停放待葬，或浅埋以待改葬。“权”，暂且，姑且。意为先在府城东边找个地方，暂且下葬。“府城”不知什么府，当时平谷地区属于渔阳县，渔阳县应属于蓟州管辖，是指蓟州城么？不得而知。

王仲福夫人齐氏，应该很贤惠，二人相敬如宾。73岁时，病逝于“蓟州渔阳县界高村之私第”，“高村之私第”，即高村自个儿家的房子，说明这里是王仲福的家，也就是说，王仲福应该是高村人。夫人辽应历九年（公元959年）去世，“寻厝于本贯”之“本贯”，即为原籍，即暂时在当地找个地方下葬。在这里，“去辽应历九年十二月十三日”前有个“去”字，下面迁祔时“去辽应历十七年三月二日”前也有个“去”字。对“去辽”这类句式，在以后平谷地区现存碑刻中较为少见。查阅《古代汉语词典》，“去”有“过去的”之意，韩愈在《进〈顺宗实录〉表状》中，有“去八年十一月，臣在史职”语。即是“退之以元和八年，守比部郎中、史馆修撰”。看来古人，起码唐人就这么写，这么用。而撰写刊刻王仲福墓志时距唐不远，况且这些人亦属唐之遗民，这么沿用实属正常。

王仲福有 3 个儿子，1 个女儿，3 个孙子，3 个孙女。其中，次孙守赟“才冠”，一般弱冠之年指 20 岁，才冠当刚刚 20 岁。孙女三人“并未笄”，笄，指束发用的簪子。《礼记》“内则”有“（女子）十有五年而笄。”后因称女子年满十五为及笄。“并未笄”，当指 3 个孙女尚未成年。

志文记述“去辽应历十七年（公元 967 年）三月二日，迁祔于蓟州北渔阳县界高村管，礼也”。祔（fù），意为合葬。由于王仲福及夫人去世时各自都是暂且找个地方安葬，所谓“寻厝”。至“去辽应历十七年（公元 967 年）三月二日”，儿女便将父母合葬于东高村的一个地方了。那时，平谷地区还是大王镇，隶属于蓟州渔阳县，所以，这里才写“迁祔于蓟州北渔阳县界高村管，礼也”。经向北京石刻专家刘卫东先生请教，“管”，即管辖之意。意为迁祔于高村所管辖的地方。“礼也”，是符合丧葬礼制的。

“铭曰”前面的文字为序，后面为铭文，四字句赞颂的韵语。颂扬了王仲福及夫人，颂扬了儿女，也颂扬了迁祔合葬、刊刻墓志这件事。

这方墓志对研究王仲福及王氏家族，是难得的第一手资料。不知现在的高村王姓人中，有没有王仲福后人。另外志中所写夫人齐氏病逝于“蓟州渔阳县界高村之私第”，不仅如上所说，王仲福应该是高村人，而且现在来看，这高村应该是东高村。那时，极可能还没有分东西高村，或说西高村还没有成村。所以，一开始就应该称作高村。而“高”字或与金代巨君墓志所写东西皋村之“皋”字，二字或为并用，毕竟“皋”字所取的，应该也为“高地”之意，当然，“皋”有“水边高地”意，“高”字则没有。

因此，这方墓志具有历史、地理、文物、民俗、艺术等多种价值。

金巨君墓志

东高村西北，平三公路西侧，原金属公司院，内有巨家坟，金代横海军节度使巨构墓即在此。

1984年秋，县金属材料公司院内挖暖气沟，在巨构墓东南60米处，施工时发现一石椁木棺墓。墓为东向，有两具尸骨，当是合葬墓。

图468　东高村巨家墓地出土的巨君墓志

在石椁盖上，平放一方墓志，残损缺角，残长47厘米，宽34厘米，厚8.5厘米（图468）。志文26行，满行18字，楷书。但因风化浸蚀严重，以致文字多有不清，但尚能辨识部分字迹，可读其大概。墓主人皇统……十月二十四日生，泰和三年十月十□日卒。现收藏上宅文化陈列馆。巨君墓志志文：

……军景州将……郎尚书……先三代所未见。汉有巨武……散居……图谍所不能记也。居常山……大族五代之乱，□阳君……君之……□有一年进士弟，禄仕五十年，以正□大夫……致仕。有子八人，君其长也。讳……官□别贮院使，将陵河仓使室……。子……校尉监。妫川县酒女曰娇娥，适……君□有大度，不修小节，喜宾客，重……与人有恩故人乐为之。用□疏□其□□……或人□其□。曰：□□□也。……如此故东皋……亭榭□□□□……为京东之胜……居□□□，将□□□□沧浪波……年，而天不与之寿，其命也。夫君之生也，以皇统……十月二十四日；其□也，以泰和三年十月十□日，丁酉附葬于先茔，礼也。陟□君有□□之□知其详，乃泣而书之。铭曰：

□彼巨君□然人望。有□□□，□□□□。

□友以义，□□□□。□□□□，□□□□。

□人□□，□□□□。□□□□，□□□□。

□□□□，□□□□。□□□□，□□□□。

泰和……

这方墓志文字几乎看不出什么了，故志文主要根据拓本而重新核校。由于拓本（图469）文字漫涣不清，多字多处已难以识别。仅根据可以辨识的部分文字，对志文大略解读。

景州，位于河北省东南部衡水市，即今景县。景州或为巨君任职之地。君为尊称，具体名字不得而知。

“先三代所未见，汉有巨武”，当是说远祖三代已不清楚了。根据有关资料，汉代确有巨武其人，为荆州刺史。南宋郑樵撰《通志·氏族略》记述：“巨氏，汉有荆州刺史巨武，望出平昌。”“平昌”一般指平昌县，今四川巴中所辖。即是说，巨武这个巨氏郡望是在平昌。“荆州”，古称“江陵”，在长江中游、湖北省中南部。

图 469　东高村巨家墓地出土的巨君墓志拓本

“居常山”“大族，五代之乱，□阳君”“遂”，或指巨氏曾“居常山”，为一方“大族”，即名门望族。常山，今有常山县，在浙江省西部，衢州所辖。而三国时蜀将赵云，亦称常山赵子龙，一般认为是常山真定人，即今河北正定。“五代之乱”之五代，指公元 907 年唐朝灭亡后，依次更替的五个地方政权，即后梁、后唐、后晋、后汉与后周。公元 960 年，赵匡胤“陈桥兵变”，黄袍加身，取代后周，建立北宋，遂五代结束。这五个地方政权都位于中原地区，据此看来，巨氏所居“常山”，当不是常山县，即不在浙江。

“□阳君”，应是其祖上一个名字，这时应在五代之时。“□有一年进士弟，禄仕五十年，以正□大夫□□郎□使致仕。有子八人，君其长也。”或说墓志主人父亲某年中进士，步入官场，干了 50 年后退休。

生有 8 个儿子，墓志主人是长子。

“官□别贮院使，将陵河仓使室”，是说墓志主人曾做过什么官或事了，估计也不是很大的官。

“子……校尉监”，墓志主人有子，或做过校尉监之类的低级小官。

“君□有大度，不修小节，喜宾客，重……与人有恩故人乐为之”，大概是说墓志主人平常为人大度，不拘小节，好客，乐善好施，可见其大致为人。

“如此故东皋……亭榭□□□□……为京东之胜”，这里出现“东皋”字样，或可与西高村老人所谈“东、西皋村”相印证。也许当时巨家在这一带营造了“亭榭”类似私家园林之类建筑，而成为“京东之胜”。今北京辽时称燕京，为辽南京。金贞元元年（公元 1153 年），海陵王完颜亮将金朝都城从女真故地上京（今黑龙江阿城）迁至燕京，改称中都，即金中都，以后元、明、清相继建都于此。而东、西皋村在金中都之东，故有“京东之胜”语。墓志主人退休后，晚年或主要生活于此。

“年，而天不与之寿，其命也”，意思是上天不给他更长的寿命，这就是命运。墓志主人去世时，年岁应该不是很大。

“夫君之生也，以皇统……十月二十四日；其□也，以泰和三年十月十□日”，墓主人生于皇统……十月二十四日，卒于泰和三年（公元 1203 年）十月十□日。“皇统”为金熙宗所用年号，“泰和”为金章宗所用年号。

“丁酉附葬于先茔”，是说墓志主人去世后，安葬于先茔之旁。“礼也”，是符合丧葬礼制的。“丁酉”一般应该表示的是年，假如要是下葬之日，既然生卒都写到了月日，也应该直接写到月日。如指的是年，当在元太宗九年（公元 1237 年），墓志主人已去世 34 年之后，且金代已灭亡 3 年了。那么，这里是表示作为金代遗民，而不认同元代，故意不写年号，仅写天干地支么？

“陟□君有□□之□知其详，乃泣而书之”，或是撰写墓志之人名为“陟”，与墓志主人有交，其生平事迹很了解，所以流着眼泪书写了墓志。后面还有四字句共 16 句歌颂的铭辞。

通过对此方墓志解读，大致可知，此脉巨氏或为汉代荆州刺史巨武之后，来此或在“五代之乱”前后，即在唐末宋初之时。墓志主人之父中进士，或在金世宗与章宗之间。若以后巨构墓碑或其他相关资料发现，如有出入甚至不妥之处，再行具体研究与修正。

巨构与墓志主人什么关系？根据出土器物及墓志分析，大略推算，巨构 20 岁中进士，为金大定年间（公元 1161—1189 年）。承安五年（公元 1200 年）致仕，卒。如此算来，巨构最大为 59 岁，当生于皇统元年（公元 1141 年）。最晚生于金大定十年（公元 1170 年），至大定二十九年（公元 1189 年）才 20 岁，过去一般说的虚岁。巨构历经世宗、章宗两朝，仅活 31 岁可能性不大。所以，巨构大致应生于皇统年间（公元 1141—1149 年），活了 50 多岁。而所出土墓志主人生于皇统年间，卒于泰和三年（公元 1203 年），最小 54 岁，最大 62 岁，墓志主人去世比巨构晚 3 年。所以，二人年龄大体相当，巨构应该不是墓志所写的“□有一年进士弟，禄仕五十年，以正□大夫□□郎□使致仕”的墓志主人之父，条件不符。如二人为一奶同胞的亲兄弟，墓志主人当为长兄，志文或会有所提及，以为光耀。细看字里行间一点没有，亲兄弟可能性不大。若说叔伯兄弟，倒有可能。当然，也不排除其他如叔侄关系等可能。无论如何。即是葬在一块墓地，应该是本家无疑。如《平谷文物志》所记，墓志主人“应是横海军节度使巨构同族人”。

明驿宰巨均墓志铭

明驿宰巨均墓志铭碑，现存东高村东临泉寺大殿前古柏下。

经了解，近来村里新农村改造或道路等施工所发现，村干部着人运来这里，进行保护。细看碑首有“巨均”二字，可知当为巨家坟一墓碑了。原在巨家坟哪座墓前，后运到哪里，不得而知。一定是碑阳朝上铺在什么地方，多年脚踏车轧，碑身几乎磨平，以致字迹无以辨识。碑首处则有掩埋，基本完好（图470）。

图470　近来东高村村里施工，发现了这通巨均墓碑，现保护在临泉寺内（摄于2018年10月）

此碑没有碑座，青石质。通长152厘米，宽63厘米，厚15厘米。其中，碑首高47厘米，宽67厘米。碑首为方首，浮雕祥云图案。碑额阴刻篆书“明驿宰巨均墓志铭”（图471）8个字。根据额题可知：

图471　巨均墓碑碑首（摄于2018年10月）

一是此碑为明代所刻，具体何年不知。

二是墓主人名为巨均，是否为巨构后裔不知，应为巨氏家族后裔无疑。

三是墓主人巨均所任官职为驿宰，即驿丞。驿丞，官名。明、清皆置，为驿站长官，掌迎送邮传等事，各府州县有无多少不定。《明史》“职官四·驿”记载：“驿丞典邮传迎送之事。凡舟车、夫马、廪糗、庖馔、裯帐，视使客之品秩，仆夫之多寡，而谨供应之。支直于府若州县，而籍其出入。”注：“驿丞，各府州县有无多寡不同。”清沿明制，职掌与明同。驿丞之职不入品，所谓品级未入流。古时官职分九品十八级，最高为一品，最低为九品，每品又分正从二级，共十八级。未入流，是指级别在九品以下。

四是根据形制，应该是一通墓碑，也就是树立在墓前面的，碑座缺失，应该是那种比较简单的须弥座。而平谷区内现存的辽、金以来的碑刻，凡墓碑尤其民间一般碑额都会写“永垂不朽”“万古垂名”“流芳永世”等。埋在墓内的，一般称作“墓志”，如现存最早的1993年6月大旺务村出土的辽“故盖造军绳墨都知兼采斫务使太原王府君墓志”，1984年8月黄松峪乡黑豆峪村出土的金“大金漆水郡夫人耶律氏墓志”，1982年从平谷镇太平街村收集的明“封奉议大夫南京刑部郎中金公墓志”，近年发现的“皇清诰授通议大夫前大理寺少卿梅舫查君墓志”等。这通巨均墓碑，额题“明驿宰巨均墓志铭”，说明此碑所刻就是墓志主人的墓志铭，也就是墓志主人的生平及家族情况。而墓志铭似应放在墓穴中的，看来当时是将墓志铭直接刊刻墓碑上了。

明张崇彻墓碑

明张崇彻墓碑，原在西高村东、巨家坟南的张家坟。

西高村83岁张家后人张廷记得：我们这个张听说从山西大槐树搬来的，过去还听说有人去山西大槐树上坟。张家坟在村东四五百米的地方，大道边上，在巨家坟南边，过去那地方是公社拖拉机站，现在叫鼎瑞医疗器械厂，有10来亩地。听老人说这坟地风水好，会出一升小米的秀才。人家把风水给破了，后来张家出个小孩就叫“张一升”，一下全包圆了。张家坟地有很多碑，后来建厂子，那些石碑也不知道

图 472　散落克头村东垃圾场的明代张姓墓碑（摄于 2018 年 5 月）

弄哪儿去了。石碑一般差不多 1 米高，有大有小。

2018 年 5 月，在克头村东垃圾场发现一通明万历时张姓墓碑，作者赶去，并在村委会与村人座谈。村有 3 个张，84 岁村民张泉说：他们这个张从三河唐回店搬来的，另一个张从普贤屯搬来的，还有一个张不知哪来的。这三家坟地过去都没有碑。也就是说，这通墓碑不是克头张家墓地的了。69 岁村民康洪利记得，东高村农机修配站的地方平整土地，离巨家坟不远，在巨家坟南边。康建民在农机修配站那儿上班，见着就搬回来当码磉石了。现在拆了，一瞅是坟地的碑，就不用了。

碑的尺寸，如张廷老人所说，大致 1 米来高，五六十公分宽，10 来公分厚。石质。碑方首抹角，碑阴无字（图 472）。

碑阳，碑首中间阴刻篆书“时思”二字。碑首下部，碑额两边各为线刻海水江崖图案，上部线刻祥云环绕。碑身阴刻楷书，上首空白无字，中间：

明故显考庠生张公讳
崇彻之墓
妣　田氏

大明万历三十九年二月吉日　奉祀男张惺　张忻　张怡　张恂　张忭同立

这是明万历三十九年（公元1611年）所立的一通墓碑，墓碑主人为张崇彻，为庠生。“庠生”，古代学校称“庠”，故学生称“庠生”，为明、清科举制度中府、州、县学生员的别称。其实，庠生即秀才之意。明、清时称州县学为“邑庠”，所以秀才又称“邑庠生”，而秀才向官署呈文往往自称庠生、生员等。张崇彻生有五子，即张惺、张忻、张怡、张恂、张忭，这五子为去世的父母立了这通墓碑。

清重修临泉寺碑

临泉寺，位于东高村东。辽建，明嘉靖二十七年（公元1548年）重修。清康熙十八年（公元1679年）平谷、三河大地震毁，康熙四十三年（公元1704年）重修。重修临泉寺碑即为大地震后重修所立（图473）。临泉寺坐北朝南，建有山门、影壁、东西配殿、前后大殿、

图 473　2002 年 2 月奥林匹克出版社北京出版社《北京百科全书·平谷卷》收录的东高村临泉寺前殿前面重修临泉寺碑及古柏照片，可见当年学校学生活动情景

耳房等建筑。前大殿三间，供奉如来佛，山墙两边台上塑有十八罗汉。

重修临泉寺碑立于前殿前边东侧，“文革”中村人将碑运至村北小河沟子上做桥板。村人所说的小河沟子，即是逆流河上游。逆流河发源于塔山脚下，过去塔山脚下都是泉眼，到处冒水，东高村东边、北边至稻地村西边，大片地方都是稻田。这些水经过这片稻田，流经一些沟渠，至东高村北，有 3 座小石桥，俗称仨小桥子。流过仨小桥子，继续往西，流出一条河道，逆流河形成。流经南埝头村东，曲曲折折向西北，至小河嘴子处，汇入泃河。82 岁原东高村小学校长阎福旺记得，这通石碑是南北向横在二小桥子上。从石碑正面字口完好，而背面几乎将字迹磨平了来看，应该是碑正面朝下的。1982 年 2 月文物普查登记表“附属文物”亦明确记载：“仅余石碑一块，铺于东高村北土道之一小桥上。”84 岁原东高村学区校长王耀说：是在 1986 年将石碑运回来，在殿前重新立好。为运石碑，当时还从东高村部队找了吊车的。阎福旺老人也如是说：看来当时两位校长都经历了运碑与立碑的。

重修临泉寺碑，高 273 厘米，宽 83 厘米，厚 26 厘米。青石质。上为螭首，碑阳为二螭下垂式，额题“重修碑记”，篆书（图474）。碑文首题“重修临泉寺碑记”。年款“大清康熙四十三年岁次甲申九月初一日立碑”。碑文23行，满行60字，楷书。贾龙文撰，王纶篆额，赵简书丹，石匠刘芳、张志刚、张志仁。碑阴，为二龙戏珠式，额题“碑阴题名”，篆书。碑阴字迹不清。碑首两侧分别刻有“日”“月”二字（图475）。

图474　东高村重修临泉寺碑碑首（摄于2007年8月）

图475　东高村重修临泉寺碑碑首东侧镌刻有“日”字（摄于2007年8月）

碑身下面的碑座，为长方形须弥座，四面浮雕吉祥图案。

碑座正面为“二龙戏珠”（图476）图案，雕有两条腾龙，一颗火珠及几朵祥云等。《通雅》中有

“龙珠在颌”之说，龙珠被认为是一种宝珠，可避水火。此图案，应寓吉祥平安之意。

图 476　东高村重修临泉寺碑碑座正面“二龙戏珠”图案（摄于 2007 年 8 月）

图 477　东高村重修临泉寺碑碑座背面“六合同春”图案（摄于 2007 年 8 月）

碑座背面为“六合同春”（图 477）图案，雕有两只大鹿及一只卧着的小鹿，两只半空飞翔的仙鹤，两侧下方为山石，中部左下方斜着向右上方雕有一棵高大的松树，布满细密的松针。请教北京石刻专家刘卫东先生，说应称“鹤鹿同春”，即为天下皆春，万物欣欣向荣之意。当然，松、鹿也暗含着“送禄”之意。

碑座东面为“海马送福”（图 478）图案，雕有一马，脚踏翻滚的波涛奔驰。同时，回望后上方那朵祥云。刘卫东先生说：云又可称浮云，“浮”与“福”谐音，回望有送之意，故此图案有“海马送福”之意。而海马回望云天，恰与碑首东侧上所镌刻的“日”字融为一体了。

碑座西面为“犀牛望月”（图 479）图案，雕有一只犀牛，于山石间回望祥云半掩的明月。这个图案，有长久盼望之意，结合碑座其他

图 478　东高村重修临泉寺碑碑座东面“海马送福”图案（摄于 2007 年 8 月）

图 479　东高村重修临泉寺碑碑座西面“犀牛望月”图案（摄于 2007 年 8 月）

图 480　东高村重修临泉寺碑拓本

图案，长久盼望的也应是吉祥、幸福、平安了。碑首西侧上镌一“月”字，或在呼应这幅图案了。

碑阳镌刻《重修临泉寺碑记》碑文，记述了临泉寺对东高村人的影响及重修临泉寺的事。碑阳录文（图 480）：

重修临泉寺碑记

敕授文林郎知平谷县事知县前壬午科钦点内簾受卷官蒲坂贾龙文撰

本邑岁贡进士王纶篆额

本邑岁贡进士赵简书丹

浮图之说，儒者不信，宁第不信，夫且力加摈斥，欲其廓清，而不使之惑民。

孟子曰：能言距杨墨者，圣人之徒也。韩昌黎之起八代之衰，慨然以斯道自任。故其为文，多崇仁义，尊孔孟，正人心，息邪说。其辨之也详，其绝之也严。诚恐其祸衷于人心，而害流于天下后世。《谏佛骨表》，至今昭揭如日月之丽中天。至于柳柳州则不然，其集中所载，如龙安海禅师碑及岳州圣安寺无姓和尚碑诸篇，言佛事甚悉。

说者乃谓昌黎学业正大，绝无异端。外道之作，纵有之亦止。论以吾道，文章人品，子厚不及远甚。然虽如此，子厚之为也，当必有所见□。如吾平城南东高村庄临泉寺，所俱未尝非佛。而高村之民，居者秀良，行者朴茂。敦孝弟，励廉耻，曾未闻有左道不经之士出其中。询之，则皆事佛至。问其所以事，皆曰为父母，则祷佛佛应；为兄弟，则祷佛佛应；祝有年，则祷佛佛应。然则凡其所祷所应，皆斯民日用伦彝之素，而非有左道不经之为。于是乃知佛也者，西方圣人。其为教，亦止恐人之不为善人信人。而谆谆然，使之趋于善，趋于信。其他诸佛事，如舍身割肉，种种不经之论，皆崇佛者之造言，非佛本意，亦非佛本教也。

说者又曰，其书具在，言之凿凿，得无及焉。之文其不足，而弥缝其短乎？曰非也。佛书入我中国，盖经重译而始明，其中不无伪托。世远年湮，遂一概归之于佛。吁佛如是，吾恐不足以为佛矣。惟其不如是，是以为佛然，亦不俱论。

吾尹兹土，所重者天子之民。凡所以利吾民，不惮劳苦繁剧皆任之。非惟人事，即神道之教亦然。上而天神，下而地祇，凡有利吾民，又不惮诚意慨切以祝。今兹寺之佛，非复人间所谓左道诸佛，能助吾民孝第有年之佛也。如斯佛，吾即谓之非佛也可，亦即谓之为佛也可，是故乐为之记。

寺建于辽之咸熙间，历金、元、明，迄今亦有年矣。其间兴废不一，旧碑修载其略。己未岁，地震倾圮。村中士民王机聪、赵范、赵彩、赵彰与住持僧寂贵等倡议重修，而阖其慨乐输者，固统是村□居民而无遗，然特多寡任力而止。其中鸠工庀材所费，更需无算。王机聪等四士民，则又各自为任之而不辞。询其所以，群以为凡皆所以，继先志而□。其父若母也，机聪年已七十矣，白发康强，甚称矍铄，乃不知其母，且百岁，子若孙，又复累累。赵范等，悉一时英俊士。居是村者，更皆家给人豫于此，益见佛之助人孝弟，而有年也多验矣。则吾不但乐为之记，而且并请其详。

旹

大清康熙四十三年岁次甲申九月初一日立碑

镌字石匠真定府临城县人刘芳、张志刚、张志仁碑文由知县贾龙文撰写，“文林郎”，不是职官，而是散官，清朝时为正七品文官所授的散官。“钦点内簾受卷官”，明、清时称乡会试贡院内之官为帘官，阅卷诸官称为内帘，弥封、收掌等官称为外帘。因其均不得出堂帘之外，故统称为帘官。“钦点”，皇帝点名派任，即皇帝亲派。清雍正六年（公元 1728 年）《平谷县志》“秩官志 · 历任职官”记载：国朝，知县下有“贾龙文，山西人，由学博升任，建置书院，惠爱士民，历二十二年之久，合邑立去思碑”。“蒲坂”，《帝王世纪》有“舜都蒲坂”语。《史记正义》引《地记》注：“河东县东二里故蒲坂城，舜所都也。”故址在今山西永济县蒲州老城东南隅。

“篆额”，指碑首的额题“重修碑记”。“书丹”，指将撰写好的碑文用毛笔进行书写，再往碑上刊刻。篆额的王纶与书丹的赵简名前都有“岁贡进士”四字，“贡生”，科举时代，挑选府、州、县生员（秀才）中成绩或资格优异者，升入京师国子监读书，称为贡生。意谓以人才贡献给皇帝。清代有恩贡、拔贡、副贡、岁贡、优贡和例贡。清雍正六年（公元 1728 年）《平谷县志》“选举志 · 贡荫”之“岁贡”记载：“王伦，字仲宣，坊廓人，例贡，选容城县教谕。”“赵简，字莘野，鹿角人，任乐亭县训导，署教谕。”志书所记有此二人。对于进士，民国九年（公元 1920 年）《平谷县志》“卷二 · 选举志 · 科第”记载：“清，嘉庆丙辰科一人，贾名伸。”“嘉庆丙辰”，即嘉庆元年（公元 1796 年）。也就是说，清代进士仅贾名伸一位，别无他人。这二人名前所属“岁贡进士”又如何理解？我国古代科举考试，分乡试、会试和殿试，乡试中举，会试中贡士，贡士参加殿试而成为进士。实际上，当贡生完成学业后，才有资格参加会试。这时就会被朋友、亲戚等先一步称呼其为“进士”。根据获得贡生的不同途径，称“岁进士”“优进士”“恩进士”等。这是一种自我拔高的称呼，而不是真正的进士。当然，民国九年（公元 1920 年）《平谷县志》“卷三・人物志・人物”有传：“王纶，字仲宣，号渔山，例贡生，坊廓社人，工书画，好击剑，积书充栋，法书名画无算。纶既以工书知名，求者踵至，晚年颇自矜重，不以时应。……有得纶片纸只字者，皆宝之。”民国二十三年（公元 1934 年）《平谷县志》“卷五・人物志・人才”亦有传，志前并收其一幅草书中堂作品。

“浮图”，梵语音译，对佛或佛教徒的称呼，也指佛塔。在这里可理解为佛教之意。

“韩昌黎”，即韩愈，唐宋古文八大家之一，宋代苏轼称其“文起八代之衰”。

“柳柳州”，即柳宗元，字子厚，唐宋古文八大家之一。

“《谏佛骨表》”，即《谏迎佛骨表》，谏迎佛骨，为我国历史上儒佛矛盾斗争的一个重大事件。东汉初年佛教传入我国，经几百年逐渐被国人所接受。晚唐几个皇帝都信奉佛教，使佛教盛极一时。有识之士为国家和人民利益，依据儒学思想，提出反佛意见。元和十四年（公元 819 年），儒佛矛盾以一种激烈的形式暴发了。元和十四年是开塔的时期，唐宪宗要迎佛骨入宫内供养三日。时任刑部侍郎的韩愈闻此，写下《谏迎佛骨表》上奏宪宗，极论不应信仰佛教，“事佛求福，乃更得祸”。宪宗接到谏表大怒，要处死韩愈。大臣裴度等说情，最后被贬为潮州刺史。

“有年”，丰收，年成好。《谷梁传·桓公三年》：“五谷皆熟，为有年也。”

“地衹”之“衹（qí）”，即地神。

“辽之咸熙间”，查阅历史年表，有辽一代，未有“咸熙”年号。只是在三国时魏元帝曹奂使用了“咸熙”，且仅用 2 年，在公元 264 年至 265 年。至此，三国魏已被西晋司马氏取代。临泉寺不可能建于魏晋之交。碑中明确写着“寺建于辽之咸熙间”，《光绪顺天府志》、民国《平谷县志》都写“辽建”或“大辽时建”。辽代有兴宗“重熙”（公元 1032—1055 年）和道宗“咸雍”（公元 1065—1074 年）两个年号，或在这之间，故写作“咸熙”了，有如我们所说的清代“康乾”。

“旹”，即时间的时字。

碑阴亦有碑文，从碑阴额题“碑阴题名”来看，应该是为这次重修临泉寺捐款人名录及所捐款数等。由于多年平铺河上碾踏，字迹几乎已磨平，多无以识读了。仔细看去，尚有极少字迹可辨识，如“山比丘僧海”，落款处“临泉寺住持僧寂贵　徒照”等，以后如能将碑阴拓本下来，有些字或许可以识别出来，还是有一定价值的。

1982 年 2 月文物普查登记表“附属文物”还记载：“另有一碑首。”这也就意味着，在清康熙四十三年（公元 1704 年）重修临泉寺碑之外，应该还有一碑的。清康熙重修碑有“寺建于辽之咸熙间，历金、元、明，迄今亦有年矣。其间兴废不一，旧碑修载其略”语，明确记

图 481　临泉寺井台南侧似一碑首（摄于 2007 年 8 月）

载有“旧碑”，且说“寺建于辽之咸熙间”，一定根据旧碑所记了。在现存古井石砌井台南侧，有块不是很大的残石，石面发黑，上刻祥云图案，方首抹角，似一碑首（图 481），看去应早于清康熙重修碑。上面除祥云纹饰外，没有字迹。下面是否有字迹，因铺砌井台未动，就不得而知了。此碑如完整，也不会很高大，估计也就一米多高。如这是碑首，那么碑身极可能也在院内掩埋着。以后若有施工，区文物部门及镇文化部门多注意就是了。

清文峰塔塔铭

文峰塔，位于东高村镇东高村东南约 500 米的塔山上，始建年代不详，清道光二十四年（公元 1844 年）重修。文峰塔为三层六角楼阁式实心塔，砖石结构，塔身二层南、北两面中间，分别镶嵌一方石刻塔铭。

图 482　东高村文峰塔南面塔铭（摄于 2008 年 1 月）

南面塔铭（图 482）为：

平谷县东高村重修塔记

邑城南有泉山焉，与城相对。稽县志，其址旧建浮屠，堪舆家以为“文峰”。国初以来，已久倾圮。

文峰塔下的小山原名泉水山，《光绪顺天府志》记载：“城南八里曰泉水山。”建塔后俗称塔山，沿用至今。这里简称“泉山”。当时是查阅了县志所记，在原旧址复建此塔。“浮屠”，佛教用语，即指佛塔。在这里，当为以浮屠之名而泛指塔。塔称“文峰”，清初以来，塔早就倒塌了。

壬寅冬，邑君侯三原曹公莅任，下车后创修书院，文风改观。遍览合邑形势，谓是塔不可不有也。因商之东高村各绅士，□本村秋□捐钱为修费用。命国学生纪禄董其事，于甲辰之二月告成。

“壬寅”，即道光二十二年（公元 1842 年）。查阅民国九年（公元 1920 年）《平谷县志》“卷二・秩官志”，清道光时“知县”记载：“曹濯新，陕西人，进士，二十二年任。”这年曹濯新来平谷任知县。“三原”，即三原县，今陕西省咸阳市下辖县，在陕西关中平原中部，因境内有孟侯原、丰原、白鹿原而得名。看来曹知县到任后，是着手抓了兴修书院等文化之事，而修文峰塔亦为振兴平谷文化。“甲辰”，即道光二十四年（公元 1844 年）。曹公壬寅冬到任，塔于甲辰二月告成，应该是历时一年多一点。

遥而望之，秀峰耸峙，□然壮观。诚有如堪舆家之所云，都人文之□不于此，而兆其瑞哉！然此皆吾君侯之赐也，故特镌石以志之。

从远处眺望，文峰塔耸立于秀美的山峰之上，岿然壮观。就像堪舆家所说：预兆着平谷文化的兴盛啊！这是贵人曹知县赐予的，特此刻石以记下这件事。“君侯”，对达官贵人的一种敬称，泛指尊贵者。

邑岁贡生陈景伊撰文

邑庠生张廷佐敬书

大清道光廿四年甲辰二月榖旦　立

撰文为陈景伊。陈景伊，民国二十三年（公元 1934 年）《平谷县志》“卷五 · 人物志 · 人才”有传，称其“博学，擅文词，操行高洁，为邑中名士，兼工书画”，志前并收录其两幅书法作品。《光绪顺天府志》卷一百二十二“艺文志一 · 纪录顺天事之书”记载有关《平谷县志》版本时写道："陈景伊：续修平谷县志，一册。存，钞本。景伊，平谷岁贡生。平谷志自乾隆四十二年迄今未修，景伊有志补辑，灾祥一门最为详备，虽不谙志例，编纂未能尽善，而顺天人士留心邑乘，已为仅见。"新编2001年版《平谷县志》"第十七编·文化·第三章·图书·档案·第三节·方志工作""旧志编修"亦载，"清末则又有陈景伊修纂的《续平谷县志》（抄本一册）"。此志不知何处有存，未曾得见陈之续志，而新编2001年版《平谷县志》写陈为"清末"人，据现存清嘉庆二十年（公元1815年）"兴复水峪寺碑记"，明确写有"邑廪膳生员陈景伊书丹"；清道光二十四年（公元1844年）重修文峰塔所撰《平谷县东高村重修塔记》，亦署名"邑岁贡生陈景伊"。因此，陈当是清乾隆、嘉庆、道光时人，即清中后期，而非清末了。

书丹为张廷佐，张自署"邑庠（xiáng）生"，明、清时期称州县学为"邑庠"，所以秀才亦称"邑庠生"，张当是秀才了。

道光廿四年，即道光二十四年（公元1844年）。"穀旦"，指晴朗美好的日子，旧时常为"吉日"的代称。

北面塔铭（图483）为：

图483　东高村文峰塔北面塔铭（摄于2008年1月）

谨将修塔捐资费用开列于左：

合□共捐钱七百六十二千八百一十文，修塔共费用钱八百六十四千六百五十文。除□完傢伙，存砖二□，共卖钱三十二千九百二十文。

以上除捐钱，下欠费用钱六十八千九百二十文。下短钱文，国□纪录自垫。

自修塔之后，示谕临近各庄人等知悉，勿许在塔北、塔西开掘石块，惟恐于本村有碍。如有任意开掘者，□□村□人赴县报官，伏乞诸位台量可也。

塔阴永志。

大清道光甲辰年二月穀旦　立

所记捐款及修塔费用，尤其镌刻着不许在塔旁开掘石块，无疑起到了一定的保护文峰塔及周边环境的作用。不然，滥开滥采，或早面目全非了。

两则塔铭铭文《平谷文物志》有录，作者当初编志统稿时，未能与拓本、与碑刻、与典籍逐字逐句核校。后对心存疑虑的词句，多次至塔前观摩铭文，一再校对。终因塔铭镶嵌于塔身二层之上，且多年风雨蚕食，有些早已漫漶不清，致使个别字辨识不出，只好代之□符号，以为存疑。

民国修前清高芝墓碑

民国修前清高芝墓碑，原立在青杨屯村西南高家坟地。

高家据说从山东搬过来的。70岁村民高志祥记得，过去高家祖坟在村西南1里来地，有四五亩地，从东南往西北排列，东南是座大祖坟。原来有块石碑，多半人高，就在他太爷坟的上边。20世纪70年代平整土地，高家坟被平，这碑就埋在地下了。后来扒出，他就给弄过来，重新立在父亲墓旁边了。

图484　石函现掩埋在临泉寺前水井西边地下（摄于2020年3月）

青杨屯公墓在村东1里地，高志祥老人父亲的墓地就在其间。此碑现立于高志祥老人父亲墓旁（图484）。碑高90公分，宽40公分，厚20公分，应该是以西边顺义二十里长山料子石所刻。雕刻简单，没有其他图案及纹饰，四遭为原石过錾子时留下的斜凿的痕迹，中间打磨平整，上面刻字。碑阴无字。碑阳阴刻楷书。碑文如下：

登仕郎　公讳芝
前清待赠　　高　　之灵墓
孺　人　米太君
承立人　善仁

高志祥老人记得父亲叫高恩远，爷爷叫高云成，太爷叫高善仁，老太爷叫高芝，老老太爷叫高德石，再往上不记得了。也就是说，这通石碑是高志祥太爷高善仁，给老太爷高芝所立。碑上没写立碑时间，根据“前清”二字可知，此碑应立于民国年间，大致应在20世纪二三十年代。

“待赠”，比如过去有“皇清待赠”之说，皇清指清朝；待为等待或期待；赠为授赠或封赠，是对逝者而言。“待赠”相当于现在的“追认”，而“皇清待赠”则是等待官方的追赠。这种境况，往往是逝者生前没获得什么官爵、称号之类的荣誉，逝后名字前写上这些，以表达后代的崇敬与期望，当然不大可能实现。此碑如是写来，大概亦为此意。尤其民国，更不可能追赠已逝清人的。“登仕郎”，清时正九品授登仕郎。碑主人应该没有为官，不然一定会明确写上的。碑上写“前清”二字，也不排除表明墓主人或立碑人的一种政治立场或政治认同，即始终认为自己是大清子民。

南张岱战斗烈士墓碑

南张岱战斗，为 1944 年 2 月 23 日（农历正月三十），冀热边军分区所属第二地区队在队长李满盈、政委谭志诚率领下，在南张岱村打的一次伏击战。后随着平谷县城及马坊日伪军增援，二区队过洵河撤到河西果各庄，坚持到天黑，李队长和谭政委率队摆脱敌人，安全撤到北山。战斗中消灭数十个日伪军，二区队也有 30 余人牺牲。

战斗以后，我当地干部和群众将 30 余名革命烈士，安葬在南张岱和果各庄两个地方。为永远铭记和缅怀革命先烈，从北平秘密镌刻两通纪念碑，树立两座烈士墓前。因马坊有日军据点，后又将碑掩埋烈士墓下，抗战胜利后又重新立起。

图 485　南张岱战斗烈士墓碑（摄于 2016 年 1 月）

南张岱烈士纪念碑

1944 年立。碑为青石质，圭首，通高 105 厘米，宽 45 厘米，厚 15 厘米。边框饰缠枝纹。碑阳额题“万古流芳”，碑阴无文。碑阳正文（图485）：

冀东人民子弟兵第二区队牺牲烈士芳名列下

三连连长马普德	年三二	蓟
刘子辉	三四	
陈连洪	二十	
李汙青	二十	
刘旭堂	二二	县
白俊如	二二	
□子中	三五	
李井□	二四	人
张近福	二六	平
郭　如	一九	谷
张志华	二四	三
冯有近		
刘　荣	二十	
孙□□	二三	河
董　富	二一	
李近堂	一九	人
马义海	二二	兴隆人
孟志青	二五	承德
王凤来	二六	济南

张保贵　　　　　　二七　　吉林

萧正平　　　　　　二十　　顺义人

马桂春

中华民国三十三年正月卅日立　公墓

果各庄烈士纪念碑

1944年立。碑为青石质，圭首，通高85厘米，宽40厘米，厚16厘米。边框饰缠枝纹。碑阳额题“万古流芳”，碑阴无文。碑阳正文（图486）：

图486　马坊镇果各庄烈士墓（摄于2016年1月）

冀东人民子弟兵第二区队

牺牲烈士公墓

特志芳名刻下

李国华　孙依诚　马守金

刘福林　周长合　侯长富　赵均

王凤山　陈义永　王永富

中华民国三十三年一月三十日立

图487　南张岱战斗烈士墓（摄于2016年1月）

近年，当地对两座烈士墓分别进行整修，南张岱烈士墓迁至村东南，果各庄烈士墓迁至村西，以便人们凭吊和瞻仰。就在南张岱烈士墓迁至村南时，重新制作烈士墓碑（图487），并将原烈士碑平放新碑之后。

石　函

石函，现存东高村临泉寺古井边。2018年10月，作者带领平谷历史文化传承学员考察临泉寺时发现（图488）。

图488　作者2018年10月带领平谷历史文化传承学员考察临泉寺，发现了这个石函（摄于2018年10月）

石函一般应在塔下，安放佛舍利的。比如平谷老城西门内街北塔儿胡同南部西侧，有个罗汉院，院内一座佛塔，称八大灵塔。这是辽代所建，塔下有地宫，地宫中有石函，石函中应该是安放着佛舍利的。现存的“罗汉院八大灵塔碑”碑文明确记载：“赵文遂于开泰法师处，请到遗留佛舍利数十尊，用七宝石函葬塔基下。”记述很清楚，建塔时，塔下以石函安葬佛舍利数十尊。这个石函，长62厘米，宽42厘米，高23厘米，汉白玉石质。只是函身部分，函盖和函座缺失。而石函内一定有安奉佛舍利的精致的金或银的层层宝匣，随着1961年夏塔拆毁，下落不得而知了。

图489 东高村临泉寺井边石函（摄于2018年10月）

图490 石函现埋在水井西边地下（摄于2020年3月）

临泉寺内石函，素面无饰，不像八大灵塔下石函，外面四面都有线刻佛像、祥云、庙宇等图案。石函亦只存函身，函盖及函座佚失。函身口上部，凿有口沿（图489），可扣函盖。现已掩埋水井西边地下（图

490），只能测量地表尺寸，其上口长 77 厘米，宽 53 厘米，里口与外口之间厚 7 厘米，高多少厘米只有日后挖出时再测量了。这个石函，即使不是安放佛舍利，也应是安放高僧舍利的。极可能上面亦建有舍利塔，不知当初这塔建在何处。

这些年来，临泉寺一直作为东高村小学及东高村学区所在地，请教曾任东高村小学校长的 82 岁阎福旺和曾任东高村学区校长的 84 岁王耀两位老人，都说不清石函的来龙去脉，只记得他们一来到这个学校，石函就在东南角的水井边，曾在这里工作过的一些教师也这么说。看来放在井边，或做水槽子用了。因为石函长面一侧中间下部，有个凿透的圆孔（图 491）。这应是后来所凿，像县城塔儿胡同出土的罗汉院八大灵塔石函，是没有这圆孔的。

图 491　石函一侧凿透的洞孔，以便洗完东西后放水（摄于 2018 年 10 月）

临泉寺井边石函，从何处出土，什么时间出土，出土时都有什么，至今流落何处，如石函中安放的是高僧舍利，高僧法名、修行时代、修行境况等等，这一切今已很难知晓了。

文　物

文物，是人类在历史发展过程中留存下来的遗物、遗迹，分为不可移动文物和可移动文物。不可移动文物主要指先民在历史、文化、建筑、艺术上的具体遗产或遗址，包含古建筑物、传统聚落、考古遗址及其他历史文化遗迹。可移动文物，主要指可收藏文物，即历史上各时代艺术品、文献、代表性实物等，这里主要记载东高村地区发现或出土的较为重要的可移动文物。这些文物，对研究东高村地区的政治、经济、文化、民俗、艺术等具有重要价值。

战国青铜剑

青铜剑，1988 年南张岱村征集，经鉴定，时代为战国时期。青铜剑长 46 厘米，宽 3.8 厘米。

青铜剑（图 492）现为平谷区博物馆收藏。

图 492　1988 年南张岱征集的战国青铜剑

汉代九支灯

汉代九支灯，1982 年大旺务村墓葬出土。

《平谷文物志》大事记记载：“1982 年 3 月在东高村乡大旺务村发现商周遗址和汉墓。市文物研究所和县文管所共同对遗址、墓葬进行发掘、清理，出土器物 79 件。”九支灯即在这时出土。

汉代九支灯，泥质灰陶，通高 117 厘米，分为四节。由下往上分别为：第一节灯座，高 39 厘米，上细下粗的中空圆柱，上部饰以两圈凸起圆环，以及 6 个大小镂空的三角形。第二、三、四节为盘上座，盘为折唇平沿，盘沿上对称放置 3 个小灯盘，灯盘间各有一舞动的陶俑。盘外面中部，饰以一圈凸起圆环。盘中均为上细下粗的中空圆柱，且对称饰以 2 个镂空三角形。其中，第二节高 32 厘米，盘径 40.5 厘米；第三节高 24 厘米，盘径 39 厘米；第四节高 22 厘米，盘径 38 厘米。

文物志记载："圆柱上端连接一小盘。全器共置灯盘九枝。"故此称之为"九支灯"（图 493）了。其实，细看顶部所置小盘，亦应为一灯盘，全器当为 10 个灯盘了。

图 493　1982 年 3 月大旺务村墓葬中出土的汉代九枝灯

作者生长在乡下，记得小时乡村没有电，家里在煤油短缺的境况下，有时就拿一个小碟子，倒一点棉花籽油，搓一根细细的棉花捻，放在碟子里，吸上油后，一点就着了，与九支灯类似。其实，九支灯就像我们今天豪华的吊着的顶灯。可以想见，墓主人一定是殷实的大户人家，10 盏灯同时点燃，一定是满屋亮堂的。

清代吴敬梓《儒林外史》第五回所写严监生临死前的故事：晚间挤了一屋子的人，桌上点着一盏灯，有两根灯捻。严监生喉咙里，痰响得一进一出，一声接一声的，总不得断气。还把手从被单里拿出来，伸着两个指头。人们问：莫不是还有两个亲人不曾见面？莫不是还有两笔银子不曾吩咐明白？是因两位舅爷不在跟前故此惦念？严监生都摇头，伸着两个指头总不肯断气，直至赵氏说道："你是为那盏灯里点的是两茎灯草，不放心，恐费了油，我如今挑掉一茎就是了。”说罢，忙走去挑掉一茎。众人看严监生时，点一点头，把手垂下，登时就没了气。是说严监生节俭或是吝啬了。但这灯也与九支灯类似，是一个灯盘，盘里放着灯油和两根灯捻而已。

九支灯现为区博物馆收藏，且记入《平谷文物志》第八章重点文物介绍·第五节陶器中。

汉代陶厕所与陶猪圈

汉代陶厕所与陶猪圈，1983 年大旺务村墓葬出土。

陶厕所，泥质灰陶，通高 21 厘米，长 17 厘米，宽 10 厘米。器形屋状，上略宽，下略窄，呈倒梯形。屋正面右侧，辟长方形镂空门，室内下部有厕孔。器身上下部位为网格和环形纹饰。屋顶为“两面坡”式，两坡饰以瓦垄，顶部起脊，形如古建筑的单檐悬山顶（图 494）。

图 494　1983 年大旺务村墓葬出土的陶厕所

陶猪圈，泥质灰陶，通高 9 厘米，长 14 厘米，

图 495　1983 年大旺务村墓葬出土的陶猪圈

宽 14 厘米，为方形。圈一侧中间有一陶柱，高 9 厘米，以支托陶厕所。圈内置陶猪数头（图 495）。

陶厕所置于陶猪圈上面一侧，成为一个整体。这样厕圈一体，后来在兴谷开发区汉墓和王辛庄镇西杏园汉墓，都曾出土过。如兴谷街道治理工程 M21 出土的陶厕、陶圈（图 496），与大旺务墓葬出土的一般无二；西杏园 M1 汉墓随葬的厕圈，圈内放置 2 头陶猪（图 497）。

图 496　北京市文物研究所编《平谷汉墓》兴谷街道治理工程 M21 出土陶器之厕所、猪圈照片

图 497　北京市文物研究所编《平谷汉墓》西杏园墓地 M1 出土的陶厕、陶圈照片

看来，汉代平谷地区现实生活中，这样的厕圈使用应该是较为普遍。至20世纪六七十年代，平谷地区乡村仍有使用，俗称“连茅圈”。乡村又称厕所为茅房，顾名思义了。人在上面解手，猪在下面随着就将粪便吃了。作者在乡村生活20多年，村里不止一家有这样的连茅圈，也是那个时代的生活境况使然。

汉代陶厕所与陶猪圈，现为区博物馆收藏，且记入《平谷文物志》第八章重点文物介绍·第五节陶器中。

汉代陶灶

汉代陶灶，1983年大旺务村墓葬出土。

陶灶泥质灰陶，高17厘米，长27厘米，宽24厘米。器身近似等腰三角形，灶前部宽敞，后部收缩成锐角形。灶面有三孔，每孔置一陶釜。灶前有长方形灶口，器身饰以环形纹饰。

汉代陶灶现为区博物馆收藏，且记入《平谷文物志》第八章重点文物介绍·第五节陶器中。

汉代陶盒

汉代陶盒，1985 年北张岱村汉墓出土。

陶盒应为生活用品，比如存放常用的小的生活物品等。

图 498　1985 年北张岱村墓葬出土的陶盒

汉代陶盒（图 498），长 27.5 厘米，高 12 厘米，宽 15.5 厘米。分为盒底和盒盖两部分，盒盖为盝顶形制。

陶盒现为区博物馆收藏。

汉代弩机

汉代弩机，1982 年赵家务村墓葬出土。

弩，由弓、弩臂及弩机三部分组成。弓横装弩臂前端，弩机安装弩臂后部。弩臂用以承弓、撑弦，并供使用者托持，弩机用以扣弦、发射。弩机为我国古代工程技术发明之一，在公元前就成为我国军事中的重要武器。

赵家务汉墓出土的弩机（图 499），长 15 厘米，宽 4.5 厘米，青铜器，年代为西汉。

弩机现为区博物馆收藏。

图 499 1982 年赵家务村墓葬出图的西汉弩机

汉代铁锄

汉代铁锄，1982 年东高村汉代遗址出土。

一般认为，我国战国时就已铸造且使用铁，到汉代已普遍使用铁了，东高村汉代遗址发现的铁锄就是明证。铁锄为生产工具，由锄把、锄钩及锄板组成。出土的这件铁锄，为锄板。

汉代铁锄（图 500），铁器，通高 10 厘米，其中库儿高 4 厘米，库儿厚 4 厘米，铁锄宽 9.5 厘米，锄板呈半圆形。

铁锄现为区博物馆收藏。

图 500 1982 年东高村汉代遗址出土的铁锄

金代玉佩

金代玉佩，1984 年东高村金代墓葬出土。

1984 年秋，县金属材料公司院内挖暖气沟，在巨构墓东南 60 米处，施工时发现一石椁木棺墓，清理出土随葬品 50 余件，其中铜器 6 件，有铜镜、铜带环、铜带扣；瓷器 14 件，有黄釉瓷洗、双系弦纹白瓷罐、双系弦纹直腹罐、直腹折臂罐、双鱼瓷盘、荷叶白瓷碗、酱釉蒜头壶、鸡腿瓶、白瓷碗、白瓷罐等，并在瓷罐内发现谷子颗粒物；玉器 9 件，有白玉环、玉佩、玉坠、水晶球等；淳化年古钱币 34 枚；木盒 1 件。

玉佩（图 501）为装饰品，长 6.8 厘米，宽 4.5 厘米，厚 0.25 厘米。白色，器身镂空，中间有 3 环相连。3 环中各饰五星叶纹，每环两侧饰有对称卷叶花纹。底部有均称五小孔。

图 501　东高村金代墓葬出土文物之玉佩

金代玉佩现为区博物馆收藏，且记入《平谷文物志》第八章“重点文物介绍”的第三节“玉器”中。

金代玉环

金代玉环，1984年东高村金代墓葬出土。

玉环（图502）为装饰品，直径3.9厘米，厚0.4厘米。白色，器身细雕云纹图案。

金代玉环现为区博物馆收藏，且记入《平谷文物志》第八章“重点文物介绍”的第三节“玉器”中。

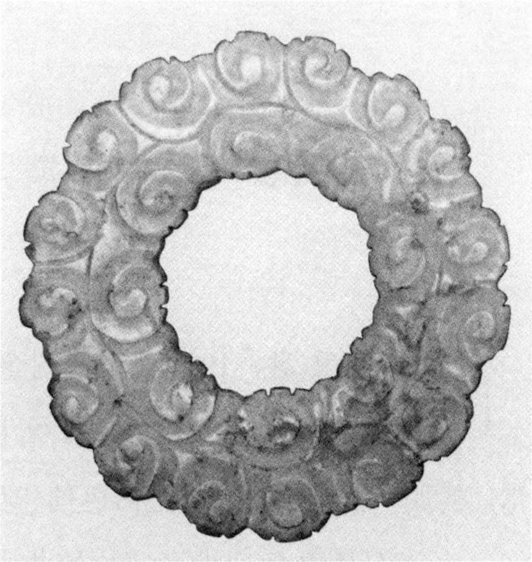

图502 东高村金代墓葬出土文物之玉环

金代双系瓷罐

金代双系瓷罐，1984年东高村金代墓葬出土。

双系瓷罐（图503）为生活用具，通高13.9厘米，口径7.4厘米，腹径10.6厘米，底径5.8厘米。器胎薄，乳白色。高颈圆唇，圈足。肩部有对称双系。

金代双系瓷罐现为区博物馆收藏，且记入《平谷文物志》第八章“重点文物介绍”的第六节“瓷器”中。

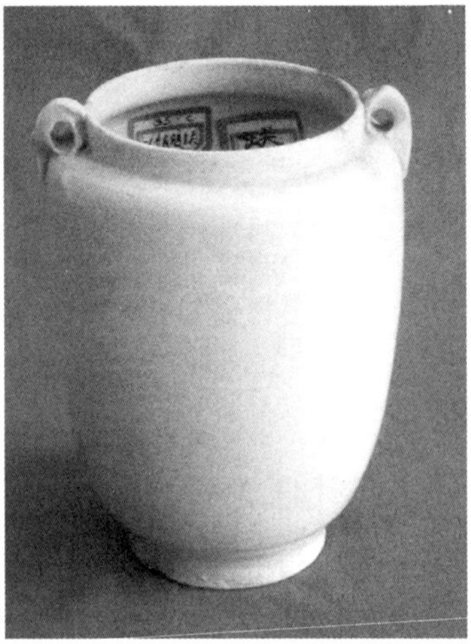

图503　东高村金代墓葬出土文物之双系罐

金代双鱼磁盘

金代双鱼磁盘，1984年东高村金代墓葬出土。

双鱼磁盘为生活用具，高2.05厘米，口径11.6厘米，底径6.5厘米。瓷胎，浅圈足，内外施白色釉。盘内底部绘有双鱼和水波纹饰图案。

金代双鱼磁盘现为区博物馆收藏，且记入《平谷文物志》第八章“重点文物介绍”的第六节“瓷器”中。

金代荷花碗

金代荷花碗，1984年东高村金代墓葬出土。

荷花碗（图504）为生活用具，高5.2厘米，口径13.6厘米，腹径4.5厘米，底径2.4厘米。内外釉，薄胎，青白色釉。荷花叶形口沿，圈足，内外壁有六道凸棱。

金代荷花碗现为区博物馆收藏，且记入《平谷文物志》第八章“重点文物介绍”的第六节“瓷器”中。

图504　东高村金代墓葬出土文物之荷花碗

图505　1986年东高村金代墓葬出土文物之黄釉单柄洗

金代黄釉单柄洗

金代黄釉单柄洗，1984年东高村金代墓葬出土。

笔、墨、纸、砚，为文房四宝。笔洗，是文房四宝之外的一种文房用具，用来盛水洗笔的器皿。

金代黄釉单柄洗（图505），为瓷器，内外通体呈黄色。圆形，口径8.5厘米，高3.5厘米。一边为单柄，便于端持。

金代水晶珠

金代水晶珠，1984年东高村金代墓葬出土。

水晶珠，当为生活用品。

金代水晶珠（图506），直径1厘米，透明，晶莹无瑕，椭圆，略呈枣核状，大小制作均一致，中穿孔，或为随身饰物。

图506　东高村金代墓葬出土文物之水晶珠

金代水晶珠现为区博物馆收藏。

元代四系瓶

元代四系瓶，1987年南张岱村元代墓葬出土。

元代墓葬，位于南张岱村西北，南张岱地下文物埋藏区内。这一带原为取土场，1987年，北京市文物研究所与县文物管理所对这座墓葬进行抢救性发掘。出土器物8件，有双系黑釉瓷罐、白瓷碗、鸡腿瓶、四系瓶等。《平谷文物志》第四章古墓葬·第三节地下文物埋藏区对此有记。

四系瓶（图 507）为生活用具，通高 27 厘米，口径 3 厘米。器身上半部施釉，下半部缸胎。小口，鼓腹，平底。肩部有对称四系。器身饰以“道德清净”行书四字。

元代四系瓶现为区博物馆收藏，且记入《平谷文物志》第八章“重点文物介绍”的第六节“瓷器”中。

图 507　1987 年南张岱元代墓葬出土文物之四系瓶

明代绿釉瓷罐

明代绿釉瓷罐，1987 年南张岱明代墓葬出土。此墓出土随葬品 2 件，有绿釉瓷罐、黄釉瓷罐。绿釉瓷罐（图 508）高 18 厘米，口径 7.5 厘米。

明代绿釉瓷罐现为区博物馆收藏。

图 508　1987 年南张岱明代墓葬出土文物之绿釉瓷罐

西高村窖藏钱币

西高村窖藏钱币，1985 年，西高村一村民取土时，发现地下两件六鋬（pàn）釜相扣，内装窖藏钱币，约重 200 公斤。经清理，大部分钱币文字清晰，少部分钱币锈蚀严重，字迹无法辨识。能够辨识的钱币，为北宋、南宋及金等朝代的方孔圆形钱币。

西高村窖藏钱币现为区博物馆收藏，且记入《平谷文物志》第八章“重点文物介绍”的第七节“古钱币”中。

辛店中学窖藏钱币

辛店中学窖藏钱币，1985 年，辛店中学在校内挖树坑植树时，发现一处窖藏钱币，约重 7 公斤。经清理，为民国时期紫铜钱币。

辛店中学窖藏钱币现为区博物馆收藏，且记入《平谷文物志》第八章“重点文物介绍”的第七节“古钱币”中。

战　事

抗日战争时期，东高村地区为共产党领导的抗日根据地，党政机关干部、八路军及各村民兵，坚持开展抗日活动，如南张岱战斗等重要战斗就在这里进行的。而日伪军在这里修建炮楼，挖所谓“治安沟”，搞所谓“治安强化”，烧杀抢掠，甚至辛店全村被烧毁，简直无恶不作。

在解放战争及抗美援朝中，东高村地区人民积极支前、参军、赴朝作战，做出了重要贡献。

武工队智取克头据点

《北京市平谷区军事志》第五篇“重要战事”第二章“时期战事”的第二节“八路军敌后抗战”记载：

1940 年 5 月，刘向道奉冀热辽挺进军第十三支队副司令包森的命令，率武工队到平谷、三河、蓟县交界地带，开辟新区。为教育争取

图 509 在抗战中，刘向道（右一）与（前排左起）叶田、王建国、鲁平及（后排左起）李光汉、方志平、翟志合影

土匪参加抗日，刘向道（图 509）化装成农村医生，率武工队智取了联防区克头据点，缴获步枪 10 余支，子弹千发，手榴弹 10 枚，俘伪军 10 余名。此战，打击了敌人，震服了土匪。土匪慑于武工队的声威，接受改编。以此为契机，武工队开辟了平谷南部和三河大片地区，建立了三河特别区。

对这件事，刘向道撰写《在抗日战争最艰苦的岁月里》，有详细回忆：

武工队单刀直入，克头村智取炮楼

1940 年 1 月，冀东区党委决定开辟新地区，并扩大和整编队伍。冀东军分区副司令员包森率一、二总队 200 余人西进，突破重围，来到盘山。此时，蓟遵兴支队已改番号为第一支队。4 月初，又与蓟平三支队合并，编为第二总队。第二总队后与包司令员带来的部队合并，成为八路军十三团二营前身。

部队合并后，我被调出。包司令员交给我一个新任务，要我率一支武工队开辟盘山以西的平原地区（即邦均以西，三河以东、以北，平谷西南一带）。武工队是由部队抽调的一个排和由平西新来的六七名军事干部共 50 来人组成。此时平三一带日寇统治很严，普遍推行保甲制，老百姓都发了“良民证”，特务汉奸横行无阻。尤其是日伪势力利用乡村“伙会”组织的“联防区”，形成严密网络，对我活动极为不利。

这一带不但日伪统治得十分严密，土匪活动也很猖獗，搞得人心惶惶，鸡犬不宁。特别是土匪多在夜间出没，冒充抗日，鱼目混珠，危害群众，给我们的工作带来很大困难。我们必须双管齐下：一是集中我们有限的力量，在敌人“联防”线最顽固的环节上狠狠地敲一下，以震慑和瓦解敌人的“联防”体系；二是争取和收编土匪，扩大抗日武装。

我们选择了平谷境内的克头据点为第一打击目标。平谷的“伙会”较三河的顽固，而克头据点又是平谷敌伪“联防区”伸向西南一带的重要环节，有一座高大的炮楼，白天只有三个门岗，内里也无多少兵力。

正当我们准备打克头据点时，几位绿林头目送信来，约我和他们见面，地点是北张岱村南一块大坟地里。我想，这正是争取瓦解土匪的好机会，便顺水推舟，欣然允诺。

为防不测，我将一个排布置在离约见地点半里外的麦田里，又带 5 名精干的战士持短枪随我同行。快到坟地时，只见一群全副武装的土匪喽啰摆出“列队欢迎”的架势，向我炫耀武力。我们完全不屑一顾，大步跨入坟地。匪首们都在坟地中央，地上还铺了几张新苇席。大约七八个土匪头目和我们相见后，一齐席地而坐。这几个头目大都是当地人，也有香河、武清县的，手下约有 100 多人。不多时，从北张岱方向来了两个挑担的，送来酒肉，又有人放上几张炕桌，将酒肉摆上，邀我入席。为防万一，我命随行的战士周围警戒，我一人入座，匪首们轮番把盏，吃喝起来。

酒我是坚决不喝的，他们如此“慷慨招待”，无非是想要我们“井水不犯河水”，使他们能为所欲为。这些匪徒完全打错了算盘，我却可以利用这个机会对他们展开攻心战。我便说：“各位都是中国健儿，国难当头，抗日是中国人的头等大事。中国人不打日本鬼子还能算是中国人吗？你们手里都有双家伙（长短枪），咱们携起手来，碰碰日本鬼子去，你们说好不好？”匪徒们哑口无言。这时，一个大个子匪徒说：“我们这些人一不会识文断字，二不会用兵布阵，别说打日本鬼子，就他妈的那个克头炮楼我们都对付不了。”另一个匪徒接着说：“狗娘养的，克头炮楼真他妈的可恨极了！见了我们就放冷枪，枪一响，鬼子和各村的伙会就集合出来接应。”我反问道：“你们为什么不拿掉它呢？”众匪徒哗然：“要想拿克头炮楼，没有大部队是不中的，您能不能回盘山调大部队来收拾他们。”

我渐渐听清了他们的意思，便胸有成竹地对他们说：“好吧，既然你们打不了，那就我们来打。武工队一不用劳你们帮忙，二不用调大部队，自己就可以把它拿掉！”我这话如一声响雷，众匪徒一时目瞪口呆，面面相觑，以为我是在开玩笑。我正色道：“我们八路军说话是算数的，现在我们就去拿下克头炮楼，诸位尽可在此等候消息！”

我立刻集合队伍，作了战斗部署，然后带着队伍直奔青杨屯，找到大乡长高子万，叫他马上给我备好一头毛驴，找来一把镰刀、一个篓子、一件大褂、一把扇子、三顶草帽。我骑着毛驴，装作看病的老中医；我的警卫员傅士瑞装作请先生的，给我赶脚；武工队干部周明远背着篓子，戴顶破草帽扮成打草的在我们后面，保持一定距离。就这样，我们大模大样地进了克头村。事先，我已将一个排的兵力埋伏在克头村西麦地里作为接应。

一切都进行得很顺利。不料，在我们行进到离敌据点还有百十步远时，我掖在腿下的手枪钢绳被两个坐在家门口钉鞋底子的妇女看见了，她们惊慌地跑回院里躲避。为了不惊动敌人，我故作着急的样子，大声对赶脚的傅士瑞说："你妈的病那么重，为什么不早来接我？快赶驴！"傅士瑞心领神会，使劲地抽打驴屁股，毛驴立刻加快了步子。眼看离敌据点门岗十来步，3 个持枪站岗的家伙毫无察觉。当我们逼近门岗时，我飞身跳下毛驴，猛然抽出双枪对准守门的岗哨厉声喝道："别动！把枪放下，裤腰带解开，脸朝下趴地上！"霎时间，傅士瑞的两把手枪也顶了上来。这突如其来的举动，吓得 3 个岗哨魂不附体，乖乖照办。傅士瑞麻利地缴了 3 支大枪，卸下枪栓。此刻，周明远已冲进据点，上了炮楼。炮楼里显然无人把守，只听见周明远的两把手枪居高临下地连续射击。我估计敌人一定是龟缩在据点的上房里，便叫傅士瑞守住大门，我冲进院内，对上房双枪齐发，两梭子弹打得屋里的敌人蹿后窗而逃。我大喊："缴枪不杀！"敌人却只顾丢枪逃命。埋伏在村外的战士们听到枪声，直扑据点，只抓住 8 个企图逃窜的家伙。战斗很快结束。我们缴获步枪 10 来支，子弹若干发，手榴弹数十枚，俘敌 10 多名。

我们的枪声惊动了敌人。不一会儿，四外响起爆竹声，远处还传来汽车的轰隆声，必是鬼子及外村伙会出动了。我命令战士们迅速打扫战场，教育释放俘虏，然后立即撤离。战士们提出要烧掉炮楼，我没同意，因为我想，烧了炮楼敌人还会修，倒霉的还是老百姓。

我们刚撤离据点，大队土匪却从村子南街拥了进来，这帮家伙显然要趁火打劫。我立即叫通讯员传我的命令，不准他们乱动，立即到青杨屯等我。到了青杨屯，我把土匪们集合在一个大场院里。这时，他们都乖乖坐在地上，坟地里的那股骄横劲无影无踪了。我们这次战斗，既打击了敌人，又震服了土匪，取得了一箭双雕的效果。我便趁热打铁，给土匪们“训话”：“今天你们都看见了，八路军是坚决抗日的，是保护老百姓的。谁祸害老百姓，八路军对他决不客气！八路军打仗一靠勇敢，为革命不怕牺牲；二靠智谋，不能蛮干。”我接着说：“我希望从今往后，咱们能成为朋友。既然是朋友，就得讲真话。我们武工队是包司令派来的，我们的任务一是打日本鬼子，打汉奸特务，清除匪患；二是要开辟地区，扩大八路军。八路军是共产党领导的人民子弟兵，是为老百姓谋利益的军队。像你们过去那样拿着枪不打敌人，专门祸害老百姓，八路军是决不允许的！现在，摆在你们面前的路有三条：一是参加八路军，也可以给你们单编一支队伍，还由你们自己的人当队长，但要服从八路军指挥。二是回家去当好老百姓，或者到外地去谋生，什么时候想参加八路军游击队，我们随时都欢迎。第三条就是继续为非作歹，危害百姓，那是一定没有好下场的！这三条由你们自己选择。”

从此以后，这一带的土匪活动明显减少。“绿林”们有的先后参加了八路军，有的洗手不干了，也有的远走高飞，重操旧业。还有个别不思悔改的匪徒继续作恶，或充当了汉奸特务，最后被我们一一处决了。

武工队奇袭了克头据点，震慑了敌人，在平三一带影响很大。老百姓越传越神，说八路军来无影去无踪，枪法如神，会飞檐走壁……我们便抓住这个有利时机，开展政治攻势，瓦解敌伪“联防”组织，使我们能在各村立脚扎根。

选自平谷县政协《平谷文史选辑》第四辑，略有删节

南张岱战斗

柴福善

题记　南张岱战斗文章，是作者在县委党史办时，20世纪80年代末90年代初在法制办干部张佩龙陪同下，驱车来至南张岱村，访谈抗战时的老民兵，佩龙的父亲张忍，并实地踏察，且翻阅相关资料后所撰写。

南张岱战斗，发生在东高村镇南张岱村及马坊镇果各庄村，时间为1944年2月23日，农历正月三十。

冀热边军分区所属第二地区队在队长李满盈、政委谭志诚率领下，在三河附近胜利地打了一个伏击战，痛击夏垫据点“清乡”日伪军。

随后，部队向北活动，于2月21日来到离南张岱村不远的南宅村。南张岱村一群众悄悄找到部队，说马坊据点日军和警备队常来南张岱一带抢粮，盼望部队把他们消灭了。李队长和谭政委一商量，决定再打一个伏击！第二天，队伍便埋伏在南张岱东边的崔庄子村北一条小马路两边。这天日伪军确实来了，但没有进村，直接去了平谷县城。

日伪军去平谷，第二天准要返回马坊，一定会从南张岱村边过。我部队当晚便悄悄住进南张岱村。队长李满盈在民兵带领下连夜察看地势，将马振峰连长率领的三连埋伏在村东，二连埋伏在村北。指战员将院落围墙掏好枪眼，一切准备就绪，严阵以待。这时已是23日凌晨。

天亮了，日伪军从东边路上大摇大摆地走来。2个特务先走近村头，发现墙上一个个枪眼，掉头就跑，我战士厉声喝问："站住，哪部分的？"特务不答只是狂跑，一战士伸出枪来，叭！叭！两枪，特务应声毙命。后面日伪军听见枪声，哗啦一下散开，很快占领村东两座大坟地，架起机枪朝村里凶狠扫射。我三连指战员在马连长指挥下也同时猛烈开火。一时间，枪声震耳，烟尘纷扬。打了一阵，马连长一声命令："冲啊——！"便率战士冲向日伪军阵地，一些战士在冲锋中倒下。就在这时，从平谷方向开来3辆卡车，满载日伪军赶来增援。

三连冲上去了，埋伏在村北的二连迅速集中到村东。一会儿，侦察员报告，马坊日伪军也来增援。一看腹背受敌，李队长命令马上撤出阵地。而冲上去的三连，在日伪军密集火力封锁下，一时撤不下来。我便集中火力压制敌人，掩护三连下撤，三连的一些战士在撤退中又倒下了。一战士背着身负重伤的马连长，眼看就到村头了，不幸被子弹打中，马连长和那个战士牺牲了。马连长名马振峰，又名马普德，天津蓟县人，牺牲时年仅32岁。

就在撤出战斗之前，李队长派人从南张岱辛撞村学校搬来桌子，在泃河上搭一座浮挢，以便渡河撤退。同时派二连两个班在辛撞村南警戒、掩护。

李队长和谭政委带着战士，顺南张岱村西河坡过浮桥，撤到河西果各庄。警戒的两个班顶住敌人，掩护撤退。最后当他们撤到浮挢时，不少群众也蜂拥至桥头。战士们掩护群众先过，直到日、伪军追赶上来，他们才边还击边后撤，并拆毁浮桥。追上来的日、伪军，在河对岸架起机枪扫射，我几名战士不幸血洒泃河。这时天已过晌。

队伍撤进果各庄，二连坚守村东。日、伪军尾追而来，从南面和东面向我发起进攻。日、伪军在泃河东岸架起小炮，直朝果各庄连连发炮，并施放毒瓦斯。我指战员冒着枪林弹雨，打退敌人一次次进攻。

离果各庄10来里路的马昌营伪警备队，上午听到枪声，龟缩据点不敢出来。下午因刮起大风，他们听不到枪声，以为没事了，便想趁火打劫，20多个伪军就摇摇晃晃地来了。我指战员早已发现，待他们走近，突然发起冲锋，一下活捉10多个，缴获大批子弹，补充了战斗急需。

指战员一直坚持到天黑，李队长和谭政委率队摆脱敌人，安全撤到北山。

战斗中，南张岱民兵张忍（图510），握着花枪，在三连撤退时，不顾个人安危，冒着密集的子弹，抢救出一个腿部负伤的战士。民兵和群众组成担架队，冲上火线，转送伤员。

这次战斗，消灭数十个日伪军，我们也有30余人牺牲。虽然未能取得预期胜利，但打击了日伪军气焰。而当发现敌众我寡，一时难以取胜，便果断撤出战斗。

图510 退休职工、南张岱村民张忍与孙女张艺曼合影于家中（约摄于2000年）

战斗以后，我们当地干部和群众将30余名革命烈士，安葬在南张岱和果各庄两个地方。为永远铭记和缅怀革命先烈，从北平秘密镌刻两通纪念碑，树立在两座烈士墓前。因马坊有日军据点，后又将碑掩埋烈士墓下，抗战胜利后又重新立起。近年，当地对两座烈士墓分别进行整修，南张岱烈士墓迁至村东南，果各庄烈士墓迁至村西，以方便人们凭吊和瞻仰。

选自中共平谷县委党史办《泃水长流》

附　南张岱战斗

1944年1月23日，二区队二、三连在队长李满盈、政委谭志诚率领下到南张岱村准备伏击从县城回马坊的日伪军。清晨，日伪军从东进村，发现伏击圈，回撤占领两座坟地，架起机枪向村里射击。三连在连长马普德（马振峰）指挥下向日伪军发起进攻。埋伏在村北的二连迅速赶到村东，加入战斗。因火力压不倒对方，平谷、马坊的日伪军又来增援，二区队撤到泃河西岸的果各庄，坚持到天黑，撤到北部山区。此战消灭日伪军近百,二区队马普德、李德成等30余名指战员牺牲。

选自新编《平谷县志》第十五编军事·第四章战事

《北京市平谷区军事志》亦收录此战事

走上抗日的疆场

张占宜（夏各庄）

打完立庄子，我们转回平谷的南宅村。正月二十九，我们二连和三连奉命埋伏在南张岱村，伏击返回马坊的敌人。三连在村东，二连在村北。第二天早晨，敌人果然从东边过来。伏击战打响后，平谷和马坊的敌人都来增援，形成了对我们的东西夹击，形势于我不利。李队长命令部队西撤，过河到果各庄。连长给我的任务是带三班掩护部队和群众过河，只要有一个人没过河也不许撤退。战士们从北张岱西大庙小学里搬来桌子，在河上搭起浮桥。我们完成掩护任务后最后过河。敌人追过河来扑向果各庄，我连负责坚守村东。战士们立刻挖好掩体准备迎击敌人。我戴着一顶日本钢盔从掩体射击口要向外察看敌情，刚一露头，“砰”的一声，一颗子弹射来，把我的钢盔打出一条沟，我被震得昏死过去，多亏战士们把我救了过来。这次战斗，我们牺牲了 30 多名战士，三连长马振峰也牺牲了。但敌人付出了更为惨重的代价。

选自平谷县政协《平谷文史选辑》第四辑

王家坟伏击战

袁沛增

王家坟伏击战，是 1945 年 5 月间冀东军区二区队在平三公路上伏击日寇山井中队的战斗。山井中队原驻胡庄据点。山井这家伙经常四处“清乡”，烧杀抢掠，奸淫妇女，无恶不作，群众恨之入骨。为了困扰敌人，胡庄群众和民兵封了水井，又往水井里倒大粪，迫使山井离开了胡庄，被调到辛店村守护平三公路。山井一到辛店，又着手重新修炮楼。为了杀一杀山井的气焰，不让敌人站稳脚跟，二区队决定狠狠教训一下这股敌人。

这一天，我方获得了敌人要到平谷城里运给养的情报，部队领导决定利用这个机会伏击敌人。伏击地点就选在王家坟（现东高村乡卫生院位置），这里的地势稍高，便于隐蔽，平三公路从中间穿过，适合伏击敌人。接受这一战斗任务的是二区队的一个新兵连。战士们夜间就在王家坟埋伏好了，严阵以待。可是到天亮，大路上也没什么动静，直到八九点钟还不见敌人的影子。原来，狡猾的山井害怕我军的伏击，没敢走平三公路，而是绕小路去的平谷城。部队领导决定：继续隐蔽，等着敌人回来。

果然，11 点钟左右，侦察员向连首长报告：敌人带着给养从大路返回来了，尖兵已接近南埝头村，共有 30 多个日本兵和 30 多个伪军。连长高兴地说："好！敌人还算听话。准备战斗！"时候不大，敌人就大摇大摆地过来了。战士们放过走在前边的伪军，等大部分日本兵进入埋伏圈内，连长下令："打！"激烈的枪声像爆豆一样响了起来，手榴弹的爆炸声和战士们的喊杀声连成一片。敌人万万没想到大白天也会遭到我们的伏击，他们毫无准备，一时间像热锅上的蚂蚁，乱作一团。战斗约到午后 1 点多钟结束。

据清理战场统计，共打死 28 个日本兵和两个伪军，其余的伪军在战斗一打响就缴械投降了。作恶多端的山井也被我击毙。我军共缴获了两挺歪把子机枪、两个掷弹筒，还有其他一些武器弹药等。

事后，我方派"保长"王义斋把日本兵的尸体送还了辛店炮楼，作为中国人民对于侵略者最好的回报。

整理　纪振明

选自平谷县政协《平谷文史选辑》第二辑

附　东高村伏击战

1945 年 5 月 18 日，驻辛店村在大庄户修炮楼的日军中队长三井率 30 余名日军和 30 余名伪军，去平谷城运给养。冀东军区第二地区队一个新兵连在东高村民兵配合下，于该村王家坟（现镇卫生院）设伏。经1个时辰战斗，毙伤俘日伪军中尉以下79人（其中歼日军28人，伪军2人，中队长三井中尉被击毙，其余伪军被俘），缴获歪把子机枪2挺，掷弹筒2个及其他武器弹药等。同年，《救国报》以《冀热辽反扫荡中击伤敌伪百余名》为题进行了报道。

选自《北京市平谷区军事志》

辛店伏击战

1941年8月中旬的一天下午4点，第二地区队基干队以不足1个排的兵力，在副排长马自德带领下，配合八路军第十三团刘芝龙连，在平三公路上的辛店村北埋设地雷，伏击由三河县增援平谷的日军。仅20多分钟，消灭日军60余人，缴获步枪60余支，机枪2挺，子弹6000余发，炸毁汽车2辆。基干队牺牲7人，伤14人。

1942年7月的一天上午9时多，八路军第十三团第二营第二连在辛店村南平三公路两侧设伏，袭击了由三河开往平谷的日伪军。此战，共毙日军30余名，炸毁日军军车1辆，缴获大量武器弹药。

选自《北京市平谷区军事志》

附　几次战斗的回忆（节选）

王　铭

辛店伏击战

1941年8月中旬的一天，下午4点钟，我二区基干队以不足一个排的兵力，在副排长马自德带领下，配合八路军十三团刘志龙连，在平三公路上伏击三河县增援平谷的日军。伏击地点，选择在辛店村西公路两侧。因为当时我军正在平谷攻打日伪据点，三河敌人闻讯必来增援。

果然，我们在公路上埋好了地雷，同志们刚刚进入阵地做好战斗准备，就听见南边由远而近传来汽车的响声。战士们立即上好刺刀，子弹推上膛，手榴弹也揭开了盖，拉好了弦。敌人的军车进入埋伏圈后，刘芝龙连长一声令下："打！"霎时间，地雷、手榴弹的爆炸声、枪声和喊杀声响彻天空。只见敌人的汽车坐上了土飞机，鬼子兵被炸得焦头烂额，鬼哭狼嚎，四处逃窜。我们的战士如同下山的猛虎，冲入敌阵，奋力厮杀。特别是副排长马自德同志，他冲到敌人军车上，打死敌机枪射手，并夺过机枪向敌人扫射。这时，他大腿中弹负伤，仍坚持战斗。

仅用20多分钟，我们就将两辆汽车上的60多个日本鬼子全部消灭，缴获步枪60多支，机枪两挺，子弹6000多发。我军也有少量伤亡，牺牲7人，伤14人。我们烧毁了敌人军车，掩埋好烈士的遗体，立即转移了。

选自平谷县政协《平谷文史选辑》第三辑

塔山突围战

1942 年 4 月的一天拂晓，平谷、三河等地日伪军 500 余人，包围了宿营于东高村的第二地区队基干队（1 个班）12 人。到中午，基干队突围到塔山北一小山洼里时，在子弹、手榴弹拼尽的情况下，与日伪军展开刺刀肉搏战。此战，歼日伪军 38 名。基干队员全部牺牲，损失大枪 12 支。

选自《北京市平谷区军事志》

附　几次战斗的回忆（节选）

王　铭

塔山下的英雄们

1942 年 4 月的一天，我二区基干队一个班（12 人），由班长王海山带领，住在东高村东头一户老乡家里。第二天拂晓前，被平谷、三河等地据点的日伪军 500 多人包围。

战士们发觉后，立即突围。由于敌众我寡，相差悬殊，虽冲杀多次，仍不能突围。战斗一直持续到中午，敌人把这一班人压缩到塔山北面的一个小山洼里。这时，战士们的子弹、手榴弹都打光了，便用刺刀与敌人拼杀，终于寡不敌众，最后全部壮烈牺牲。

我军大部队闻讯赶到时，敌人已撤走。在战场上发现了我 12 名战士的遗体，周围还有日、伪军尸体 38 具，都是被刺刀挑死的。我军 12 支大枪都已摔断。我们流着眼泪，擦干烈士身上的鲜血，掩埋了他们的遗体。

塔山下的英雄们永垂不朽!

选自平谷县政协《平谷文史选辑》第三辑

巨家坟伏击战

1945 年 7 月底，八路军第十三团在巨家坟（位于东高村与西高村之间的一个制高点），伏击驻三河增援平谷和驻平谷城接应三河增援之敌。此战缴获敌 60 炮 1 门，掷弹筒 1 个，轻机枪 1 挺，步枪 30 余支。

选自《北京市平谷区军事志》

对这次战斗，82 岁原东高村小学校长阎福旺说：抗战的时候，八路军在巨家坟打过一仗，打死不少鬼子。后来鬼子援兵来了，八路军就撤了。

88岁西高村村民张春说：打巨家坟，当时鬼子从县城过来的。八路军听说是十三团，从克头那边过来的。巨家坟西边有个大坑，把鬼子都圈那里了，八路军与鬼子拼刺刀。

烟斗的故事

燕龙生

1990年5月，我和王淑英同志去密云县城对革命老人刘向道进行专访。刘老时已年逾八旬，但精神尚好，十分健谈，对几十年前的往事记忆犹新，且不乏风趣和幽默。访问在刘老的家中进行，每日上、下午各谈两小时。为了刘老的健康，我努力克制自己，决不吸烟，而休息时，则到屋外大过其瘾。一次休息中，刘老依门而立，望着我在庭院中尽情地吞云吐雾，便笑道："看见你抽烟的样子，我也想起了我的过去。"于是，他给我们讲了下面的故事：

"平谷西南的门楼庄乡南张岱村出过一个奇人，叫张墨林。此人好行侠仗义、打抱不平，喜欢结交朋友，济贫扶弱，在地方上很有些影响。1938年冀东抗日大暴动，我在马坊一带拉队伍时就听说过他。暴动受挫后，我带着剩下的人马上盘山，成立了抗日独立大队。到1939年6月，独立大队发展到五百余人，编为三个营，我带二营活动于盘山西南至三河以北、平谷西南一带。当时的形势是敌众我寡，斗争环境极为恶劣，敌人推行保甲制，拼凑伪政权，组织‘联庄会’，控制十分严密，如果没有基层群众作为落脚点，我们根本无法立足。为了打开平谷西南一带的局面，我想到了张墨林。我第一次去试探着找他，他的态度就很坚决，表示只要是抗日救国的事，他愿肝脑涂地，两肋插刀！他的确给了我们许多支持。1940 年初，我带武工队到平谷西南开辟地区，又常到他家了解敌情、落脚隐蔽，我还委派他担任了南张岱村的办事员。后来，我当三河特别区区长时，又叫他做了南张岱周围十几个村的中心村村长，负责筹粮筹款，反特除奸，收集情报，站岗放哨……他工作很积极，特别可贵的是，在抗日斗争最残酷的 1942 年，我们的许多村政权垮掉了，根据地损失了，可是张墨林没有动摇，在艰苦的斗争考验中，我俩结下了很深的友谊。虽然他是个党外人士，可我总是把他当做自己的同志一样看待，他对我也是无话不谈，不分彼此。我那时酷爱吸烟，没饭吃、没水喝可以，不吸烟不行，没有烟叶，哪怕是树叶、草叶塞在烟袋里也要嘬几口。张墨林见我嗜烟如命，便送给我一样心爱之物——一个又大又漂亮的烟斗。

这烟斗有三个特点：一是个儿大，比一般的烟斗要大出好多，斗高、膛深、肚阔，吸起来烟冲，火旺赶劲；二是形儿美，斗身造形独特，曲线流畅，特别是高高扬起的烟嘴，比例、角度都十分得体，使得整个烟斗看上去大而不拙，重而不笨，有一种绅士风度；三是用料极为考究。那斗身是木质的，但既不是我们北方的麻刺疙瘩，也不是南方的花梨紫檀，而是一种我从未见过的黑褐发亮带有淡色条纹的木料，极为坚硬；那烟嘴说不清是何物所制，乌黑，沉重，砸不碎，磨不动，烧不坏，敲之有声，我得到它时，嘴端有一道类似牙印儿的痕迹，我又叼咬了三十多年，那道印儿依然如初！

原来，这烟斗的特殊质料，是与它的来历相关的。

张墨林告诉我，这烟斗是他的大爷从一个英国人手里用东西换来的。这个英国人早先曾在南太平洋的一个殖民地岛国当总督，民国初年又来中国做外交官。张的大爷在北京的英国大使馆里当差时认识了这个英国人。英国人多次当众炫耀自己的烟斗，说这烟斗是用那太平洋岛国所独有的一种十分珍奇名贵的木本植物的根精工雕磨而成，这种植物至少已在赤道的烈日下和干旱的岩缝中生长了二三百年！而烟嘴的用料则是非洲的犀牛角，是一个黑人工匠花了半年的心血为他制作的……张的大爷看中了这个烟斗，便挖空心思地要弄到手。他见那英国人贪图中国的瓷器古玩，便将家中的一尊晚清青花瓷瓶送到那英国人手上，摇唇鼓舌了一番，终于叫那英国人乖乖地交出了烟斗。

我手里掂量着这硕大的烟斗，听着这神奇的故事，更觉到它非同一般的分量！我不想夺人之爱，更何况八路军是不拿群众一针一线的，可又不想伤了张墨林的一片好心，便推说烟斗太大，带在身上，行动作战不方便。那张墨林早猜出了我的心思，说：‘你别和我兜圈子，咱们爷们儿还分你我吗？再说了，你们当八路的脑袋掖在裤腰带上，不分日夜，出生入死，为的谁？你们连命都肯搭上，收我一个破烟袋锅子就不行？别小瞧人！’他跟我瞪完眼后，又笑着说：‘这玩意儿是个神物，带在身上，可保你平安哩，就算是我借给你的吧，打败了小日本，再还给我。’

我做了一个特大的烟荷包，装上这个大烟斗系在腰间，沉甸甸的，就像是身上又多了一把家伙，再带足了烟叶，不论走到哪儿，也不论是遇着什么事，我心里都是踏踏实实的。我有一个习惯，没事不吸烟，闲待着不吸烟，一到开会或思考问题时，那大烟斗就像是开了锅的铁壶，冒了烟的火山，咕噜噜、吱啦啦地叫唤起来，随着烟云的吐纳，火亮的闪烁，我胸中的点子、谋略便多了起来，胆子、决心也大了起来，待足足地吸饱了一袋烟，‘叭、叭、叭’，大烟斗在鞋底子上一磕，说声‘干！’，那就一往无前！就这样，这烟斗跟着我巧破敌伪联防，智取克头炮楼；跟着我血战周村北岗，冒死冲出敌围；跟着我闯过层层封锁线，穿越百里无人区……成了我的一个同生死、共患难的伙伴。一次，我们夜间同鬼子遭遇，一阵拼杀之后，我们边打边撤，跑了十几里路才甩掉敌人，刚想歇歇脚，喘口气，一摸腰间，呀，烟袋不知啥时候跑丢了！我顿时觉得心里空了一大截，没着没落……我的警卫员听说后，硬是顺着原路爬回去，把我的烟袋摸了回来！

这烟斗一直跟随着我，经过了抗日战争、解放战争的战场和建设新中国的一个个工地，还陪伴我度过了‘文化大革命’中的孤独和苦闷。1976 年唐山大地震时，我全家正住在那里。地震中我昏死过去了。当我醒过来时，我没有想到害怕，只是下意识地用双手在身边摸着，摸着……我摸着的唯一的东西就是它——我的烟斗！它就躺在我身边，我怀揣着它从楼板的夹缝和瓦砾堆中爬出来后，我才意识到，我只剩孑然一身，烟斗便是我唯一的财产和伴侣了。

和人一样，它也老了，已经没有了当年的光彩和气派。如前所说，除了那个黑人工匠用犀牛角制作的烟嘴坚硬如初，那斗身由于在我的烟荷包中久经挤、碾、搓、揉，已经瘦小了许多，它变得土气了，也和我更加亲近了……”

听了这样动人的故事，怎不叫人荡气回肠、怦然心动呢？

选自平谷县政协《平谷文史选辑》第五辑

我投奔革命队伍的经过

陈天相

一

东方刚刚破晓，北平城里，还是昏天黑地，城东边的齐化门（朝阳门）下，一帮端着大枪的国民党匪兵凶狠地叫骂着，严密地盘查着过往的行人。雪亮的刺刀闪着逼人的寒光。

这时，从城里大踏步闯过来一个中年汉子，身穿笔挺的西装，脚蹬锃亮的皮鞋，德国盔下扣着一付大墨镜，还夹着皮包，拄着文明棍。只见他昂首阔步，旁若无人，径直来到把守城门的匪兵面前，将手中的文明棍一扬，拨开枪刺，便大摇大摆地出了城门。匪兵们目瞪口呆地望着他的背影，还以为这是哪儿来的大官呢……

这不是小说，也不是电影，而是发生在四十多年前的真实故事。这个闯城门的人就是我。

这一天——1947年4月17日，是我终生难忘的一天，因为从这一天起，我冲出了黑暗的旧北平，奔向了光明的解放区，找到了革命的队伍。在这之前，我是北平城里同发长银号的经理。拿旧时的话说，我有体面的身份，优越的地位，舒适的家庭……但是，就在这个早上，我将这一切都抛弃了，出城之后，我急忙登上了经三河开往平谷的汽车，恨不得插翅飞到燕山脚下。

我这个旧社会阔家主的银号经理，身居北平闹市，成捆的钞票从手上过，不光有吃有喝，有穿有戴，而且是出门坐轿车，处处有人恭维，为什么要投奔革命呢？这，还得从头说起。

二

我1912年出生在平谷县东高村镇赵家务村，幼时读了五年私塾，18岁时父亲送我到平谷城里的“德厚兴”学徒，一年后又到北平城里明德银号学徒，刚待了三个月，又转到天津明德货栈。说是学徒，实际上是当扛大个的壮工，只能偷空学点记账。那时天津就驻有日本兵，我亲眼见过日本人在天津横行霸道，欺负中国人，心里愤愤不平。

我的父亲是个穷秀才，为了谋生，经人介绍到密云县大财主宁家教书。后来，宁家听说我在天津学徒，又见我字写得不错，还能记账，就安排我到宁家在北平开的聚德银号账房做事。这是1934年，我23岁。

由于我勤快能干，在聚德银号得到很快的提升。两年后，便当了会计主任兼出纳主任，接着当了业务主任，28岁时，就当上了副经理。

我的地位变了，但我始终注意两条：一是不奢侈腐化，不取非分之财；二是以诚待人，广交朋友，讨个好人缘。在明争暗斗、尔虞我诈的旧社会，金融界的争斗更是激烈。起初，许多人瞧不起我这个嘴上没毛的小经理，但我凭本事做生意，以信取人，终于赢得了顾客，站稳了脚跟。可在那国难当头的年月，每一个有良心的中国人，谁能置国仇家恨而不顾，心安理得地当亡国奴呢？“七七”事变爆发时，中国军队奋起抗敌，我振奋过；日军占了北平，占了华北，我更觉失望和愤慨。我时常想：我作为一个中国人，决不能与日伪同流合污，只要有机会，我就要做支持抗战的事。那时，我们村的老乡常到银号来找我，来得最多的是丁玉和苗仲福。他们是村里的抗日干部，丁玉是村党支部书记。我当时并不知道他们的身份。他们托我在城里给平谷方面办货，大都是违禁品。苗仲福托我办的主要是中西药品。办这些货是要冒风险的，但我都尽力办了，我相信丁玉他们都是好人，对于他们的事，我也不打听。还有一个叫崔安的是我二姨兄，他在八路军朱占奎部下工作，常以小炉匠的身份和我联系，要的货多是药品和纸张。后来，朱叛变了，崔安也不见了。一次，丁玉来我家中，正赶上伪警和日本宪兵查户口，幸亏其中几个伪军我认识，便谎称丁玉是我的老乡，是来看我的，请他们多照应，才避免了一次麻烦。但时间一长，也难免引起别人的怀疑。旧社会出入银号的全是有钱人，或长袍马褂，或西装革履，都有点派头。唯独我的家乡客，都是粗布裤褂，土里土气。终于，敌人发觉了我支持抗日的活动，对我下手了。

我有个五姨兄，叫崔东亮，是京东的一条绿林好汉，手下有一批人马，被日寇收编，驻扎在北苑。崔表示“效忠皇军”，备受日寇赏识，给了他全新装备，队伍扩充到四千，训练了一年多，准备用来进攻八路军。可崔东亮骨子里没投降，暗中与崔安联系，拉出队伍，发动了兵变，辗转涞水、易县、武清、香河一线，奋力杀敌。日寇十分恐慌，调来关东军围截堵剿，崔部孤军奋战，伤亡惨重，至香河时，仅剩700余人，又遇大水，行动困难，被日寇陆空夹击，几乎全军覆没。最后，崔只带几十人冲出，潜回北平，摸到我处落脚。后来，他又扯起了“华北抗日挺进军”第十七和十八纵队的旗帜，要我在经济上支持他们。我自义不容辞。大约是1940年旧历五月，崔派人来我这里拿钱，不料此人被抓，供出了我和崔的关系。六月初一，日宪兵到银号来抓我，我正巧外出，他们扑了个空，银号跑外的张梯云给我打电话报信，叫我千万别回去。我因为不放心家里，仍然回去了。刚进门，前门外伪警二分局的王翻译又打来电话，也劝我出去躲一躲，此人因常来存钱而与我熟识。我想，躲也没用，何况日本人也未必抓住了我的把柄，能把我怎样？于是，我自己去了外二分局，两个宪兵把我押上汽车，拉到天桥，又抓了一个做小买卖的，然后到崔东亮住处翻了一遍，一无所获，最后把我们送到沙滩日宪兵队。我们从一个只有半人高的门洞钻进一间矮小的地下室里，连我共四个人关在里面。我记得有个老头是伪满军的一个团长，长胡子，抽大烟，烟瘾一犯，就大叫不止。他是因为和八路军有联系而被抓的。六月初六，我被押到平谷日军宪兵队，和我同去并关在一起的就是那个做小买卖的，姓刘，很壮实。一天后，他先被提审，回来时，他浑身血污，皮开肉绽，惨不忍睹。次日，便提审我了。审讯室里有一张桌子，跟前坐着宪兵队长和翻译，屋中间的一条凳子上放着铁丝鞭子和皮鞭子，地上还有棍子、水桶、大壶、梯子等刑具。我被强迫跪在地下。他们问我姓名、原籍时，我都照实回答。又问我给八路军办过什么事？我说：“我是买卖人，只会做生意。”他们火了，大喊大叫起来，说我给八路军买物资，说我和崔东亮有来往……我都坚决否认，他们又问我家乡谁是干部？我一口咬定没回过老家，不清楚。鬼子急了，扑到我面前，抡起双拳，劈头盖脸打来，打得我血流一地。紧跟着又上来几个鬼子，把我按倒在地下，捆绑在梯子上，用铁棍撬开我的嘴，用大铁壶往我嘴里灌凉水。我身体壮，憋足了气，结果一壶水没灌进多少。鬼子更加恼羞成怒，大吼大叫着，用手巾蒙住我的鼻口再灌。这回我抵挡不住了，只觉头晕目眩，肚子发胀，不一会儿便失去了知觉。直到下午两点多我才醒来，浑身泡在泥水里，鼻子脸上火辣辣的。鬼子见我醒来，又叫我跪在地下继续审问。我还是那几句话。这以后，我一连几天吃不下饭。六月十七，我再次被提审，鬼子问我想起什么没有？我仍然回答没什么可说的，他们相互嘀咕了一阵，然后对我说：“你没事了，回去的有。”我大吃一惊，回到北平才知道，是我父亲多方活动，花了三千元才把我赎出来的。三千元救了我的命，却要了我父亲的命。老人家为救我东奔西求，卖地借钱，连急带气，一病不起，很快就去世了。

1944年，我离开了聚德银号，找了几个股东，凑了些资金，准备开一个“中华银行”，由于当局不批，我就到中兴公司干了一年。抗战胜利后，宁家又开了一个同发长银号，我当了正经理，资金也比从前的聚德银号多，但我精神上却很苦闷，抗战虽然胜利了，但国民党的统治一天比一天黑暗。我曾想离开银号回老家去，还和丁玉他们商量过。他们劝我别走，仍然经常找我办事。银号有一个董事叫王儒林，是个国民党，非常阴险。他见丁玉等人经常出入我这里，便伺机对我进行敲诈，说我是八路军，要我拿出四万块钱给他“就算完事”，否则他“什么事都干得出来”！我想，别说我没这些钱，就是有，也不能向这种人让步。我没有理睬他，结果，这个坏蛋果然向伪警备司令部告了密，司令部里一个姓曲的因为常来银号存钱而和我关系不错，给我报了信，我再也没有什么可犹豫的了，立即和丁玉他们联系。丁玉闻讯，马上派人进城接应。就在4月17日这天，我们清晨4点动身，轻装上路，逃出虎口。于是，在齐化门下演出了前面的一幕。

我刚走，国民党反动派便对我下手了。6点钟，有一个排的特务来抓我，还抄了我的家。他们一无所获，仍不死心，又埋伏下一个班的匪兵在我家四周蹲了一个月的“坑”，还登报以重金悬赏我的人头，开价五千万！想不到在反动派的眼里，我的脑袋还很值点钱呢。

有人问我：“你弃家舍业，投奔革命，却吃了几十年苦，值得吗？”我说：“值得。因为，在人生道路的节骨眼上，我没有转向，在光明与黑暗之中，我选择了光明！我终生不悔。”

整理　燕龙生　王淑英

节选自平谷县政协《平谷文史选辑》第五辑

我村的民兵

张永昌

我的家乡是平谷县东高村镇大旺务村，地处平谷城南，与三河县交界，东西南三面环山，是从平谷通向盘山西部的必经之路。抗日战争时期，日寇五次“治安强化”，村北被敌人的“治安沟”封锁，并在辛店安设了据点，日伪军三天两头地对这里进行清乡扫荡，烧杀抢掠。

1941 年夏天，连降大雨，村北石河发了洪水。这天傍晚，天色渐黑，我们几个人正在河边，看见北岸有一个青年人，因为洪水阻拦过不来河。我们问他是干什么的。他说他是峪口镇的教书先生，家住在蓟县庄果峪。一听说他是邻村人，又是个教书先生，我村的耿德善便跑回家去拿来一根麻绳，将一头扔过河去，叫那青年人系在腰上，双手握紧绳子，我们用力把他拉过了河。这时，天全黑了，青年人衣服已湿透，可庄果峪离我们村还有 20 多里山路，拉马沟里洪水更凶。耿德善就把他留宿在了自己家里。打这以后，这位青年“教书先生”就常到我们村来活动，向我们宣传抗日救国的道理，并先后发展了耿德善的大儿子耿立志以及耿贤、耿耀启、耿宗远和我加入了共产党。1943 年，村里成立了党支部，耿立志任书记，我任副书记兼村长。

这位青年人，就是当时的平密兴联合县、平三密联合县一区区委书记和后来的平三蓟联合县县委书记尚痴同志。

为了适应对敌斗争的需要，区委指示我们村成立了民兵。全村为一个中队，中队长是李柏廷，耿立志任指导员，下设 8 个分队，各分队设正副分队长。民兵担当了村里的主要对敌斗争任务，如站岗放哨、传送情报、护送我军伤病员和过往党政工作人员转运公粮等，有时也要参加战斗。有几件事，给我留下的印象特别深，至今历历在目。

我们参加的第一次战斗，是配合十三团在辛店伏击敌人的军车。那是 1942 年的春夏之交，已经快要收麦子了。一天傍晚，驻在我村的十三团领导给村干部开了会，主要布置了两件事：一是命令全村封锁，许进不许出，明天下地干活的，全部是化装成老百姓的战士和民兵；二是村里连夜组织好运输队和担架队待命。我们预感到是要和部队一起打仗了，心里又紧张，又兴奋。第二天天还不亮，部队就悄悄地进入阵地了，埋伏在平三公路辛店村北一段两边的麦地里。这一段路，有 2 里多长，那时是在一条 5 米宽、4 米多深的道沟里，是打伏击的好地方。战士们一动不动地隐蔽着。到下午 4 点多钟时，果然听到从南边的崛山头传来了汽车的隆隆声。刘芝龙连长立刻下达了准备战斗的命令。不一会儿，就看见 3 辆卡车向我们开过来了，前边有 60 多鬼子兵押车。待汽车一进入我们的伏击圈，只听刘连长一声枪响，战士们一齐开了火，打得敌人无处躲藏，不到半小时就结束了战斗。鬼子全部被歼，汽车被烧，车上装的弹药全被我们缴获，我军无一伤亡。民兵很快地帮助部队打扫了战场，运走了缴获的弹药。部队转移后，天快黑了。这时，就发现东面、南面和西面的山上都上来了敌人，因为天黑了，他们没敢进村。

第二天一清早，敌人就包围了村子，把乡亲们都圈进了西小街罗家大院里，逼问八路军和军火的去向，整整地关了两天两夜。在这两天里，不给饭吃，不给水喝，天上太阳晒，地上烧火烤，鬼子汉奸还轮番对群众刑讯拷问，压杠子、灌凉水、坐老虎凳……但乡亲们没有一个人向敌人屈服。许多人是靠喝尿熬过这两天两夜的。上了年纪的人，最后都只能挣扎着爬回家去。气急败坏的敌人，还将我村的树木全部砍光，并不准我们村再种树。1944 年，李兰芬同志第一次到我们村工作时，就奇怪地问我村里为啥没有树？我给她讲了这一段历史。

1942 年，日本鬼子沿平谷北山和南山一线挖了“治安沟”，为的是消灭我山区根据地。鬼子三天两头地来我们村里扫荡，奸淫抢掠，杀人放火，无恶不作。村里有十几个人惨死在鬼子的暴行下。如赵春林一家 3 口，叫敌人打得半死不活后，又被扔进白薯井里杀害了；王宪一、王友一、王中一哥仨也是惨死在敌人的屠刀下；张希古、耿岐福、李振生、耿悦山等十几个人都惨死在敌人的暴行中……1943 年冬，1418 特务队驻赵家务的特务们化装成上山打柴的农民，太阳没出来就把村东瓜子山和南石堂占了，从东西南三面围了村子，没跑了的乡亲们都被带到赵家务村严刑拷打，李振生、耿悦山等就是这次被打死的。最后，村里花了钱才把被押的人“赎”回来。我们几个村干部和区干部，因为及时躲藏在东井沿下的暗洞里才幸免于难。当时，村里不少群众家里都挖了暗洞，万一有了敌情跑不了时，就躲进洞里。还有不少人在山里挖洞存放粮食和衣物。区里及时总结了群众的这一经验，决定利用地道和敌人进行斗争，特派苏国良同志来我村帮助设计地道。根据我村的地形，决定将地道成“目”字形布局。因为我们村是两条东西向的大街，有3华里长，正好成为“目”字的两竖。地道设计得相当完善。深度距地面约5米，地道的高度为2米，宽1．5米，内设容人堂和厕所，出口有明口和暗口。明口是我们自己用的；暗口是给敌人准备的，口下设有翻板和陷阱。此外还有卡口、射击口、突击口和通风口。卡口是用来防毒、防水、防烟用的；突击口通向山里。地道的四条横道都通村里的水井。地道向西一直通到大旺务庄户村和赵家务村。有了地道后，我们就不怕敌人扫荡了。1944年，敌人几次来我们村，都一无所获。实践证明，地道是群众在对敌斗争中创造的，保护自己、打击敌人的有效设施。

1944年春季的一天，区委书记李争华同志在我村召集赵家务村、大旺务庄户和我们三个村的支部书记和民兵队长会议，传达了区委的指示：拿掉敌人的辛店炮楼。大家认真研究了当前的形势和敌人内部的情况，决定通过策反，瓦解敌人，促其反正，消灭敌炮楼。辛店据点的中队长王纯古是大北关人，表现不是很坏，没有太大的民愤，有时还帮我们干些事；其他伪军大部也都是平谷本地人，多是为了混饭吃，特别坏的只是少数。因此，争取的可能性还是比较大的。经过认真的分析，我们决定给王纯古写一封信，说明当前形势，指出光明出路，讲清利害关系，促使弃暗投明，并约定时间，叫他答复。信送去后，到了约定的那天傍晚，我们把3个村的民兵布置在“治安沟”西侧监视敌人。夜间10点钟，王纯古派人送信出来，表示愿意投诚。我们要求他立即付诸行动，把枪支弹药和物资都集中到炮楼下的院子里，然后放下吊桥；伪军集合，到大旺务村公所听候命令。王纯古果然照办。我们进去后，将所有弹药物资运出来，烧掉了炮楼。就这样，不费一枪一弹，拔掉了敌人的这个炮楼，还缴获步枪近百支，子弹上万发和一批手榴弹，伪军由区小队带去进行改编或遣散。这次行动，给予敌人很大的打击和震动。王纯古从此参加了咱们的部队，后来当了解放军的连长，在古北口战斗中光荣牺牲了。

1944 年端午节，敌人以重兵包围我十三团于平谷城西岳各庄并发生激战。岳各庄在我们村西北 10 华里，枪炮声听得清清楚楚。我们村支部的几个同志在后坑沿听着那一阵紧似一阵枪声，一面焦急地议论着，估计部队撤出战斗后很可能向我们村这边转移，因为这里是通向盘山的必经之路。果然，这天夜里，突围的先头部队就到了我们村里，要我们赶快为部队做饭。经商量决定都做小米水饭。苦战一天的同志们一定又渴又饿，小米水饭既解饿又解渴，做起来也快。全村马上行动起来，民兵还为部队准备了担架和牲口。没过多久大部队就到了，很快吃完了饭，继续转移。重伤员用担架抬，轻伤员骑毛驴。我和赵生带着担架队随部队进了拉马沟，爬过大石头山，钻八里沟，过大石盘，翻大金山子，第二天天黑到了盘山田家峪。我们吃过饭返回村里，又整整走了一天一夜。虽然很累，但我们都为部队和伤员的安全转移而高兴。

整个抗日战争时期，我们村的战勤任务十分繁重。八路军十三团、地区二区队以及通县、顺义、平谷的县大队经常来这里休整；香河、武清、大厂、通县、顺义等地的地方工作人员也常到我们村来开会。1943年和1944年，我村交的公粮不计其数，接待的抗日工作人员不计其数。抗日战争胜利后，县大队长张凤生对我们说：“大旺务的小米干饭、蒸白薯、杂面汤我没少吃！”特地奖给我们民兵几十支步枪，一批子弹，还有一匹大黄马。再就是军需品的代收代管任务也十分繁重，十四军分区供给处的马兰田、王明山、耿玉书、高子荣、孟今等同志长期住在村里，负责从北京、天津、通县等地采购来的军需物资的保管和转运。有一次，从愣佬山送来一批大五幅白布，到南山顶由我们组织民兵去接回来保管。为了安全，我和张希胜同志决定，将布分散到全村各家各户由群众保护。每家一匹，谁也没走漏风声，所有的布匹都保存完好。平三蓟联合县老三区往西一直到燕郊、大厂和夏垫等地的公粮、军鞋也大都集中到我村，再转运出去。这不仅需要大量的人力和畜力，也有很大的危险。在民兵的努力和全村群众的配合下，保证了我军重要供给品的安全。此外，站岗放哨、转送情报、接送过往工作人员也是民兵义不容辞的责任。民兵分队长除了负责民兵的工作，还要管征粮、征款、派工等事务工作。

从我们一个村的斗争史实可以看出，民兵在中国人民的革命战争中，起到了重要的作用。

选自平谷县政协《平谷文史选辑》第六辑

苦孩子的战斗岁月

曹　有

曹有，1923年8月生于门楼村（现东高村镇），1944年6月入党。

图511　门楼庄村老党员曹有（摄于2015年7月）

1944年7月25日，加入冀东十三团，先后参加了平谷境内著名的胡庄战斗、奇袭平谷县城和官庄血战等多个战斗。解放战争时期，所属部队改编为第四野战军45军133师397团。攻打天津时因右脚中弹退伍。1980年，由山东省兖州市某工厂退休回乡（图511）。

趁机夜袭平谷城

1944年9月4日，我们连和部分民兵在胡庄村打埋伏，平谷县城的日军出发援救被围困的胡庄据点。十三团抓住这一机会，在打完埋伏后，立即赶往平谷县城，准备夜袭。

5 日凌晨，各连出发，到达团长舒行布置的作战地点。凌晨一点，发起攻击，战士们利用民房隐蔽接近城墙，架好云梯，登上城头。两点，我们连从平谷城西面主攻，打进城内。大概 3 点的时候，城内的日伪军、保安队等都缴械投降了，我们救出了百余名的同胞，还缴获了很多敌人的武器。

天亮之前，十三团大部队集体撤离，隐蔽到了夏各庄。民兵和群众则赶着驮粮食和其他战利品的大车、牲口向北面山区开拔。

那次的仗打得很痛快，我们没费多少事儿就取得了胜利。

打出战斗第一弹

1944 年 12 月 27 日下午，我们正在杨家会村整顿的部队接到命令，全连赶赴大、小官庄，保护正在开会的冀东军分区及晋察冀派来的一批团级以上干部。接到命令后，我们一路往南，赶到前芮营村时天已经黑了，于是决定休息一晚。

第二天天刚亮，战士们的早饭还没有吃完，部队就赶往了大官庄村。不想，我们进入村子没多久，日军第六十三师团及热河第五军管区日伪军万余人就将大、小官庄村包围了。

组织上决定分路突围，我们连也被分成了好几个小组，我和副连长、我班班长以及另外两个战士一组，被安排在南街口。上午 10 点多的时候，副连长带着我们向南往外突围，可一看外围全是敌人，硬冲肯定不行，副连长和班长又到西边查看情况去了，留下我们 3 个战士在原地。因为早上大家基本都没吃东西，所以，另两个战士就商量着先去找点吃的，留我一个人在街口守着。

我右手拿把三八枪，左手拿了一个手榴弹，这是我全部的“家当”。就在另两个战士离开没多久的时候，从东边的大胡同里走过来 3 个讨伐队的日伪军。我看情况不妙，一下躲到了南边的胡同里。巧的是，日伪军从胡同走出来时，3 个人都同时向北边看，看到北面没有情况，就向南边走过来了，当离我还有不到 1 米远的时候，我大骂一声，朝他们扔出了手榴弹。一听手榴弹响了，另外两个战士赶了回来，从东边又扔了一个手榴弹，扔在了 3 个日伪军那儿。

我这个手榴弹一响，原本安静的四周都打了起来，官庄战斗正式开始了。

因为敌人大都在外围，我们 3 个战士又没有多少武器，所以只能从东边的大胡同转移到西边一条不足 3 尺宽的小胡同里。正好那里有一个大院子，三间东厢房，五间正房，院里还有其他班的 6 个战士。听着枪声越来越近了，我小心翼翼地走到门楼口，趴在地上往外看，正看见胡同口有几个日伪军用刺刀杀害四班长和两个战士。我心想，你们等着，早晚得还回来。同时，赶忙插上大门，躲进了南墙根下、挨着门楼的一个干草垛里。

过了一会儿，外面没动静了。又过了一小会儿，听见门外有脚步声，我打了个冷战，可仔细一想，这脚步声不是鬼子和日伪军，他们都穿大皮靴子，走起路来很响，这个脚步声很急促，也很轻，像是布底鞋。正想着，门外有人说：“同志，把门开开，我是这个村的。”我打开门一看，是一个和我岁数差不多的小伙子。他说："鬼子到村前的大庙集合去了，你们赶紧出来跟我走吧，我给你们带路。"于是，我轻声唤出了躲在院子各个角落的另外 8 个人，找出了藏起来的步枪和背包，跟着小伙子从小胡同向西出了村子。

村西有个大坎子，我们 9 个战士在坎子上趴了会儿，等到四周没有动静了，就起来赶到了北面 8 里地外的一个村子里。那时，大概是下午 5 点，太阳都落山了。

那场战斗从上午 10 点打到了晚上 5 点多，牺牲了 120 多人。

日本鬼子投降了

1945 年 8 月 14 日，我们排驻守在将军关村，并通过掷弹筒向村东边的炮楼里打炮弹。目的就是为了吓唬敌人，不让他们乱窜。见敌人没有动静，我们就迅速撤离，在茅山后村安排了一个班驻守，向追上来的敌人打枪，掩护其他部队继续撤离。后来，我们连夜撤到了黑豆峪村。

第二天中午刚吃过饭，我们就得到消息：日本无条件投降了。听了这个消息，我们那叫一个高兴啊，都跑到院子里又蹦又跳的。小鬼子终于滚蛋了！

后来，我随改编后的部队在热河一带打击土匪。

3 年后，北上去了东北，参加解放战争。

两颗子弹穿脚过

攻打锦州时，一共打了31个小时。那时我已经是工兵连第一排排长，主要负责向前线送炮弹。庆幸的是，一直从事这样的工作，在枪林弹雨中穿梭，我们却从来没有人受伤。至于一天要送多少发炮弹，谁也记不清了。

后来，我们转战到了天津。在攻打天津火车站时，我们一排在前面，一个副连长、一个副指导员和一个参谋带着二排在后面，从东边进入了一条百米左右长的街，西头只有一条向南的小道儿，街两边都是一人多高的砖墙。我带着部队正走到一半的时候，躲在地堡里的敌人向外打枪了，机关枪“突突”地向我们冒火苗。当时，我身边只有3挺机枪，4个战士。我环顾了一下四周，墙太高，下边连条沟都没有，我们没有任何掩体。于是，我大声说了一个字“撤”。可就在我转头要跑的时候，被敌人的两颗子弹击中，一颗打在了右腿的小腿上，一颗打在了右脚上。那天，刚好是除夕夜。

中弹后，我没有倒下，而是拖着流血的腿脚掩护战友继续撤退，并迅速调来2挺机枪和一门缴获来的炮，朝着敌人的地堡使劲打，终于将地堡里一个团的敌人消灭了。

因为天气太冷，血凝固得快，子弹又没有及时取出，我的整个脚都木了，后来就一直抽筋，到最后整根筋都僵在了一起。做过手术后，我的脚严重变形，也变得不听使唤，就从部队退了下来。庆幸的是，我中了两弹都没有死，还活到了现在。

退伍后，我回乡当了门楼乡的第一任书记。1953 年，我到新建的北京后勤部做了一名合同工，一年多后转正，辗转多地后固定在山东。1980 年，我退休回到平谷。

口述　曹　有

整理　李　囡

节选自中共平谷区委组织部《老党员见证》

我的峥嵘岁月

王志友

王志友，1931 年 10 月出生于前台头村，1946 年 7 月入党。因在儿童团中表现突出，而被吸收加入共产党。1947 年加入冀东独立四师十一团一营三连，参加过解放战争中的承德保卫战、辽沈战役、平津战役等（图 512）。

小小年纪立大功

1944 年，因为家里穷，我到地主家当小伴火儿。14 岁当儿童团团长，带领儿童团站岗放哨，维持村里治安。1945 年秋收时，日本鬼子进攻大官庄时，我带领儿童团配合民兵站岗查路条，防止特务进村搞破坏。1946年7月，党支部看我立场坚定，表现突出，吸收我入党参加革命工作。10月，我带着儿童团的团员们配合民兵队长去东高村至东寺渠之间切割30多斤电话线，组织奖励了我两颗手榴弹和一把三八式刺刀。

图512　1951年王志友担任62军军长刘忠警卫员，后在航校留影

1947年7月，为保卫胜利果实，打垮国民党，八路军发动18至45岁群众积极参军。我当时才16岁，也积极报名参加。因年龄不符，不能成为正式新兵，我就跟随新兵连后边走了两个月，直到部队来人接新兵才把我正式编入冀东独立四师十一团一营三连当战士。一个月后，连部领导看我是党员，打仗勇敢，就叫我给副连长李增勇当通讯员。

当时我们部队的战斗任务是破坏滦县至山海关段的铁路。那年冬季雪很大，天气很冷，战士们每天晚上在雪地里一趴就是几个小时，手脚都冻坏了。为了不让敌人出据点，影响民工扒铁路，我们睡觉都不脱棉衣，时间一长，身上长了很多虱子，被同志们称为“革命虫”。破击战任务完成后，我们到丰润县解放区进行休整，借老乡的旧房，借口大锅烧开水，把里面的单衣放在大锅里煮，水面上一层虱子皮，有的战士身上还长了疥疮。

1948年4月，我们部队在冀东军区统一指挥下，首先解放了密云县的河南寨和顺义县的牛栏山，后又解放通县至三河的重镇——下甸镇，又在回回务村与敌 13 军第四师进行一场阻击战，消灭敌人 500 余人。我当时跟随李增勇副连长带领连队战士向敌人进行冲锋时，副连长被敌炮弹炸伤了大腿不能走路，我立刻把卫生员找来给副连长包扎。后来，我把副连长背到团卫生队进行抢救，之后又回到连部参加战斗。

5 月初，部队向热河地区出击，参加承德地区保卫战。到达滦平时，发现当地老百姓生活非常困难，很多人没饭可吃，靠吃杏叶度荒。我们部队粮食当时也很紧张，依靠冀东老百姓支援度日，每人每天只有半斤粮食，还得拿出一部分粮食救济当地百姓，吃不饱就上山挖野菜充饥。后来野菜都挖光了，每个班只分一小碗用盐水煮的黄豆当菜，有的班饭没吃完黄豆就吃没了。我们班比较团结，吃饭时谁也不舍得吃几个黄豆粒，有时还要剩下，留下顿再吃。

后来，因为我表现突出，被调到营部通讯班当副班长。

战场对敌不退缩

1948 年 8 月，我们独立四师被编入东北第 8 总队，参加辽沈战役。9 月 12 日，我们顶着雨从热河境内急行，一夜走了 100 多里，直驱辽宁省绥中县。9 月 28 日攻克绥中县城，歼灭 2800 多名守敌。攻城时十团一连班长张贵元登上城墙负重伤倒下，战士刘树才同志奋不顾身登上城墙掩护部队顺利登城，后被评为登城英雄。

1948年12月12日，我们师进驻南口地区，成为解放军的主力部队。因我从承德保卫战到参加辽沈战役及进关参加平津战役表现积极，全班没有违反纪律，及时完成通讯任务，被评为模范班。我们师在南口荣升主力师时，我也晋升为通讯班班长。

1949年1月14日，全师从天津民权门向天津守敌发起总攻，占领张兴庄敌151师指挥部，敌师长被我们团一连长张山同志带领战士活捉，并立一大功。

我们营指挥所继续向纵深发展，当我们前进到东西于庄时突然受到敌炮火猛烈攻击，营长当场牺牲，团部两个骑兵通讯员受伤，我们班8个人两死两伤，其中一个战士头被炸开了。战事这般激烈，营教导员让我派通讯员马上去联络。为尽快完成任务，我决定自己去。用旗语？万一对方不懂还会招来炮火，得想别的办法。我观察周围地形，发现在营指挥所西边50米处有一个铁路涵洞可以通过，但有敌人守护，不容我多想，我左手拿着一颗挂线的手榴弹，右手拿一支卡宾枪，向涵洞冲去。离涵洞10米时，我把手榴弹投向敌群，借着手榴弹爆炸时的烟气冲过敌哨卡。找到友军指挥员后，我把部队受阻情况作了介绍，他们随后立即组织部队向敌人进攻，时间不长就把敌人给消灭了。我胜利完成了通讯联络任务，战后给我记一大功。

南下路上剿土匪

平津战役结束后，我们部队开赴津西胜芳镇待命休整，做南下渡江解放江南人民的准备。这时，我父亲来部队看我，并带了一身便装，我一看就知道是让我回家，不让我继续革命。我背地做父亲思想工作，并及时向教导员汇报，请教导员帮助，经过教导员的耐心开导，我父亲思想转变了，支持我继续南下。

1949 年 4 月 11 日，部队自胜芳镇沿津浦路南下，经蛟河、临清、商丘、麻城等地，38 天行军 2400 华里，5 月 18 日到达湖北省黄冈县团风镇进行临时休整，适应南方气候，待命排队过长江。

那时，团部已经把我从一营通讯班调到团部骑兵通讯班当副班长，从此再去送信就可以骑马了。

当时盘踞在湘西的土匪有 10 多万人，以尹立言和陈光中等匪首最为突出猖獗。我们驻守邵阳地区的武冈县，匪首就是陈光中，他祖孙四代都是土匪，无恶不作。当时土匪活动非常猖狂，我们骑兵每天都要派两个人到邵阳市师部送信，来回 270 华里，需要一天的时间。当时武冈到邵阳有公共汽车，走在路上经常遇到土匪阻截，武冈县政府就要求我们在公交车上站岗，保护乘客安全，从此我们就挎着冲锋枪站在司机旁边，土匪再也不敢劫车了。

1950 年 2 月，我们进入广西宜山地区剿土匪，后又移防广州，担任警备任务。为适应当时海防边防情况的发展需要，上级决定将我们师改为公安第十师。

职务在变信念不变

1950年6月，团部根据我参军以来的表现，调我给团参谋长罗碧均同志当警卫员。10月份，朝鲜战争爆发，我随罗参谋长到南京军事学院学习军事。三个月后，我被调到学院院务部给部长刘忠同志当警卫员。1952年7月罗参谋长学习毕业，要回原部队分配工作，刘忠部长征求我的意见，是跟着他留在学院继续做警卫工作还是跟随原首长回原部队？当时我表示，从我个人利益考虑愿意留在学院继续做保卫工作，但我想我原首长学习后一定会分配到朝鲜作战，战场上需要有一个老警卫员，所以我决定还是跟随原首长上前线。刘部长表示理解，并在自己家为我举办欢送会，家人、警卫班、秘书、司机等30多人到场，刘部长还特意给我买了一双皮鞋和一块手表。就这样我依依不舍地离开了刘部长的家。

1952年10月25日下午，我和罗副团长从丹东坐上汽车跨过鸭绿江大桥，直奔抗美援朝战场。我们经过朝鲜的新义州、顺川、平壤和西海岸州志愿军46军军部，那一夜我们遇到3次敌军轰炸，终于有惊无险安全到达目的地。

第二天早晨七点钟军部又受到敌机的轰炸，我保护罗副团长进到防空洞。接到军部的命令后，罗副团长骑马我们三人又赶到397团团部，与各位首长见面后，就及时到各营连阵地去视察熟悉情况，我们133师397团一营在炮兵的支援下，歼敌千余人，巩固了阵地，有力地配合了 15 军上甘岭的战役。

那时，我们四十六军高炮营打下一架美军第一师的飞机，飞行员跳伞后，被我们活捉。但他当了俘虏，还不服气，我们师参谋长宋宪礼一见就火了，马上将他身上穿的防弹衣扒下，扔在地上。掏出手枪，把他的防弹衣打了几个洞。并说：你们老板发给你们的防弹衣，能保住你们的生命吗？那家伙马上瘫软在地，乖乖成了我们的俘虏。

回想起来，我在部队服役 8 年，走过了祖国的 16 个省市及朝鲜半岛，行程几万公里，参加过大小战斗几十次，多次立功受奖。我这一辈子，值了。

口述　王志友

整理　李　囡

节选自中共平谷区委组织部《老党员见证》

冲在前线守住后方

王守义

王守义，东高村镇曹家庄村人，1928 年 6 月出生，1946 年 7 月入党。1943 年加入冀东十三团二连，在平谷地区参加游击战争，后到顺义地区参加地道战。1945 年在战斗中腿部负伤，休养同时继续参加救援工作，并加入中国共产党。南下时在广西立个人二等功（图 513）。

首场战斗拼刺刀

图 513　解放战争时期王守义在东北

我家里兄弟四个，我最小。14岁那年，经家里亲戚介绍，我到北京一个印刷厂当学徒，做印刷和装订工作，总共干了一年多，开始的时候还能吃到小米面，后来就吃“共和面”，还常常是去晚了就什么都没有。我寻思着，在哪儿都是吃不饱，还不如回家呢。于是，我就回家了。

1943年，我15岁，刚回家没几个月，我趁着八路军队伍经过附近，就一个人大半夜跑到东高村参了军。后来听说，我奶奶和我妈哭了好几天，以为我丢了。

我加入的部队是十三团二连，部队给了我一把老套皮枪和三四颗子弹。

八路军的作战方针就是夜战、近战、刺刀手榴弹。我记得我参加的第一场战斗是1944年，在赵家务的巨家坟打埋伏。那时部队获得情报，说日本鬼子从平谷县城去三河从那里经过，组织决定半路伏击，由三排担任主力先上，一排和二排分别从东北和西南方向夹击，给鬼子来个“包饺子”。正值春天，没有庄稼掩护，半夜里三排战士披着棉大衣，趴在路边的台儿底下，鬼子从那儿一过就打枪。我们一排就从北面冲上去，二排从南边围上去，把日本鬼子圈在里边，趁着天黑打枪。当时，我手里有一把小马枪，这枪比较短，能放在大棉袄里藏着，还有五发子弹。天稍微亮点了，我们就和日本鬼子拼刺刀，面对面厮杀。那场埋伏一举歼灭了整队的日本鬼子，还缴获了几把枪。

那是我第一次和鬼子面对面地厮杀，打完枪拼刺刀，打得很过瘾。

带病巧躲日本兵

后来，我们去了顺义潮白河一代的农村活动。顺义那一带主要是地道战，平日里就发动群众挖地道。

1944 年冬天，我患了“回归热”，住在顺义东马各庄的病号房里。当时，我发烧烧得厉害，7 天没吃一口饭，实在难受了就吃大冻柿子。年三十儿那天夜里，日本鬼子扫荡来了，组织上让轻伤病号先跑，重伤员和重病号下地道。负责撤退工作的战士让我下地道，我不下，把他气得直跺脚。我说：我不下，躲在地道里也保不齐一死，还不如在地上跟鬼子斗斗呢。拧不过我，同屋的两个患有胃病的战友把我从炕上拉起来，架起我往外跑。

当时鬼子已经把附近连着的几个村子都包围了，来回乱窜。两个患病的战友把我架到村东边，我说：你俩先走吧，别管我了。他俩不听，说不能把我落下。那哪行啊，咱不能拖累人家啊，我就一屁股坐在地上，死活让他俩先走。等那两个战友走远了，我想自己站起来走，可 7 天没吃饭了，还发着高烧，没劲啊，说啥也起不来。于是，我就在地上爬，爬了一段后，看到一根木棍，就使劲杵着站了起来，一步步往前挪。大约走了 3 里地，刚刚走到邻村赵各庄村口，天就亮了。

这时候，鬼子刚好也从东边山上下来，进了村子，我从西边进了村子。更巧的是，村子里只有一条丁字街，我没有选择，只能顺着街往南边走，刚走到村里饮水井的井沿儿边上，看到南街口趴着好些日本兵。我当时身上没有枪，一看这情形，转身就想跑，还真是奇怪，我居然跑起来了，而且没摔跟头。看到西边有个小木门开着一个小缝，我一下子就钻了进去。日本兵没看见我，往街里头追去了。

那是一个特别穷困的家，除了低矮的院墙只有一间很破的正房，一个女人看见我进来了赶紧往屋里跑。我轻声说："别跑，别害怕，我是八路军，借你家院子躲一躲。"女人问我："你藏哪啊?"我说："你家柜子里吧。""日本人来了翻柜咋办?"女人说。我一想也是。女人指了指院子东南角用秫秸秆扎的小棚子说："你躲那里去吧。"我一看，秫秸秆真稀啊，都能侧着身子钻过去一个人，还好有几袋子花生，我躺在最里面，把两袋花生往身上一压，就在里面蜷着。过了好半天，听不见狗叫了，也听不见其他动静了。我就轻声唤女人，让她帮忙看看鬼子走了没有。她回来告诉我说：街上一个人都没有，我就出来了，往街里走。

穿过一个狭长的小胡同，路过一家开着门的院子时，院里人都往屋里躲。我对他们说：你们别害怕，我是八路军，我饿了，能不能给我点吃的？村里人很热情，一听我是八路军，赶紧说：进来吧，一块儿吃饭。那是我 8 天来吃的第一顿饭，也是我新年里的第一顿饭，一个馒头，一碗菜。临走时，我还给那家人开了一张字条，让他们拿着条去部队上领粮食，补我的饭钱。我的病从那时候开始神奇地好了，我也开始独自去找部队了。

后来听说，那次鬼子往地道里灌了3天凉水，还在洞口用火熏，地道里的人一个都没活。

光荣加入共产党

1945年6月，抗日战争进行到后期，鬼子在冀东的势力已经削弱。上级决定让部队挺进河北，进一步消灭鬼子，开辟新区。

1946年，解放战争时期，为了保卫承德，在青龙县的那场战斗中，我右腿中弹负伤，被转到后方阵地医院，闲暇时跟医生护士学习一些医疗知识，帮忙打下手。一次国民党进攻，追到了阵地医院，医院里没有部队，都是伤号、家属和后勤人员，大半夜的，跑得满山都是人。我和一个指导员、一个管理员跑到半山腰，他俩让我回去找其他人员。我二话没说，转身就去找。天快亮的时候，我在山下的小河沟旁找到一个轻伤的病号，后来我俩又找到了好几个后勤的工作人员。

过了一段时间后，一天，指导员把我叫到一个小山坡上，严肃地对我说：你想入党吗？我很意外，也很激动。那时候入党是非常光荣的事情，组织上要发展我入党，说明我的工作还不错，心里美滋滋的。后来，组织让我担任指导员，我觉得自己的能力还不够，就申请做了护工，照顾伤号，从此就留在了战地医院。

智斗敌军立大功

后来，我们战地医院跟着部队，攻打锦州、天津。在战斗中我救治伤员，打完了辽沈战役和淮海战役后随部队南下，由黄冈渡过长江，解放长沙。大军南下势如破竹，一口气儿就打到了广西。

在广西时，我还立了一次功。当时我在一个山坡下抢救伤员，背着、扶着把几个伤员聚拢到一块，突然有个伤员喊：“敌人过来了！”我一望，远远地看见十几个敌军正从山的一侧跑过来，我灵机一动，拿起枪迅速跑到山坡上，猫起身子，等敌军走近后，我跳出来就是一梭子。那时我们用的是美式装备冲锋枪，嘟嘟嘟嘟的火力很猛，十几个敌军一下子吓得全趴到地上，我大喊缴枪不杀，然后又大声咋呼：“一连、二连的战士们过来！”其实哪有什么一连二连，不过是下边的伤员在那儿假装答应罢了。敌人早已吓破了胆，跪在地上举起枪直喊投降。就这样，我单枪匹马俘虏了 19 名敌人，缴获 19 条大枪，获得了上级嘉奖。

新中国成立后，我随部队留在广西剿匪。1951 年，我们又从广州坐火车一路到了丹东，准备抗美援朝，部队番号从四野 46 军改为人民志愿军第 46 军，我所在部队为 133 师。

到了丹东，先发棉衣，晚上就过了鸭绿江。几次战役后，部队到了“三八”线以北，正式进入了朝鲜战场。那时，几乎天天都有飞机轰炸，所以，部队不管到哪儿都住山洞。许多山几乎都被掏空了。我一直在战地医院，可惜没机会到前线去。

1954 年，我跟着部队回国，并被安排到邢台专区新河县卫生院工作。1955 年，调到河北省保定市卫生局工作。国家号召干部上山下乡支援农业时期，我回到了老家务农，当了近 30 年的赤脚医生。

口述　王守义

整理　李　因

选自中共平谷区委组织部《老党员见证》

我在妇救会工作的经历

赵桂兰

赵桂兰，门楼庄村人，1931 年 7 月出生，1947 年 9 月入党（图 514）。

图 514　门楼庄村老党员赵桂兰

我记事的时候开始闹日本，整天跟着大人“跑反”。父亲经常不着家，母亲要照顾更小的弟弟妹妹，我就跟着本家大爷一起跑。有一次，日本又来“清乡”，我们动作慢了点，刚跑到村东头，就被日本鬼子发现了，鬼子喊了两声，我们也听不懂是什么，然后就听到一声枪响，我那大爷咕咚一声倒在地上。那一天，日本鬼子共杀害我们村三口人，都是普通老百姓啊。

亲眼看到大爷倒在日本鬼子的枪口下，我是又怕又恨，既恨日本鬼子，也埋怨父亲不管我。后来我才知道，父亲赵振丰是在外边做事，他是村里第一个党员，曾当过二区的组织委员。由于父亲在外边工作，家里也经常有干部去，特别是村里的干部们常到我家开会，使我渐渐地懂得了许多道理，我不但不再埋怨父亲，还很为之骄傲。

我 14 岁那年，成为村妇救会委员，并兼任村儿童团团长。当时妇救会的主要工作就是组织妇女做军鞋、上夜校学识字，还要配合其他干部征公粮、动员当兵等。儿童团主要是把守进村路口，站岗放哨、查路条，往其他村送信等。我刚开始工作，虽然没经验，可我肯吃苦，肯搭工夫，分派我啥任务都能完成。

有一次组织让我们儿童团去大庄户送信，由于时间紧来不及找人，我就一个人去。当时是春天了，我把信缝在夹袄里边，打扮成走亲戚的样子。到了大庄户，找到收信人，对上暗号，把信交给人家，连水都顾不上喝一口就往回走，到家都天黑了。

1947 年，我虚岁 17，这年 9 月我光荣地加入了党组织，成为一名共产党员。和我一起入党的都是我们妇救会的同志，一共有 8 名女党员。我入党后时间不长，一股“中央军”打村里经过，村干部来不及跑，被敌人抓住，村妇救会主任惨遭杀害。这时候有个别党员害怕了，不敢再出来工作。书记问我，你怕不怕，我说我不怕，只要不死就工作。就这样，我始终没动摇，始终没耽误工作。

口述　赵桂兰

整理　孙景权

选自中共平谷区委组织部《老党员见证》

我的革命生涯

田瑞芝

田瑞芝，门楼庄人，1931年10月出生，1947年10月入党（图515）。

图515　门楼庄村老党员田瑞芝

记得十三四岁的时候，日本鬼子为防止八路军偷袭向村里要人挖战壕，地主家有钱，出钱不出人，我家穷，拿不出钱，只好让我去干活，到三河掘山头挖战壕，天放亮出发，天黑才让回家，我每天拿几块白薯、窝头当干粮，中午就啃冻得硬邦邦的干粮，喝点凉水。由于年龄小，力气不够，每天累得浑身像散了架，日本鬼子看谁干得慢了，轻者用脚踢，重者拿枪托砸，还有汉奸拿着镐把巡视，看谁不顺眼就打，许多人身上被打得青一块紫一块，没办法只能忍着，对日本鬼子和汉奸的仇恨只能牢牢记在心里。我那时还算机灵，巡查的来了就使劲干，他们离了眼就偷点懒，就像老百姓说的，不打勤的，不打懒的，专打不长眼的。

在念书期间，我就加入了儿童团，晚上八路军入村做宣传，我就跑去听，知道了共产党、八路军是为穷人打天下的。那时我就为八路军送信放哨。

1945 年日本鬼子投降，抗战胜利了，我们也挺高兴，可国民党又打起了内战，那时敌对武装除了国民党正规军，还有地方武装叫“摸瞎队”（夜间活动抓捕暗杀我党员干部）和地主武装叫“伙会”，斗争仍然很残酷。1947 年 1 月，我 16 岁了，区长兼区小队指导员李东瑞介绍我到马坊村公所当交通员，同年 10 月加入共产党。

那时，马坊地区是游击区，我党的活动处于半地下状态，我们的武装力量很弱小，县大队有百十人，区小队就几十人，白天我们在堡垒户家开会搞宣传，研究复查土地（土改试点）、筹集军粮布匹等工作，晚上出来骚扰敌人。为了筹集粮食布匹我们想尽各种办法，筹集到的白布，没钱买颜料染，就拿炕席头、柴火烧成灰，把布染成灰色。我们夜以继日的工作，时常吃不上饭，衣服也没的换，长满了虱子，有次回家我妈拿笤帚给我扫虱子。

有一次，我们正在南张岱开会，三河来的“伙会”发现了我们，把我们包围了，我们马上组织向西突围，遇到一个河沟，岸边湿滑，我爬了几次才爬过去，机枪步枪子弹就在头顶上乱飞，过河后成功突出了包围，有两名村民被打死了。又一次，在辛撞村遇到“伙会”，我们躲进地道，“伙会”发现地道后，抱来柴火向地道里放烟，区委书记辛振业和公安局长李平也在其中，情况十分危急，我们想这次完了，和敌人拼了吧，紧急关头，分区警卫团赶到，我们才得救了。还有一次，我们得到情报说“摸瞎队”要来马坊，区小队夜里就在马坊南面一个河沟里设伏，天亮了，敌人也没来，我们松了一口气，一回身我旁边有一具不知啥时的死尸，我居然伴着死尸趴了半宿。

1948年，党组织让我做青年联合会工作，任委员，1949年任青年联合会马坊地区负责人。1948年是解放战争的关键一年，我们一方面坚持本地斗争，一方面积极支援前线，付出了全部精力。傅作义欲增兵东北战场，我们不断进行骚扰活动，有一次我们执行任务，突遇敌情，受到国民党部队围追堵截，我们几十人就跑到了盘山地区，和县委也失去了联系，没吃没喝，饥寒交迫，就到一百姓家求助，老百姓很穷，摘了点青杏给我们吃，后来又把所有粮食熬了一锅稀粥，就这样，坚持了一天。后来联系上了县委，在回马坊的路上，到了南宅附近遇上了敌军，我们拼死抵抗，进行了激烈的战斗。战斗中，工会主席张之壮烈牺牲，武装部长郭春敏被捕后遭杀害，武装干部赵合之被捕后下落不明。这一年，我们在西鹿角村受到国民党部队围堵，在地道中躲藏了一天一宿才得以脱身。

口述　田瑞芝

整理　马洪华

选自中共平谷区委组织部《老党员见证》

从冀东到南海边

张汉廷

张汉廷，东高村镇南宅村人，1932年9月出生，1949年1月入党。1947年8月参加解放军，解放战争中主要战斗在唐山秦皇岛一带，南下一路征战到广东。1952年守卫珠海拱北，在中葡“关闸事件”英勇无畏，保卫了国家主权和尊严。1955年转业到平谷县工作，1992年离休（图516）。

图516　青杨屯村老党员张汉廷

征战冀东

1947年，解放战争全面展开，我在8月份大扩军时参加中国人民解放军。全村一次拉走100多人，够组建一个连。检查身体时，管征兵的发现我的右手中指有一个小疮，说不行，我立即争辩，我的二、四拇指是好的，完全不影响打枪。经过力争，如愿入伍。出村第一站到南太务村东换军装，后到遵化县团瓢庄整训一个多月后，奉调经兴隆、鹰手营子去密云古北口，和国民党暂三军作战。沿途的庄稼都被国民党军砍倒，粮食异常紧张，我们每人每天3两小米，还号召节省出2两救济老百姓，整天主要靠野菜水果充饥。刚到古北口，又接到新的命令，要我们赶往山海关外的绥中，堵住华北通往东北的咽喉要道，防止更多的国民党军增援东北。赶到绥中，打了一天一夜，消灭守军，县城解放。

1947年11月，我们部队编入新组建的冀东军区独立四师11团。师长李道之，政委王晓生。团长耿兆江，蓟县马伸桥人，拉大杆出身，是八路军争取过来的，对敌斗争坚决，能打仗，见到敌人就眼红。政委姓陈，长征干部，副团长姓李，一只眼，湖南人，长征干部。营教导员李宝廷，黑豆峪人，是老八路。

打下绥中，上级命令赶到蓟县石门阻击增援东北的国民党军。到石门，立即占领北山有利地形，敌军一个营向上攻山，我们居高临下阻击。我们班跑到最前沿，陈友谅连长指挥，凭借一段突出的山崖掩护，山崖之下就是敌人，相距只有几步远。我们向崖下扔手榴弹，炸死不少敌人。敌人向上攻击的子弹也很密集，我身边战友陈怀拧下一颗手榴弹盖抬头要往下扔，就这一露头，被敌人子弹打中头部应声倒下，我看见他手里的手榴弹没扔出去，哧哧呲着火，抓起来扔向崖下敌群，还没着地就炸响了。不一会，感觉脚背子有点热乎，低头一看，是战友陈怀头部被击中后，脑浆崩裂，流在我的脚背上，惨不忍睹。经过激战，敌人最终没能攻上山崖。这场战斗，我们不到一个师的兵力，迟滞了敌人增援东北一个军的兵力。

战斗结束，我们到蓟县黄崖关住一宿，又奔遵化东陵，在卢龙、兴隆、蓟县一带活动，寻找战机，阻击去东北的敌军。东北四野大部队攻坚锦州时，我们师在秦皇岛老黄台，牵制住从海面上来此登陆、增援锦州的敌军。

攻打天津

1948 年 11 月，独立四师编入东北野战军 45 军，12 月入关攻打天津，在民权门突破口，与国民党 62 军 151 师相遇。敌人全部美式装备，可谓兵强马壮。

少将师长李植见国民党大势已去，不再抵抗，我军连闯三道防线，都没遇到阻力。我们连跑在最前边，张福成（小北关人）带一个步枪组，我带一个机枪组为突击队。步枪组在前边冲，机枪组紧跟着火力掩护。一直冲到 151 师阵地纵深，活捉师长，摘下他的小马牌撸子，敌师长懂得我们的俘虏政策，乖乖束手就擒。

张山连长押着李师长向敌军指挥部走去，敌人岗哨用冲锋枪阻止，李植师长用带着白手套的手一挥，连续几道岗都顺利通过，到了指挥所，一道命令，全师投降。营部通讯员王志友把我军红旗插上敌指挥部。

天津解放，151 师大部分愿意留下编入我们部队，少部分愿意回家，发了路费。

大军南下

平津战役结束，1949 年 1 月 25 日，我师开赴津西胜芳镇休整。4 月，沿津浦公路南下，途经 10 多座县城，到达湖北九宫山下。爬了一天一夜，翻越九宫山，与国民党白崇禧第七军遭遇，衡（阳）宝（庆）战役全面展开。经过激战，敌军禁不住我军台风式的席卷，一个师长被捉，士兵只顾逃跑，把枪炮弹药都扔在烂泥里，白崇禧第七军被全歼。

衡宝战役胜利后，我军南下至湖南向家冲休整。10月底，奉命到邵阳剿除匪患。活动于新化、武冈、隆回及雪峰山一带的反共救国军司令陈光中（匪首）猖狂反共，强占民财，奸淫妇女，杀人无数。直接到女子学校去“选美人”，强娶 10 多个老婆，可谓罪大恶极，民愤极大。我团经几天几夜连续追击，在客溪将陈光中及以下 2000 多残匪活捉。

1950 年 1 月，我师奉命进军广西，完成剿灭宜山匪患任务。随后部队移防广州，接手重点目标警卫任务。同时作为解放海南岛的第二梯队，随时准备进军海南岛。4 月下旬部队奉命向雷州半岛进发，准备登陆海南岛。5 月 1 日，行进到半路时，海南岛全境解放，部队原路返回，驻守在国棉三厂。

亲历“关闸事件”

1951 年 12 月，中南军区调我师担任边、海防守备任务。部队改编为中国人民解放军公安第十师，师长李道之。我们 29 团 1 连，负责把守珠海与澳门之间的拱北地段。连长闫进富（平谷小峪子人），副连长邢起（平谷峪口人）。拱北与澳门关闸口只有一条南北陆路通道，澳门当时被老牌殖民主义国家葡萄牙占据。一连守卫地段虽只有几百米长，但直接与澳门关闸对峙，处于对敌斗争的前沿，是珠海前线最重要的地段。关闸口是“军事警戒线”，中葡双方哨兵分别在各自线内站岗。

鉴于边防斗争的复杂性，中共华南中央分局指示，对敌斗争要有理有利有节，绝不开第一枪。我是副排长，带队在拱北关闸警戒。闸口中国一侧，通道两边各有一座地堡，外边有固定岗哨，里边架着机枪火力监视并掩护。葡方士兵根本不把我们的岗哨放在眼里，不相信我们敢打，经常向我方哨兵瞪眼睛，用枪瞄准，故意把“拒马”（一种活动的军事障碍物）推进警戒线我方一侧。我们把情况报告团长，团长强调要按中央军委指示原则“既不主动惹事，也不示弱，有理有利有节”，不许开第一枪，葡方再挑事可以冷处理。

我吩咐四班长郝文准备棍棒，再遇葡方士兵越界警告无效时，就棍棒“伺候”。7 月下旬的一天，葡方哨兵越界一小时，被我方哨兵逼着退回。稍后，又一葡方士兵借口关闭铁丝网，再次越过警戒线，又将其“拒马”推入我方一侧。三班长宋有增过去，对这名葡方士兵进行警告。见此景，8个葡方士兵赶来，并用枪刺扎伤宋班长。之后，越界的葡方士兵逃脱。与此同时，关楼上的葡方士兵公然用冲锋枪向我哨位扫射，打响侵犯我主权的第一枪，我方哨兵以冲锋枪还击。

第二天，我们一连哨兵张焕来冒着生命危险到原哨位上站岗，本想葡方也会派哨兵站岗，“冲突”便可平息。然而葡方不仅没有照常上岗，而且为消除挑衅痕迹，竟派兵将前一天推到警戒线我方一侧的“拒马”拉回，利用闸口工事向我方猛烈射击，致使我方哨兵张焕来受伤。我方地堡内机枪实施火力还击，掩护张焕来撤回。一时间双方枪炮齐鸣，冲突升级。葡军炮弹打到警戒线我方一侧旗杆附近，这是边界线上新中国竖立的旗杆，每天早晨哨兵都要把五星红旗升起。在前沿阵地指挥战斗的副连长邢起（图517）发现旗杆上的绳子被炸断，国旗缓慢下降，立即带领战士苏广照匍匐赶到旗杆下，苏广照登着邢起的肩膀把绳子接起来，顺着旗杆滑下，拴好国旗，他俩正往上拉，又一发炮弹落下，二人身负重伤，拼着最后一点气力，把国旗升到杆顶，直到牺牲，两双手还紧紧地拽着旗绳。

图517　邢起烈士

随后，葡军又向中方拱北一带开了几十炮，炮轰拱北居民。葡军的罪恶行径，激起我军指战员怒火，我方军队开炮还击。

澳门岛上土地很少，根本无法种植蔬菜，吃用一直由大陆供给。闭关以后，切断了内地对澳门的副食品等民用物资的运送，澳门成了一座死城。一时间，澳门居民人心惶惶，生活一时陷入混乱。

葡萄牙驻澳门总督感到事态严重，赶紧把澳门的现状向葡政府汇报，葡政府也感到再这样下去，后果将不堪设想。葡方怕局面难以收拾，被迫请求谈判。1952 年 8 月 23 日，澳葡当局向中国方面递交了道歉书，承认错误，并保证不再进入中立区挑衅，葡方从原警戒线后撤 50 米，向我方赔偿人民币 44372.30 元（旧币）。关闸事件得以平息。

1952 年，边防部队和地方政府在邢起烈士牺牲地建起纪念塔。1999 年珠海市人民政府和澳门特别行政区政府为邢起烈士重建纪念塔。邢起烈士，国家的英雄，平谷的光荣。

1953 年 1 月，我师与兄弟部队换防，从拱北关闸撤出，开赴雷州半岛接替防务。1954 年部队派我到军官学校学习 3 年，因腿伤复发行走困难，转业回平谷工作，先后在县政府交通科、一商局、酒厂工作。1992 年离休。

口述　张汉廷

整理　王宝成

选自中共平谷区委组织部《老党员见证》

官庄战斗

柴福善

题记　作者访谈中，听到多村老人谈及官庄战斗，门楼庄曹有老人在《苦孩子的战斗岁月》里专门谈了从官庄突围的过程，镇里更有16位八路军烈士就在这次战斗中壮烈牺牲。为让广大读者能够更好地了解官庄战斗，特将作者在县委党史办所撰写的《在铁壁合围中》，后编入《平谷史话》而改名《官庄战斗》的专题文章录此，以存资料。

抗日战争进行到1944年下半年，从全国形势看，我已局部反攻，逐步走向胜利；日军则处处收缩，正在走向灭亡。冀东，是日军确保的战略要地，不但没有收缩，反而加强了统治。他们不仅调集重兵，而且建立华北特别警备队，直接指挥部队，协同作战，以便实现"在1944年12月底，侦破并摧毁当前敌人（指我方——作者）的秘密组织及秘密活动"，"破坏敌中枢组织（指我领导机关——作者）"的战略目标。因此，日军在战术上，采取重点进攻、长途奔袭、分进合击。

为加强冀东抗日工作，晋察冀军区陆续派来一些领导干部。1944年12月，又有80多名干部，由曾雍雅带队，途经平北、密云，于月底到达冀东西部平谷地区。与此同时，根据上级决定，冀热边特委将改为冀热辽区党委，晋察冀第十三军分区扩编为冀热辽军区，军分区司令员李运昌也来到平谷。

日军侦知这一情况，立即纠集1万多兵力，从密云、顺义、通县、三河、香河、蓟县、兴隆等地长途奔袭，对平谷地区进行铁壁合围，妄图一举将我歼灭。

当时，八路军十三团和地区党委、专署及干部队驻在北辛庄和东西杏园一带。12月26日，发现敌情：密云日伪军已出发到唐子川、太保庄、东西邵渠一带，北平日伪军增兵顺义，天津日伪军增兵通县。27日上午，合围之敌距我已几十里了：顺义日伪军到了杨镇，密云日伪军到了丫髻山，通县日伪军到了高楼。情报从四方紧急而来，团长舒行命侦察员继续侦察，若来不及报告，就鸣枪报警，部队一直坚持到天黑。深夜10点左右，从西北丫髻山传来手榴弹连续爆炸声，情况火急，部队即刻集合，分五路突围。

第一路，司令员李运昌（图518）带警卫连和一部分机关工作人员向东突围。据情报分析，东路较为安全，兴隆日伪军将从东北来，才到镇罗营。所以李运昌率队走山东庄，过甘营、望马台，翻水峪、石塘峪，插向盘山东，一路并未遇敌。再往前便到了遵化、迁安境

图518　冀热辽根据地开拓者（左起）李运昌、刘诚光和包森，1941年在冀东

地，那里则是李运昌经常出入的根据地了。

第二路，十三团团长舒行、政委李子光带特务连、通讯排、部分机关工作人员约500人，向西南二十里长山突围。从北辛庄出发，经兴隆庄、蔡坨、杨家桥，过西双营，刚到顺义张镇南二十里长山，就与高楼来的日伪军碰上了。我尖兵朝其开火，不理，躲着从野地绕走。从而推知：日伪军奔袭是打死目标，半路碰上也不打。我部队继续南插，正过通唐公路，突然从西面开来六七辆满载敌军的卡车，我指战员卧倒隐蔽路两旁。当时，恰浓云遮月，朦胧不清，敌未发觉。我部队穿过公路，凌晨3点到了夏庄，略作休息，直奔东南，天亮时队伍开进辛集，料已冲出重围，便住下了。

第三路，十三团政治处主任王文（图519）带团政治处、二连和专署、军分区尖兵剧社200多人，向南突围。因专署处理问题、隐藏东西，直到夜里2点多才出发。刚走三四里路，前边尖兵排报告有敌情。王文马上命卧倒隐蔽，经分析确定向西转移。连长朱海泉率两个排先行，后面的专署等地方干部没有经验，竟往回跑。王文只好自带一个排掩护他们回到杏园。这时，天已亮，

图519　王文（左）1983年重上战斗过的盘山莲花岭与当地农民畅谈

不能再向西走了，便决定上杏园东山隐蔽。不久，就听到西南方向枪声大作，是官庄打起来了，而日伪军也都朝那儿集中了。王文带着队伍在东山休息一天，下午到杨家会住下来，在那里和老百姓一起度过新年。

第四路，十三团参谋长陈云中带新兵连和干部队向西突围。队伍不走村子，走小路，走野地，凭着熟悉的地形，一直走到顺义境内而未遇敌。当走到二十里长山北边一个小村，陈云中估计是日伪军包围的边缘了，准备休息一下再走，并派一个班向南游动一二里，以察敌情。这个班刚走出一里多远，突然发现前面有日伪军。回去报告来不及了，班长立即鸣枪报信，并指挥战士同敌人展开战斗。陈云中听到枪声迅速集合，拉起队伍继续往西奔走。这里果然是敌围边缘，再走也未碰上日伪军。

第五路，十三团参谋长关旭（准备接替陈云中）带工兵连、三八步枪射击训练班和义勇大队等300多人，向东南盘山方向突围。原定从杏园经许家务、鲁各庄、北台头、东西鹿角，到大旺务拉边沟进山，关旭刚来十三团不久，地形不熟，想离平谷城远一点，就朝西南走了。半夜时分，队伍走到芮营，以为躲过敌人了，想休息一下做点饭吃再走。这时，发现平谷日伪军悄悄摸到了周村，队伍转向西走，没走多远，迎头二十里长山敌人也过来了。关旭率队走马昌营直奔云峰寺，沿村东小河沟北走。这时走在前面的工兵连，发现正在河边转悠的二区队政委谭志诚（图520）。他拉着一匹红马，带着一个班，刚从三通香地区来。作者记得2007年调查寺庙时，曾在大兴庄镇南部某村与一

图 520 谭志诚烈士像

位80多岁老人访谈，他随口说官庄战斗的头天晚上，谭志诚就住在他们家。当时因为等着要去别村访谈，就没来得及再问具体情节。据说谭志诚要去军区向首长谈他对部队整编的意见，还没与司令员李运昌及队长李满盈联系上，就碰上了敌人。工兵连长杜荣春问："谭政委，怎么办?"谭政委说："有没有日本旗?"杜连长答："有"。这样，两部分合在一起，打着日本旗往西走。到双营村附近只见小山上有人打旗语，问哪部分的；我用旗语回答：讨伐队，你们是哪部分？日伪军狡诈地回答是十三团特务连。谭政委命赶紧卷起旗子。旗子未卷完，敌人机枪就射击过来，关、谭率队急忙后撤。去盘山慰问伤员的十三团宣传队，因半路遇敌，也跟着关旭、谭志诚队伍一块儿撤到大官庄。本想继续北走，可没走多远，峪口那边日伪军黑压压逼了上来。队伍马上回返，谭志诚、关旭带义勇大队和部分射击训练班人员跑到小官庄，而工兵连、宣传队跑到了大官庄。这时，四方跑反群众蜂拥而来，日伪军将这里重重包围了。

另外，队长李满盈带冀东军分区第二地区队（简称二区队），27日从北辛庄到大官庄宿营，部队仓促转移，没来得及通知他们。28日凌晨，朱海泉带两个排也到了大官庄，他告诉李满盈："今天敌人要包围这一地区，我们在杏园附近遇故，和部队失掉联系。"李满盈马上集合队伍，由一位班长打着一面缴获的日本太阳旗，和二连一起向南转移。刚到云峰寺村，南边跑反群众涌来，说疙瘩头村日伪军很多。队伍又往西北转移，刚到南杨家桥，北面群众大批往南跑，说敌人到樊各庄了。李满盈感到情况极为严重，敌众我寡，必须尽量避免与敌交火，想办法从包围圈的空隙转移出去。他估计西南张镇据点附近可能没有日伪军，便决定从张镇和双营村之间插过去，向二十里长山转移。当越过一条公路向南行进，前面尖兵突然发现南面山头有日军，队伍马上沿河沟到双营村西南稍停，观察和分析周围情况，这时只见山头鬼子拿太阳旗朝我摇摆。同时，双营村跑来的群众说村北公路已有很多日伪军，情况万分危急。有人要求向南突围，有人主张据双营村坚守。但李满盈认为不妥，经仔细研究，决定沿河沟往东转移，若遇敌则坚决突围。这时山头的太阳旗在摇动，那个班长也向山头摇起来，敌人真以为是自己人呢。队伍迅速东走，脱离险境，28 日中午转移至二十里长山的小塘村，当夜穿过通唐公路，到了三（河）通（县）香（河）地区。

再说关旭和谭志诚一看移转不行了，马上命令队伍立即分散村边各户，作战斗准备。而万名被驱赶来的群众，将仅五六十户的小官庄家家户户都挤严了，连村头野地、沟坎都躲藏着很多群众。

日伪军把大小官庄围得风雨不透。北面是日军和伪满州军，东面是伪保安队长、汉奸单德贵的三河伪军，南面和西面都是北平、天津及通县、顺义、香河等地的日伪军。只见四周的坡坎、坟头，全是乱晃的白旗。

这时，已是28日上午。大约10点左右，忽然东边陈良屯沟子爬上一伙敌人，守在小官庄村口的一个战士见了敌人早已眼红，啪！一枪榴弹，可惜太远，未炸着敌人，却暴露了我们的目标。这时，四面敌人的枪炮一齐打了起来。

起初，我军一部分试着往东突围，冲一阵，与单德贵的保安队一接火，又退回村里。而北边日军也许对叛徒不放心，赶快过来和单德贵一起封锁住东路。

小官庄是个小村，村北为开阔地，日伪军不好接近；村西地形复杂，村南有道沟掩蔽，战斗就在村南激烈展开。日伪军轻重机枪外加小炮，我们只有一挺歪把子机枪，义勇队有些枪支，而步枪训练班大部分没有真枪，只有训练用的木枪或棍子，没什么战斗力。尽管敌强我弱，但敌明我暗，敌不冲近我不打。从上午10点到下午1点，敌人接连几次冲锋都被我打退了。但我弹药不足，火力逐渐减弱。战斗中，那挺歪把子机枪四面应付，哪边来敌哪边打。

情况越来越严重，小官庄我连续派出6人同主力联络，只1人突围，其他5人都牺牲了。与此同时，还组织火力向西突围，想与大官庄我工兵连和宣传队会合，村西一片洼地，刚冲出村子，日伪军在大官庄村头高岗处架的机枪就疯狂扫射，顿时，我几十人中弹牺牲。几十个义勇队员又往北突围，冲到韩屯附近，在日伪军猛烈射击下，全部阵亡。后我又组织几次突围，均未成功。就在一次突围中，参谋长关旭、专署财政科长陈仁不幸牺牲。

日伪军进攻越来越猛，我防守越来越弱。到下午 3 点多，有个刚“反正”的义勇队员贪生怕死，偷偷跑出来，向东边日军投降了。在汉奸带领下，四面敌人更猛烈进攻，突破村口防线。我指战员退守，利用每个院落、房屋，与敌巷战。一个战士隐蔽村西一牲口棚里，敌人进来一个，打死一个，一连打死六七个敌人，可惜一颗子弹打在门上，敌人闯进棚里，这位八路军战士惨死敌人刺刀之下。

身负重伤的谭政委，守住村北一个赵家大院，看到战友牺牲的牺牲，负伤的负伤，看到凶恶的敌人不断进攻，深感事态严重，他默默地蹲在火盆前将文件一件一件烧毁。这时，警卫员过来，要他换上群众衣服，背他冲出去，在旁避难的老百姓也纷纷劝说。可谭政委坚定地摇摇头：“战斗一天了，我走了老百姓咋办？”他望望警卫员说：“你走吧，能冲出去还增加一份革命力量。”警卫员坚持要背他，谭政委大声命令：“你快走！”说完，他艰难地走到后院东北角，倚着土墙，朝自己额头举起了手枪。

在战斗中，工兵连和宣传队等在连长杜荣春、队长王群英带领下，据守大官庄西街三官庙和附近院落。日伪军在村西河边一片坟地上架着几挺机枪，不住地朝村里扫射。在机枪掩护下，日伪军一次次发起冲锋。我工兵连虽然没有什么枪支，就靠手榴弹、地雷、炸药包，还是消灭不少日伪军，击退了进攻。同时，他们也几次向小官庄方向猛攻，但都被日伪军密集的火力阻挡了，始终没能与小官庄联系上。战斗到下午 4 点多，杜荣春和王群英一看坚守不行，就率领一部分战士从村西大坑边跃出，向南边仅一河之隔的云峰寺村突围。就在这只有几百米的地带，日伪军机枪穷凶极恶地扫来，十几个战士当场牺牲，王群英和另一队员冲到河边，不幸中弹，连长杜荣春也在突围中阵亡。最后，只有5人突出重围。就在这边冲向云峰寺村的同时，趁敌人不注意，隐藏在一家中的7名战士悄悄沿水沟从西北方向冲出去了。

傍晚，战斗停息了。日伪军占领了大小官庄，为搜查八路军开始从小官庄村东口放人，汉奸单德贵和日军饿狗一般盯着每个人。谭政委的那个警卫员和一些八路军战士，在群众掩护下，冲出了村子。在村西口，日伪军依然戒备森严，将躲避村西的数百名群众和八路军战士赶到一个空场院，挨个盘问谁是八路军。大家不管敌人是诱惑还是恫吓，谁也不说。第二天，日伪军只好将这些人放了。而那个八路军机枪射手，因腿负重伤，被敌人搜出活活烧死了。

宣传队有个叫陈博的队员，藏在大官庄村干部王增家后院墙上的谷草里，天一黑，他出来了。王增夫妻俩赶紧将陈博长发剪去剃光，王增摘下头上的破毡帽戴在他头上，妻子抱来儿子的破衣服给他穿上。随后将换下的衣服赶忙塞进炕洞，让他和四岁的小女儿王淑英躺在炕里，盖上被子，只露着小女儿的头。日伪军几次搜查，甚至掀开被子，都被王增妻以“我的孩子”而骗走。后来，日伪军要住下，让腾屋子，陈博便背着小淑英，王增妻领着他转移到薄各庄亲戚家里。等日伪军走了，王增一家把陈博亲自交给了部队。日伪军搜捕时，有个姑娘指着一名换了便衣的八路军战士，说是自己的丈夫。有一批八路军战士，就这样在群众掩护下幸存下来。

图 521　官庄战斗烈士纪念碑（摄于 2004 年 9 月）

在这场激战中，几百个日伪军被我击毙，而我指战员也 120 余人为国捐躯（图 521），80 多人被俘，一些群众被打死打伤。

在日伪军的铁壁合围中，冀东军区首长和领导机关转移了，我十三团主力转移了，晋察冀派来的干部转移了，尽管我方受到一定损失，但总体上敌人分进合击、妄图一网打尽的阴谋破产了。

选自柴福善所撰《平谷史话》及

中共平谷县委党史办编《洵水长流》

八路军和干部、村民的抗日活动

鲍家庄

73 岁老村会计王福田（图 522）说：抗战那时候，刘向道经常在这一带活动，就在村里住，我家也住过。过去一开辟地区，就说“老道”、“老飞”。“老道”就是刘向道，“老飞”叫李鹏飞，普贤屯人。

1981年北京市民政局汇编《北京市革命烈士英名录》“区县分册”平谷册记载：

张来福，曾用名张永才、张志东，男，1918年生，鲍家庄村人，1937年6月参加革命，1942年牺牲于平谷县峨嵋山，牺牲时任冀东十四军分区十三团班长。

张怀成，曾用名张成怀，男，1916年生，鲍家庄村人，1944年6月24日参加革命，1944年11月牺牲于平谷县大官庄，牺牲时任冀东十四军分区十三团六连副班长。

图522　73岁老村会计王福田（摄于2018年10月）

北张岱

图523　86岁老生产队长李万祥（摄于2019年3月）

86岁村老生产队长李万祥（图523）说：八路军十三团有个连长叫王长友，是河南人。头天后上过来的，天下着小雨，负伤了，在我家养伤。王长友会修机枪，大个子，睡我家土炕上，伸不开腿，得斜躺着。过几天去世了，葬在村子南边，后来还立了碑，村里小学生到清明就去扫墓。现在，移到南张岱烈士墓一块儿了。

1981年北京市民政局汇编《北京市革命烈士英名录》“区县分册”平谷册记载：

李进朝，男，1924年生，北张岱村人，1942年2月参加革命，中共党员，1945年4月牺牲于河北省遵化县，牺牲时任冀东十四军分区十三团战士。

李万忠，男，1922年8月22日生，北张岱村人，1944年11月参加革命，1944年12月牺牲于平谷县官庄，牺牲时任冀东十四军分区十三团战士。

王如言，男，1924年生，北张岱村人，1943年12月参加革命，1945年3月牺牲于河北省遵化县，牺牲时任冀东十四军分区十三团战士。

王起，男，1904年生，北张岱村人，1941年4月参加革命，1941年11月牺牲于泗河村，牺牲时任游击队战士。

郭春敏，男，1923年生，北张岱村人，1946年11月参加革命，1948年5月18日牺牲于河北省三河县，牺牲时任平谷县七区区小队区武装干事。

王乃金，男，1925年生，北张岱村人，1946年7月参加革命，1947年6月28日牺牲于河北省三河县大赵庄，牺牲时任三十四团一营营部战士。

曹家庄

图 524 90 岁离休教师庞瑞麟（摄于 2018 年 10 月）

90 岁离休小学校长庞瑞麒（图 524）小时候听父亲说，那时候村里组织过青年报国会，其中有我父亲庞金凤，还有庞瑞林、王成栋、任克贤等。这是群众自发组织，里面没有党员。

抗战的时候，刘向道是个大队长，经常在这边活动。穆雨老跟着他，穆雨是普贤屯的。穆雨叫李鹏飞，真名叫李维凡，他到一个地方换一个名。还有三河榜棬山的马玉，马玉也是化名，真名叫李润民。这都是共产党活动的，还有很多八路军也在这儿活动。他们经常住孟廷喜家，这家是地主。孟廷喜爷爷会修手枪，常给八路军修枪，孟廷喜真名叫孟继元。后来共产党干部、八路军也到我们家落脚，他们来了敲 3 下窗户棱儿，就给开门。孟廷喜给八路军跑外，在北京朝阳门外头开一个仁和木厂，在村里还开了个烧锅。实际上，他家就是往北京拉木头，回来带纸墨笔砚，武器等也往下买，供应八路军。

这村 1944 年挖地道，西通普贤屯，北通门楼庄，有二三里地。地道有多个出口，还挖有容人堂。村内地道大约有 300 米，从大过道往南，南边那个院的井那里，容人堂就通着井。村西南角孟廷喜家场院下面就是容人堂，孟廷喜家有秘口。

86岁村民孟兆通说：平谷县第一任妇女会主任叫孟达，是我姑姑，这是在闹日本的时候。我们当时都在天津，后来她就到天津找我们去了。

1981年北京市民政局汇编《北京市革命烈士英名录》“区县分册”平谷册记载：

贾三福，男，1917年生，曹家庄村人，1940年5月参加革命，1940年10月牺牲于河北省蓟县，牺牲时任河北省平三蓟游击队战士。

孟二利，男，1918年生，曹家庄村人，1941年2月参加革命，1941年11月牺牲于顺义县张镇，牺牲时任平三蓟游击队战士。

杨井祥，男，1923年生，曹家庄村人，中共党员，1948年6月牺牲于河北省三河县，牺牲时任平谷县曹家庄村民兵。

杨井旺，男，1921年生，曹家庄村人，1947年8月参加革命，中共党员，1948年6月牺牲于河北省三河县，牺牲时任平谷县七区区小队排长，立二等功一次。

孟希章，男，1928年生，曹家庄村人，1947年7月参加革命，1951年6月21日牺牲于朝鲜，牺牲时任六O三团三连班长。

孟秉荣，曾用名孟文礼，男，1928年生，曹家庄村人，1947年8月参加革命，1950年4月牺牲于四川省，牺牲时任冀东十四军分区教导师三营十一连三排排长。

崔家庄

73 岁老村书记李银说：抗战时期，我爸是地下党、村干部，1943 年入党，化名李明，真名李井祥。

图 525　82 岁老村治保主任曹金财（摄于 2019 年 3 月）

78 岁老治保主任曹金财（图 525）说：我们村北是洵河，据说河北有王朝、马汉，河南有孟良、焦赞。都是代号。孟良、焦赞是我们村的俩人，孟良是赵珍，焦赞是张文联，都是村干部，给八路军办事的。抗战时期，我们村挖地道，家和家之间都通着，村和村都连着，我们村和北边青杨屯连着，起码有 2 里地长，日本鬼子一来，就赶紧钻地道。

图 526　崔家庄鲍贵臣烈士证

1981 年北京市民政局汇编《北京市革命烈士英名录》“区县分册”平谷册记载：

鲍贵臣，男，1923 年生，崔家庄村人，1943

年5月5日参加革命，1945年6月牺牲于热河新拨子，牺牲时任冀东十四军分区十三团二连战士（图526）。

李长头，男，1926年生，崔家庄村人，1943年5月参加革命，1944年8月牺牲于平谷县马坊，牺牲时任冀东十四军分区十三团战士。

何来先，男，1918年生，崔家庄村人，1943年5月5日参加革命，1944年11月14日牺牲于平谷县官庄，牺牲时任冀东十四军分区十三团七连战士。

张宝恒，男，1924年生，崔家庄村人，1947年3月参加革命，1949年牺牲于江西省太合县，牺牲时任四十八军一四二师四二四团战士。

曹占春，男，1925年生，崔家庄村人，1947年7月参加革命，1949年8月牺牲，牺牲时任野战旅二团战士。

张海江，曾用名张海增，男，1929年12月生，崔家庄村人，1947年8月参加革命，牺牲时任警备二团战士。

大旺务

78岁村民周克芳（图527）说：一回，包森部队来了，人不多，就拿着3杆枪，到辛店炮楼。村里老百姓敲铜镟子、放二踢脚助阵，八路军又往炮楼里打枪。炮楼里就仨鬼子，以

图527　78岁村民周克芳（摄于2019年4月）

为是八路军大部队来了，就投降了。

大旺务辛店

85岁退休职工乔玉宝（图528）说：1943年旧历七月十三，八路军打埋伏。这天正是平谷大集，南来北往，赶集的、做买卖的。当时都给截那边了，不让出也不让进。八路军在庄西边，正挨着道边打的埋伏。把道垒个墙，街北边是个小庙。八路军有一个连。北边鬼子从县城出来，从西鹿角奔台头，想从这边回平谷。带道的是赵府的一个人，姓李，战斗中胳膊被打折了，后来得了破伤风。当时鬼子是一个小队，20多人，全给打死了，一个没跑。八路军就牺牲一人。我当时8岁，刚记事，听着墙外头打得挺热闹，想瞧瞧，结果一出门，一颗子弹嗖地过去了，我赶紧回来了。当时指挥的叫刘芝龙，打完了赶紧打扫战场。随后，周边一些鬼子赶过来，八路军早撤到东边山上了，据说在安固吃的饭。

图528 85岁退休职工乔玉宝（摄于2019年4月）

1944年，民兵端过炮楼。那时炮楼里鬼子撤了，就剩伪警备队了。炮楼里边有地下党。大庄户于连香带着去的，都是大庄户民兵，儿童团去造声势，叫号。民兵“一二三——四！”地喊着，炮楼里边也不知道是八路军还是民兵。到了黑夜一点左右，民兵就朝炮楼里喊话：“快投降吧，外边都包围了，不投降死路一条！”后来，伪警备队就投降了。大概有 20 多人，2 个班。

1981 年北京市民政局汇编《北京市革命烈士英名录》“区县分册”平谷册记载：

赵桂林，男，1913 年 4 月 7 日生，大旺务村人，1944 年 2 月 6 日参加革命，1945 年 5 月 26 日牺牲于河北省承德，牺牲时任热河武工队副班长。

吕春头，男，1924 年生，大旺务村人，1944 年 5 月 27 日参加革命，1944 年 10 月牺牲于河北省三河县金庄后，牺牲时任三通香新兵四连战士。

耿长青，男，1926 年 3 月 28 日生，大旺务村人，1944 年 1 月 30 日参加革命，1944 年 4 月牺牲于平谷县北土门，牺牲时任平谷县二区队战士。

耿福安，男，1920 年 9 月 16 日生，大旺务村人，1944 年 5 月参加革命，中共党员，1948 年 12 月 27 日牺牲于河北省鹰守营子。

李中廷，男，1928 年 2 月生，大旺务村人，1946 年 9 月参加革命，1947 年 2 月 26 日牺牲于河北省三河县李家务，牺牲时任东北军区独立四师十一团一连战士。

耿从喜，男，1924 年生，大旺务村人，1944 年 5 月 27 日参加革命，1946 年 1 月牺牲于河北省兴隆县，牺牲时任第一纵队二旅四团旅部侦察班长。

李来庆，男，1924 年生，大旺务村人，1947 年 6 月参加革命，1947 年 10 月牺牲于顺义县南彩，牺牲时任晋察冀二十六团战士。

耿殿奎，男，1927 年 3 月 27 日生，大旺务村人，1947 年 7 月参加革命，1948 年 6 月 10 日牺牲于河北省蓟县九区沟北庄，牺牲时任平谷县县支队战士。

耿启云，男，1923 年生，大旺务村人，1948 年 12 月参加革命，1949 年 4 月 23 日牺牲于山西省太原，牺牲时任五〇七团四连战士。

李连启，男，1919 年生，大旺务村人，1944 年 8 月参加革命，1946 年 2 月牺牲于新城，牺牲时任十七团战士。

周长贵，男，1918 年 5 月 5 日生，大旺务村人，1944 年 6 月 16 日参加革命，1946 年 1 月 5 日牺牲于河北省滦平县五十家子，牺牲时任平三香六区队战士。

耿井文，曾用名耿久明，男，1917 年生，大旺务村人，1949 年 1 月参加革命，1951 年 3 月 21 日牺牲于朝鲜，牺牲时任三五〇团七连战士。

韩西山，男，1930 年生，大旺务村人，1949 年 1 月参加革命，1951 年 10 月牺牲于朝鲜，牺牲时任六十七军二〇一师六〇三团一营二连战士。

耿宪忠，男，1925 年生，大旺务村人，1949 年 1 月参加革命，团员，1951 年 10 月牺牲于朝鲜，牺牲时任六十七军二〇一师六〇三团一营二连副班长。

大庄户

84岁村民于启德、83岁老村书记于德庆等老人说：在1942年以前，八路军在辛店村北头打埋伏。那时辛店村还没全搬，还有人，辛店炮楼还没建呢。鬼子从三河过来，开两辆汽车。八路军一打枪，鬼子开车想掉头，一辆车掉过头去了，另一辆车掉头拐弯时掉沟里了。掉沟里车上的鬼子，就赶紧到那辆车上跑了。扔下这辆车，八路军就给点着了。

于德庆、于启德（图529）等老人说：一次，八路军在东高村北、南埝头南边巨家坟大沙坡埋伏，把要上县城去的鬼子给围了。伏击打得挺漂亮，打死十几个鬼子。

图529　84岁村民于启德（摄于2019年3月）

于德庆老人说：一年，八路军在大庄户村北打埋伏。大概有20多个鬼子，从三河那边过来的。鬼子走着，有个赵家务的百姓前面带道儿。伏击中，打死了一些鬼子。听说我们的一个排长牺牲了，那个带道儿的百姓也被打死了。

于德庆老人记得，是在辛店鬼子

炮楼被打瘫了，才修的大庄户炮楼。炮楼里住着伪警备队，有几十人，一个小队。当时村里的保长叫于连香，与辛店炮楼的伪警备队小队长熟悉。区小队来一人，大庄户、大旺务和赵家务仨村的民兵把炮楼给围了，一边使劲喊号“一二三——四”，造阵势。84 岁老生产队长李福田老人说：于连香是保长，平时给八路军办事。于连香进去劝他们，说八路军把你们围上了，投降吧，让他们在院里把枪架好了，他们也答应了。于德庆老人说：当时里边人放下吊桥，民兵冲进去，先把枪拿出来。炮楼四周有一条壕沟，沟外有铁丝网，上边挂着手榴弹，吊桥在西边，通大道。民兵抓住他们，都绑了送到井儿峪，交给八路军，民兵就回来了。那些伪警备队的人，城关人多，教育教育就放了。第二天，村里人把炮楼点了，拆了。炮楼里有个汽笛儿，大旺务有个姓耿的，拿着一边走一劲儿摇，呜呜响。东高村炮楼的鬼子已经过来了，就把他打死了。

于德庆老人（图 530）说：伪警备队的人放回去了，一些人又继续干了，就带着平谷县城的鬼子来洗庄了。保长于连香，下边还有四五个人看街口。我哥于德敏，当时是民兵，就看路口，报告说鬼子来了，到辛店石河了。于连香说不怕，没事。第二

图 530　83 岁老村书记于德庆（摄于 2019 年 3 月）

回又报告说到庄头了。他们想往东山跑，到东边街头，鬼子把他们截住了，于德敏的皮袄都给扒去了。当时于连香、王俊英、于允昌（民兵中队长）、耿清申（村干部），都让鬼子抓到平谷县城。后来几家摊钱，给翻译官送去赎人，王俊英、于允昌和耿清申仨人被赎回了。于连香没放，鬼子说要1把橛子（手枪）让村里给送去。鬼子要橛子只是幌子，没几天就在平谷城北门外把于连香挑死了，脑袋挂县城西城门楼子上，挂了好几天。

于德庆老人说：八路军（也可能是区小队），摸好了鬼子都在大庄户哪几家住着，修炮楼。八路军就从大旺务过来，从我们家后井往西的几家的墙都拆一豁拉，八路军从那儿进去，打一阵子撤了。84岁老生产队长李福田说：鬼子和警备队房上都支着机枪，八路军没人家火力硬，主动撤了，都没有伤亡。

于德庆老人说：咱村挖的地道，东边通大旺务，西边通赵家务，有5里地，赵家务往西还通别的村。

1981年北京市民政局汇编《北京市革命烈士英名录》“区县分册”平谷册记载：

王永发，男，1921年生，大庄户村人，1944年5月参加革命，1945年3月牺牲于河北省三河县，牺牲时任三通香支队一连二排战士。

于启明，男，1921年生，大庄户村人，1943年7月参加革命，1943年8月牺牲于二十里长山沙子营，牺牲时任冀东十四军分区十三团二连战士。

张宋成，男，1924年生，大庄户村人，1942年参加革命，1944年

11 月牺牲于平谷县大官庄，牺牲时任基干队二班班长。

张成启，男，1923 年生，大庄户村人，1944 年 2 月参加革命，1945 年 5 月牺牲于平谷县东高村，牺牲时任冀东十四军分区十三团二连战士。

耿青勤，男，1920 年生，大庄户村人，1943 年 6 月参加革命，1944 年 1 月牺牲于河北省遵化县黄土坎，牺牲时任冀东十四军分区十三团二连战士。

梁如才，男，1920 年生，大庄户村人，1944 年 6 月参加革命，1945 年 7 月牺牲于平谷县北土门。

于贺昌，男，1922 年生，大庄户村人，1944 年 7 月参加革命，1948 年牺牲于辽宁省锦州新成县，牺牲时任四十五军一三四师副排长。

东高村

84 岁原北屯中学校长王正荣（图 531）说：1942 年夏天，鬼子从三河过来 4 辆拉盐的车，共 42 包。马忠是这村民兵队长，带领 8 个小伙子埋伏大路两边的青纱帐里。放了几个二踢脚儿，把押车的伪军吓跑了。马忠带着人把盐送到了北山八路军十三团，十三团奖励两把橛子（即手枪）。

图 531　84 岁原北屯中学校长王正荣（摄于 2019 年 4 月）

1942年秋天，马忠带着本村几十个民兵，配合包围了辛店炮楼。炮楼里是伪警察队，有30多人，步枪27支，队长叫王成武。民兵拿着铁镐、铁锨敲打，喊着口号，伪军以为八路军来了，就投降了。

1942年底，马忠还带人截了伪警察队5头大骡子，1头驴。

1943年7月，有天夜里12点，八路军十三团来到东高村。第二天就伏击了鬼子往平谷运的粮食。马忠带着民兵帮着抬担架，还逮了几个特务。

1944年春天，鬼子中队长三井带着40多鬼子、30多伪警备队，到平谷取粮食和弹药，路过东高村。队长马忠带着民兵配合十三团打的，当时八路军战士和民兵都藏在大道两旁的坑里边。

1981年北京市民政局汇编《北京市革命烈士英名录》“区县分册”平谷册记载：

杨崑，男，1922年生，东高村人，1943年参加革命，1944年8月2日牺牲于河北省兴隆县蔡家峪，牺牲时任冀东十四军分区十三团五连三排战士（图532）。

赵昆，男，1923年生，东高村人，1944年6月参加革命，1944年11月牺牲于平谷县大官庄，牺牲时任冀东十四军分区十三团七连一排战士，立功一次。

图532　东高村杨崑烈士证

纪庆衡，曾用名纪庆

才，男，1922年生，东高村人，1944年6月1日参加革命，1944年11月牺牲于平谷县大官庄，牺牲时任冀东十四军分区十三团工兵连战士。

赵月正，曾用名赵老庄，男，1924年生，东高村人，1943年参加革命，1944年5月牺牲于平谷县岳各庄，牺牲时任冀东十四军分区十三团工兵连战士。

薛富，男，1925年生，东高村人，1944年6月参加革命，1944年10月牺牲于平谷县安固村，牺牲时任冀东十四军分区十三团工兵连战士。

赵德生，男，1924年生，东高村人，1944年2月参加革命，1944年7月牺牲于平谷县岳各庄，牺牲时任冀东十四军分区十三团工兵连排长。

赵漪，男，1922年生，东高村人，1944年6月参加革命，1944年11月14日牺牲于平谷县大官庄，牺牲时任冀东十四军分区十三团工兵连战士。

尹芳，男，1925年生，东高村人，1941年1月参加革命，1943年7月牺牲于平谷县高庄，牺牲时任冀东十四军分区十三团二连排长。

赵俊丰，男，1925年生，东高村人，1944年4月参加革命，1944年9月5日牺牲于平谷县黄松峪，牺牲时任冀东十四军分区十三团工兵连战士。

巨付才，男，1922年生，东高村人，1939年4月参加革命，1944年牺牲于蓟县盘山芦新峪，牺牲时任冀东十四军分区十四团二连排长。

王连柱，男，1924年生，东高村人，1944年参加革命，1944年11

月牺牲于平谷县大官庄，牺牲时任冀东十四军分区十三团工兵连战士。

赵如先，男，1927年生，东高村人，1946年6月参加革命，1944年11月14日牺牲于平谷县大官庄，牺牲时任冀东十四军分区十三团工兵连战士。

张继福，男，1927年12月17日生，东高村人，1943年参加革命，1944年12月牺牲于通县西集镇，牺牲时任冀东十四军分区十三团二连战士。

张怀，男，1910年生，东高村人，中共党员，1946年11月24日牺牲于平谷县东寺渠火神庙旁，牺牲时任平谷县东高村村长。

赵福田，男，1900年生，东高村人，1946年9月16日牺牲于平谷县东寺渠火神庙旁，牺牲时任平谷县东高村村农会委员。

陈怀，男，1917年生，东高村人，1947年6月参加革命，1947年12月牺牲于河北省昌黎县，牺牲时任冀东十四军分区十三团工兵连战士。

王林山，男，1913年生，东高村人，1948年参加革命，1948年12月3日牺牲于通县新官村，牺牲时任东北军区独立四师十一团二营五连战士。

马占先，男，1925年生，东高村人，1947年11月参加革命，1948年12月牺牲于天津市灰堆，牺牲时任四十六军一三八师机炮排排长。

王秋成，男，1922年生，东高村人，1944年6月参加革命，1948年5月14日牺牲于辽宁省北镇县沟邦子，牺牲时任四野九纵队二十六师炮兵营班长，立功一次。

张文忠，男，1927年生，东高村人，1946年8月参加革命，1946年9月牺牲于河北省香河县渠口，牺牲时任冀东十四军分区十六团七连战士。

李朝相，男，生年不详，东高村人，1946年11月牺牲于平谷县东寺渠火神庙旁，牺牲时任平谷县东高村农会组长。

周景文，男，1924年生，东高村人，1944年4月参加革命，中共党员，1950年3月26日牺牲于四川省富顺县戴家寺，牺牲时任二三三师六九七团三营七连军事代表。

高家庄

86岁老村书记高凤和（图533）说：我那时候在村里站岗，记得有个中国人在东高村炮楼给鬼子做饭，炮楼在东高村东边临泉寺里头。做饭的这个中国人不是本村人，经常给站岗的送香肠，一嘟噜一嘟噜的，站岗的再转给刘向道。当时我还送过香肠呢，可能当时是送的情报。我们庄像我当时这么大的孩子送情报的多了。在大街上站岗，那时候我们都是小孩，两个小孩送情报，把情报搁鞋里脚底下踩着，送到各庄。都是孩

图533　86岁老村书记高凤和（摄于2018年10月）

子，送情报心里也害怕着呢。80岁老村书记高凤山也说：刘向道老在村这边住着活动，他专门有个交通员。

高凤和老人说：这庄也挖了地道，从后街到南街有几百米，4个出口，每个出口不远的地方都有容人堂。有一回在门楼庄北边跟鬼子打仗，那回鬼子吃亏了。打完仗，谭政委就钻门楼庄的地道了。谭政委经常在这一带活动，在咱村儿也住，一般晚上来白天走。谭政委，就是谭志诚，二区队政委，在官庄战斗中牺牲了。

72岁老村会计高树江说：村里的高松海，是八路军这边的粮秣员，同时也是村里的保长。

1981年北京市民政局汇编《北京市革命烈士英名录》“区县分册”平谷册记载：

高润祥，曾用名王兰，男，1911年生，高家庄村人，1942年参加革命，中共党员，1943年8月牺牲于平谷县周庄子，牺牲时任河北省平三蓟联合县第二区见习助理。

贾永合，男，1927年生，高家庄村人，1944年1月28日参加革命，1944年5月牺牲于平谷县熊耳寨，牺牲时任冀东十四军分区十三团二连战士。

李印华，男，1911年生，高家庄村人，1943年6月参加革命，中共党员，1948年11月1日牺牲于辽宁省营口，牺牲时任四野九纵队二十五师七十五团营部管理员。

高发，曾用名高树发，男，1926年生，高家庄村人，1944年5月参加革命，1947年6月28日牺牲于河北省三河县大赵庄，牺牲时任冀东独立四师十旅三十四团一营三连排长。

高来福，男，1925 年生，高家庄村人，1944 年 5 月 28 日参加革命，1946 年 7 月牺牲于吉林省四平市，牺牲时任四旅一〇一团警卫连战士。

侯家庄

81 岁村民何宝德说：有个八路军大腿受伤了，来我家养伤。我家当时有父母和我 3 口人，家里就三间房子，那个八路军伤员住东屋。我那时还小，在外头玩，伤员在屋里，窗户上有窗户纸，他还吹窗户纸逗我。那个八路军伤员，住两三天就走了。

抗战时期，为保密，往往村子都有化名，对侯家庄，地名志写作“荷兰”。为此，作者于 2020 年 3 月，在新冠肺炎的疫情之下，在侯家庄村口，戴着口罩访谈何宝德老人（图 534）。老人记得，闹日本鬼子的时候，侯庄子叫“荷兰村”。老人说不出是哪个“何”字，村里有何姓，而老人就姓何。当时起化名，往往也会与村里的风物或人物等有一定关联，一般很少随意凭空而起。比如大兴庄镇唐庄子，抗日战争时期化名“李村”，因

图 534　作者（右）在侯家庄村口访谈侯宝德老人（摄于 2020 年 3 月）

为唐庄子主要是唐姓，而大唐王朝是李家天下，故唐庄子称作“李村”，侯家庄又由于什么而起名“荷兰村”呢？问及老人是否见过当时传递的信件，老人说当时还小，那都是秘密，见不到的。也就是说，老人没见过。既然如此，也就不必再做深究，且依地名志，写作“荷兰村”好了。

80岁村民马润清说：我们村挖地道，有不少地道口。马润生老人说：各家地道都串着，有三四百米长。

75岁村民刘淑华（女）（图535）说：抗战时期，刘家牺牲爷儿四个。我哥哥刘子军，1944年12月打官庄，我听村里一个叫徐瑞和的说，徐瑞和也在十三团打那仗来着，说他们是被敌人围了三层，过第三道封锁线的时候，我哥哥才没的，死在大官庄的一个大沟边上。徐瑞和换的便装，就冲出去了。听我妈说，哥哥的尸体是我爸接回来的，用大薄各庄我姑妈家的一个花辘轳车拉回来的。刘凤兰（图536）爸是我大妈的儿子叫刘存，也是十三团的，牺牲官庄了。还有我四叔的大儿子也牺牲了。

图535　75岁村民刘淑华（摄于2019年3月）

图536　77岁村民刘凤兰

1981年北京市民政局汇编《北

京市革命烈士英名录》“区县分册”平谷册记载：

图 537　77 岁村民刘凤兰保存的父亲刘存烈士证书

刘存，男，1913 年 4 月生，侯家庄村人，1943 年 6 月参加革命，1944 年 11 月牺牲于平谷县官庄，牺牲时任冀东十四军分区十三团战士（图 537）。

刘子军，男，1927 年 3 月生，侯家庄村人，1943 年 6 月参加革命，1944 年 12 月牺牲于平谷县官庄，牺牲时任冀东十四军分区十三团通讯员。

刘玉春，男，1925 年生，侯家庄村人，1944 年 7 月 6 日参加革命，1945 年 1 月牺牲于平谷县官庄，牺牲时任冀东十四军分区十三团七连战士。

张德，男，1919 年 7 月生，侯家庄村人，1948 年 4 月参加革命，1948 年 11 月牺牲于平谷县马坊，牺牲时任警备三团战士。

刘起廷，男，1922 年生，侯家庄村人，1947 年 8 月参加革命，1949 年 5 月牺牲于平谷县，牺牲时任冀东十四军分区警备二团战士。

刘顺，男，1926 年生，侯家庄村人，1945 年 4 月参加革命，1950 年 4 月牺牲于广西义山县，牺牲时任公安十师班长。

克头村

73岁老电工刘兴安（图538）说：抗战时期，村子化名云村。村里有两个地下党，也是村干部，就是刘吕先称东侯，刘宝珍称西侯。

图538　73岁老村电工刘兴安（摄于2018年9月）

84岁村民张泉说：抗战时期，克头村经常住八路军。那时号召18至45岁男的去当八路军，村里大部分人都去了。牺牲的烈士，有康瑞东、张永旺、刘启堂、刘福银、刘宝银。

1981年北京市民政局汇编《北京市革命烈士英名录》“区县分册”平谷册记载：

刘福银，男，1918年生，克头村人，1944年参加革命，1945年4月牺牲于平谷县东高村巨家坟，牺牲时任冀东十四军分区十三团二连四排三班战士。

刘启堂，男，1926年生，克头村人，1944年2月参加革命，1944年11月牺牲于平谷县北辛庄，牺牲时任冀东十四军分区十三团二连战士。

刘宝银，男，1925年生，克头村人，1944年6月11日参加革命，1944年11月牺牲于平谷县官庄，牺牲时任平谷县七区公安队战士。

张永旺，男，1921 年 7 月生，克头村人，1944 年 6 月参加革命，1944 年 9 月牺牲于顺义县杨各庄，牺牲时任冀东十四军分区十三团特务连三排九班战士。

康瑞东，男，1921 年 4 月生，克头村人，1944 年 6 月参加革命，1945 年 12 月牺牲于密云县陈各庄，牺牲时任冀东十四军分区十三团九连炊事班战士。

门楼庄

88 岁老村保管员郭进山（图 539）记得，抗战时期，村子的化名叫“宅家店”，这与地名志所记“家宅”有异。我们村也挖地道，好像是 1943 年，村里一条街下面都是地道。往西还通南张岱，往南通普贤屯。民兵铰的电线等，都藏地道里了，现在也没挖出来。

图 539　88 岁老村生产队保管员郭进山（2018 年 9 月）

1981 年北京市民政局汇编《北京市革命烈士英名录》“区县分册”平谷册记载：

郭继元，曾用名郭继贤，男，1924 年生，门楼庄村人，1946 年参加革命，1947 年 8 月牺牲于河北省香河县，牺牲时任冀东十四军分区十三团战士。

南埝头

92岁老村会计刘印海（图540）回忆说：

抗战时期，这村没挖地道，都是沙地，一挖就出水，村人帮着别村挖，我就去赵家务和大庄户帮助挖过地道。那时候各村都有化名，南埝头化名“令村”。村里有站岗放哨的，一来鬼子或敌情，赶紧向西高村报告，西高村奔前台头、青杨屯等村报告敌情，很快把敌情就传过去了。

图540　92岁老村会计刘印海（摄于2019年4月）

1934年生人、曾任县规划局局长的刘长山（图541），在多次回村座谈的基础上，2014年撰写了《南埝头村村史回忆录》，回忆录中记述了抗战时期八路军、抗日干部及村民兵等一些活动：

图541　原县规划局局长、村民刘长山

抗战时期，村子夜里都有民兵站岗放哨。村北站岗放哨有4处：即大北（张家坟）、东北（李家坟）、西北（逆流河流入洵河处）、小北（刘奎三房子后）。一旦发现敌情，民兵一边向村内跑，一边喊“劫驴喽!”这是日、伪军要进村的暗号。村民们听到暗号，赶紧扶老携幼越过逆流河，向东南塔山跑，俗称“跑反”。日、伪军走了，监视民兵发出解除警报，村民再回来。

一次，日、伪军包围了南埝头。一村民家里，正有两个八路军侦察员。日、伪军挨家挨户搜，就为寻找我抗日工作人员。村长刘永生、民兵中队长刘庆怀非常着急，眼瞅着鬼子和侦察员就要走到对面了。这时，一侦察员抱起房东的孩子假装哄孩子，另一侦察员假装给房东喂猪。在这紧急关头，村长刘永生急中生智，把头一拍，对一位侦察员以命令口吻：“快去，给太君买鸡去!”侦察员拿起笼子，由村民刘保印送出门。当发现村头有敌人岗哨，刘保印指着侦察员说：“叫他给太君买鸡去。”就这样把第一位侦察员送到村口。当敌人盘问另一侦察员时，村民刘青急忙给他一个箩筐，并大声说：“快到东高村买面去，好给太君做饭吃!”就这样，也把第二名侦察员送到村口。在村里人帮助下，2 名侦查员脱险了。

抗战中，我抗日民主政权为瓦解敌人斗志，经常把“打倒日本帝国主义”、“小日本滚回东洋去”等传单和标语，贴到敌人炮楼前。一次，办事员刘吕安、民兵中队长刘庆怀接到上级命令，带着假枪夜间到东寺渠大桥，用假枪唬住敌人，把传单贴到炮楼前，吓得敌人不敢出门。

一次，民兵中队长刘永茂、分队长刘春盛以及几个民兵在村南站岗，发现鬼子的一辆大车，向北走着，车上坐着一个特务。刘永茂等几人一拥而上，把特务从车上拽下来，拉着往西跑，带到前台头村附近，把特务活埋了。

一次，八路军攻打平谷县城。得到消息的村办事员刘绍信、民兵中队长刘庆怀带几个民兵，赶到县城协助我军攻打县城。当来到南岔子四合店内伪警所时，我部队已撤走。警察所内悄然无声，他们跑到炮楼最上层，看到墙上挂着3支步枪，摘下来就往楼下走。装死躺地板上的伪警察所长见他们下楼了，就开了枪，子弹从刘庆怀耳根擦过。3个人背着枪跳过院墙赶紧跑出去了，跑到城外野地里，接连放几个二踢脚，伪军以为我主力部队又回来了，吓得退了回去。他们缴获了马四环和七九步枪各一支，可惜有一支枪翻墙撤退时丢了。

一天，八路军在平三路西侧小王家坟打伏击战。鬼子伤亡惨重，没有被打死的鬼子四处逃窜。村办事员刘吕庆、民兵分队长刘春盛、刘庆怀在大河沿劈树根，见东边来个鬼子，一瘸一拐地向他们走来。鬼子想回平谷城，迷失了的方向。刘吕庆、刘春盛二人向鬼子问话，鬼子见势不妙，撒腿就往西跑。刘吕庆紧追不舍。鬼子急了，朝刘吕庆怀里猛地一扑，抱住就咬。刘庆怀趁势拿起大劈斧子，就朝鬼子脸上劈，脑袋当时就开了花，接着又几斧子给劈死了，拽到大河沿，挖个坑埋了。

为阻止日、伪军扫荡，烧毁、炸毁3座桥。刘绍信、刘永生、罗永富及克头村民兵五六个人，夜间潜入东寺渠大桥南端，倒上煤油，把这座木桥烧毁了。

还有一次，刘永生、刘绍信、罗永富及崔庄子、青杨屯村民兵10多个人，火烧西寺渠大桥。他们从南侧爬到桥南头，倒上煤油把桥烧了。

刘水生、刘绍信、罗永富及克头村民兵5人，夜间摸到南埝头村北小桥子下，放上炸药。这是座石桥，5 块桥板一下把 4 块炸毁了。

（作者编入史话时，有所整理）

1981 年北京市民政局汇编《北京市革命烈士英名录》“区县分册”平谷册记载：

刘祜，男，1924 年生，南埝头村人，1944 年参加革命，1945 年 7 月 22 日牺牲于河北省三河县夏垫，牺牲时任三通香支队班长。

刘永圣，男，1921 年生，南埝头村人，1943 年 1 月参加革命，1944 年 7 月 7 日牺牲于平谷县城，牺牲时任冀东十四军分区十三团排长。

刘庆恒，男，1923 年生，南埝头村人，1944 年 8 月 3 日参加革命，中共党员，牺牲时任四野七纵队十九师五十六团侦察连长。

刘凤旺，男，1929 年生，南埝头村人，1947 年 7 月参加革命，1948 年 1 月牺牲于河北省抚宁县周庄，牺牲时任东北军区独立四师十一团战士。

刘瑞林，曾用名刘术林，男，1924 年生，南埝头村人，1947 年 5 月参加革命，1947 年 11 月牺牲于平谷县马坊小屯，牺牲时任战士。

刘长珍，男，1927 年 11 月生，南埝头村人，1948 年 10 月参加革命，1951 年 6 月 21 日牺牲于朝鲜江源道西女峰，牺牲时任 O 一四四部队二支队电话员。

南宅村

84 岁退休干部李炳燃（图 542）说：南宅村在抗战时期，化名

图 542　84 岁退休干部李炳燃（摄于 2018 年 10 月）

“老义村”，庄户化名“少义村”，三河县北务村化名“北海”。当时北三镇，张各庄、洳口、马坊，一直到后北宫，都属于三河县。当年抗战时期的村干部，最早的是李贺堂，中心村村长。中心村包括南宅村、南宅庄户等好几个村。李延旭当时也是南宅村干部。

李炳燃老人说：1944 年左右，村里挖地道，20 多米远就一个井口，底下通着，往北挖到南宅庄户。我们村地道有二三百米长。

1981 年北京市民政局汇编《北京市革命烈士英名录》“区县分册”平谷册记载：

李延旭，男，1912 年 2 月 6 日生，南宅村人，1944 年 12 月牺牲于平谷县南宅，牺牲时任平谷县南宅村长（图 543）。

李贺堂，男，1905 年 5 月生，南宅村人，1944 年 12 月牺牲于平谷县南宅，牺牲时任平谷县南宅民兵中队长。

图 543　南宅村李延旭烈士证

李俊如，男，1925 年 10 月生，南宅村人，1944

年 6 月参加革命，1945 年 1 月牺牲于平谷县官庄，牺牲时任通三蓟支队战士。

李秀龙，男，1925 年生，南宅村人，1947 年参加革命，1948 年 12 月牺牲于天津市，牺牲时任四野九纵队二十六师七十六团战士。

李炳旺，男，1927 年 7 月生，南宅村人，1947 年 7 月参加革命，1951 年 11 月牺牲于广西柳州，牺牲时任四十六军一三六师战士。

南宅庄户

84 岁老村主任王松生（图 544）说：南宅庄户第一个入党的是李占林。有个民兵叫张洪亮，组织站岗等活动，他们手里都有枪，管那枪叫“老套皮”。当时我父亲王永祥是村书记，组织村里人挖地道。

图 544　84 岁老村主任王松生（摄于 2018 年 10 月）

南张岱

抗战时村里挖地道，北到张岱辛撞，东差点没到门楼，西边、南边没有。我们村离辛撞 1 里地，到门楼 3 里地。88 岁老兽医张仲福（图 545）说：从东小庄街头，往西挖到大庙，再往西北拐到小庙，小庙有个密口。在村里这段长有 1 里地。

图 545　88 岁老兽医张仲福（摄于 2019 年 4 月）

85 岁老生产队长张连江老人说：从小庙往北奔辛撞，挖到半截上，到门楼也没通。正挖着，敌人来了就没挖完。到解放战争时期，1947 年，从三河过来伙会儿，伙会儿又叫还乡团，是咱村的地主、富农。村里的民兵与伙会儿打一阵子，就与村干部一起钻地道了。

1981 年北京市民政局汇编《北京市革命烈士英名录》“区县分册”平谷册记载：

张启，男，1925 年 5 月生，南张岱村人，1944 年 6 月参加革命，1944 年 12 月牺牲于平谷县官庄，牺牲时任冀东十四军分区十三团工兵连战士。

张荣增，男，1925 年 2 月生，南张岱村人，1943 年 6 月参加革命，1944 年 7 月牺牲于密云县，牺牲时任二区队排长。

张福清，男，1925 年 1 月生，南张岱村人，1944 年 1 月参加革命，1945 年 3 月牺牲于河北省滦平县，牺牲时任冀东十四军分区特务连战士。

张沛玉，男，1922 年 3 月生，南张岱村人，1943 年 2 月参加革命，1944 年 4 月牺牲于平谷县望马台，牺牲时任冀东十四军分区十三团二支队战士。

岳桂林，男，1919年5月生，南张岱村人，1938年7月参加革命，1939年4月牺牲于河北省涿鹿县，牺牲时任十二支队战士，立三等功一次。

李儒，男，1924年6月生，南张岱村人，1943年5月参加革命，1943年8月3日牺牲于平谷县前芮营，牺牲时任平谷县三区游击队战士。

张绍武，男，1917年1月生，南张岱村人，1945年6月参加革命，1946年7月11日牺牲于平谷县黑豆峪，牺牲时任冀东十四军分区供给处班长。

张振全，男，1911年12月生，南张岱村人，1944年6月参加革命，1945年12月23日牺牲于平谷县水峪，牺牲时任冀东十四军分区特务连战士。

张朝海，男，1925年4月生，南张岱村人，1943年5月参加革命，中共党员，1948年4月牺牲于河北省三河县夏垫，牺牲时任东北军区独立四师一团战士。

张佑，男，1904年6月生，南张岱村人，1942年3月参加革命，1947年8月牺牲于平谷县马坊，牺牲时任冀东十四军分区供给处股长。

张维本，男，1927年8月生，南张岱村人，团员，1947年4月8日牺牲于平谷县果各庄，牺牲时任平谷县南张岱民兵中队民兵。

张尚彬，男，1926年生，南张岱村人，1943年6月参加革命，1948年4月11日牺牲于河北省三河县夏垫，牺牲时任冀东十四军分区平谷大队战士。

张志，男，1927年8月生，南张岱村人，1947年8月参加革命，1949年1月牺牲于河北省抚宁县，牺牲时任东北军区独立四师战士。

张茂林，曾用名张德龙，男，1919年2月生，南张岱村人，1945年参加革命，中共党员，1950年牺牲于朝鲜，牺牲时任三十八军指导员，立大功四次。

图546　80岁退休职工刘子生（摄于2018年10月）

普贤屯

80岁退休职工刘子生（图546）说：南张岱战斗中，八路军打日本，马连长打花了，在咱村养伤，伤势过重死了，就埋庄后头了，在村北二三十米的地方，以后迁走了，不知道迁哪去了。

图547　79岁退休职工姚景财（摄于2018年10月）

79岁退休职工姚景财（图547）说：抗战时期，村里有个叫姚景兰的，化名张者香，是十三团管后勤的股长，专门收粮食的，后来就回家了。当时村里的保长叫姚文博，八路军来了就给八路军办事，鬼子来了就把鬼子糊弄走。这村有个地下党李鹏飞（化名），真名叫李维凡，是我们村的人，是大学生，后来是开滦煤矿经理。还有刘向道，是峪口那边人。这两人长期在这边活动，经常住村子里，称为飞爷、道爷，在这一带很出名。

1981 年北京市民政局汇编《北京市革命烈士英名录》“区县分册”平谷册记载：

姚井兴，男，1922 年生，普贤屯村人，1940 年 8 月参加革命，1940 年 10 月牺牲于平谷县周村，牺牲时任平三蓟第三区区小队战士。

刘作生，男，1923 年生，普贤屯村人，1940 年参加革命，中共党员，1948 年 4 月牺牲于河北省三河县回李坞，牺牲时任东北军区独立四师政指。

段成文，男，1931 年生，普贤屯村人，1947 年 8 月参加革命，1948 年 12 月牺牲于北京西郊，牺牲时任一五四师九团三营九连战士。

刘作林，男，1927 年生，普贤屯村人，1948 年 5 月 21 日牺牲于河北省三河县，牺牲时任平谷县普贤屯村民兵。

前台头村

77 岁老村书记王东青（图 548）说：我爸王福刚是村民兵队长，王相臣是武装民兵。李付他爸李仲山是区小队队长，组织割鬼子电线啥的。

图 548　77 岁老村书记王东青（摄于 2019 年 4 月）

1981 年北京市民政局汇编《北京市革命烈士英名录》“区县分册”平谷册记载：

王继平，男，1927 年生，前台头村人，1944 年 5 月参加革命，1945 年 8 月牺牲于河北省香河县甘露寺，牺牲时任冀东十四军分区一连战士。

赵德荣，男，1926 年生，前台头村人，1945 年 3 月参加革命，二区队基干队战士。

蔡凤刚，男，1930 年生，前台头村人，1948 年 9 月参加革命，1948 年 9 月 27 日牺牲于辽宁省绥中县东园子，牺牲时任东北军区独立四师十一团一营三连战士。

王会利，男，1921 年 10 月生，前台头村人，1947 年 8 月参加革命，1949 年 1 月 15 日牺牲于天津市火车站，牺牲时任六十三军一五八师四七三团一营战士。

王占先，男，1927 年生，前台头村人，1947 年 8 月参加革命，1948 年牺牲于河北省滦县土门，牺牲时任东北军区独立四师十一团一营二连战士。

王明，男，1929 年生，前台头村人，1947 年参加革命，1948 年 4

月5日牺牲于河北省三河县北务，牺牲时任东北军区独立四师十一团战士。

王文忠，男，1927年生，前台头村人，1947年8月参加革命，1948年10月1日牺牲于辽宁省绥中县，牺牲时任东北军区独立四师十一团一营三连战士。

青杨屯

86岁村支委王才浦谈到抗战，记得：

抗战的时候，我们家是区公所，县里、区里的人都在这儿办过公，区长李忠一、马一品等都在我家里住过，区里辛振业是侉子，区长王瑞也住过。在过去村里抓坏人，抓住坏人就吊在大坨上，晚上就给处理了。

鬼子一走八路军就出来，鬼子一来八路军早没影了，鬼子不知道八路军在哪儿藏着。

大旺务那边辛店，八路军在那儿打了一仗。当时是后晌，有4辆鬼子汽车，从三河那边往北过来奔平谷。到辛店这儿，八路军十三团打了一场埋伏，团长是包森，把4辆车鬼子包圆（全打死）了。村里王福平、高景仪、王善为等，帮助八路军抬担架。当时八路军打了一个多钟头，黑夜打的，一天亮就到盘山了，没一个负伤的。

打南张岱，打埋伏。我四叔王春是个排长，带着一个加强班，从南张岱西北河坡，奔辛撞，过河奔果各庄，一下到丫髻山了。当时是打仗中突的围，王春 20 多岁，后来复原，回来当村治保主任，一九八几年去世，去世时 60 来岁。那仗八路军牺牲了不少人，连长姓马，26 岁，也牺牲了。一连人就跑出一个加强班。

抗战的时候挖地道，沿着大街挖的，挖了个“井”字形。村里人黑夜白日地倒班挖，挖了一秋一冬。村内地道大约长有 2 里地，想与南边崔庄子连上，但没挖通。西边是洵河。好像有个通州地委书记来咱们村，被鬼子包围，赶紧钻地道了。当时钻地道的，还有村里的高相远、周宝林、马坊太平庄的赵老师。要没地道，没处跑，就让鬼子抓住了。

70 岁村民高志祥（图 549）说：抗战的时候，我母亲黄淑英是村妇救会主任，我父亲高恩远是村粮秣干事，还有高正远是粮秣委员。听我妈说，过去刘向道经常住我们家，打克头据点时，侦查员就从我家拉的驴，戴着草帽子化的装。

图 549　70 岁村民高志祥（摄于 2018 年 10 月）

1981 年北京市民政局汇编《北京市革命烈士英名录》“区县分册”平谷册记载：

王振山，男，1923 年生，青杨屯村人，1941 年参加革命，1944 年牺牲于东北柳树村，牺牲时任冀东十四军分区五十四团班长。

高明，曾用名高井合，男，1924年生，青杨屯村人，1943年7月参加革命，1943年牺牲于平谷县胡庄，牺牲时任冀东十四军分区十三团战士。

刘永库，曾用名刘宏谋，号撒西、谋爷，男，1901年生，青杨屯村人，1940年参加革命，中共党员，1946年12月牺牲于河北省三河县夏垫，牺牲时任河北省三河县政府战士。

高万起，男，1925年5月14日生，青杨屯村人，1944年5月参加革命，中共党员，1949年1月15日牺牲于天津市，牺牲时任四十五军一三三师三九七团排长。

王来友，男，1925年生，青杨屯村人，1946年7月参加革命，1947年8月牺牲于平谷县东牛角峪，牺牲时任警备六连一排战士。

耿长荣，男，1925年9月27日生，青杨屯村人，1948年2月参加革命，1949年10月牺牲于湖南省沅陵，牺牲时任湖南省沅陵县委员会交通员。

西高村

87岁退休干部李环（图550）说：我记得张连成父亲张志广，是西高村第一任党支部书记。我家在村西后头，紧靠河边，村里人管我家叫“西

图550 87岁退休干部李环（摄于2019年4月）

边子”。我小的时候，有人问我是谁家孩子？我一说“西边子的”，他们就知道了。张秀春家那地方，叫“西把（bà）子”。有一年，是哪年我记不清了，秋后割豆子轧豆秸子的时候。我家靠河边，也没有门，就是高粱秸秆勒（lēi）的梢门。我爸回来跟我妈叨咕，说西把子那儿来俩人，问这是谁呀，那是谁呀。那时候是战争时期慌乱，还有路劫的，绑票的，怕是人家踩点的，不知道要上谁家。我爸说，后上早点关梢门。没过几天，我家也来生人了。往家一坐，也没说啥，让我哥把张桂珍找来。张桂珍来了，说这是八路军，不要慌，在你们家不要跟任何人说。在你们家吃，在你们家住，在你们家吃一天饭，给你们家一斤半小米，他们走时会撂个小条，你们拿小条去村公所领小米。打那以后，八路军三天两头上我家来。有时候来仨人，有时候来俩人，有时候白天来，有时候后晌来。他们一来，我就有任务了，让我上外边当街玩去，意思就让我去给站岗。那时我十一二岁，我哥比我大几岁，叮嘱我跟任何人不许说咱家有生人。泃河在我家西墙外头四五十米远，河水也不深，土墙也就半人多高。跳过西院墙，一跑就过河了。过河一片线麻，一到麦秋，线麻就没人了。要是前面有敌情了，咱们人可以从后面往北跑，过泃河就是东鹿角。要是后面有敌情了，可以从前面跑，西南就是前台头。

过去平谷的日本鬼子就从这条道走，去三河、通县。那边的鬼子归来，也走这条道。现在的大马路，过去是土道，没现在这宽。在张家坟、李家坟东边，便于八路军打埋伏，几乎天天都能听到枪响。张家坟北边是巨家坟。一开始来我家的人，就是一个两个，后来就多了，一个区小队，四五十人，有的拿着红缨枪，有的拿着大枪，还有拿刀的，有的就空着手，腰里背俩手榴弹。当时要是来人了，家里做饭就是小米干饭、米汤搁点冬瓜条。他们背的子弹袋子，瞅着挺鼓的，里边都是塞的秫秸秆，没多少子弹。

李环老人说：1946年8月，国民党军来了，又称顽军。1947年麦子收完走的，正好待一年。1946年春天，我们在小学念书的时候，村干部是张连城爸爸张志广，给我们儿童团开会，说国民党军队要来了，学生们要学会站岗。家里要是有八路军呢，你要是在当街玩呢，眼睛得好使着点，放哨去。八路军进村，你就赶紧往家跑送信去。就这样教过我们。当时就在大殿前头，学生坐成一小片。那时候开始减租减息，扛着大秤，上地主家算账去，雇了多少长工，有多少亩地，有多少人，家有多少粮食。

李环老人记得，1946年8月，顽军来了。那时候村里有村长，还有保长。村长为八路军办事的，保长为顽军办事的。顽军一来就成立了大编乡，就在东寺渠桥北道东，一个大高坎子上面，有个姑子庙，大编乡长是西高村的艾冠英。他们来了就抓减租减息的那些村干部，当时把张志广、艾仲合、艾祥、王政、张兴、王贵、张自生、李显芝等8个人，都抓到大编乡，全给杀害了。1947年麦收的时候，顽军就撤走了。1948年7、8月份又回来一趟，在县城呆10多天又撤走了。

1981年北京市民政局汇编《北京市革命烈士英名录》“区县分册”平谷册记载：

艾小傻，男，西高村人，1942年参加革命，1943年牺牲。

张友，男，1929 年生，西高村人，1947 年参加革命，1948 年 10 月 10 日牺牲于辽宁省锦州南山，牺牲时任四野九纵队二十七师七十九团五连战士。

周庆富，男，1927 年生，西高村人，1944 年 6 月 14 日参加革命，中共党员，1946 年 10 月 26 日牺牲于平谷县马坊小屯，牺牲时任冀东十四军分区十三团二连副连长。

张岱辛撞

88 岁退休干部张礼动（图 551）记得：

张岱辛撞最早的党员是岳长利，他是平谷第一次解放的时候参加了游击队，在游击队里入了党。大概在 1938 年，那时候我五六岁。他在外面活动了一阵子，不超过半年就回来了。得了肺病，当时是不治之症。我们村党员都是他回村以后发展的。他回来时间不长去世了，接续的党员是他亲叔伯家哥哥岳长奎。那时候不公开，上不告父母，下不告妻子。

图 551　89 岁退休干部张礼动（摄于 2019 年 3 月）

大概是 1943 年，差不多 8 月底，二区队队长李满盈带着队伍，在村这儿打了一仗。不超过 10 分钟，战士们就布置好了。日本鬼子从庄西往里冲。那时候八路军子弹少，手榴弹多，等鬼子快到跟前了，就扔手榴弹炸。鬼子冲几次也没冲进来，最起码被炸死十几个。到夜里鬼子还没攻下来，就撤了。第二天，鬼子要进我们庄，用汽车把打死的鬼子全拉到平谷去，据说是火化了。这次战斗。八路军牺牲2个，挂花十几个。

1981年北京市民政局汇编《北京市革命烈士英名录》“区县分册”平谷册记载：

张振刚，男，1902年1月8日生，辛撞村人，1943年11月23日牺牲于平谷县辛撞，牺牲时任平谷县辛撞武装中队长。

岳长生，男，1923年9月16日生，张岱辛撞村人，1946年7月参加革命，1951年6月牺牲于湖南长沙，牺牲时任四十六军一三八师四一二团战士。

赵家务

86岁老村大队长张甫俭（图552）记得：抗战的时候，咱这地儿算老区了，尚痴是平三蓟联合县县委书记，李争华是区委书记，争华经常在老陈家住，老陈家是抗日堡垒户。区公所就设咱村里，就住在老陈家，警卫员

图552　86岁老村大队长张甫俭（摄于2019年3月）

是老陈家人，叫陈承文，抗战的时候牺牲在承德围场了。作者曾编写平谷组织史，查阅资料，在 1944 年 8 月至 1945 年 9 月的新平三蓟联合县时，联合县委书记就是尚痴。县委下设 10 个区，三区区委书记是李争华，当时的三河北部这一带，就是三区。老人所谈，与组织史资料吻合。

咱村第一任党支部书记是班庆祥，他秘密组织一些抗日地下活动，一般老百姓不知道。

刘向道一来开辟根据地就管这片儿，人称道二爷。

我记得打岳各庄的时候，八路军有挂花的，抬到咱们村，也就待一天就转走了。村里丁环和张宝都是八路军，全是那回挂花的，他俩一块儿转到这儿。还有个姓董的，打官庄时被鬼子打死了。

抗战时期，村里挖地道，往东通到东庄户（大庄户），往西通到西庄户（赵庄户）。地道在村里是南北两道，东西两道，成一个“井”字。地道是陈庆来设计的，他是木匠。村东街口外头小五道庙下面设计个转盘，生人钻进去就出不来了，跟捉迷藏似的。我那会儿 10 多岁，是儿童团，见天（天天）看街口，比我大点儿的都挖地道去了。全村地道有 10 多个秘口，鬼子一来，八路军就钻地道，村干部也钻，老百姓也钻，钻好几回呢，地道可发挥作用不小。比如这一片 10 家 20 家，有个秘密口，瞅敌人来了，大伙儿赶紧从这儿钻进去。那时候村里有 200 多户。

81 岁老村会计史怀本说：抗战的时候，咱村民兵破坏马路，拔鬼子电杆子。

71岁老村书记陈承敬说：咱村建党比较早，东高村党员都从咱们村发展的，东高村第一个党员叫马忠，就从这村发展的。过去听老人说过这事。还有咱村俩人打青杨屯时，被鬼子包围了，牺牲了。

1981年北京市民政局汇编《北京市革命烈士英名录》“区县分册”平谷册记载：

刘长海，男，1916年生，赵家务村人，1944年6月参加革命，1944年11月牺牲于平谷县大官庄，牺牲时任冀东十四军分区十三团工兵连战士。

班仲月，男，1923年2月1日生，赵家务村人，1942年参加革命，中共党员，1945年8月21日牺牲于辽宁省赤峰地区，牺牲时任辽宁省赤峰地区区长。

张福敬，男，1927年生，赵家务村人，1942年6月参加革命，1944年7月牺牲于平谷县巨家坟，牺牲时任冀东十四军分区十三团班长。

尹玉田，男，1923年1月12日生，赵家务村人，1942年参加革命，1944年2月牺牲于平谷县马坊西大坡，牺牲时任区公安队班长。

贾宝山，男，1919年3月4日生，赵家务村人，1942年参加革命，1943年11月牺牲于平谷县青杨屯，牺牲时任区小队交通员。

张西全，男，1921年生，赵家务村人，1942年参加革命，1943年11月牺牲于平谷县青杨屯，牺牲时任区小队交通员。

刘长启，男，1924年生，赵家务村人，1944年参加革命，1944年7月牺牲于平谷县胡庄，牺牲时任冀东十四军分区十三团特务连战士。

董怀春，男，1923年生，赵家务村人，1943年参加革命，1944年

12月牺牲于平谷县小官庄，牺牲时任公安队战士。

孙绍洲，男，1924年5月7日生，赵家务村人，1947年参加革命，1948年4月5日牺牲于河北省三河县夏垫北务，牺牲时任东北军区独立四师十一团战士。

张芝，男，1920年生，赵家务村人，1947年参加革命，1948年6月牺牲于平谷县南张岱村，牺牲时任平谷县第七区公安助理。

傅连荣，男，1921年生，赵家务村人，1943年8月参加革命，中共党员，1946年9月牺牲于平谷县，牺牲时任平谷县政府战士。

班志祥，男，1918年8月15日生，赵家务村人，1943年5月参加革命，1947年牺牲于密云县北石匣，牺牲时任冀东十四军分区十三团二连排长。

陈承文，男，1920年生，赵家务村人，1944年参加革命，中共党员，1947年8月牺牲于河北省赤城锥子山，牺牲时任河北省赤城县副区长。

王泽民，男，1918年生，赵家务村人，1947年参加革命，1949年4月牺牲于天津市，牺牲时任四野补充师战士。

图553　89岁老生产队长艾仲连（摄于2019年3月）

赵庄户

图 554　68 岁老村书记史润成（摄于 2019 年 3 月）

89 岁老生产队长艾仲连（图 553）说：抗战时期，平三蓟联合县委在赵庄户这儿办过公。

68 岁老村书记史润城说：史振明曾在大庄户警卫队，十八九岁当八路军走了。在海军舰队退的，后来在广州生活，活了 94 岁，去年去世的。史家出过好几个团长。

史润城老人记得：抗战时期，平三蓟联合县在这儿办过公。我听我父亲说，尚痴是县委书记，在我家住过。我大爷史振先，是村粮秣委员。赵庄户党支部是 1943 年成立的，第一任村支部书记叫姚森。村里挖地道，往东与赵府庄，往南与鲍庄子连着，总共得有 10 里地。我家东厢房驴槽底下就有一个地道口，奔鲍庄子去了。

史润城老人（图 554）还记得，有个姚成宝，生在这村，后来落户三河县梼栳山村了。抗战的时候，参加了盘山游击队。当地人说大鼓书，称他为民兵英雄。

对于姚成宝，1999 年 12 月三河县政协编辑的《三河文史资料选辑》第三辑收录包金通整理的资料《民兵英雄姚成宝》，写到：姚成宝，1921 年 9 月生于赵庄户一个贫困家庭，3 岁时父亲去世。母亲带他讨饭至梼栳山村，而落户于此。1940 年，刘向道等到梯桄山开辟根据地，姚成宝参加了共产党。1941 年，村里成立民兵组织，他成为中队长，队伍发展到 100 多人。他带领民兵英勇杀敌，屡立战功。1945 年 5 月，冀东十四分区在平谷县刘家河召开群英大会，民兵英雄姚成宝受到表彰。

1981 年北京市民政局汇编《北京市革命烈士英名录》“区县分册”平谷册记载：

艾仲林，男，1928 年生，赵庄户村人，1944 年 6 月参加革命，1945 年 1 月牺牲于耙楼，牺牲时任冀东十四军分区十三团小孩连战士。

姚杰，男，1922 年生，赵庄户村人，1942 年 7 月参加革命，1945 年 7 月牺牲于三河县高楼赵辛庄，牺牲时任二区队李满盈部队排长。

史俊中，曾用名路名，男，1922 年生，赵庄户村人，1941 年 1 月参加革命，中共党员，1948 年 8 月 2 日牺牲于河北省玉田县窠洛沽，牺牲时任分区税务局副局长。

日军暴行

新编 2001 年版《平谷县志》第十五编军事 · 第五章日伪军组织及暴行 · 第二节　日军实行的“治安强化”运动记载：1941 年，以平谷为中心的平密兴联合县已成为冀东西部根据地的中心区，是日伪重点扫荡的目标之一。1941 年 3 月、5 月、10 月，日军连续 3 次对平密兴根据地实行“治安强化”运动，以军事为主，用重兵寻找八路军主力作战，企图消灭抗日武装力量，摧毁抗日根据地，尤以5月开始的大扫荡最为残酷。这次扫荡，东线由马兰峪至新安镇，南线由八面城至邦均，西线由邦均至潮白河，北线由平谷至石匣、兴隆。中间大小据点炮楼星罗棋布，均有日军或治安军和伪军驻守。日伪军从密云开始进攻，然后重点转入平密兴联合县二区（即平谷城以东），安设据点，围剿山区，“剔抉”平原各村。日军到处增设据点，至1941年底，平谷有据点18个：平谷县城、大华山、峪口、马昌营、北石渠、马坊、东高村、山东庄、南独乐河、夏各庄、张各庄、胡庄、彰作、将军关、陡子峪、黄松峪、塔洼、镇罗营，各据点分驻日伪军。1942年4月、9月，日军实行第四、五次“治安强化”运动，对根据地实行“总体战”、“毁灭战”，把根据地划分为三种地区，采取不同措施，以达到分而治之的目的。

一种是“治安区”（日伪占领区），县城和据点附近。强制建立伪组织，强化保甲制度，建立新民会和新民自卫团，发放良民证，清理户口。建立秘密情报网，布置行探坐探。强迫各村建立剿共自卫团、地区班，开展所谓“训导”工作，鼓吹“中日亲善”“中日提携”“共存共荣”“剿灭共匪”“建立新秩序”等等。

一种是“准治安区”（平原抗日游击区），军事镇压与政治欺骗并重，实行“蚕食”政策，摧毁抗日基层组织，逐步扩大日军的所谓“治安区”。1942年下半年，平谷日伪军在“治安强化”的基础上，强迫抗日村干部分别到胡庄、山东庄、马坊等据点登记自首，并举办训练班，回村后编入剿共自卫团。

再一种是“非治安区”（山区抗日根据地），日军极为仇视，实行烧光、杀光、抢光“三光”政策，制造无人区。强化“囚笼”政策，增修碉堡据点。强迫群众在山区的平原之间沿着山边挖“防共壕”，企图把抗日工作人员和八路军封锁在山区，隔断平原地区对山区的供应。在平谷地区共挖3条壕沟：一条由上宅到峪口，长30公里；一条由大华山到胡店，长10公里；一条由稻地到掘山头，延伸到蓟县附近。壕沟宽10米，深6.5米，强迫16—70岁的人都去挖，自带干粮，集体干活。日不出就上工地，日不落不准收工。工地上有日伪军监视，发现民工伸一伸腰，就用棍子打。沿壕沟的大村建有大据点，修筑大炮楼，重要路口修上吊桥，日伪军把守，监视检查来往行人。各大据点之间，沿壕沟每隔1公里修一小炮楼，由剿共自卫团把守。各炮楼之间形成火力交叉网。在挖壕期间，峨嵋山、郭家屯、靠山集、上营、祖务、稻地、东马各庄、小辛寨、放光、后北宫、北土门、关上、胡店、胡营、东寺渠、辛店等村增设大据点。各据点之间修建“警备路”，路两旁不准种高秆庄稼，以防八路军、游击队潜伏。日伪沿长城划一条从山海关至古北口东西长350公里、南北宽50公里的“无人区”（亦称无住禁作地带），进行集家并村。平密兴联合县长城之外，西起古北口，东到将军关段有100公里属“无人区”。在“无人区”，日伪见房就烧，见人就杀，见物就抢，实行彻底的“三光”政策。

在这种境况下，东高村地区发生多起惨案，多人惨遭杀害。

东高村惨案

1941年1月、9月27日和1942年冬的一个早晨，驻平谷日军守备队队长丸山率守备队、警备队和驻守辛店等地日伪军先后3次包围东高村，枪杀村民2人，淹死1人。

选自《北京市平谷区军事志》

大旺务惨案

1943年3月6日下午，驻三河县城和蒋福山据点的日伪军分两路包围大旺务村。东路日伪军于村东山顶上，用步枪、机枪杀害6人，打伤多人；西路日伪军枪杀5人。

8月，驻三河、平谷日军，再次包围大旺务村，烧毁了辛店村的全部房屋，将村民抓去修炮楼，又逼着老百姓平毁了平三公路两侧300米以内快成熟的庄稼，砍掉了大旺务村树木（只剩12棵）送修炮楼，并榨取大量钱财。

选自《北京市平谷区军事志》

大旺务的血泪仇

大旺务村位于平谷城南15华里，与三河县接壤，村西为平三公路。抗日战争时期，该村化名“望龙”，村民们在抗日政府的领导下组织起来，为我军站岗、放哨、做军鞋、保藏军用物资、掩护伤病员，民兵们经常到公路上砍电杆、割电线，巧妙地打击敌人。日寇视这里为眼中钉、肉中刺，曾多次组织清乡、扫荡，残害百姓，屠杀无辜。

一

1943 年 3 月 6 日（农历二月初一）下午，三河县城和蒋福山据点的日伪军分成两路包围了大旺务，企图搜查和攫取军衣、军鞋、粮食等抗日物资。三河的日伪军坐汽车沿平三公路而来，在大庄户村西停车，然后向大旺务包围；由蒋福山出发的敌人在大旺务村东的山顶上隐蔽起来，伺机进攻。村里的人们发现日伪军从两面包围过来，就全部往村东山地跑去。当跑到和尚坝沟和大小桃园的时候，才发现东山顶上也有敌人，就又乱跑起来。埋伏在山顶上的日伪军居高临下用步枪射击，机枪扫射，村民韩遵、袁兴太、耿广福，陈安之、李振生、耿月山等人当场中弹身亡，还有许多人受伤。从西面包围过来的日伪军进村后，把没有跑的村民围拢起来，一个日本军官向翻译嘀咕了几句，翻译向大家说：“你们听着，太君说了，谁要把给八路军做的军衣、军鞋和其他物资藏在哪里说出来，就是大大的好人；若是不说的话，死了死了的干活！”不管翻译怎样嚎叫、威胁，人群中无人应声。日军官恼羞成怒，只见他把手中的战刀一挥，哇哇怪叫几声，立即上来一群鬼子兵，从人群中拉出来几个青壮年。这些人有的被枪托砸，有的被绑起来灌凉水，可他们还是一言不发。最后，鬼子枪杀了耿好武、耿启福、王连成、张希古、宋连江等人。两股日伪军在村子里折腾了大半天，一无所获。天快黑了，他们不敢久留，保长又凑钱贿赂了翻译官，这帮强盗才溜回各自的据点。

二

1943年7月8日（农历六月初七），驻蓟县和三河的日军通过特务汇报，得知八路军伤员于洪彦和张文贵在大旺务养伤，就各出动100多日伪军，夜间将大旺务包围，在各主要路口架起轻机枪，天亮时，有五六百村民被日伪军围圈到罗家后院里，日伪军轮番从人群中拉人拷问，棍子打、凉水灌、刺刀扎，无所不用其极，但不管敌人用尽什么残酷的手段，村民们的回答只是“不知道！”。当时，正是炎热的夏天，上有烈日曝晒，下有热气蒸腾，村民们连饿带渴，苦不堪言。第一天总算熬过去了。第二天，仍是大晴天，天气更加炎热，被围的人们饥渴难耐，就将院边一架葡萄的叶子和嫩蔓吃光，只剩下光秃秃的主干和枝杈了。后来，不得不相互接尿喝……两天一夜的炎热、干渴、饥饿，加上种种折磨和毒打，几百名村民都濒于死亡线上。村里的保长赶紧筹款，趁夜深溜出村到平谷据点贿赂了日本翻译官王仁良。第三天早晨，日伪军才撤走了。此时，许多老人和小孩连渴带饿，晕倒在地，奄奄一息。

三

1943年农历七月下旬的一天，从三河县增援平谷的13辆载有100

多名鬼子和物资的汽车，在平三公路的灵山附近被我伏击，日军被歼，物资被缴，汽车被烧。当三河、平谷的日军闻讯赶到时，战斗已经结束。鬼子们气急败坏，便包围了大旺务村，向村民逼问我军去向。他们打伤了几个村民，也没问出结果，便在村中抢劫一番走了。第二天，平谷、三河的日伪军又来进行疯狂的报复。他们先是放火焚烧了辛店村所有的房屋，把村民抓去修炮楼，又逼迫这一带百姓把平三公路两侧 300 米以内的快要成熟的高粱、玉米、谷子等庄稼统统割倒毁掉。接着，又把大旺务村里村外的树木全部砍掉（只是在井台上和大庙内留下 8 棵国槐和 4 棵柏树），使古老美丽的大旺务村变成了一个光秃秃的村庄。敌人还强迫村民把放倒的大树送去修炮楼，谁家不送，就得给钱，又从村里榨取了大批钱财。

口述　韩守谦　耿宗远　李振昌

整理　纪振明

选自平谷县政协《平谷文史选辑》第四辑

万恶的日本鬼子

我叫岳长奎，是平谷县门楼庄乡辛撞村人。1943 年 8 月的一天清晨，天刚蒙蒙亮，马坊炮楼的日本鬼子和警备队偷偷地包围了我们村，将我们十几个为村里打更的人抓住，又用粗绳子捆起来，押到马坊西大街炮楼南边的空地上。这里有一眼鬼子们用的水井，水井旁边是个臭水坑，浑浊的污水散发着臭气，苍蝇蚊子嗡嗡地飞。

在这儿，鬼子给我们松了绑，叫我们一字排开站好，他们端着刺刀站在我们身后。队前边有一个军官模样的日本鬼子，用日本话指手画脚地说着什么。这时，我们中间的侯老五因为有病，忍不住大声地咳嗽起来，这一咳可不要紧，前面的鬼子一瞪眼，站在他身后的鬼子兵上去便狠狠地一脚，把侯老五踹倒在地上。接着，上来两个伪军，一个揪着侯老五的脑袋，另一个拽着侯的大腿，“扑通”一声，把他扔进了臭水坑。侯老五喘着粗气，挣扎着向岸上爬，将爬上岸，两个伪军又一人抓住侯的一条腿，将他倒提起来，让侯的脑袋扎进水坑里挨呛。污水灌进侯老五的鼻子里、嘴里，他那难受的样子真叫人没法说……折腾了好一阵子，两个伪军看样子也累了，才放下侯老五。可日本鬼子好像还觉得玩得不够过瘾，又想起了新花样：他们在侯老五的身上拴上一块大石头，绳子很短，然后抬起人和石头一齐朝臭水坑里扔。只听得“扑通”“扑通”两声，侯老五和那块石头先后落进水坑里，起先侯老五还能在臭水坑里扑腾几下，后来就不动了，日本鬼子在一旁哈哈大笑。他们并不想叫侯老五马上就死，又用铁钩子将侯老五和那块大石头钩上岸来。侯老五已昏死过去，他的肚子里灌满了臭水，可怕地鼓胀着。日本鬼子找来一架梯子靠在墙上，将侯老五头朝下绑在梯子上，用皮靴狠命地踹侯老五的肚子，臭水、血水顺着侯老五的鼻子、嘴直往外冒……

侯老五已被折腾得半死，鬼子又拿我们一个一个地来祸害了。他们又抬来许多梯子，把我们都绑在梯子上，手和脚被牢牢捆住，在我们的腰与梯子之间垫上木板，然后又将砖头一块一块地塞在木板和腰之间，直塞得我们龇牙咧嘴，再也塞不下为止。我们的肚子都高高地挺起来，腰被硌得疼痛难忍，这还不算，还要把我们的头也卡在梯子上，头两边也塞上砖。我真不明白，他妈的日本鬼子要拿我们干什么？这时，日本鬼子和伪军们都去臭水坑里提水，然后往我们的嘴里、鼻子里灌，我们完全无法抵挡，只能喘着粗气，任凭臭水往肚子里灌。我们本来就向上腆着的肚子被灌得越来越大，眼看着一个个都成了大肚弥勒佛，鬼子兵则在一旁“哇哇”地怪笑着。他们拿我们开心取乐，闹够了之后，就走了。我们头晌午前被绑上梯子灌水，直到晚上，鬼子才把我们从梯子上放下来，又照着我们的大肚子使劲地踩。这一踩，我们浑身上下凡有眼的地方全往外冒水，水冒完了，就把我们拖到一间又脏又湿满是蚊虫的房子里关起来。

第二天，鬼子不但不放我们，又想出了继续折磨我们的新花样。他们从邻村又抓来十几个人，连同我们一齐轰到一处院子里，逼着我们两人扛一架大梯，绕着影壁不停地跑，跑慢了就用皮鞭子抽，还不给饭吃。我们一个一个的因为连饿带累，昏倒在地，日本鬼子就用棍棒打、皮鞭抽，还用烧红的火通条在我们的身上烫。3 天下来，我们都成了鬼模样，肋骨被打断的，鼻青脸肿的，皮开肉烂的……到了第四天，我哥哥岳长武打听到了我们的下落，从马坊街上买了些吃的来看我们，我们才算没被饿死。哥哥救了我们的命，他却因此被鬼子扣留下来，最后丢了命。

到了第六天，鬼子把我们轰赶到一处空地上，这里还集中了鬼子从别处抓来的老百姓，一个个也都是遍体鳞伤，歪歪斜斜的，相互搀扶着，总共有二三百口人。约有200多鬼子兵和伪军端着刺刀，围在四周。一个日本中队长在前面“哇啦哇啦”了一阵，翻译官说：“中队长说了，你们当中谁不怕死就站出来！”在我身边的哥哥早已按捺不住心中的怒火，向前跨上一步大声说：“我不怕死，你们又能咋样？”哥哥的举动把我们都吓怔了。鬼子中队长瞪了眼睛，气急败坏地叫道：“把他拉出去，活埋！”几个日本鬼子就地挖了个坑，将哥哥推进坑里。哥哥并不示弱，他一面奋力挣扎，一面破口大骂日本鬼子：“你们这群王八蛋，决没有好下场！等着瞧吧！”鬼子兵赶紧往坑里填土，每填一层，还用脚在上面踩实，直到再也听不到哥哥的声音了。他们还不放心，坑被填平以后，他们还在上面踩了老半天……就这样，我眼睁睁地看着哥哥被万恶的日本鬼子活埋了。

日本鬼子活埋了哥哥以后，才放了我们这些半死的人。侯老五奄奄一息，脸肿得像个大葫芦，连站起来的力气都没有了，其余的人有瘸腿的，有直不起腰的，有肋骨被打折的……我们这些人虽然活了下来，但大都落下了终身不治的毛病。我永远也忘不了万恶的日本鬼子的罪孽！

口述　岳长奎

整理　岳银霞

选自平谷县政协《平谷文史选辑》第四辑

不屈的张振刚

张礼动

1943年12月19日（农历十一月二十三）下午，驻马坊据点的日军小队长皇野和伪九区区长王宝民，纠集马坊警备队和“新民会”特务紧急出发，要到张岱辛撞村去抓八路军。

约1点多钟，张岱辛撞便被伪军特务包围，各大小路口均被封锁。进村的鬼子和伪军荷枪实弹，刺刀闪闪，大声吆喝着，挨家挨户搜查，将男女老少集中到街中的岳家大院，跪在地下。村民张庆礼被拉出来逼问：“八路军在哪？说！快说！”张庆礼回答说：“不知道。”特务正要发火，皇野和伪区长王宝民及几个鬼子兵押着村民张振刚进院来了，张庆礼趁乱跑回人群里。

张振刚那年40岁，是个淳朴憨厚、寡言少语的农民。他上有70多岁的孤老伯父，下有6岁和8岁的两个幼子，一家老小全靠他和妻子苦苦劳作，养家糊口。由于他为人厚道，办事可靠，便被村里的保长封为“自卫主任”，管派村人夜间打更等事。这天，他正在村南更棚搭火炕，还没来得及回家吃午饭，就遇上了皇野和王宝民。皇野通过翻译问张振刚：“你是自卫主任？你们庄住有八路军你知道吗？”张振刚答：“不知道。”他被带到西街口，王宝民假装近乎地对张振刚说：“你只要说实话，我可以保你没事，你们庄有人报告，说村里有八路，你说不知道，可要想想后果呀！”张振刚仍然回答：“没有就是没有，不知道就是不知道。”王宝民变口气了：“要是有八路怎么办?”张振刚也不示弱：“拿我脑袋担保!”王宝民火了：“好，那你就跟我们走吧!”张振刚就这样被带进了岳家大院。

张振刚明白敌人不会放过他，进院后便将自己身上仅有的8元钱交给了大侄儿张胜，对他说：“你拿着花吧……”鬼子又将村民刘宗海拉来，叫他和张振刚一同跪下。张振刚8岁的儿子跑过来，怀里抱着爸爸的马褂，还有几根蒸红薯。张振刚深情地看着儿子，小声说：“拿回去吧，爸爸用不着这些了，要听你妈的话……”这时，皇野恶狠狠地咕噜几句，王宝民便大声宣布：“张振刚对大日本皇军不忠，今天就地正法!”话音刚落，只听“砰”的一声枪响，张振刚便倒在血泊中，跪在一旁的刘宗海被吓得瘫倒在地上，在场的人都惊得目瞪口呆。

杀了张振刚，日伪军及特务便集合队伍，扬长而去。乡亲们无不流泪，大多数人失声痛哭起来。张振刚的伯父不顾一切地扑在侄儿的尸体上，大声哭喊：“天哪，你犯了什么罪呀！往后我还能靠谁呀……”张振刚的妻子更是哭得死去活来。

选自平谷县政协《平谷文史选辑》第四辑

鲍家庄

73岁老村会计王福田说：鬼子把杨桂芝的哥哥打死了。当时他哥哥在村南边干活，看见鬼子从灵山炮楼过来了，就往北跑，鬼子开枪就把他哥哥打死了。当时有人说打死俩人，其实另一个人被鬼子一枪打到了大棉袄上，那人随手把棉袄扔一旁的沟里，人们误以为把那人打死了。鬼子曾在村头长条坑边，把枪上面一支，就在坑里洗澡。

北张岱

78岁老村干部王乃云说：这庄子日本鬼子不喜欢来，犯地名。鬼子到村南边一打听这是啥村？北张岱，日本鬼子一听就说："不去地，不去地。"这庄从南边往这里一瞅，是个大洼兜，北边是河，南边高，打仗方面不适合安营扎寨。再说，北张岱的"岱"字，读作"dǎi"，与"逮"一个音，日本鬼子怕被逮住，就不到这儿来。

话是这么说，其实鬼子也没少来。76岁老生产队会计高瑞（图555）说：王忠廷媳妇跑反，跑到村东边看瓜的瓜窝棚，他媳妇怀抱着六七个月大的女孩儿，娘俩用被窝（wo）蒙上了。鬼子追过来，两刺刀把他媳妇挑死了。他媳妇死了，小孩儿还怀里吃妈妈（ma，吃奶）呢。

图555　76岁老生产队会计高瑞（摄于2019年3月）

高瑞老人说：我听说，李发在东高村那边挖壕沟去晚了，鬼子让他挖坑去。李发把坑挖好了，鬼子让他跳下去，把他埋了。埋完，鬼子走了，大伙儿赶紧扒，他还没死。

72 岁村民张庆福说：在村后街西街头，侯家胡同西边约 20 米处，有棵大槐树，2 搂来粗，日本鬼子把上半截砍去了，后来又长出芽来。十几年前死了，现在侯立生家院内西南角还立着呢。

曹家庄

图 556　80 岁老村会计孟金增（摄于 2018 年 10 月）

90 岁离休小学校长庞瑞麒老人说：一九四几年腊月二十九，鬼子圈庄，把 29 个人抓到马坊据点。那天我正好值班站岗，有人告密说孟廷喜回村了，鬼子是奔孟廷喜来的，实际上他没回来。这些人被抓了，得有多一半人挨打了。80 岁老村会计孟金增（图 556）接着说：那次有人暴露王守功说是八路军干部，就把别人放回来，把王守功扣下了。曹庄子有个赵显荣，是三河王庄子的赵，光棍一人，1948 年前后就死了。他会瓦匠，修过炮楼，与鬼子有些联系。就通过赵显荣，花钱把王守功保回来了。

老人们还回忆，村里有女人被鬼子强奸了。

崔家庄

78岁老治保主任曹金财谈到日军暴行，记得：村里有个鲍贵臣，是当八路军的，叫日本鬼子逮住，把脑袋砍下来挂旗杆上了。

有一次鬼子进村，要抓村干部赵珍没找着，把他兄弟赵祥抓去了，抓到马坊炮楼。本来要砍他，那天正是小年，翻译官说小年这天不杀人，灶王爷上天要好话多说，就想过完小年再砍。赵祥得到消息了，乘机赶紧跑了。后来，赵祥就在每年腊月二十三小年这天，放炮仗纪念。他去世后，他儿子还给他放好几年呢。73岁老村书记李银补充说：当时赵祥13岁，是替赵珍被抓走的。那时村里人马俊杰在马坊开三义顺杂货铺子。马俊杰对鬼子讲情：今儿是小年祭灶，灶王爷上天好话多说，就别杀人了，过了小年再说。这样鬼子就没杀他。曹金财老人说：有个伪保长叫李柱，给日本人办事，就是他出卖了赵珍。后来刘向道领导的游击队下面的大个子郭起，是地下党、游击队队长，抓住李柱，给处决了。

在赵家务、侯庄子，鬼子发现地道口，就在地道口烧柴火熏烟，用扇车往里扇（shān）风。

图557　81岁退休职工马广林（摄于2019年3月）

81岁退休职工马广林（图557）

也记得：村干部曹金祥，被日本鬼子抓住，灌凉水，压（yà）杠子，逼问谁是地下党，他死也不说。

村里还有个李福善，是粮秣员，被鬼子抓住了，要粮食他不说，鬼子就把他吊在街边1棵枣树上，用扁担打，把扁担都打折了。青杨屯有个修杈子的，认得李福善，见鬼子正打他，就对鬼子说：他是个好人。鬼子把他弄到曹庄子，第二天全村男的都去保，鬼子这才把他放了。

大旺务

82岁老村支委耿连明（图558）说：一年夏天，鬼子圈庄，把100多人圈到老罗家大院里，逼问谁是村干部，大伙儿没人说。圈了3天不给吃不给喝，大伙儿尿尿互相喝。后来天上下毛毛雨，大伙儿都张嘴接雨水喝。78岁村民周克芳说：大伙儿一瞅反正也是死，就把墙推倒跑出来了。人们跑的时候，鬼子没开枪。当时我父亲也给圈里头了，听他说过这事儿。耿连明老人接着说：村里陈路田闺女和姓王的翻译官媳妇是干姐妹儿，听说是让她给说点好话，才没死

图558　82岁老村支委耿连明（摄于2019年4月）

人。还有一回跑反的时候，韩喜勇他爸也被鬼子打死了

周克芳老人说：鬼子来咱们村抓住耿广田，他就是老百姓，问村干部是谁他不说，就往他肚子里灌凉水。灌得鼓鼓的，一边仨鬼子，拿木杠子往他肚子上使劲压，连嘴带屁股全冒水，好受罪了，鬼子拿这取乐儿。还有一家，有个10多岁小孩儿，跑反时让鬼子给打死了。

大旺务辛店

85岁退休职工乔玉宝说：1943年旧历七月十三八路军打埋伏以后，鬼子就把辛店的房子拆了，修炮楼。鬼子炮楼在村中心，周边挖一圈壕沟，西边有个吊桥，黑夜把吊桥拉起来。吊桥西边是通平谷、三河的公路。鬼子挖“治安壕”，就从我家过去的，一直挖到掘山头。一家都没了，村里人只好投亲靠友，周边村子都不敢留。鬼子说了，辛店人不能收。辛店人就成“黑人”一样了。不管咋着，辛店人有搬到赵府的，大庄户的，大旺务的。像刘家搬到了西鹿角，乔家一支搬到兴隆花市村，我们由大旺务搬到大庄户。1945年日本投降以后，先回来四家，有我们乔家，还有耿家、刘家及闫家，称为“四大家”。那些落户到外边的，就不回来了。

乔玉宝记得：1944年大庄户民兵把炮楼端了以后，鬼子就到大庄户清乡，围了大庄户，把村干部都逮去了。我爸乔连芳是个外场人，去给说说，就放出来了。就是于连香没放，说让使枪换。没过几天，在县城北门外，鬼子就把于连香挑了。

大庄户

71 岁老村治保主任耿清奇（图 559）说道，大庄户北边 1 里是辛店，辛店抗战时期是独立的一个村，现在归大旺务了。辛店有个炮楼，属于日本警备队。大庄户西边，也有个炮楼，是国民党顽军的炮楼。

图 559　71 岁老治保主任耿清奇（摄于 2019 年 3 月）

84 岁村民于启德说：抗战时期，现在村委会西边，有个鬼子的炮楼，圆的，两层，中间是板子搭的，斜着有木梯。83 岁老村书记于德庆具体说：当时南北向有一条马路，就是现在的平三路，在今天的村委会西边，过去是村西头。鬼子的炮楼在那条马路东边，顽军的炮楼后来修的，在马路西边，顽军的那个炮楼也是圆的，二层，大体差不多。

于德庆、于启德等老人说：在 1942 年左右，为了修大庄户村西的炮楼，鬼子大概有 30 多人在村里住着。在那次巨家坟大沙坡八路军伏击，打死十几个鬼子。后来，鬼子把打死的尸体抢回来，弄到村里张左明家后院，底下挖空了，挖一个大槽子似的，上边铺铁板。再把这些尸体清洗，用白布裹上，底下架着劈柴，倒上汽油烧了。烧了之后，把骨灰装在老百姓家的花罐子里头，放于启昌家的西大屋烧香供着，东大屋鬼子住着。

于启德老人说：我家在于启昌家后边，鬼子在房上修炮楼，我家人都跑西高村大姑家住着。鬼子有个捋管炮，就地下那儿摆着。

84岁老生产队长李福田说：抓于连香那回，鬼子把我家给烧了。我家房子在村最东头，紧把梢（shào），民兵站岗上我家房顶上瞅去，5间正房和3间厢房都给烧了。还有我三叔李增起家的房子，也是5间正房和3间厢房。那时的房子都是石头垒的，上面是秫秸捶儿的，一点就着。只烧了我们这两家，鬼子就撤了。于德庆接过话茬，要抓不住于连香，鬼子那回就得把村里的房一扫光。

于德启老人说：鬼子来村，在当街抓住张福喜，拿穿着的大皮鞋踢他脑瓜子，叭叭地连踢带踩，把他踢死了。还有一回鬼子圈庄，村里有人钻地道了。像张贺芝家南倒座房是个碾道，碾盘底下是个地道口。鬼子发现地道口后，就连烟熏再灌水。好在地道口里有拐弯、上坡、下坎，还有挡板，地道只能猫着腰爬进去，烟熏不进去，没有人员伤亡。

东高村

84岁原北屯中学校长王正荣说：一年秋天，日本鬼子搞“三光”政策，街边两旁晒着谷草，鬼子一来，就把谷草全点着了，房子也点着了。抗战的时候，有好几家房子都被鬼子烧了。村后边有个龙王庙，龙王庙上边一家的房子也给烧了。记得后头那条街有个大上坡，从下坡到上坡的地方，有个 40 岁左右男的，正往上走，鬼子让他站住，他没有站住，鬼子一枪就把他打死了。还有个村办事员叫王敏，是村长，一露面就被汉奸告密，鬼子把他活埋了。有个张文龙，是村里老百姓，被两个鬼子用刺刀挑死了，留下个 1 岁的儿子。

71 岁老村书记张文圣接着说：村里有个袁沛德，一看挑死了张文龙，当时他正走在一大水坑边上，一猛子就扎了下去。鬼子朝坑里嗒嗒打枪，坑边上一溜榆树，他就猫榆树棵子里了，没打着。那大水坑在村西边，坑东边是条土道，从三河过来到县城，都走这条道。现在是在村西部，建成小公园了。

79 岁村民张仲千谈及此事：我父亲张文龙是老百姓，那年鬼子圈庄，把我爸弄到村西坑边，还有俩人，都五花大绑，跪在坑边。把我爸先挑死，挑坑去了，那俩人一瞅滚下坑里，那坑得有 3 米深。鬼子拿石头砸，那俩人会水，没死。我是 1941 年阴历七月十五生人，刚过一生日，也就八月初，我父亲就被鬼子挑死了。我还小不记事，是被绑的那俩人中的一个叫赵增祥跟我说的。

王正荣老人说：抗战时期，东高村没有鬼子炮楼，东高村南边辛店有个炮楼，东北杨各庄有个炮楼。记得挖壕沟，杨各庄到稻地西边，一直到塔山那儿，再到辛店。挖壕沟我拿着一个小镐，还跟着去着。人们瞅着，鬼子一来就装着赶紧干，等鬼子一走就磨洋工。

82 岁原东高村小学校长阎福旺（图 560）记得：在村东边挖壕沟时，不知道是哪村的人正站着呢，鬼子过来看见了，夺过别人的一把四齿镐，照着那人的脑袋就招下去了，当时就给招死了。

张文圣老人说：一回，有个鬼子端着枪上张平大爷（ye）家。张平大爷身高也就一米六左右，黢黑的小老头，干巴精瘦的，外号小鬼，是花会五虎棍的教师。在当院儿，张平大爷拿起扁担，跟鬼子拼刺刀，再加上他长得有点凶，把鬼子吓得掉头就跑了。

图 560　82 岁原东高村小学校长阎福旺（摄于 2019 年 4 月）

高家庄

86 岁老村书记高凤和说：我十二三岁时给鬼子挖壕沟，过去摊工，不去不行。壕沟在东高村东边，塔山西边，在峨眉山也给鬼子挖过，还在峨嵋山那边给鬼子修过道。挖壕沟的时候，村里一个人挨过鬼子打。那时候，村里有保甲长，八路军过来要支持，鬼子过来也得支应。

那时候，咱村没有鬼子炮楼。村南 10 多里的灵山有一鬼子炮楼，村东北 8 里地大旺务西边辛店有一炮楼，西边 15 里地马坊有一炮楼。可鬼子经常来村里清乡，说来就来，一来村里人就赶紧跑反。

侯家庄

80岁村民马润清（图561）说：一次鬼子圈庄，没处跑，一些人就赶紧钻地道了。马润清老人说：地道口被鬼子发现了，就点柴火用烟熏。等鬼子一走，大伙儿赶紧救人。熏坏好几个，熏的人傻不愣登的。马润生老人接着说：还熏死仨人，大名记不住了，小名知道，双喜、招宝，这俩人姓刘，还有一个叫剩头，姓岳。何宝德老人说：我父亲会钉马掌，我父亲徒弟董义坤就给熏坏了。75岁村民张杰老人说：当时刘祥也给熏傻了。马润生说：刘双喜就是刘祥儿子。刘祥家有个地道口，在碾子底下，救人就从刘祥家救出来的。还有一次鬼子圈庄，把刘伏家的三间正房给烧了。刘伏家里有个地道口，在碾子下面。我们都跑到庄后头苇子坑躲着，眼瞅着房子呼呼冒烟。我们家白薯井也着呢，

图561　80岁村民马润清（摄于2019年3月）

图562　81岁村民何宝德（摄于2019年3月）

鬼子把我家白薯井当地道了，点着了我家的纺车子，还有柴火棍子，塞白薯井儿，往里熰（nǒu）烟。

81岁村民何宝德（图562）说：一次，日本鬼子从张岱辛撞那边过来，在村西头支个小钢炮打，往哪边打不知道。我和我爸跑反，跑到东庄户（赵府庄户）。又说鬼子来了，马上到西庄头了。正躲着的几个大人一听，全窜顶棚上躲着去了。一次鬼子跑到我们家，家里有鸡蛋，我妈给藏柴火垛里了。鬼子就用刺刀给窝出来，拿到村里的另一家做吃了。

张杰老人说：刘伏弟弟是个哑巴，鬼子来了，他跑反往村北跑，鬼子让他站住，他是哑巴听不见还跑，被鬼子一枪打死了。

村里老人说：有一回鬼子进村了，将一媳妇给强奸了。

克头村

图563　84岁村民张泉（摄于2018年9月）

84岁村民张泉（图563）说：刘福山是村长，外号叫金风，粮秣委员是贾顺廷、康守成。日本鬼子一把火，把刘福增、刘福山哥俩前后院房子都给烧了。刘福山家正房3间，东厢房2间，南倒座6间，共11间。刘福增家正房5间，东西厢房各3间，全烧了。刘福山家在前院，风一刮，把后院他哥的房子也烧了。72 岁老生产队长刘春岭接着说：刘福山是我父亲，鬼子跟村里要粮食，没给送去，鬼子就把我家房子烧了。

73 岁老电工刘兴安说：一天，几个鬼子去一家里，把这家的媳妇儿给轮奸了。

张泉老人说：有一次，鬼子抓住村里的刘宇林、刘瑞林，就是老百姓。后来村里人赶紧找人私下捅点钱，这才没杀。东高村、辛店、大庄户都有炮楼，当时是 5 里地一个炮楼。我 10 多岁的时候，修过辛店炮楼。辛店当时在大旺务村西北角 1 里地，原来属于平谷，抗战以后这村就没了，现在辛店属于大旺务村。八路军在辛店打过埋伏，后来鬼子把房子烧了，树砍了，就没这个村子了。鬼子就在那儿修了个炮楼，跟村里要人，每天去多少人修炮楼，不去不行。村里有个贾文祥，一次跑反时往村北跑，被鬼子开枪打死了。

门楼庄

77 岁老生产队长赵明说：抗战的时候，村里一个姓赵的，一个姓王的，有俩骑自行车的特务打听道儿。嗔的特务没下车，就没告诉，特务开两枪就把姓赵的这人打死了，叫啥名字记不住了。

88 岁老村保管员郭进山说：过去鬼子说来抢就抢，说围庄就围庄。我小时候常抱着被子上侯庄子亲戚家睡觉，有时候也到庄外头一二里地的地方睡。那时候，爷爷带着我，秋后了，把被褥铺在没有草的地方。几乎天天往外跑，根本不敢在家睡。郭继兴家的西厢房被鬼子烧了，那时候鬼子“清乡”，瞅着不顺眼就烧。

77 岁老村副书记王志有（图 564）说：我爷爷的时候，鬼子把家的三间西厢房给烧了，过去我们一直开着店。

图 564　77 岁老村副书记王志有（摄于 2018 年 9 月）

郭进山老人说：咱们这一带，马坊、辛店、灵山有炮楼，我就给鬼子修过炮楼。保长叫你去就得去，不去不行，那里全是十五六岁的小孩儿。那时候地里的活多，我父亲得干活，就叫我去。共产党还老告诉我们，说磨蹭，别干活。我爷爷那时候给共产党当交通员。我们就是搬小瓦，一回搬 3 块。鬼子啪给我一脖搂，比划着嫌我搬的少。我就搬 5 块，他就不说了。那时候我 14 岁，马坊、三河的炮楼我都修过。挖壕沟也去过，如挖三河马连口壕沟。

南埝头

92 岁老村会计刘印海回忆：一天，日本鬼子圈庄，把各家的锅拔了全给砸碎了，不让老百姓做饭。鬼子把大伙儿圈到刘振刚家的大院，这大院在村中间，是一个大场儿。圈有 200 人，没跑了的连男带女的都圈那儿去了，鬼子要找八路军家属。开始问刘显忠，刘显忠不说。鬼子又问刘来文，用大劈斧不管哪头抡起来使劲钉（dīng）刘来文。趁鬼子进大院二门子，刘来文问刘显忠你跑不跑，你不跑我跑了。刘来文这时候从地上爬起来就跑了，参加八路军了。鬼子又问刘宜、刘仲德，这俩人就是老百姓，他们不说。鬼子一劲儿逼问，刘仲德就说了刘福顺他妈。刘福顺他爸刘宝金，正在十三团当八路军。鬼子就把刘福顺他妈弄出来绑板凳上，让一个特务用大壶灌凉水。最后让他俩自个儿挖坑，挖完鬼子就残忍地将他俩活埋了，这俩人也就40多岁50来岁。当时我跑出去了，回来听说。那年我十七八岁，可能是1944年。

鬼子圈完庄后，没人敢在家住了，有住东高村、西高村、东鹿角等村的。家有地，得回来种地，干完活再回去。

那时候，鬼子来村挨（nāi）家烧，烧了百十户，大多都烧落（lào）架了。就剩下18家没挨烧。鬼子先烧村外边院子的，外面房子一着，里面院子就进不去了。这18家在里面，没烧成。鬼子烧房子的时候，用炕席卷着干草，往那儿立着一点，像拔火罐似的，呼呼地就着起来了。

80岁的退休干部刘长山2014年撰写了《南埝头村村史回忆录》，回忆录中记述了抗战时期的一些日军暴行：逆流河南侧和东侧，有多年长成的一大片柳树林，每棵柳树有1尺到1.5尺粗，高五六丈。1941年，日、伪军为防止八路军和地下武装埋伏在树林里打伏击，从县城周围村庄抓来大批民工，手持大板斧，只用1天时间，把这些树全拦腰砍倒了。

日、伪军强迫百姓从辛店到杨各庄西之间挖“治安壕”，对挖壕的民工，日、伪军监视很严，经常用棍子、枪托子、洋刀背、皮鞭子抽打，被逼迫着干活。挖出水时，天气寒冷，日、伪军人就推搡着强迫民工下水。每天晚上收工时，日、伪军把村民集中在北部炮楼旁训话，打他们认为带队不得力的人或偷懒的民工。大旺务村带队的耿长德，因为他们村出工人数不够，日、伪军夺过南埝头村民刘永茂的四齿镐，往耿长德身上乱招，招得身上都是镐眼儿。在气息奄奄时，被村民偷偷送回，算保住了一条命。

1944 年 4 月 11 日早晨，日伪军包围了村庄，把全村人轰到刘玉忠、刘绍如两家大院里，逼问谁当了八路军，谁是村干部，村民没有人说。日、伪军就把村民刘仲德、刘宜、刘来文 3 个人捆起来，用木棍打，用鞭子抽，直把刘仲德、刘宜活活打死。刘来文被打得半死，吊在西跨院一槐树上。当日、伪军吃饭时，他清醒过来，咬断绳子，越过后院墙跑了。跑到杨树坟时被敌哨兵发现，向他开枪射击，他忍着痛逃到大河沿（逆流河入泃河处），趟过河，再也不能动弹了。在其他村民帮助下，算是抢了一条命。

1944 年春，日、伪军在本村及南面几个村庄进行“扫荡”，准备回县城。当走到村西小桥子南边时，日、伪军忽然听到一声枪响，立即返回村内，点火烧房子，除十几户外，其他房子都给烧了，共烧毁 360 间房子。被烧毁房子的村民，只能到外村投亲靠友。直到鬼子投降后，才在旧址上陆续重新盖房子。

（作者编入史话时有所整理）

南宅村

84 岁退休干部李炳燃说：1944 年腊月十三，当时有人泄露，鬼子清乡，李延旭跑了，在村外半道上被打死。李贺堂被抓住，也活活给打死了。

图 565　84 岁退休干部李炳灿（摄于 2018 年 10 月）

84 岁退休干部李炳灿（图 565）接着说：李延旭家场里头，有一口井，井下有块插板，人下去后，登着插板能躲到旁边藏身洞里。当时有个姓黄的区助理，不是咱村的，李延旭曾保护过他，后来叛变投敌当汉奸了。姓黄的就告密说李延旭住在哪哪儿。就这样被发现了，鬼子就到场里搜查李延旭躲藏的井。李延旭得到消息，赶紧往普贤屯那边跑，被鬼子开枪打死了。

李炳燃老人说：李延旭场里那井是砖甃的，掩护过这姓黄的，所以姓黄的知根知底。李延旭往外跑有二三百米，被打死在麦地了。李贺堂在家被鬼子抓住，在村东头菜园子那儿被打死了。

80 岁老村副书记盛景德说：听老人说过，鬼子逮住李贺堂，问他有八路军没有，他说没有，就给打死了。

李炳灿老人说：鬼子逮住李贺堂后，用绳子勒着脖子，让他说八路军的事儿，咋打咋问也不说。后来烧锅大街有个叫李文翠的，本来想说说情，让汉奸高抬贵手。李文翠发现的晚了些，鬼子汉奸审讯他，他不可能说八路军和党的地下工作者的情况。听说一边打一边用绳子勒脖子，舌头都吐出来挺长，给勒死了。这两人后来追认为烈士，家属是烈属待遇。

李炳灿老人记得：腊月十三，鬼子还打死村里一个人呢。李炳灿老人接着说：那人叫朱老二，还没结婚呢，家里攒了一些木头，以后准备盖房。鬼子来清乡，要拉木头。他拦着不让拉，鬼子就把他拉到东大坑边，李占德他们家场院外头，把他枪杀了。流了一地的血，沿着花轱辘车沟流的老远。我当时去看了，血都流光了，人躺地上，特别的苍白。

李炳燃老人说：1944 年四月初九，鬼子把村子围了，挑死仨人，侯元普、侯元凤，那个叫侯元啥记不住了，都是老侯家的，这仨人都在麦鱼仓里藏着呢。就是打了麦子以后，盛麦鱼子的，那时麦鱼仓子都挺大的。被抓住后，鬼子当场给挑了。侯元凤在三河佛辛庄子当老师，回家探家，正好让鬼子围庄子里了。鬼子一看他的手没有茧子，老百姓天天干活手上有茧子，他手上没有，鬼子认为他不是好人，就给挑了。这仨人都给挑死了。李炳灿老人记得，挑死以后，肠子都流地上了，我爸爸当时跟着收尸去着。

李炳燃接着说：四月初九这天，当时我们在庄头外头，都给圈街里来了。看见外面坡下边就拴着俩八路军，穿着二大褂子，都 20 多岁。当时抓住村里的李占茹，问他村里有没有八路军，他说没有，一直到打死也说没有。

盛景德老人说：也是这天，我爸在村西头给鬼子做饭，让我爸拿碗上东园子打香油，半道上我爸藏一家碾道里了。好长时间没回来，鬼子就找。找到我爸，鬼子说叫你藏，在我爸俩腿肚子上一腿肚子扎一刺刀。我那年 7 岁，打那时我就和我妈天天到井沿儿抬水吃。后来瞧好了，我爸腿上留了两个大疤瘌。我脑瓜子还挨了两回鬼子摸，一回我在屋里奶奶腿坐着，鬼子一进屋，先用刺刀挑开门帘，看屋里有人没人，再看看门拉后头有没有人。这是我亲眼见着的。鬼子过去吃过这亏儿，门拉后头藏着八路军。一看没人，就摸我脑袋，假惺惺地："小孩小孩滴"。过去有一句话，说的是："喝稀粥睡凉炕，千万别跑反。"意思是只要不跑反了，天天喝稀粥睡凉炕都行。这也反映了当时老百姓对日本鬼子的愤恨，对过安定日子的渴望。

李炳燃老人说：四月初九这天，还把村干部李洪举、李秀奇两家的房子给扒了，让村里人上去扒房，都说上不去。庄里有个叫李田文的，是看庙的，也说上不去。鬼子拿着刺刀，不上去就挑。无奈，他硬着头皮噌一下上房上去了。当时主要就扒了这两家的房子。

盛景德老人说：侯佳瑶是举人的孙子，一回被鬼子抓住，绑在他家大场的一棵树上。不知道他自个儿咋就弄开了，悄悄爬到场外棒子地里跑了。这是农历六月，棒子秧挺高了。之后就参加八路军了。

南宅庄户

82岁村民盛景发（图566）说：我爷爷盛庆生，当时是保长，给八路军办事，鬼子来了也得应付。一天鬼子通知我爷爷到灵山炮楼开会，去晚了，就被特务给杀害了。

图566　82岁村民盛景发（摄于2018年10月）

84岁老村主任王松生老人接着说：当时鬼子在灵山有个据点，盛庆生给八路军办事去晚了，特务拿枪就把他爷爷打死了。后来，八路军把这特务逮着也枪毙了。再就是村书记李殿起，当时鬼子要粮食，没有，就把他家的三间土房给扒了。

南张岱

图567　88岁老生产队长张怀林（摄于2019年4月）

88岁老生产队长张怀林（图567）记得：一次，日本鬼子从村经过，当时张起山父亲跑反，正从高粱地豆垄往外爬呢，被鬼子抓去了，同时抓去的还有李成奇。张起山父亲是村里的医生，李成奇是种地的老百姓。鬼子把这俩人抓到马坊炮楼，据说李成奇拿钱给赎回来了，而张起山父亲被砍了。

一年，腊月二十九过年，日本鬼子来了，村里人赶紧往外跑。张连宜是村里教小学的老师，跑到村东南杨家坟一带，那地方叫磨齿子，在那儿被鬼子打死了。他哥哥被打大腿上，打伤了。

张明奎是糊裱匠，亲爷儿仨到张岱辛撞给一家糊幡啥的。当时是9月，张岱辛撞正打仗，这爷儿仨跑了，跑到张岱辛撞北边大窑那儿，爷儿仨全被日本鬼子用枪打死了。

张少增，就是老百姓。被日本鬼子抓住了，绑在村南井边辘轳的桩子上，灌凉水。随后带到赵家务，黑夜趁着鬼子睡着了，张少增拿个碗刬（chàn）儿，把捆着的绳子蹭断，跑回来了，捡一条命。

85岁老生产队长张连江（图568）说：有一回鬼子进庄，张庆，还有一个侯庄子在这边给张庆做活的，藏在村北棒秸攒里了。鬼子用机枪一扫，把这俩人全打死了。

抗战时期，张继红在减租减息时是农会主任，后来有些疯癫。一次，看见鬼子进村，他拿鞭子抽日本鬼子来着，被鬼子给挑死了。

图568　85岁老生产队长张连江（摄于2019年4月）

村里几次被日本鬼子烧，张桂芳家瓦房五间、张景祥家五间房、张彩珍场房五间等，被鬼子先后烧毁。

日本鬼子圈（quān）庄，把老百姓圈到一块儿，问哪家有当八路军的，哪家是干部，不说就打。

普贤屯

79 岁退休职工姚景财说：朱万宝就是老百姓，一天在大街上待着，东北伪满洲队过来就给了一枪，把朱万宝打死了。满洲队见人就打，跟朱万宝一块儿在街上待着的包玉喜，20 多岁，一枪被打到前胸了，那子弹一直在他身体里待了 7 年，直到腐烂才取出来，受了不少罪，一直咳嗽喘，啥活儿都干不了，60 多岁去世。79 岁老村支委朱德启说：当时还有我爷爷，也是这次被打死的，他们 3 个是挨着坐的。伪满洲队打死俩人，打伤一个人。

姚景财老人记得：我四五岁的时候，日本鬼子带着大洋狗，拿着刺刀要扎人。保长姚文博拿着脑袋担保，说她是大大的良民，这才没扎。

80 岁退休职工刘子生说：姚文焕在地里干活，被日伪军打死了。

前台头

92 岁老木匠王志安（图 569）说：日本鬼子经常来清乡，有个叫王革臣的，还有一个王久洲，俩人都是老百姓，让鬼子抓住了，用绳子拴着脚，头朝下吊到水井里，让村里人围一起瞅着。大伙都跪下了，央求鬼子别把这俩人弄井里。后来就拽上来了，没杀这俩人。王兰平老人记得，过去村里有仨水井，村西边一个，东大庙西边一二十米一个，大庙北边还有一井。大庙西边那井深点，鬼子吊那俩人的井就是大庙西边的井。

图 569　92 岁老木匠王志安（摄于 2019 年 4 月）

王志安老人说：有一回鬼子来清乡，把我大爷王云逮住了，绑在家前当街的槐树上。我当时 10 多岁，大爷有个烟袋在腰后头别着，怕鬼子踹他打他的时候，把烟袋杆踹折了扎着腰，我上去就把烟袋给拽下来了。鬼子把我大爷打一顿，就给放了。还有街北一个街坊，是个老太太，也是那天，鬼子跑到她屋里，问她是不是家里藏了八路军，她说我没藏八路军。她家里有鸡蛋，鬼子抄起鸡蛋就拽（zhuāi）她脑袋上了，一脑袋鸡蛋黄子。

王志安老人记得：鬼子经常清乡，一放枪我们就赶紧跑，跑到村南的沟里。还有时跑到村西北青杨屯那边河滩的大坡子底下猫着。有个蔡国才会炸麻花，嗓门大，一瞅鬼子走了，就吆喝一嗓子："脆麻花喽——！"音儿拖得挺长，人们就知道鬼子走了，赶紧回来。要是鬼子圈庄出去晚了，就给圈里头了。圈一堆儿，问你八路军在哪儿？鬼子在村里逮鸡，弄粮食，翻东西。

77 岁老村书记王东青说：我大爷叫王福宽，鬼子圈庄把他逮着了，弄到周山家磨坊那儿，拿刀把他脑袋砍一大口子，还使磨棍打周山。周山和我大爷都是老百姓。

74 岁退休教师王采芬（图 570）说：我爷爷王田挨鬼子灌凉水、压杠子。还有大爷王龙，左胳膊让鬼子刺一刺刀，刺一大口子，胳膊上留一大疤瘌。还有一回鬼子来了，把家的炕席揭了，搁当街铺着。王久林妈跑反的时候，往北跑，背着个篓子，里边装点棉花。鬼子一枪，就从篓子后头穿过去，当时她倒地上就死了。

图 570　74 岁退休教师王采芬（摄于 2019 年 4 月）

青杨屯

86 岁老村干部王才浦（图 571）谈到日军暴行，记得：抗战时期，一到傍后上 4 点多，怕鬼子来清乡，就要考虑上哪躲着去，把家里的驴得拉着，啥撇了也不能把驴撇了，驴可以

图 571　86 岁老村干部王才浦（摄于 2019 年 3 月）

种地。有一回，黑夜白日一天一宿，鬼子清乡来9回，鬼子一般从平谷来的时候多。因为县里区里干部都在村里办公。鬼子恨我们村呢，恨不得把我们村平了才合适，就是平不了。

鬼子圈（quān）庄，把村里老百姓圈到村东老爷庙里。王福义是地下党，鬼子抓住他，问他谁是共产党，他说不知道。鬼子把他仰巴脚儿绑梯子上，梯子斜倚大庙墙上，鬼子拿点着的香烧他。鬼子找一个叫刘永库的地下党，刘永库就在跟前给鬼子端茶倒水呢，王福义就是死了也不说。鬼子拿香烧他胸脯子，他一口把整束香咬灭了。这是我亲眼所见，太受罪了。最后鬼子也没问出啥来，就把他放了。王福义是王士成父亲，1968年去世，时年54岁，这事大概在1944年左右。

鬼子抓劳工，村里刘永增的老叔（shōu）被抓走了。不知道抓哪去了，后来也没回来，不知下落了。

王守志和他媳妇都是村干部，他家有正房土坯房五间，鬼子来就把这房子给烧了。

西高村

87岁退休干部李环说：1941、1942年左右，我10多岁，正上小学，小学在村西大庙里。那时候小学有麦秋假10多天，过完麦秋上学，一进大殿，就看到老师艾绍周被吊着打呢，打完给带走了。听老人说是被日本特务带走的，带到了平谷县城的炮楼。打那以后村里就没小学校了，直到1945年8月日本投降以后，收完秋了，西高村才恢

图 572　87 岁退休干部李环（左）找到东高村 79 岁妹夫张仲千（右），张仲千住在稻地村敬老院，因最近腿摔伤而换了股骨头，坚持带我们到当年日本挖的壕沟旁，对壕沟地点进行确认（摄于 2019 年 4 月）

复小学。过完 1946 年春节，就正式成立小学了。

过去鬼子让挖壕沟（图 572，图 573），东高村小学东边靠塔山根底下不远还有壕沟呢，没填平，还是洼的。这壕沟是从园田队东南奔马各庄那儿有一个桥，从那儿往南，奔东高村，往南一直到三河掘山头。听老人说，是鬼子怕八路军从山里下来打游击。我是 10 岁或 11 岁左右，去挖过壕，没少挨打。我家卖豆腐，用豆腐渣做饭吃。我爸卖豆腐，就让我挖壕去，就在东高村小学东边那儿。监工的是中国人。年轻的在底下挖，往上扔土，小孩和老人在上面往一边划拉。有穿军装的一过，一个村的带工的就喊：“快干活，快干活！”

图 573　李环老人根据张仲千老人所指，站在东高村东边 2 里处，当年日本人所挖的壕沟，就在这里由北向南过去的，壕沟西侧栽了杨树，壕沟东侧大致没动，现在是南北向道的西侧（摄于 2019 年 4 月）

我记得当时我拿一个小铁锹，正在那儿干活呢，监工的过来二话没说，“啪啪”就给我俩大耳刮子，打得我眼直冒花。还问我是哪儿村的，让我跪着，拿着我那个铁锹往我身上打，打完了扔下铁锹就走了。每天到下午 6 点多就收工了，收工了也不让回家，让我们在前边集合，一个庄排一个队，然后拿着那种大喇叭筒子开始喊了：小孩儿，明天你们再来，这有请！欢迎你们再来！实际就是诈唬你。有时候正干着活呢，就喊“小孩儿集合”，拿铁锨的举着铁锨，拿镐的举镐，让半蹲着，谁要是一哆嗦站不住了歪一下，后面就是一脚，实际就是不愿意小孩儿来，小孩儿不能干活。

有一回快收工了，大概比 6 点早点，就看北边有人收工了，南边的人就想着那咱也走吧。还没走多远呢，就看北边的人又跑回去了，南边人也跟着跑回去了。往北一瞅，有一个人趴地上，监工的抡着铁锨啪啪地正拍呢。第二天听说，这是一个村带工的，监工的晌午饭由各村给送，那个监工嗔的那天送的饭不好。

原来园田队北边是城关南门，南门坡挺高。有个鬼子小队长，老百姓都管他叫丸山。丸山一出南门，带工的看见了，就喊“快干，快干”。我看到过鬼子小队长两次，骑着一个大黑马，还跟着俩翻译骑着黄马，有时候到这边下来，转一圈。有时候骑着马往南哇哇跑，到三河那边再哇哇跑回来。

当时，16 周岁以上的叫青年队，16 周岁以下的叫儿童团。青年队那时候就到泃河桥南边隐蔽地方放哨去，南埝头也有一个放哨的，一个接一个。看到鬼子或警备队一从泃河边上大坡子下来，就喊“劫洋驴了嘿——！”所谓“洋驴”，鬼子穿的翻毛皮鞋后面钉的那掌儿，老百姓就管那叫“洋驴”，就是指日本鬼子或警备队。这人喊完，赶紧就从河边或庄稼地跑了。南埝头站岗的听见了，接着喊：“劫洋驴了嘿——！”一站接一站地就喊到村里来了。村里儿童团接着就喊“洋驴来了”，“洋驴来了”。村里人一听见，就赶紧哇哇地跑了。要是鬼子没进村过去了，老百姓也有信号，就用常见的叫猪、叫鸡的声音，或者就叫谁家孩子，老百姓就知道了，就过河回来了。都是一些岁数大的跑不了的，在河边叫，叫孩子、叫猪，大家就知道了。

张保爸爸在西边大河套栽白菜，还找个干活的，是李东他舅舅，小名叫仓头。从大庄户过来的人喊：“快跑，别干了！”俩人觉得：咱又没碍着他们，能把咱咋着？就没跑，实际上过了泃河就是庄稼地，进庄稼地就没事儿了，结果俩人没跑。鬼子从赵家务、大庄户那边过来，到这儿就把他俩用刺刀给挑死了。

黑夜鬼子圈咱庄，艾如英爷爷在村西边小桥看园子，鬼子在圈庄把他给圈回来，在艾春泽当院给打死了。还有艾发爸爸艾成明，脸给打了几个大口子。

85岁村民张福增说：抗战时期，村里有个张浩山，给鬼子挖壕，他管拨工。到谁家要是说今儿有事，去不了。他没烦过，总好言好语的，再上别人家拨去。每当鬼子来了，他就可街喊：“来驴了”“来驴了！”让大伙儿好跑。那时候都往西蹚过泃河，奔东鹿角那边去。那边有个坑，叫白马泉，那时候种线麻，在那儿藏着鬼子瞅不见。等鬼子走了，就有老太太“咴儿咴儿咴儿”学叫猫的声音。

过去我听周庆峰（当时的粮秣员）说：有个艾会英，是保长还是甲长，反正是在庄管事，又拥护八路军，又应付鬼子。八路军要粮食，黑夜就给运去。鬼子过来抢粮食，他也给弄点。鬼子有个金翻译，因为艾慧英当会头，常和他们见面。金翻译说：给我弄点花儿来。他家养花，就挑两盆好花给送去了。金翻译一看，说我要这花干啥呀？我要的是零花的花，花钱的花。那时候不管咋弄，筹些钱给送去了。就这样应付鬼子汉奸，使村里房子没烧，锅也没拔，把我们庄保住了。他还做一个好事儿，就是我们庄有5个街口，他给修5个栅栏，就是打的5个木头大门，黑夜就插上。还在每个街口弄个小窝棚，有人看着。如果鬼子啥的来了，进不来。有这空儿，赶紧报告大家好得跑。

张岱辛撞

88岁退休干部张礼动记得：日本鬼子多次来“清乡”。张龙他父亲张振刚，是村里保长下面的甲长，在八路军这边是办事员。当时八路军干部上这儿来了，不长时间，马坊炮楼的鬼子带着伪军把我们村包围了。有人告密，说这里有八路军。这是早上八点钟左右。我们看着咋也得有五六十人，鬼子十来个，伪军三四十个。鬼子抓住张振刚，问他八路军，他说没有。鬼子说他通八路，就把他枪杀了。后来查出告密的是村里的保长、也是地主叫岳树增，被八路军处决了。

村里有个张振伶，30来岁，就是老百姓，鬼子抓住他，把他吊在村中间小五道庙前的大槐树上，灌凉水，往大腿上压（yà）杠子。还打，打得山神鬼叫的，没打死。同一天，鬼子还在小庙东边活埋俩人，一个叫张玉，一个叫张义深，埋一个坑了。这俩人也是老百姓，张义深在北京学徒回来，鬼子看他手上没有茧子，就说他不是好人，是八路。把他俩埋时间不长，鬼子就走了。村里人赶紧抢着扒，这俩人才没死。要是时间稍长一点，就死了。这大致是在 1941 年六七月。

1941 年，我 12 岁。鬼子来跟人说滴拉嘟噜日语，人们听不懂。鬼子说我是儿童团，把我从孩子堆儿里拽出来，问这事儿那事儿。我也不知道鬼子说的是啥，我就往地上写："你说话我不懂。"鬼子一急，掏出东洋刀，用刀背咵一下就砍我左膀子了，疼了两月。那时候我就记住了一点：日本鬼子绝不是好东西，你就得跟他们干！

大概是 1943 年，张礼斋媳妇，我亲大嫂子，裹着小脚往村北跑反，想过洵河，跑果各庄去。到河边被鬼子打了一枪，就趴我身上了。临死抱着二嫂，叮嘱照顾 1 个 9 岁的侄子与 1 个 10 岁的侄女，还没说完就死了，死时 40 来岁。

一次，日本鬼子来圈庄，逮住村里十几个人，逮到马坊炮楼，不给饭吃，把他们扔水坑子里泡着。就问：你们谁替八路军死？村里有个叫岳长武的，很豪横，说：我替！鬼子就真把他杀害了，把别人放了。

日本鬼子"清乡"的时候，把全村的树全砍光了。

赵家务

86 岁老村大队长张甫俭记得：抗战的时候，村周边离这儿近的，东边 3 里大庄户有个鬼子炮楼，东边 3 里地辛店有个炮楼，南边 5 里地三河掘山头有个炮楼。

日本鬼子不止一次围庄，把地道的秘密口搜出来，鬼子就把那家房子给烧了。我家有个秘口，鬼子发现了，把我家房子也烧了。村里一个叫董玉坤的，是老百姓，钻地道时去晚了，前面的人把口给扎上了。秘口不大，就能钻过一个人，人都进去了，就把口扎上，他就在口边上猫着。鬼子发现了地道口，就把房子给点了，柴火棚给烧了，摇着扇车往地道里熏烟。差点没把他熏死，一辈子都咳嗽喘，到死都是喘死的。

81 岁老村会计史怀本（图 574）说：耿进华父亲在钻地道的时候，被鬼子熏烟给熏死了。

图 574　81 岁老村会计史怀本（摄于 2019 年 3 月）

71 岁老村书记陈承敬说：陈承宗是村民兵队长，被围庄的鬼子抓住了，往肚子里灌凉水、灌辣椒面，差点没灌死了。他们老人知道，我是听说的。

张甫俭老人说：班庆田爸爸叫班秋，也是那次鬼子给灌凉水，把肚子灌鼓了，鬼子就用木杠子使劲把水再给压出来。听说是俩鬼子摁杠子，把肚子使劲往前挤，把灌进去的水再挤出来。这一回他待了两年才好，鬼子真是惨无人道。

徐宽她妈、孙学成他妈，这俩老太太让鬼子给弄到大庄户炮楼去了。这两家都是抗属，儿子都是八路军，是有人告密。村里陈承元爷是保长，班凤是付保长。陈承元爷赶紧到炮楼，我听说是花 20 担棒子给赎回来的。那时的保长，八路军来了要帮助做事，鬼子来了也得应付。

丁印是民兵队长，八路军从西鹿角过来。当时咱村有日本鬼子，丁印给八路军带路，从村西街口进去，到东街口这儿，结果丁印就让鬼子给打死了。后来听说，是鬼子知道八路军要来，就在村东头丁家坟支挺机枪。坟地那儿有棵大扫帚苗子，就支那儿了。把丁印打死了，还打伤俩八路军。

赵庄户

68 岁老村书记史润城说：一次，我父亲史振铎还没来得及下地道呢，鬼子就进庄了。鬼子拿刀背摁我父亲脖颈子上了，有个于老太太赶紧过来跟金翻译说："他是好人，是良民。"鬼子才没砍。

71 岁老村书记姚成春记得：辛店有鬼子炮楼，听说一共 15 个鬼子。吃饭的时候，鬼子枪全架起来。68 岁老村书记史润城接着说：辛店当时是个小村，现在属于大旺务了。抗战那时候，辛店让鬼子给屠过庄，整个村子都烧毁了。

传 说

东高村地区流传的民间传说故事很多，而民间故事往往是虚构的，可以没有真实的人物、真实的事件，各村都有不少这样的故事流传，对此以后可做专题研究与收集，在此不做收录。收录的主要是民间传说，这些传说一般与一定的历史人物、历史事件和地方古迹、自然风物、社会习俗等有关，因而包含了某种历史的、真实的因素。不仅具有较高的民俗、文化、艺术价值，而且具有较高的历史、文物与地理等价值与地理等价值。

文峰塔的传说

东高村村东的塔山原名叫泉水山，山下的泉眼很多，泉水也很旺，汇成一条九十九曲的逆流河，向西北流经南埝头村后，注入洵河。塔山上有一座塔，叫文峰塔。说起文峰塔来，这里还有一段故事呢。

据传这座塔是在明朝时修的。那时，平谷有一位在朝廷做大官的，名叫牛肖院，当过主考官。有一个举子，本来挺有才学，不知怎么得罪了牛肖院，三次考试都没有得中。第四年又进京赶考，因换了主考官，中了进士。朝廷派他去做知府，他推辞了，却要求到平谷县去做知县，朝廷准了他的请求。他上任后，倒也清廉，治理有方，也很爱民。就是对牛家的仇恨，始终没有忘掉，总在寻机报仇。

一次，他到平谷城墙上去巡视，当走到东南角魁星楼时，见魁星像手中拿着点状元的笔，笔头正指点城外东面的一座坟地。古语说："魁星点状元。"他就知道被点的这座坟，其家必出大官。后来他就和人打听，城东面的那座坟是谁家的，经打听才知道是牛肖院家的坟。他就派人把魁星手中的笔给调换了位置，那笔尖也就不指牛家的坟地了。

这位县官也看出牛家坟的风水硬，他想尽办法要给破了。为此，他也很搭辛苦。一天，半夜子时，夜深人静，鸡不叫，狗不咬。县官看见从牛家坟地里出来一头牛，直奔塔山而去，他想这牛很可能去到那里喝泉水，真没出他的所料，这头牛就是去喝水的。当把水喝足后就回来，钻进坟里不见了。他一连看了几夜，都是这样。他就想出了办法，决定在泉水山的山头上修一座塔。

塔修好之后，牛家坟里的牛再也不出来了。从这以后，牛家就败家了，官被革职，家破人亡，一切全完了。县官见大仇已报，上奏朝廷，辞去平谷县的县官，又到别处上任去了。

从此以后，泉水山也就改名叫塔山了。

讲述人　周好志（已故）

搜集整理人　纪振明

搜集时间　1986年3月

流传地区　平谷

选自胡永连主编《平谷民间文学集成》

和尚拜仙

从前，东高村寺庙内有个和尚，一不诵经，二不坐禅，每天泉水送松子，终日读奇门遁甲。

一日，他屈指一算，某时某刻八仙要从塔山过，去赴王母娘娘的蟠桃会，顿起成仙之念。于是，他备下香烛斋肴，准备迎接八仙大驾。

这天夜里，正是子时，鸡不叫，狗不咬，和尚排摆香案，上放八只大香炉，八盘干鲜果品。和尚点上香，双膝跪地，双手合掌，静候八仙。

一会儿，只见西北处五彩缤纷，祥云朵朵，八位大仙脚踏祥云而至。和尚急忙叩头，恰如鸡啄米。

八位大仙一见地上跪一和尚，桌上香烟缭绕，便落下云头。和尚抬眼一看，那八位仙人鹤发童颜，长髯飘动，白衣水袖，云底纹鞋，手持拂尘，一个个仙风道骨，风貌迥然。和尚忙叩头道："贫僧叩拜八位仙翁。”一大仙问道：“你排摆香案，是何用意?”和尚道：“非为别意，只因弟子屡赴考场不第，故此削发为僧。弟子看这红尘，多为功名利禄，久盼离开凡尘，只是机缘菲薄。望仙翁携弟子一同赴蟠桃会，哪怕吃不到仙桃，唆唆桃核，也胜似人间百春。”

一大仙道：“你想随我等登天成仙得道，却也不难，只依我三件事，便可带你上天。”和尚连忙叩头道：“慢说三件，就是三十件、三百件都能依您。”

大仙说：“我腰上有一个疮，久溃不愈，你与我把脓吸出。”和尚凑近一看，脓疮带血，腥臭难闻，他皱着眉头说：“又脏又臭，实在难于下口。”

大仙说：“既是不行，那就再说一件。”说完，手一指道：“那里有一泡狗屎，你把它吃下去!”和尚走近前一看，上边落了一层苍蝇，恶臭难闻，狠了狠心，用手指一蘸，放在口中一舔，差点儿吐出。只好又对大仙说：“这狗粪也吃不下去。”

大仙说：“既是这样，我再说第三件。”大仙指着旁边的一口井说：“你从这里跳下去吧!”和尚走到井边，往下一看，黑咕隆咚，冷气嗖嗖，不知深浅。和尚吓得浑身发软，对大仙说：“井太深，弟子不敢跳。”八位大仙一齐哈哈大笑：“你看我们跳!”说完，一个接一个地跳了下去。

和尚一看大仙们跳下去了，也往井里一跳，不想，却坐在一块圆石头上，疼不可忍，后悔得痛哭起来。

讲述人　周好志（已故）

搜集整理人　纪振明

搜集时间　1986 年 3 月

流传地区　平谷

选自胡永连主编《平谷民间文学集成》

普贤屯的传说（两则）

三怪的来历

普贤屯有三怪：头一宗，村落的形状好似一只金凤凰，凤眼是两眼清水井；二一宗，村南有八步两座桥，桥上从不落屎克郎；三一宗，普贤屯地下草煤多。花分三杈同连根，三怪开头是一怪，你如有兴趣，听我从头说。

很早很早以前，普贤屯人心地特善良，地上有只蚂蚁都绕着走，飞鸟落在饭碗边也不轰。这一来，虫虫鸟鸟的都爱到普贤屯来往，跑的跳的都爱到屯里歇，普贤屯成了飞禽走兽的乐园。更有那可恶的禽兽成心欺负屯里人，有屎偏到屯里拉，臭气能传八里远。左近的屎克郎追着味儿往这儿飞，成群结队，黑压压一大片，老爷儿都被遮住了。

一天，从西北方向飞来一只非常美丽的大鸟，它就是百鸟之王——凤凰。她在普贤屯上空绕了一圈，看见村南有两只小鸟缠住一个农夫，一只小鸟往农夫身上拉了一泡屎。那农夫摘下帽子擦，另一只鸟又飞到农夫头上拉屎。可那农夫只管擦身上的屎，并不去打鸟。

凤凰觉得奇怪，收拢翅膀落下地，问道："大爷，您为啥不打那只鸟？"

农夫连连摇头："使不得，使不得，伤生害命，天地不容。"话还没说完，"嗡"地飞来一只屎克郎，"啪"地掉进农夫的嘴里，那两只小鸟落在树上，"叽叽喳喳"笑个不停。凤凰看到这情景，肺都快气炸了："人家心肠这样好，你们还这样，真是欺人太甚！"她一鼓翅膀，把两只小鸟抓来，强逼着它俩把屎克郎吃下去。两只小鸟一看是鸟王，傻了眼，不敢不依。凤凰又罚那两只小鸟化作两座桥，让千人踩、万人踏。末了，那凤凰又到村里转了一圈。她发现村里的人，都和那农夫一样善良，却落得这个下场，心里很恼火。于是，她轰走了飞禽走兽，然后落在地上，用身体盖住了满屯的荒草粪便。天长日久，凤凰与土地融合在一起了。凤凰压在身底下的脏东西，化为草煤。屎克郎怕鸟吃，便不敢在那两座石桥上落。

讲述人　郭利，男 30 岁，汉族，农民，初中

搜集整理人　胡永连

搜集时间　1982 年夏

流传地区　平谷

选自胡永连主编《平谷民间文学集成》

改　名

咱们县的普贤屯都姓姚，这个屯过去就叫姚家屯姚家屯，后来改成普贤屯。为什么？这里有一段故事。

据说，东海龙王和太白金星有一次闹分歧，太白金星认为：人非天生愚笨，关键在于教化；东海龙王则认为：人的聪明愚笨是天生的。俩人争得不可开交，最后，太白金星说："在人间你随便找一个村子，我去教化三年，过后你去考试，要是输了，就削掉我的鼻子。"龙王也不示弱："好，就这样，要是我输给你，抠掉我两眼。"于是，龙王往下一看，狡猾地说："你就去姚家屯吧！"这姚家屯里都是吊锅当钟打的穷佃户，大小没有一个识字的，然而，太白金星却欣然答应了。

这年正月，姚家屯来了位骑牛的老汉。老汉鹤发童颜，一派仙风道骨。牛角上挂着几捆书，俨然教书人。全村的男女老少，把老先生团团围住，老先生在牛背上打拱道："老夫无依无靠，以教书糊口，如蒙父老兄弟不弃，把家中稚童托于我，三年准保成材。"村中一位长者唏嘘地说："事虽好，可我们连肚子都填不饱，哪里去弄学费呀？"老先生含笑说："老哥哥错矣，只要我和这牛不饿肚子，我要学费何用？"大家听了很高兴，纷纷求老先生下牛，就此设馆。老先生欣然下得牛来，连连点头。当下，人们把村东南角的官用磨房腾了出来作学堂，第二天，便有二十多个孩子来上学。

老先生抓得可紧了，他每天讲课，谁不领会下来就别想回家吃饭。

他让做的文章，谁做得不好，就别想逃过他的铜尺子。早早晚晚，循循善诱，讲天文，讲地理，讲历史，讲算术，不知不觉，三年过去了。

一天上午，村里来个俊俏的秀才，打听学堂在哪儿，说是要考考学生。消息传开，全村人跑来围观。秀才和老先生很熟识，见面就谈考试。老先生毫不含糊，当场答应了。

“我随便出题，让谁答谁答。”秀才很不客气。接着，他把一张字条递给了一学生，纸上写着：海水朝朝朝朝朝朝朝落。学生看后高声念道：“海水潮，朝朝潮，朝潮朝落。”老先生听了面带喜色。秀才又说：“给我对出下联来。”有个学生看了看天，随口诵道：“浮云长，长长（此两字音常）长，长（音常）长长（音常）消。”

秀才打个愣，信口念道：“犬行雪地梅花五。”这意思是：狗走在雪地里头，它那个爪子印就好像梅花五个瓣一样。这时，有个学生正看着磨房外面的两只大公鸡发愣。秀才一指：“你对。”那个学生站起来，眉头结个大疙瘩，直用手挠脑袋，秀才见了暗暗高兴。突然，那学生眼睛一亮，随口念出：“鸡踏霜桥竹叶三。”意思是鸡在霜桥上走，它的爪子印就像竹叶似的。众人一琢磨，哄地笑了，老先生也手捻长须，不住地点头。秀才有些着急，迟疑半晌，眼一亮，看来，这回他要出个难死人的上联来。

秀才频出上句，众学生连答下联。秀才念：“南大人向北征，东杀西退。”一个学生答：“春掌柜卖夏布，秋收冬藏。”秀才念：“童子打桐子，桐子落，童子乐。”另一个学生答：“丫头啃鸭头，鸭头咸，丫头嫌。”秀才又念：“佛手供佛，佛伸佛手，佛喜欢佛手，佛间佛手香。”一个胖乎乎的学生答：“鸡眼喂鸡，鸡奔鸡眼，鸡啄鸡眼，鸡不吃鸡眼，鸡嫌鸡眼臭。”秀才又道：“道旁麻叶伸轻掌，要甚要甚?”一个瘦瘦的学生答：“池内莲花攥粉拳，打谁打谁?”

秀才火了：“二猿断木，山林中小猢狲也能对锯（句）?”这话分明是有意损人。众学生也不示霸，答道：“一马失足，淤泥内老畜生怎样出蹄（题）?”

秀才听了，满面青紫，想发作又不敢，迟疑了老半天，才突然抓住老先生的手说：“我算服你了！一个满是睁眼瞎的姚家屯，在你的教化下成了人才济济的普贤屯。看来人无愚笨，重在教化，教化有方，遍地圣贤啊!”说完，伸手去抠自己的双眼。老先生刚要阻拦，秀才已将双眼抠下扔掉了。秀才一手指着流血的眼眶，一手拉着老先生说：“咱们走吧!”老先生也不推辞，向乡亲和学生们作个揖，朝牛棚走去。说也怪，那牛将身一抖，变成一只丹顶仙鹤，驮起老先生飞上天去了。正当大家惊奇地仰头望天时，忽听地下传来哗哗流水声。大家低头一看，扔下的两只眼，变成了两口井。普贤屯从此代替了姚家屯，直至现在，那两口井还是相距不过五米，终年流水不断，人们叫它“龙眼”；太白金星喂牛的石槽没有了，人们却把那块地叫“老牛槽”。

搜集　孙维华

整理　刘小禾

选自胡永连主编《平谷民间文学集成》

风水先生

我听村里一个老人说，过去有个老爷子，是风水先生，看了一辈子风水。70多岁了，家人问他：您这儿那儿给人家瞧风水，您要老了埋哪呢？老爷子说：我老了，你们啥也甭给我穿，拿一三批绳子，给我裹一炕席头，一直抬着往南走，啥时候绳子断了，就把我埋那儿。

后来老爷子死了，他闺女去了，说老家儿死了哪能一丝儿不挂，多寒碜呢，于是给穿了一条裤子。穿着裤子，炕席头一裹，拿根三批绳子一拢，杠子一抬，就一直往南走。抬到一个地方绳子断了，就地儿把老爷子埋了。

老爷子临死的时候，嘱咐家人，说我死了就把炕拆了。老是烧炕，炕土坯不是黑的吗，用炕土坯在后门那儿垒个大影壁，不到100天不许拆。他们家还有条大黑狗，从老爷子一死，就一直在前门口卧着，没动窝。后面有炕土坯挡着，就像一片黑云彩，观天象的咋观也观不着。

再说这老爷子埋地里之后，就开始钻，奔着南宅河（即泃河）就去了。下半身因为穿着裤子，褪到脚脖子了，一时还没褪下去，就钻的慢了。再说那个炕土坯影壁，家人想今儿都99天了，明儿就100天了，也不差这一天，就给拆了。这炕土坯影壁一拆，前门那条大黑狗也走了。

观天象的过去老看到这儿有片黑云影影绰绰遮着，这下儿黑云没了，可看清了，原来这里要出皇上，要有真龙出现！上面赶紧派人下来，到埋他的地方，拿铁锨挖，就挖出一个大洞，奔河那边。咋挖也没找着，这些人就撤了。要不咋皇上不该出呢？只说这老爷子在地底下快要钻到河边了，上边一劲儿追，他这儿一劲儿钻，听着来人好容易走了，喘口气儿，随口哎呀一声：这累呀！这时过来一个担大鼓箱儿的，也就是卖针头线脑儿做小买卖的。不想老爷子这一哎呀让担大鼓箱儿的听见了，就喊还没走远的上面的人：你们赶紧过来，这底下有人！来的人就把老爷子挖出来了，一看上半身已长麟了，就把老爷子给叉死了。

老爷子死以后，马坊小屯那边就凸起一道大土埂子，至今人们还称为土龙。

讲述　李忠祥，61岁，崔家庄老村书记

整理　柴福善

保驾的黄牛

传说过去这一带要出皇上，可皇上没出来，有8个保驾的也就没用了。

其中有个保驾的，力气特别大。这天他正在家吃饭喝酒呢，别人告（gàng）上（shang）他，说河道里有辆黄牛车，装满沙子，误河道里，咋也拉不上来，请他去帮助拉一下。那人一听，撂下筷子就来了。过去车尾（yǐ）巴（bá）有个哑巴掌（chèng），就见这人拿手往哑巴掌那儿一抄，一使劲儿，连车带沙子就给拽上来了。

河岸上有个抱着的小孩儿眼真，看得见一般人看不见的东西，随口说：这大黄牛真有劲儿！这么一说，大黄牛就现原形了。

讲述　李忠祥，61 岁，崔家庄老村书记

整理　柴福善

侯庄子为啥没有姓侯的

侯庄子没有姓侯的，倒是媳妇儿有姓侯的，为啥呢？

我听说呀，以前有个姓侯的，称侯爷，不干好事，他姑姑是皇上媳妇。我们庄有四大官道，凡是结婚的，路过四大官道，他就骑着马去看新娘子，新娘子好看的就扣下，老百姓天天告状。

皇上知道了，对他姑姑说，你看看你侄子。他姑姑不信，也打扮成新媳妇，就坐着八抬大轿到了四大官道，结果他骑着马就过来了。他姑姑一看真是她侄子，就把她侄子给杀了。

侯家绝了，以后这个地方也就没有姓侯的了。

讲述　马润生，83 岁，退休老师

整理　柴福善

辑　录

古往今来，东高村地区可以说是民风淳朴，人才辈出。特作辑录，以期传承后世，且发扬光大。

五代后唐王仲福与北平王

柴福善

唐宋之际，有梁唐晋汉周，史称五代。前后仅 53 年，却有君王 13 代，几乎走马灯般更迭。故前人为之叹息：“甚矣哉，中国之乱，未有逾于五季者也!”其中后唐 13 年，历经庄宗李存勖、明宗李亶、闵帝李从厚及末帝李从珂。而明宗李亶先后有天成、长兴两个年号，满打满算应该 8 年多时间，算得在位最长者。王仲福的事，就发生在明宗长兴（公元 930—933 年）间。

1993 年 6 月，京东平谷城南东高村镇大旺务村发现一方墓志。是当时墓葬出土，还是散落发现，问及经手的文物工作者，已回忆不起来具体情景。根据志盖已残，且未有其他文物出土，作者以为或“二次搬运”了，即此墓志散落民间，为1993年6月所征集。如是墓葬，即有墓志，便不大可能没有一件随葬之物。即使早年被盗，亦不大可能连一枚铜钱都不遗落。平谷地区在20世纪70年代，学习大寨，发动群众进行土地大平大整，许多墓葬随之尽毁，王仲福墓或亦毁于此时。

这是一方辽修五代后唐墓志，所修时间为辽应历十七年（公元967年）三月。平谷历史悠久，所存石刻不少，最早石雕，为东汉画像石墓门。最早碑刻包括碑碣、墓志，则是这方墓志，近千年了。《平谷文物志》对此有记。志盖盝顶形制，上半部缺失，仅存下半部。盝顶四面，线刻兽首人身十二生肖像，盖下左右两角各线刻一朵宝相花。残盖长23厘米，宽53厘米。志石方形，边长53厘米，厚5厘米。2001年7月，县文化文物局在黄松峪乡黑豆峪村“东方石窟”景区内，设立“平谷石刻艺术馆”，将自汉唐以来百余件石刻文物陈列，包括这盒王仲福墓志。可惜在2003年9月，发现王仲福墓志及另一石刻丢失，石刻馆就此迁至上宅文化陈列馆。此墓志现存拓本，最近听区博物馆同仁说有墓志照片，发来一看，感觉过于完整，与拓本斑驳处不吻合，应该不是原王仲福墓志所照，似依拓本复制的墓志所摄了。

这方墓志志文前或后，未有撰额者、撰文者、书丹者及刊刻者，尤其志文出自谁人之手，又谁人书丹，也就不得而知了。而志盖和志石文字皆为楷书，看字体，似为一人所书。请教书法家刘建丰先生，认为字点画方整硬朗，结体峭拔端稳，是典型的唐楷，颇受虞世南、欧阳询等人书风影响。这就是了，墓志主人是经历了晚唐的，刊刻墓志时亦距晚唐不远，这时文化包括书法受到唐时影响，或具唐时遗风，亦属正常。

看拓本，志盖下部右起“郡”“君”“铭”三字，应是志盖中部镌刻的竖排右起 3 行文字之每行最后一字。据此推测，志盖中部当镌刻 9 字，且根据志文所述为太原王氏及志文首题“太原王府君墓志铭”意，并请教北京石刻专家刘卫东先生，志盖 9 字当为：

太原郡王府君墓志铭

“太原郡”，应该是王仲福之王氏郡望之地。历史上，太原王氏就像陇西李氏等家族一样，皆为古时众人仰望的贵显家族。“府君”，对已故故父亲的敬称。

志石竖刻志文 24 行，满行 22 字，共 515 字。

故盖造军绳墨都知兼采斫务使太原王府君墓志铭并序

这是志文首题，有如一篇文章题目。

府君讳仲福，燕人也。

起笔先说王仲福为“燕人”，志文所写王仲福夫人齐氏“终于蓟州渔阳县界高村之私第”语，说明王仲福一家应早落户于此。而平谷地区古为燕国之地，故称“燕人”了。

其先出自姬姓，周灵王子晋，以正谏被黜，时人号为王家，子孙因命氏焉。后升仙于维岭，今瑯琊、太原皆其胤也。

追述王氏出自姬姓，《史记》“五帝本纪”记载：“黄帝二十五子，其得姓者十四人。”《四语》中胥臣解释：“黄帝之子二十五宗，其得姓者十四人，为十二姓，姬、酉、祁、己、滕、箴、任、荀、僖、姞、儇、衣是也。惟青阳与夷鼓同己姓。”《史记》“三代世表”记载，尧立后稷以为大农，姓之曰姬氏。后稷承继姬姓，为周朝始祖，周初周天子姬发分封诸侯，姬姓国就有53个，当时应该姬姓遍地。王氏由来，周灵王子晋“号为王家，子孙因命氏焉”。“今瑯琊、太原皆其胤”，瑯琊、太原二郡的王氏，都是周灵王子晋的后代了。根据志文首题，王仲福这一脉当为“太原”王了。

当然，作为王仲福郡望之地太原，古为晋地。而墓志又写王仲福为“燕人”，只能说王仲福这一脉或很早就迁徙于此，在这边为官发展繁衍生息了。

烈祖讳海清，任蓟州录事参军。烈考讳文僤，任卢龙军衙队军使。烈妣李氏。

一般称远祖为烈祖，而从上下志文看，这里的“烈祖”当指王仲福祖父王海清。一般称显赫的亡父为烈考，这里的“烈考”，即指王仲福之父王文僤（dàn）。“烈妣李氏”，王仲福母亲李氏。从王仲福卒年及享年60岁可知，王仲福祖父、父亲主要应生活于唐晚期。

祖父为录事参军，录事参军，唐代地方监察制度，包括巡察使的监督和录事参军的监督两部分。父亲王文僤，任卢龙军衙队军使。卢龙军，唐代主要藩镇之一，治所幽州（今北京），为唐代“河朔三镇”之一。“河朔三镇”，又称河北三镇，为范阳节度使、成德节度使、魏博节度使等三个节度使合称，是指唐朝末年藩镇割据时位于河朔地区的三个藩镇势力。范阳，又称幽州或卢龙，今河北省北部，北京、保定及长城附近一带。所谓“衙队”，即军府卫队。看来其父是在卢龙军府卫队任职了。

这里谈及卢龙军节度使，又称幽州节度使、范阳节度使，会让人马上想到唐玄宗李隆基时，安禄山、史思明起兵叛乱的安史之乱。这且不说，只说唐晚期主要有哪些人任此职。唐僖宗乾符三年（公元876年），节度使李茂勋以疾告老，李可举接任。中和五年（亦为光启元年，公元885年），李可举因义武军节度使王处存暗通晋王李克用，与成德节度使王镕结盟，准备夺取义武军。李可举派大将李全忠率军攻击义武军节度使属下易州，裨将刘仁恭挖地道入。而成德军却被李克用击败，王处存乘势攻易州。李全忠败，惧罪，集结残兵反击幽州。李可举猝不及防，全族登楼自焚。李全忠被拥立为帅，朝廷授以节度使。次年死，子匡威袭位。唐昭宗景福二年（公元893年），匡威为弟匡筹所逐。适巧刘仁恭所率部已过轮调期日而未还，士兵兵变。刘仁恭回师攻卢龙都城幽州（今北京市），为李匡筹军所败，逃往河东归附晋王李克用。唐昭宗乾宁元年（公元 894 年），李克用攻陷幽州。乾宁二年（公元 895 年），李克用表刘仁恭为卢龙留后，不久为卢龙节度使，从此刘独据燕地，割据一方。

刘仁恭子刘守光与刘仁恭妾罗氏通奸，被棍打，遂断绝父子关系。天祐四年（公元 907 年），宣武将领李思安攻幽州，而刘仁恭正在大安山享乐。刘守光率军击退李思安，自称卢龙节度使，并兵进大安山囚禁刘仁恭。后梁开平元年（公元 907 年），太祖朱全忠封刘守光为燕王。后梁乾化元年（公元 911 年），刘守光称帝，国号大燕，定都幽州（今北京），改元应天。大燕应天三年（公元 913 年），刘守光被李存勖擒杀，燕亡。因其父刘仁恭在卢龙攻易州时，以挖地道攻陷城池，军中号曰“刘窟头”，故史称大燕为“桀燕”。

这一切说来琐细，其实不过二三十年光景，城头屡换大王旗，唐末五代之乱，由此亦可见一斑。

王仲福父亲在哪位节度使下卫队任职，没有明确记载。大致推算，王仲福既然清泰元年（公元 934 年）正月二十八日在家病逝，享年 60 岁，古人一般按虚岁算，那么，王仲福就应该生于唐僖宗乾符二年（公元 875 年）。且按 25 年一辈儿人计，也就是说假设王仲福的父亲比王仲福大 25 岁，假设 10 年左右干到所任之职，当在王仲福 10 岁左右时，即公元 884 年左右，为唐僖宗中和四年左右。这么算来，王仲福父亲极可能在李可举（公元 876—885 年）、李全忠（公元 885—886 年）甚至李匡威（公元 886—893 年）、李匡筹（公元 893—894 年）间任职的了。

府君生禀粹和之灵，长擅奇巧之事。长兴中，遇幽州都督北平王重开碣馆，载峻金台。闻其度木之能，授以抡材之用，擢补充盖造军绳墨都知兼采斫务使。府君乃明目当职，强力奉公，无弃木之心，有从绳之义。求栋梁于幽峒，构台榭于严城。人士骇其异能，匠者推为师长。

志文记载王仲福有所谓“粹和之灵”，即生来就有精纯之气。且“长擅奇巧之事”，明魏学洢《核舟记》写“明有奇巧人曰王叔远”，是说明朝有个有特殊技艺或技艺精巧的人名叫王叔远。志文所写亦是说，王仲福有特殊技艺或技艺精巧了。“长兴”，为后唐明宗所用第二个年号，公元 930—933 年，前后仅 4 年。王仲福所做的事，就在这 4 年间了。

“重开碣馆，载峻金台”，应该是撰写墓志铭所用的对句，并非是实际重修这两个建筑。“碣馆”，即碣石宫，战国时燕昭王为齐国邹衍所建。因地近碣石，故名。《史记》“孟子荀卿列传”记载：“邹衍如燕，昭王拥彗先驱，请列弟子之座而受业，筑碣石宫，身亲往师之。”燕昭王拿着扫帚，在前面清扫道路，以示礼待邹衍。“金台”，即黄金台，亦称招贤台，战国时燕昭王修筑，为燕昭王尊师郭隗之所。后以此二典喻国君礼贤下士。如唐陈子昂《蓟丘览古赠卢居士藏用》诗之二，就有“南登碣石馆，遥望黄金台”句。这里用此二典，或亦有写北平王招贤纳士或招揽人才之意。

“度木”，指砍伐树木。前蜀杜光庭《青城山丈人殿功毕安土地醮词》有“度木鸠工，成兹大壮”语。“抡材”，选择木材。《周礼》“地官·山虞”有“凡邦工入山林而抡材，不禁”语，明徐弘祖有“南二里，坞将尽，闻伐木声，则抡材取薪者，从其南渐北焉”语。大意是，幽州都督北平王建造一座什么建筑时，得知王仲福精于选择及砍伐所用的木材，就请他任“绳墨都知兼采斫务使”，主持采集、砍伐所用木材了。“求栋梁于幽峒”，所需的栋梁之材要到幽深的山间去寻找。下句“构台榭于严城”，“严城”，《抱朴子》“外篇·诘鲍”有“恐奸衅之不虞，故严城深池以备之”语，唐韦应物《观早朝》诗亦有“伐鼓通严城，车马溢广躔”句。想来是建一座具有园林意味且高大坚固的城池了。在挑选、砍伐木材过程中，王仲福为人、能力，看来很为人所折服与敬重。志文所记述的主要就是这件事。

无何，膏肓有疾，药饵无征。去唐清泰元年前正月二十八日，寝疾于家，奄然长逝，享年六十。寻厝于府城东，从其权也。

“无何”，即不久。王仲福得了病，很严重，药物都不管事了。在清泰元年（公元934年）正月二十八日，王仲福病逝。“清泰”，为后唐最后一个皇帝末帝所用年号。王仲福去世时享年60岁，历经了晚唐及后梁、后唐。“厝”，停柩，把棺材停放待葬，或浅埋以待改葬。“权”，暂且，姑且。意为先在府城东边找个地方，暂且下葬。“府城”不知什么府，当时平谷地区应为大王镇，属于渔阳县，渔阳县应属蓟州管辖，是指蓟州城么？不得而知。

夫人齐氏，周太公之令胤也。齐眉起誉，誓耳全贞。去辽应历九年十二月十三日遇疾，终于蓟州渔阳县界高村之私第也，享年七十有三。寻厝于本贯。

王仲福夫人齐氏，应该是位贤惠之人，夫妇相敬如宾。73岁时病逝于“蓟州渔阳县界高村之私第”，“高村之私第”，即高村王家自个儿的房子，说明高村就是王仲福的家，也就是说，王仲福应该是高村人。夫人辽应历九年（公元959年）去世，“寻厝于本贯”之“本贯”，即为原籍，即暂时在当地找个地方下葬。王仲福于934年60岁去世，夫人于959年73岁去世，夫人晚去世21年，夫人去世时王仲福应81岁，也就意味着夫人小王仲福8岁了。

在这里，“去辽应历九年十二月十三日”前有个“去”字，下面迁祔时“去辽应历十七年三月二日”前也有个“去”字。对“去辽”这类句式，在以后平谷地区现存碑刻中较为少见。查阅《古代汉语词典》，“去”有“过去的”之意，韩愈《进<顺宗实录>表状》中，有“去八年十一月，臣在史职”语，即是“退之以元和八年，守比部郎中、史馆修撰”。看来古人，起码唐人就这么写，这么用。而撰写王仲福墓志时距唐不远，如此沿用实属正常。所以，在这里可直接理解为“辽应历九年”和“辽应历十七年”。

有男三人，长曰廷珪，充蓟州衙内军使；次曰廷芝，充盖造军都指挥使；次曰廷美，未仕。有女一人，适陇西董氏。孙男三人，长曰守荣，已婚；次曰守赟，才冠；次曰九哥，方童。孙女三人，长曰婆孙，次曰不憐，次曰喜孙，并未笄。

王仲福有3个儿子，1个女儿，3个孙子，3个孙女，儿孙满堂了。其中，长子廷珪充蓟州衙内军使，也许与祖父海清任蓟州录事参军有关；而次子廷芝充盖造军都指挥使，或与父亲充盖造军绳墨都知兼采斫务使有关了。三子廷美未仕，看来可能是长、次两子外面建功立业，三子在家守孝父母了吧。一女适陇西董氏，一个女儿嫁到陇西。古有陇西郡，位于今甘肃省东南部一带。陇西董氏亦为名门望族，与太原王氏也是门当户对了，古人是很讲究这些的。次孙守赟"才冠"，一般弱冠之年指20岁，才冠当刚刚20岁。孙女3人"并未笄"，笄，指束发用的簪子。《礼记》"内则"有"（女子）十有五年而笄。"后因称女子年满15岁为及笄。"并未笄"，当指3个孙女尚未成年。

诸孤等念劬劳义重，固宅增营。去辽应历十七年三月二日，迁祔于蓟州北渔阳县界高村管，礼也。次子廷芝，以久仕和门，早与时理。虽知深藏为妙，实虑谷变忘名。爰求贞珉，固兹刊勒。

志文记述"去辽应历十七年（公元967年）三月二日，迁祔于蓟州北渔阳县界高村管，礼也"。祔，意为合葬。由于王仲福及夫人去世时各自都是暂且找个地方安葬，所谓"寻厝"。至"去辽应历十七年（公元967年）三月二日”，儿女便将父母合葬于东高村的一个地方了。那时，平谷地区还是大王镇，隶属于蓟州渔阳县，所以，这里才写“迁祔于蓟州北渔阳县界高村管，礼也”。经向北京石刻专家刘卫东先生请教，“管”，即管辖之意。意为迁祔于高村所管辖的地方，因为王仲福为高村人，以今天的眼光看，当时是要到自家的土地上安葬的。“礼也”，是符合丧葬礼制的。

铭曰：

奇艺府君，贞善夫人。
奇艺有度，贞善无伦。
生兮齐体，殁兮同尘。
卜之此地，祔之安神。
宅窕既毕，刊勒仍新。
陵迁谷变，万古千春。

志文前面散文笔法所写的文字为序，后面韵文所写为铭文，也就是四字句赞颂的韵语。颂扬了王仲福及夫人，颂扬了儿女，也颂扬了迁祔合葬、刊刻墓志这件事。这也是古代墓志惯常的做法。

这是就这方墓志志文内容的大致理解，可以说，志文记述墓志主人王仲福“长擅奇巧之事”，再“长擅”如无所用，也属空怀绝技。而身怀“长擅”的王仲福，恰在“长兴中，遇幽州都督北平王重开碣馆，载峻金台”，亦是长有所用了。这里谈及“幽州都督北平王”，究竟是谁？

查阅典籍文献，唐末至五代有个王处直，唐昭宗乾宁时被封为义武节度使，后梁太祖朱全忠封其为北平王。历史上是否还有其他人被封为北平王，作者没有研究，感觉王处直所处时代与王仲福最近或基本吻合。

王处直又何许人？有关记载为京兆万年（今陕西西安）人，而墓志称并州晋阳县人。晋阳，今太原。其父善经营财货，富比王侯，为唐神策军吏，官至金吾大将军，领兴元节度使。有二子处存、处直，亦有处存为处直堂兄之说。这里之“处存”，就是上面谈卢龙节度使时谈到的“李可举因义武节度使王处存暗通晋王李克用”之王处存。处存任骁卫大将军，唐僖宗乾符六年（公元 879 年），升任义武军节度使。

唐昭宗乾宁二年（公元 895 年），处存死于镇，子郜为留后，随即升节度使。留后，唐玄宗时，宰相或大臣遥领节度使，节度使出征或入朝，常置留后知节度事，以后成为惯例。所以，唐代节度使缺位时设置的代理职称，称为留后。而处直为后院中军都知兵马使。唐昭宗光化三年（公元 900 年），梁军攻定州，郜派处直率兵拒敌，被梁军所败。军队回城后驱逐郜，郜逃至晋，乱兵推举处直为留后。梁兵围城，处直派人到梁军，请求断绝与晋的关系而归附梁，出绢十万匹劳军，于是与梁结盟。梁王朱全忠上表唐帝，封王处直为义武军节度使，累封太原郡王。开平元年（公元 907 年），朱全忠取代唐朝建立后梁。开平三年（公元 909 年），朱全忠封王处直为北平王，北平国政权建立。开平四年（公元 910 年），后梁派兵进攻镇州赵王王镕，王镕向晋王李存勖求救。此时，担心自己被后梁兼并的王处直也派人至晋，表示愿背弃后梁，与晋结盟。晋王派兵救援王镕，王处直率 5000 精兵出征，大败梁军于柏乡。其后十数年中，晋王李存勖北上攻灭桀燕，南下进取魏博，与后梁大战于黄河，王处直都率兵相助。

王处直虽归附于晋王李存勖，却保持着半独立状态，为北方一重要割据者，专制于义武镇。义武军统有易、定、祁三州，治于定州，王处直被封北平王后，北平国实质上已经建立，北平国东北与桀燕比邻，南与赵国和后梁相接，西部则是逐渐强盛的晋国，地理位置极其重要。怎奈王处直信巫术，宾客李应之为妖妄之人。处直有病，应之以巫术治愈，处直信之如神，让其穿道服，任行营司马，军政大小事悉听其决策。应之在陉邑（今新乐、定州一带）拾得小儿刘云郎，处直无子，便送处直为养子，改名都。应之因此愈加蛮横，终被处直部将所杀。部将又要处直杀都，处直不同意。

王都为人狡佞多谋，处直任他为节度副使。处直子郁与处存子部逃晋，任新州防御使。后晋王李存勖要讨伐镇州文礼，处直认为镇州是定州屏障，请庄宗不要发兵。晋王定要讨伐，处直就秘密与郁联络，使郁北招契丹兵入塞牵制晋军，并答应召郁为后嗣。王都闻此不悦。郁自从奔晋，常害怕处直不容，而闻此大喜，用厚礼引契丹阿保机军来。小吏和昭训劝王都举事，后梁末帝龙德元年（公元 921 年），养子王都兵变，囚禁养父于西宅，自当留后，把王氏子孙及处直将校杀戮殆尽。翌年正月初一，王都至西宅，处直奋击其胸，并欲咬其鼻。王都拂袖走开，处直被杀。

王处直自唐昭宗光化三年（公元 900 年）继任义武节度使，开平三年（公元 909 年），被封为北平王，至后梁龙德二年（公元 922 年）囚禁西宅而死，北方割据的一方藩镇，前后统治易定祁三州 22 年之久。只因宠信奸佞，又昏庸骄横，最终只落得被养子囚禁而死的下场。去世后，葬于河北曲阳。1994 年，王处直墓被盗。其中两件浮雕武士石刻流失海外，且遭拍卖。我国立即跨国追讨。2001 年，流失海外的我国国宝第一次无偿追回。

文物部门得知墓被盗，立即进行清理，其中发现王处直青石墓志一盒。志盖与王仲福墓志志盖一样，亦为盝顶形制，应该比王仲福墓志略早几年。看来盝顶盖志，或为当时所普遍流行。志石边长 105 厘米，比王仲福墓志要大得多。盖顶篆书“唐故易定祁等州节度观察处置等使检校太师兼中书令北平王太原郡王公府君墓志铭”。志石刻行楷 1966 字，叙述墓主的生平及家世。志文明确写着“并州晋阳人”，与志盖所写“太原郡”相一致。

事竟这般奇巧，《平谷文物志》王仲福墓志记载：“1993 年 6 月，东高村镇大旺务村出土。”一年后，也就在 1994 年 6 月，河北省曲阳县灵山镇西燕川村西坟山上的一座古墓被盗，经文物部门抢救清理，发现了王处直墓志。两方形制相同，只是大小有别，但都有三个字“太原郡”。这么看来，王仲福与王处直都为太原王，无疑是本家。因此，墓志写王仲福“遇幽州都督北平王”之“遇”，也就并非偶然了。

墓志记载王处直天祐二十年（公元 923 年，后梁龙德三年）正月十八日病卒。而王仲福墓志所记之事，则在后唐长兴（公元 930—933 年）中，这时王处直已去世七八年了。既然北平王王处直已去世，又如何理解王仲福墓志所记“长兴中，遇幽州都督北平王重开碣馆，载峻金台”之事？一是不排除王处直在幽州所建造的一个什么工程，到这时还没有完成，王仲福这时参与了；二是也不排除王处直去世后，其子所做之事，王仲福参与了。在王处直被囚禁后，养子王都自称义武军留后，继任了养父之职。至天成四年（公元 929 年）二月，后唐攻破定州城，王都及家属自焚而死，王处直所创建的北平政权随之灭亡。王都死了，也许王处直其他在世的儿子搞了什么建筑，请王仲福去了。毕竟王处直有几个儿子，有的在大辽初期还有一定影响。比如上面谈到随王郜投奔晋国的王郁，晋王李克用不仅将女儿嫁给他，还任他为新州防御使。公元 921 年引契丹军入塞援助王处直失败后，归附契丹。契丹皇帝耶律阿保机收为养子，因军功授崇义军节度使。所以，撰写王仲福墓志时称王处直子仍沿用“北平王”旧称，以示荣誉与尊崇，实属正常。当然，这只是作者一念之言，一孔之见，究竟如何，还请方家教正与定夺。

作者以为，这方墓志大而言之，五代短暂而战乱的时代，资料匮乏，王仲福墓志的发现，无疑是研究晚唐及五代的一个重要资料。小而言之，墓志对研究王仲福及王氏家族，亦是难得的第一手资料。只不知现在的高村王姓人中，有没有王仲福一脉相承的后人。金史有传的横海军节度使巨构即是这村人，至今仍有巨姓人在村里生活，起码繁衍八九百年了。王姓村里也有，可 84 岁原北屯中学校长王正荣说，他们这个王，是从山东省济南市大槐树村过来的。当时山东闹大灾，燕王扫北，把灾民就带过来了。这么说来，这个王过来当在明朝初年，与王仲福无直接关联。历经战乱灾荒，王仲福后人也许早远走他乡，四散各地了。

另外，志中所写夫人齐氏病逝于“蓟州渔阳县界高村之私第”，不仅如上所说，王仲福应该是高村人，而且现在来看，这高村应该就是今天东高村、西高村中的东高村。那时，极可能还没有分东西两村，或说西高村还没有成村，就东边高地上一个村，而一开始就应该称作高村。由此亦可知，高村这个村庄，应该在后唐时，甚至不排除在唐时或更早就建立了，这应该是平谷地区目前发现的有记载的最早的村庄了。到了金代，根据巨君墓志所记东西皋村，则写作“皋”字了。当然，“高”字与“皋”字官方及民间也可能并用，毕竟“皋”字亦有“高地”之意，只是“皋”有“水边高地”意，而“高”字则没有。

元初荣禄大夫赵铸为独乐河玄宝观柏树所撰《玄宝观活死柏之记》有“余方客东皋，与是村相望一舍耳”语，“一舍”一般指三十里，《左传》“僖公二十八年”有“退三舍辟之”语。这里写到赵铸住在“东皋”的客店，“东皋”即是东皋村，看来元时东、西高村仍以“皋”字相称。

清康熙六年（公元1667年）《平谷县志》“地理志 · 村庄”，记载县南境，有“东高村，八里”。清初时所记村庄，应该是延续明时旧志。如民国二十三年（公元1934年）《平谷县志》“卷六下 · 艺文志 · 琐记”所记：“明代平谷旧志载有距城四里闫家庄、马圈庄二村。近百年来，邑中所属久已无此村庄。”而康熙六年（公元1667年）《平谷县志》“地理志 · 村庄”记载，则有“闫家庄”“马圈庄”，就是明证。也就是说，明时又称东高村，复用“高”字。可看志前所绘村落图，又标识着“东皋村”、“西皋村”，是否说明两个名字或这“高”与“皋”字还是都用的，或说是通用的，随手想哪字就写哪字了，不然志书不会这般记述。

而今，无论官方抑或民间，都称东高村或西高村，不再用那个“皋”字了。若非研究看旧时墓志，一般人们甚至不知道东西高村过去曾称东西皋村了。

这方墓志，应该具有历史、地理、文物、民俗、艺术等多种重要价值，值得进一步深入研究。

巨构传

巨构（图 575），字子成，蓟州平谷人。幼笃学，年二十登进士第。由信都丞察廉为石城令，补尚书省令史，授振武军节度副使。改同提举解盐司事，以课增入为少府监丞，再迁知登闻检院兼都水少监。

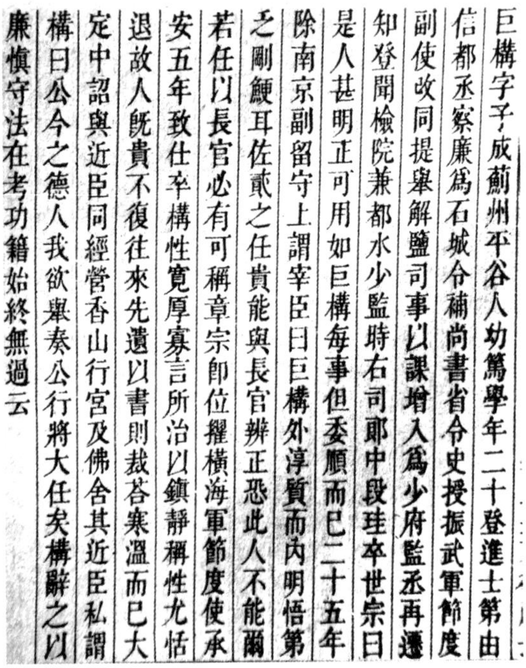
巨構字子成薊州平谷人幼篤學年二十登進士第由信都丞察廉爲石城令補尚書省令史授振武軍節度副使改同提舉解鹽司事以課增入爲少府監丞再遷知登聞檢院兼都水少監時右司郎中段珪卒世宗曰是人甚明正可用如巨構每事但委順而已二十五年除南京副留守上謂宰臣曰巨構外淳質而內明悟第乏剛鯁耳佐貳之任貴能與長官辨正恐此人不能爾若任以長官必有可稱章宗卽位擢橫海軍節度使承安五年致仕卒構性寬厚寡言所治以鎮靜稱性尤恬退故人旣貴不復往來先遺以書則裁答寒溫而已大定中詔與近臣同經營香山行宮及佛舍其近臣私謂構曰公今之德人我欲舉奏公行將大任矣構辭之以廉慎守法在考功籍始終無過云

图 575 《金史》“列传”所记巨构传

时右司郎中段珪卒，世宗曰：“是人甚明正，可用如巨构，每事但委顺而已。”二十五年，除南京副留守。上谓宰臣曰：“巨构外淳质而内明悟，第乏刚鲠耳。佐贰之任，贵能与长官辨正，恐此人不能尔。若任以长官，必有可称。”

章宗即位，擢横海军节度使。承安五年致仕，卒。

构性宽厚寡言，所治以镇静称。性尤恬退，故人既贵不复往来。

先遗以书，则裁答寒温而已。大定中，诏与近臣同经营香山行宫及佛舍。其近臣私谓构曰：“公今之德人，我欲举奏，公行将大任矣。”构辞之。以廉慎守法，在考功籍，始终无过云。

选自《金史》卷九十七·列传第三十五，题目为编者所加

阅览清雍正六年（公元1728年）《平谷县志》（手抄本）“选举志·科第”，“金”代下除记述“巨构，大定时第进士，累迁横海军节度使”外，紧接着还记有：“巨仲嘉，明昌时第进士，授永寿县令。”清光绪《畿辅通志》“卷三十四·表十九·选举二”在“明昌年”下，亦记“巨仲嘉，平峪县人，永寿县知县”。“大定”为金世宗所用年号，“明昌”与“承安”“泰和”一起，均为金章宗相继所用的3个年号。

有金一代，典籍所记平谷仅此二人第进士。即是同为巨姓，巨构与巨仲嘉或有家族关联，志书未有明确记述。沈仁国先生所撰《金明昌进士辑补》文，写到“巨仲嘉，宛平人”，并有“父巨构”语，且引用相关资料：“薛教授将仲嘉列入明昌中进士，未明言具体的登第年份。《寰宇通志》称仲嘉为金明昌间进士。《嘉靖蓟州志》称他是明昌二年（公元1191年）进士，官至文林郎、永寿县令。”

文中所说“薛教授”，当指薛瑞兆先生，著有《金代科举》一书，记述“巨仲嘉，平谷人，巨构之子，明昌间进士第，仕为永寿令（《光绪顺天府志》人物志·卷二五·选举）”。二人父子关系之说，县志未见记述。而《光绪顺天府志》“人物志·卷二五·选举”确是写到了巨构、巨仲嘉，但没有“父子”之说。不过，两位先生治学严谨，应该

言而有据。只是沈先生说仲嘉为“宛平人”，或因平谷与宛平都有个“平”字而混淆了，也未可知。

李万成先生传略

李先登

先父李万成先生，字秩平，1916 年 9 月 15 日生，平谷县东高村镇赵家务村人。祖父李俊，务农为生，喜好武术，人称“铁拳李俊”。先生年方 4 岁之时，祖父病危，临终时对先生说：“孩子，我对不起你，没有给你留下什么！”先生回答说：“好小子自己干！”反映了先生自幼养成的倔强自立的性格。此后家境更为贫寒，祖母李赵氏遂赴北平佣保为生，先生则刻苦自励。由于品学兼优，多次被减免学杂费并获得奖学金。1931 年毕业于虎坊桥市立第八中学，后入北平二中，并被推选为班长。不久，“九一八”事变爆发，日寇侵占东北，先生和广大爱国青年一起，举行罢课、游行示威，宣传抵制日货。

先生自幼习武，造诣颇深，尤臂力过人。尝至天桥游玩，观看艺人张宝忠舞大刀。此刀重达二三百斤，一般人拿都拿不起来，因此，张宝忠夸下海口，说除他之外，无人能舞此刀，先生听罢，不慌不忙，来到场中，稍一运气就把刀提了起来，旋即舞了三圈，赢得满场喝彩。

1934 年先生初中毕业以后，考入北平和平门中华中学读高中。

1935年，“一二·九”运动爆发，学校当局锁上了校门，禁止学生参加。先生以惊人之臂力，只身将数百斤重之校门端下，同学欢呼，踊跃冲出校门，参加了游行示威。事后，学校当局对先生十分仇视。有鉴于此，加之先生此时酷爱美术，1936年遂肄业而考入私立北平艺术科职业学校。

1938年先生由北平艺术科职业学校毕业后，又考入王府井帅府园国立北平艺术专科学校（中央美术学院前身）绘画科西画组。除学习油画外，同时选修中国画及图案等。当日之师有黄宾虹、于非厂、蒋兆和、周怀民、卫天霖、赵梦朱、林乃翰及末田利一（日本美术家、后任东京艺术大学教授）等，同班同学有李天福、霍星垣、张德田等。先生学习成绩优异，1940年毕业时为全校第二名，当时校方拟派先生赴日留学，而时值抗日战争时期，先生出于民族大义而断然拒绝。

由于国难当头，民生凋敝，毕业即失业。先生在北平找不到工作，后经友人介绍，到河南省立开封师范学校（现为河南大学附属中学）任美术教师。在开封任教期间曾以油画作品参加过几次画展，先生所作油画《桃子》荣获河南省艺术展一等奖。

1945年抗日战争胜利以后，因祖母年事已高，先生遂回北平，任河北省立女子职业学校（在地安门西大街，现为中国妇女管理干部学院）教师。先生对当时政治之腐败十分不满，同情革命，曾多次掩护过连方（新中国成立后在北京市科委工作）、李德贵（新中国成立后在中央对外文委工作）等共产党员。如连方当时在西单商场开设万里皮鞋店作为掩护，从事地下革命工作，几次风声一紧，即住进先生家中，从而躲过了反动派的搜捕。

北平解放以后，先生欢欣鼓舞，以极大的热忱投入教育工作之中，此时先生又被聘为北平师范大学教育系讲师，除教学外，还积极进行美术创作。先生在1949年创作的油画《生命力》（静物写生）及肖像画曾参加“新中国油画展”，受到普遍好评。

1950年，美帝国主义发动了侵朝战争，并派飞机轰炸我国东北城镇。而此时沈阳鲁迅美术学院邀请先生北上执教，许多亲朋出来劝阻。而先生出于革命热情，毅然应聘，前往沈阳鲁迅美术学院任工艺美术系主任。先生亲自授课，培养了大批人才，许多人今天已是工艺美术界研究与创作之骨干。

新中国建立以后，随着经济建设的大规模开展和科学文化事业的繁荣，考古工作有了迅速发展，出土了大批珍贵文物，其中有许多艺术珍品。先生对这些祖国的艺术遗产十分热爱，从此转而专门研究中国工艺美术史。除教学工作之外，1955年，先生曾应东北博物馆（现为辽宁省博物馆）李文信馆长之约，赴辽阳临摹新发现的汉墓壁画，摹本现存于辽宁省博物馆。此时并在友人中山大学容庚教授建议之下，令当年正由北京四中毕业的我报考北京大学历史系考古专业（现为考古学系），指引我从此走上研究中国考古学的人生之路。先生在此间并帮助容庚教授将《商周彝器通考》一书改编为《殷周青铜器通论》，其中第七章《青铜器花纹的分析》就是采纳了先生的观点。

1956年，先生经友人介绍加入中国民主同盟。

1957年，先生应邀赴北京中央工艺美术学院（当时在阜城门外白堆子）主持编写全国高等院校《中国工艺美术史》教学大纲，对我国工艺美术史的教学与研究工作做出了重大贡献。先生治学严谨，十分重视实地考察，我曾陪同过先生及各位工艺美术专家前往居庸关云台考察古代建筑与石刻。

1958 年“大跃进”之中，长春成立了吉林艺术学院，领导抽调先生前往支援，出任美术系主任。当时先生身体已不佳，但仍慨然前往，很好地完成了建系工作，同时兼任中国美术家协会吉林分会理事及美术理论组组长。

在长春工作期间，先生为美术事业呕心沥血，深受广大师生爱戴。但由于工作繁忙，加以当地气候严寒，先生积劳成疾。而“文革”中又惨遭迫害，尤其是多年藏书及手稿被抄，丢失损坏甚多，对先生打击甚大，从此身体情况严重恶化。1970 年“战备疏散”时，先生回到家乡赵家务村，受到乡亲们的热烈欢迎及亲切照顾。家乡虽然生活条件较差，但先生精神愉快，又重新致力于中国工艺美术史研究，并写出了部分初稿。1980 年初，先生从北京返回平谷途中不幸受寒，引发肺心病，2 月 8 日遽然长逝于北京协和医院。吉林艺术学院耿际兰等闻耗乘飞机赶至北京，主持了隆重的追悼大会。吉林艺术学院、鲁迅美术学院、中央美术学院、中国历史博物馆等单位送了花圈。先生生前好友、著名爱国人士张伯驹亲笔题写了挽联：“万里长春传绝艺，成城众志育英才。”先生生前好友、天津市中山门中学校长兼党支部书记王雨给我寄来唁信，信中写道：“你父一生为人忠厚，热爱自己的专业，勤勤恳恳为教育事业鞠躬尽瘁，贡献了一生全部精力，他的为人是值得我们永远学习的。”

先生有四子二女，皆已大学毕业参加工作。季子李先龙自幼喜好美术，北京艺术师范学院美术系毕业，现任北京市一四五中学美术教师，继承先父事业，颇有先父遗风，先父有知，必将笑慰于九泉之下。

选自平谷县政协《平谷文史选辑》第五辑

怀念李先登先生

燕龙生

惊悉李先登先生于2009年11月26日因病辞世的消息，我很悲痛！李先生对中国考古的贡献以及对平谷轩辕黄帝陵的论证、开发，如眼前画面历历在目。

先生生于1938年7月，北京市平谷区赵家务村人，生前任中国国家（历史）博物馆考古部研究员，北京科技大学兼职教授、中央民族大学客座教授、上海金城文物艺术专修学院院长、中国文物学会专家委员、中国文物保护基金会专家、中国收藏家协会咨询鉴定专家委员会专家，中央电视台《国宝档案》栏目首席顾问。先生毕生从事夏、商、周历史研究，主要著作有《商周青铜文化》《夏商周青铜文明探研》等。

先生1961年毕业于北京大学历史系考古专业，分配到天津市艺术博物馆，从事中国古代青铜器征集、保管和陈列工作。1978年调到中国历史博物馆考古部，参加河南登封王城岗“禹都阳城”的考古发掘工作，发现了夏代初期青铜礼器鬶的残片以及刻划在陶片上的“芳”字，为研究夏文化提供了重要资料，并执笔编写考古发掘报告《登封王城岗与阳城》；1984年至1985年赴河南新乡、安阳、濮阳、商丘及山东菏泽、安徽亳州地区调查夏、商、周文化遗址；1987年主持河南济源苗店龙山文化遗址的发掘与编写发掘报告，还参加了中国历史博物馆通史陈列的修改工作以及执笔编写馆藏一级品编目档案。1998年退休后，先生仍不辞辛苦，先后赴台讲学，举办文物展览，出访日本等国，2003年受命国家文物局，与国家地震局共同复原汉代张衡地动仪，历经五年攻关，终于大功告成。

我与先生于1992年11月6日初识（图576）。这一天，平谷轩辕黄帝陵第一次纳入中国历史学和考古学专家的视野。应原平谷县文化文物局邀请，中国考古学会理事、北京市文物研究所所长齐心，副所长赵福生，北京市社会科学院历史研究所副所长尹均科，中国社会科学院历史研究所研究员王宇信，中国历史博物馆考古部研究员

图576　燕龙生与李先登（左）先生合影

李先登等亲临山东庄，实地考察平谷黄帝陵和轩辕庙。先生衣着简朴，为人谦和，说话轻声细语，十分平易近人。我对先生说：我没读过多少书，对历史与考古学是门外汉，请多多指教。他谦虚地说："我们互相学习，除了书本知识，文物考古主要靠实践，见多就能识广。"又问我中学读的是哪个学校？我说在北京四中读的初中。他非常惊喜："呀，我们是校友呢！""真的？"我高兴地问："您是哪年毕业的？""我1955年高中毕业。""我是这年入学的！"校友之情，拉近了我与先生的距离。

《四中校友》报关于李先登先生的报导《以现知隐，以往知来——访历史考古学家李先登研究员》一文有这样一段话："1955年高考，李先登创造了一个至今无人打破的纪录，6门课考了600分，门门满分，连一个错别字都没有，是华北五省市的第一名。"凭着这样的成绩，清华、北大的任何热门学科都可以平步青云，然而先生却义无反顾地选择了最冷僻、最艰苦、最无人问津的考古专业，苦读六年，因为他无限热爱中华民族古老灿烂的文明。

自上世纪90年代以来，先生对平谷轩辕黄帝陵的考察、研究、宣传和平谷轩辕庙的重建做出了极大贡献。1992年12月29日，我和平谷的朋友到北京回访先生，在故宫午门前西朝房简朴的办公室里，先生结合实际经验，给我们详细讲解一个历史纪念地论证的要件和基本方法，并写下了"平谷黄陵，中华始祖"的题词。1993年春，我和几位同志出行考察全国主要炎黄纪念地。行前，先生嘱咐：一定要站在中华民族的高度，以宽广胸怀，虚心向各地学习，并给我们介绍联系各地文物界的朋友，连住哪个旅店都作了交代。湖北随州市是相传的炎帝故里，又是享誉中外的楚国曾侯乙编钟出土地，经先生搭桥，当地文物局熊局长热情接待了我们，后又回访平谷，对平谷黄陵的修复与保护提了许多中肯的意见，成为两大炎黄纪念地携手共建的佳话。在黄陵的论证工作遇到巨大阻力时，是先生率先写出了《平谷黄陵，信而有征》的论文，旗帜鲜明地指出：黄帝时代是中国上古的传说时代，由于文字尚未产生或尚不能应用，那时的历史事件和历史人物只能以口碑传至后世。现代历史学和考古学的研究和发现证实，我国古史中的传说时代是一个真实存在的历史发展阶段，尽管其中某些局部内容难免有误传、夸张、渲染的成分，但其总体是可信的，是信史，而不是后人的凭空编造。自古以来，关于黄帝的传说极其丰富，虽然这些传说中有众说不一的现象，但据汉代司马迁《史记·五帝本纪》的记载，黄帝的两大业绩却是公认的：一是黄帝经过阪泉之战打败了炎帝部族，“三战，然后得其志”，建立了炎黄联盟；二是“与蚩尤战于涿鹿之野，遂禽杀蚩尤，而诸侯咸尊轩辕为天子”，平定了天下，为中国历史上第一个统一王朝——夏王朝的出现奠定了基础。既然居于中原的炎帝族和居于山东的九黎族（蚩尤）都到涿鹿来与黄帝大战，而黄帝又“邑于涿鹿之阿”，这就说明黄帝部族活动的中心区域是在今天的河北北部、燕山地区；而《礼记·乐记》又记载：“武王克殷反商，未及下车而封黄帝之后于蓟”，因而，北京平谷有黄帝陵是合乎历史情理的。先生始终坚持黄帝是中华民族伟大共同祖先的科学论断，反对任何把黄帝和黄帝文化狭隘化以至庸俗化的实用主义观点，认为中华大地上的众多黄帝遗迹是历史的结晶，都应当受到尊重和认同。先生的真知灼见，对平谷黄陵的研究和保护起到了重要指导作用。1994年，平谷轩辕庙在极端困难的环境下重建，我斗胆承担了设计任务，正一筹莫展之时，先生给我送来了孙机所著《汉代物质文化图说》，使设计有了翔实历史依据。最使我感动的，是先生以学者身份，不遗余力地奔走呼号，宣传平谷黄帝陵。我曾同先生及王宇信教授参加过一个汉字文化研讨会，两位学者携手在大会上介绍平谷黄陵，引经据典，慷慨陈词，赢得全场热烈掌声。在那段难忘的时光里，先生在百忙中一直保持着与我的书信往来，指导我们的工作，为我们“打气”。今天重读这些书信，仿佛先生犹在近前！

先生是苦学派，实干家。1998年，先生确诊患了肺癌并在化疗中，仍然抱病审订张衡地动仪图纸。他要圆满完成国家交予的最后一件重任。先生已是成就卓著的大家，但无论工作还是待人，一直保持低调。先生每出新著，必寄给我，扉页上总要工工整整地写上我的姓名和“先生指正”的字样；而我不过是一个小学生而已。中央电视台《国宝档案》播放的《追忆李先登先生》专题片，只是他生前工作的一个片段。先生走了，然而可以告慰先生的是，家乡的人民在平谷区委、区政府的领导下，学习实践科学发展观，在大力发展经济的同时，意气风发地举力打造首都文化大区，先生生前倾注心血的平谷黄陵，也将以轩辕文化园的崭新面貌呈现于中华大地。

先生英灵千古！

选自平谷县政协《平谷文史选辑》第九辑

附 李先登传略

李先登（1938年7月—2009年11月），北京平谷人，北京大学考古专业毕业，原中国历史博物馆考古部研究馆员（图577）。

图577 作者柴福善陪同李先登先生来平谷考察时京东大峡谷留影（摄于1999年10月）

用近30年时间，对中国古代文明起源与形成进行研究。曾参加河南登封王城岗“禹都阳城”遗址探索夏文化考古发掘工作以来，发现了夏代初期的青铜鬶残片及刻划在陶器上的“共”字，参加执笔编写大型田野考古发掘报告《登封王城岗与阳城》。

先后在北京大学分校（北京联合大学）、国家文物局泰安培训中心等处讲授《中国古代青铜器概论》；曾参加国家地震局与国家文物局联合的国家重点科研课题《汉代张衡地动仪重新复原研究》，该课题已获得国家验收通过，2008年重新复原的1/6原大模型放置于国家地震局大厅之中。

主要著作论文：《试论中国古代青铜器的起源》《试论中国古代青铜器的断代与分期》《试论中国古代青铜器鉴定》《商周青铜文化》《登封王城岗与阳城》《夏商周青铜文明探研》《商周青铜盉为裸器说》《张

衡地动仪的外形需要重新复原》《三论汉字的起源与形成》《试论青铜鬶》等。

张永山——以毕生精力研究上古史的学者

罗　琨

张永山，1936 年 12 月 26 日（农历十一月十六）生于北京平谷鲍家庄。1963 年 8 月毕业于北京大学历史系考古专业，同年到中国社会科学院历史研究所。研究员。主要从事甲骨文商史和金文西周史研究。参加了《甲骨文合集》的资料搜集和编辑工作以及《甲骨文合集释文》撰写，同时发起并负责编辑了《甲骨探史录》《甲骨文与殷商史》第 1 辑。承担了《先秦经济史·西周手工业》《中国军事通史·夏商西周军事卷》下编西周军事和《中国军事简史》西周春秋部分写作、《郭沫若全集》《殷契粹编》的校订，参与了《王国维全集》的标点工作等。1996 年以来参加了夏商周断代工程和探源工程预研究有关文献的收集整理工作。2010 年 9 月因病去世。

一、自述与师长评论

2003 年，张永山自拟《简历》：张永山，1936 年旧历十一月十六日生于北京平谷。1963年8月毕业于北京大学历史系考古专业（今考古系），同年进入中国科学院哲学社会科学部（今社会科学院）历史研究所。1995年评为研究员。主要从事甲骨文商史和金文西周史研究。参加了《甲骨文合集》的资料搜集和编辑工作以及《甲骨文合集释文》撰写，同时发起并负责编辑了《甲骨探史录》《甲骨文与殷商史》第1辑。承担了《先秦经济史·西周手工业》《中国军事通史·夏商西周军事卷》西周军事和《中国军事简史》西周春秋部分写作、《郭沫若全集·殷契粹编》的校订，参与了《王国维全集》的标点工作等。1996年以来参加了断代工程和探源工程预研究有关文献的收集整理工作、有关金文月相研究成果结集编辑工作。

关于自己研究工作能力，在1995年申请研究员职称时张永山自我评估中写道："本人近些年来，主要从事先秦经济史和军事史的研究，在熟练运用先秦典籍探讨历史的基础上，继续在甲骨文、金文、简牍、考古学等方面加深自己的造诣，并将诸多学科的新发现与新成果贯彻到研究工作中。张政烺先生在评论我的学术水平时说'他的甲骨文、金文和典籍知识都很扎实，其他知识面也宽，对先秦时期值得探讨的问题和应该考辨的资料作纵向比较的能力强'。课题组负责人周自强也对我写的经济史手工业部分很满意，说很有新意。今年美国ABI《杰出领导人国际词典》负责人J.M.埃万斯两次来信索要小传，说'我们的选择完全以工作成就为依据。张教授，我祝贺您为您的同行及社会树立了一个良好的范例。'"

张永山素来低调，从不夸饰自己、从不争名逐利，他所做的远比说的多。例如《甲骨文合集》的编辑工作，他只轻描淡写地说“参加了”，实际上他翻拍了8300余片国外出版的甲骨，完成436页图版的编排上版，超过了编辑组成员人均工作量；《合集》释文每人一册，剩余的第十三册他还承担了一半。不仅如此，自1978年担任研究室学术秘书后，在《合集》编辑、审稿、交稿等方面协助研究室主任胡厚宣先生做了大量组织工作。

图版编辑完成后，又发起并积极组织室内同仁甲骨文商史研究，他首先争取尹达同志的关心和支持，调动起大家的积极性。由于带有古文字的论文，在史学刊物上很难发表，他提出编辑甲骨文研究的论文集，抄写影印。为此请张政烺先生帮助审稿和联系出版社，杨向奎先生也主动同上海古籍出版社联系，借助老先生们在学界的影响，出版问题顺利解决。书稿汇齐后，又争取卧病的老所长尹达为《甲骨探史录》撰写前言。《合集》组同仁信心大增，很快汇齐了新一集的稿件，改名《甲骨文与殷商史》第一辑，请张政烺先生题签，两本论文集几乎同时出版，恰与《合集》图版的出版交相辉映，更引起当时学界重视。这两本书张永山花费了大量精力，却均署“胡厚宣主编”，以示对老先生的尊重；在编辑第二辑过程中，因病将后续工作托付同仁，连样书都没给自己多留一本。

还有些工作他考评中甚至完全没有提到，1980年九月中到十月底，他受尹达所长委托，带领研究生去河南、陕西、山西三省参观，接着又为先秦史第一批考古参观的成员带队，沿途联系师友，安排参观，到达后往往和老同学通宵达旦的畅谈。但这不是“出游”和“叙旧”，

图 578　张政烺先生寿诞，张永山去同仁医院探望（摄于 1997 年）

仅从他留下的两本“1980年三省参观笔记”，就可以知道，他紧紧地把握住了这个参观学习的机会，而占了一半以上篇幅的草图，清楚地反映出他为学的勤奋、细致、认真。

正是出于对张永山的了解，这年评职称时，老师张政烺先生（图 578）主动写了一封推荐信，对他的学问人品作了一个比本人“自我评估”更中肯的一些介绍，说：

“我与张永山同志接触多年，对他的人品和学识比较了解，想说点看法：在学术研究方面，他文如其人，谨慎、认真、求实的治学精神贯彻在他的著作中，不论是专著、论文或几千字的短文，都有充分的资料，入理的论说，不炫耀、不矫情。这是应该提倡的学风。他在历史所三十多年，在集体工作和个人项目上都不争名利，而是勤勤恳恳地工作和著述。他的甲骨文、金文和典籍知识都很扎实，其他知识面也宽，对先秦时期值得探讨的问题和应该考辨的资料作纵向比较的能力强。我们应该鼓励这样人才的成长。从他所做的工作和发表的文章的质量上看，至今在职称和评奖上我都有些感慨。现在我非评委，不避多言之嫌，只望各位评委详审他投报请求研究员职称的材料，量才评选，以掖进后人。

他对甲骨文字和卜辞内容娴熟，又全面了解甲骨学的现状。他受委托协助校注《殷契萃编考释》的一部分，一样尽心竭力，在委托他做的事之外，又把自己积累的缀合的拓片提供出来，可见其人品、学品。在多篇有关甲骨文的论文中，《武丁南征与江南‘铜路’》一篇，将商周时期开发的江南铜矿与武丁时代‘取吕（铜料）’和南征卜辞联系起来，并结合沿长江、鄂北和豫南的商代考古资料，写出商代中原同长江中游的交通线路，推断武丁南征的原因，这是前人未曾全面考察和论述过的问题。可以说明他在甲骨文和考古学研究中的功力。

在金文方面，他在同一辈分的人里也有突出的成果。有辨伪文章，也有据金文研究历史的论文。他对铭文的考证释读条理清楚，逻辑严密，有理有据，如关于史密簋铭文中方国地理、作战地点、族军的作用，还有西周的防务研究等，都反映了他扎实的金文根底和纵观西周史的眼光。有了这样的基础，他写的《中国军事史略》（西周和春秋部分）当然就能叙述翔实，很有特色，与只据文献资料的著作迥然不同。

张永山身体不好，仍能刻苦钻研业务，承担所内任务和集体项目，已是难能可贵，他还挤时间参加国内学术界的活动，如去年吉林东北师大林志纯校长委托我组织人编写《中西古典文明辞书》的两周部分，张永山撰写的金文条目，写得很好，我曾以之作为样板在各分册主编当中传阅，颇受好评。这里也可见张永山的学识和做事认真负责、一丝不苟的精神。”

张政烺是我国著名的研究中国古代史的专家，在古文字学、古文献学等领域有很高的造诣。张政烺先生是一位严谨的学者，崇尚“真诚求实是为人为学之本”。八十年代初张永山写了一篇铜器铭文辨伪的习作请先生指导，张先生肯定了前两部分，严厉批评第三部分“写得不好，对背景不清楚，也没说出什么道理来，长而无味（不关痛痒）。建议两种办法修改……”可见推荐信是有分量的，不是虚辞。

实际上，上述评论不是张政烺先生一个人的看法，例如张永山《“铜路”》一文是参加“中国南方青铜器暨殷商文明国际学术讨论会”论文，曾列为论文集的重点文章，收入了人民大学书报资料中心《中国古代史》。同样被收入的还有《西周时期的纺织和毛皮手工业生产》，这是经济史研究过程中撰写的论文，有历史所学术委员说“能将分散在文献、金文中的纺织资料和考古发现有机结合，理出西周时期纺织和毛皮手工业生产的发展概况，确实是经过了深入研究，才有这样的水平。”又如《金文所见成周的战略地位》，是在军事史研究过程中撰写的论文，军事科学院战略部的专家认为“对西周军事史有新突破”。

二、我所了解的张永山

（一）家世

张永山，北京平谷人，1936 年 12 月 26 日（农历十一月十六）生于北京平谷鲍家庄。据说张姓在明代曾长期戍守长城，赐地平谷定居，世代务农，后来他祖上一支迁平谷鲍家庄成为当地的一个大姓。

他的祖父年轻时过继（另一种说法是入赘）给张姓某富裕户，有三子，两位伯父名张起富、张起贵，父亲张起鹏。祖父只管带领三子务农，祖母掌家，决断一切。对于祖母的权威他曾举一例，说伯母告知，他出生时本为双胞胎之一，母亲体虚奶水不足，两儿哭啼引起祖母不悦，以孩儿有病，难以成活为由，令大伯将其埋掉。当大伯两手各抱一儿出门时，他被伯母抢夺下来，养育成人。大学快毕业时，伯母去世，他很悲伤。后来他给我讲了这个故事，是痛定之后的长歌当哭吧。

父亲张起鹏，是一位非常质朴的农民，也是种庄稼的好手，母亲李氏精明强干，是一位北京镖师的长女，两家居于相邻的村落，结了娃娃亲。他们育有四子：永达、永海、永德、永山。土改前父辈已经分了家，他家有 10 口人（祖父、父母、兄嫂、侄子等，但两个哥哥在北京做裁缝，不常回来），27 亩地，9 间房，1 头驴，此外雇佣半个长工。土改被定为上中农，分走 5 亩半地，粮食、农具若干（图 579）。

图 579　张永山于苏州东山岛太湖边与儿子张弘合影（摄于 2008 年）

至 20 世纪 40 年代，外婆开始长居北京，舅舅在北京读美术专业后，在高校任教，姨妈在北京出嫁安了家。他的哥哥们都是十三四岁进城当学徒、就业，后来母亲和嫂嫂们也随之来京，只有他陪伴父亲“留守”平谷老家劳动、读书。直到1951年才进京读高小。正是这样的家庭和童年，使他继承了父亲的勤俭质朴、母亲的精明强干，形成有主见而又随和的性格和靠读书把握自己命运的信念。

（二）读书

他自幼热爱读书，平谷从1945年9月就成了共产党领导下的老解放区，他清楚地记得课本中“新潮”的思想，除了对“糊涂爹”“糊涂妈”批判外，他第一次知道了世界上竟有《木偶奇遇记》这样有趣的童话，所以在1946—1947年的战争期间，藏好小学课本是他颇费心机的一件事。

1952年，他在北京地藏庵小学毕业，保送男六中，这是当时一座不错的公立中学。1956年升高中时，先报考了自主招生的北京师大附中，考完自觉满意，没有参加统考就回家了。晚年他回忆往事，担心起来，对我说：好险，若没有考上附中怎么办。不过，难怪当时信心满满的他不愿意再参加一次考试了，那是一个闷热的夏天，我在距离六中不远的北京第一女子中学参加统考，没有空调、没有电扇，只有一位监考老师来回走着给我们打扇，听着外面冰棍的叫卖声，只想快快把卷子答完。

中学的功课更多了，尤其是师大附中，还增加了绘图课等。当时数学除了作业以外，还会留很多思考题，他常会找一块僻静之地，席地而坐，以树枝为笔，演算思考题。虽然这不是他的发明，当时一些中学生都会这样做，但他晚年回忆起这一切仍感到其乐无穷。确实如此，对于我们这些学文科的人，中学时认真学好数理化，在走上古文字古史研究的道路后，是非常重要的。

1958年师大附中毕业后，由于受到舅舅的影响，没有去读北京师范大学，而报考了北大历史系，选择了考古专业。因那时早他两年读书的表弟李先登已经选定了北大历史系考古专业，舅舅希望两人能成为“同行”，以便将来在工作中互相帮助，故此他没有选择教师的职业。但是退休以后，2005年老同学找他为中国防卫科技学院讲授“金文选读”，很受学生欢迎，证明他是一位好老师。

在北大历史系考古专业，他担任过学习委员和科代表，学习成绩自不待言。那时运动多，劳动多，入学的第一年正值提出要“超英赶美”，全国“大炼钢铁1070万吨”，所以入学后我们就赴石景山钢铁厂（后来的“首钢”）半工半读，劳动强度大，还要上夜班，学习的效果差。当然也有很精彩的课堂讲授，当时商鸿逵先生开的古汉语选读课，讲《战国策·秦王使人谓安陵君》的“天子之怒”和“士之怒”，绘声绘色的诵读和讲解，使我几乎忘记了置身何地，深深体味到先秦古文的言简意赅、形象生动。多年后我和他谈起那节课的感受，他说也就是从那时起，爱上了古文。

1958年北大历史系考古专门化改为考古专业，我们这一届一年级就分了专业，还增加了一期认识实习。1959年去了丰饶的八百里秦川，到华县泉护史前遗址发掘工地劳动，结束后我们参加了麦收，游览了华山，参观了华阴考古工地、西安半坡……大大开阔了眼界。这段经历对于毕业后投身为史学研究者，更是意义非凡。我们五八级在校读书的五年，正当 56—57 年以前和 65—66 年以后两大政治运动高潮间的谷地，入学时还有不少讲座，而且每当运动的小高潮一过，就开始“大抓教学质量”，生活节奏很快，专业课、外出实习都不曾缺失，做毕业论文更得到老师一对一的悉心指导。

虽然在燕园的学习很紧张，但周六我会给自己放半天假，立在阅览室的书架旁“泡”一下午，翻阅外国小说，记得一次我正在读《最后一个莫尔干人》时，遇到了他去借阅小说，后来给我推荐了左拉的《金钱》和《卢贡家族的命运》。看来我们兴趣的重点不完全相同，他偏重于对近代资本历史的思考，而我则希望更多了解早已逝去的古代社会。不过现在的大学生对这些书大约感兴趣的不多了。

在学校的这五年中，正赶上 3 年经济困难，当时的大学生还可以有 28—32 斤上下的粮食定量，虽然经常吃的是很牙碜的地瓜粉，但和广大的同龄人相比，不啻是“天之骄子”。只是由于缺少副食仍有很多人水肿，有些男生由于饥饿感常抱着大碗喝酱油汤；女生则由校医院负责煎药、集体服药……这一切难免造成一些紧张气氛，而张永山的情绪却很平稳。好多年以后，他对我讲起了他的童年、少年时代，回忆说和父亲“留守”家乡的时候，曾有一个冬天全靠大萝卜充饥，所以“有粮食吃就算不得苦了”，甚至有些高兴——运动、劳动暂停，有时间读书了。

1962 年，为准备毕业论文，我们分组到全国各地进行专题实习，我们和另外三位同学都分在山西侯马组，我和另外一位男同学徐志亚整理一批小型陶器墓，他整理一座铜器墓资料，我告诉他如何做铜器铭文拓本；他则给我讲家乡那三面环水的村庄，还画了它的平面示意图，看得出他对家乡是很有感情的。

（三）工作

1963 年毕业后我们有幸进入今中国社会科学院历史所，从事原始社会史研究。从此我们踏上了社会，开始了新的生活。

为了撰写这篇小文，我第一次打开了张永山“个人档案”的纸袋。在翻阅中，飘下来一张写着地址的小纸条，原来是整整 55 年前，我们毕业后第一次邀他来我家做客时随手写下交给他的，被他悄悄保存了这么久，不由使我很感动。受到母亲“女子必须自尊、自立、自强”的影响，我家的女孩子独立性都比较强，在大学，我是不赞成大学生谈恋爱的，当然父母是很关心我的，到历史所后，终于从一位关爱我的长辈那里听到对张永山的印象——“眼观六路，耳听八方”，于是母亲要我请他来家做客。

但我清楚地知道他的“精明”从不用于钻营个人利益，而是脚踏实地的学习、工作。

当时，先是一年劳动锻炼，三期农村“四清”，接着就是 10 年的“文化大革命”。那是一个特殊的年代，记得赴河南下干校的火车上，一位历史所同仁读《唐诗三百首》被列车员发现，执意没收批斗，幸而军宣队长出面说明当时“毛主席给阿尔巴尼亚题词‘海内存知己，天涯若比邻’就出自这本书”，才平息事端。所以张政烺先生所说“文如其人，谨慎、认真”的张永山第一年劳动锻炼时只带了外语，但是他的“悟性”很快帮他解决了“运动”和“专业学习”的关系。

2006年，张永山写了一篇纪念尹达所长的文章，说当收到尹达在中央党校讲课的铅印稿《中国新石器时代研究的回顾与展望》，见：扉页上写“尹达同志指示：送张永山同志　昌五 1964.3.3”，我恍然大悟，显然这是尹达同志暗示我们在劳动锻炼中不能荒废业务，还要注意专业知识和新的研究成果的积累。今天看来，在知识分子“滚泥巴”的时代，作为历史所主要管全面业务的所长尹达同志，没有选择的余地，只能采取迂回巧妙的手法，引而不发地引导青年人走上治学之路。这件事对我的影响很大。

因此，这年劳动锻炼中，除规定的政治学习外，我们读《中国新石器时代研究的回顾与展望》，思索考古学、史学及其相互关系。去息县的五七干校，我们带去马克思主义经典著作《家庭私有制和国家的起源》，在阅读过程中，我们还追寻作者思路，不仅从理论上还从研究方法上充实自己。

1972年干校结束，全体回京，当时学部处于“三停一撤”时期，明令不得进行研究工作，张永山通过同学关系从外单位借阅《文物》《考古》《考古学报》，我们开始在家做资料卡片，系统收集先秦史的考古资料及金文资料，并读《左传》等基础文献。

1975年《甲骨文合集》工作正式恢复，1977年成立社会科学院，各种学术讲座、新材料公布和研讨会等学术活动多了起来。那是一段意气风发的日子，终于可以公开地、全心全意地投入科研工作和学习了，为了弥补失去的时间，所里安排了方方面面老专家给我们讲课，创造的条件绝不亚于后来的博士研究生，不同的是没有考试，没有学衔，全凭个人自觉。1978 年张永山担任一室（先秦史）学术秘书后，更根据研究室工作需要，请了刘起釪先生连续三年为我们开《尚书》、三《礼》和音韵学的课程。可见他不仅自己抓紧学习，而且努力创造条件，和大家一起共同进步。

在安排工作中张永山也是先人后己。1982 年历史所交下一个任务，为《大英百科全书》的修改撰写中国先秦史学相关的条目，张永山拿到条目后，一一找到研究室的同仁，请每人“认领”三五条，挑选剩下的归自己。不幸的是 5 月轮到我去考古参观，第一站刚下火车，张永山急性大出血入院的北京急电，已先我到达了宝鸡工作站，于是撰写条目的任务落到了我的肩上。那些日子，白天——早 6 点到晚 6 点陪床，晚上回来梳理“六国年表”，确实比较辛苦，但他终于转危为安，日渐好转，尤其是出院后，我有了更多的时间完成这项工作，共计完成条目 11 条、9000 余字。据称这一成果是一次买断，没有作者署名，因此支付千字 10 元的“高稿酬”，获得这 90 余元稿酬，及时充作他的营养费还是令人高兴的。

小事如此，大事上他更是处处从工作出发。1996 年“夏商周断代工程”作为“九五”国家重点科技攻关项目提出来了，文献课题，即“有关夏商周年代、天象及都城文献的整理及可信性研究”交历史所承担，当时我们先秦史研究室正在准备殷墟甲骨发现百年的纪念活动，因此决定室主任只挂名课题组长，不参加具体工作，具体工作研究室副主任承担。张永山当时是“中国社会科学院甲骨学殷商史研究中心”副主任（主任是胡厚宣先生），也在准备甲骨发现百年纪念的工作（图 580）。

图 580　张永山参加学术会议参观西泠印社留影（摄于 2004 年）

是否参加断代工程，当时我是没有选择的。他却有两种选择，一是继续甲骨文研究和研究的组织工作，轻车熟路；二是参加断代工程，进入一个新领域，面临的很可能是一个吃力不讨好的工作。就像现在学界（包括参加者）依然对断代工程成果存在各种意见一样，启动之初，学界——尤其是史学界就存在不同看法，不少学者对这一“工程”并不看好，再说六七十年代以后的大学毕业生多数文献根底不足，而历史遗留下的古代文献浩如烟海，但他毫不犹疑地选择了“断代工程”，是为了对我的支持，更是为了工作需要。在参加这项工作的过程中，他拓展了自己的学术领域：年代学和古历法研究，同时他的学识和人品也给断代工程办公室的同志留下深刻印象。

张永山在 90 年代染上肝炎，后转成肝硬化，引起脾机能亢进、食道静脉曲张，1984 年 5 月再次大出血，做了脾切除手术；1998 年再次抢救，又做了血管硬化……但是他从未停止过工作。1999年10月，北京世纪坛青铜甬道铭文定稿，先秦史部分由北京师范大学刘家和教授负责，刘先生是一位学风严谨的学者，他认为初稿写得太“大胆”，必须修改，但那是历史所一位室主任撰写的，所以修改需要有历史所人员参加，当时断代工程我负责的部分已经结题，遂派我去达园宾馆协助刘先生工作，刘先生认为有些条目必须核对原始文献，但当时没有微信，在达园宾馆没有上网检索的条件，于是由我用电话告知张永山，他在家里查书，当即反馈，那是一次愉快的3人合作。后来相关策划者又将传说时代等部分甬道铭文的撰写交给了我们……

90年代前后，科研工作走上正轨，那是我们最幸福的时光（图581）。记得一次看到电视节目，征集以“一路同行”为横批，各撰对联一副，场上纷纷响应。遂戏占一联：“携手并肩，风华正茂，同闯地狱入口；相濡以沫，霜重色浓，共登科学殿堂。”所谓“地狱入口”，是记得有哲人说过，科学的入口犹如地狱的入口，这里一切胆怯、犹豫都无济于事。

图581 张永山和罗琨在旅顺博物馆看馆藏甲骨（摄于2009年）

尽管他从未间断过治疗，代偿功能却一直没有恢复，大约和他一直未能静心养病有关。2010年9月底，他最后一次转入抢救室，像往常一样，平稳一些后，我轻声给他读报，报上正刊登着北大所藏简牍的介绍，他只说了一句话："你一定要去北大看看这批竹简。"在那一刻我突然意识到，以后再也没有人可以整天陪着我谈学问了，我抬起身子，离开他的视线，虽然他的视力早已很差了，却显然感觉到了我的异样，关切、探询的目光久久地盯着我……他的手、脚都消肿了，腹水也消了，但心肺肝肾全面衰竭，28 日上午断断续续进入昏睡，16 时 40 分永远安睡了。

我们的儿子在他墓碑的名字下，镌刻上一行字"这是一位以毕生精力研究上古史的学者"，确实，他只是一位"不炫耀、不矫情"的默默耕耘者，但是有谁能说他的学识逊于同龄人中的一些"知名学者"呢？

2018 年 8 月 16 日晚于北京太阳宫寓所

罗琨，张永山之妻，罗振玉孙女，中国社科院研究员

附：编者手记

满腔深情方着史

2018 年 8 月 17 日凌晨 1 时，罗琨先生发来张永山的稿子，我下午收到邮件时很惊喜，但看到这个时间点又有些自责。拨通罗琨先生家的电话，传来清柔沉稳的熟悉声音，根本不像近 80 岁的人，她轻声解释说，怕耽误事儿，17 日当天要去医院看病，为了兑现周五前发来稿子的承诺，只好凌晨把稿子赶紧弄完发过来了，并一再说明稿子写得

不好，尽管修改……

放下电话，我傻傻地坐了一会儿，又记起邮件附件中她所写“周女士：你好，做这件事心里有些乱，没有写好，又耽误了你们的时间，很抱歉，今发去，不合适的地方你们可以删改。”不知不觉中，我陷入一种感动感激感慨的情绪中，觉得必须要提笔写下一些什么，方对得起罗琨、张永山，方对得起“但开风气不为师”的先贤大师，方对得起那些谨严端悫的文字。

罗琨，1940 年 4 月出生，中国社科院研究员，张永山之妻，罗振玉孙女。1963 年 7 月北京大学历史系考古专业毕业后便在中国社科院历史研究所工作。主要学术专长是甲骨文，后从事先秦史研究。曾任先秦研究室副主任，殷商史学会、先秦史学会理事和中华炎黄文化研究会理事。主要代表作有：《中国军事史・夏商西周》（上、下篇）（合著）、《从〈世系〉探索武王伐商日谱》（论文）、《国学大师丛书・罗振玉评传》（合著）、《甲骨文“来”字辨析》（论文）等。

罗琨祖父罗振玉——一代大师嗜古情

罗琨先生的祖父罗振玉，是中国近代史上一个绕不开的名字。一般对其简介都会这样描述：罗振玉，中国近代农学家、教育家、考古学家、金石学家、敦煌学家、目录学家、校勘学家、古文字学家，中国现代农学的开拓者，中国近代考古学的奠基人。对中国科学、文化、学术颇有贡献，参与开拓中国的现代农学、保存内阁大库明清档案、从事甲骨文字的研究与传播、整理敦煌文卷、开展汉晋木简的考究、倡导古明器研究。他一生著作达189种，校刊书籍642种。

罗振玉是公认的国学大师，多阅古物，见识过人。他自觉肩扛中华文化遗产整理流传的责任感与紧迫感，从殷墟甲骨到敦煌文书，从汉晋木简到齐鲁封泥，在文物大发现的时代，他倾尽家资，收藏古物，整理古籍，潜心研究，传承文化，成为名副其实的古器物学家，同时，他也是一名有良知的文化人。1909年在学部任职期间，他费尽周折，身体力行，阻止焚毁内阁大库旧档，保存下来八千麻袋重要历史文献。同年，当他得知敦煌“石室尚有卷轴八千轴”时，便又不遗余力，上下周旋，保护了这些劫余国宝。

在甲骨文研究者中，罗振玉占有重要地位，是甲骨学的奠基者，为“甲骨四堂”之首（“四堂”分别指罗振玉号雪堂，王国维号观堂，董作宾字彦堂，郭沫若号鼎堂）。郭沫若在1929年9月竣稿的《卜辞中的古代社会》和《中国古代社会研究·自序》中一再写道“甲骨自出土之后，其搜集保存传播之功，罗氏当居第一，而考释之功也深赖罗氏……罗振玉的功劳即在为我们提供出无数真实的史料，他的殷代甲骨的搜集、保藏、流传、考释，实为中国近30年来文化史上所应该大书特书的一项事件。”“罗氏在中国要算是近世考古一位先驱者……在1916年他还亲自到安阳小屯去探访过一次。这种热心，这种识见，可以说是从来的考古学家所未有的。”郭沫若对罗振玉的评价，准确地概括了罗振玉国学研究的成就及其贡献。

“甲骨四堂”之一的董作宾说罗氏在学术上有五大贡献：一是内阁大库明清史料的保存；二是甲骨文字的考订与传播；三是敦煌文卷的

整理；四是汉晋木简的研究；五是古明器研究的倡导。另外，有专家补充指出“罗振玉在兴办学农社、主编《农学报》著述编辑农书、兴建农科大学堂，在中国参与开拓现代农学，其业绩与上述五项是不相上下的。”罗氏一生不仅著作等身，而且辑印了大量古籍，正如王国维所说“国家与群力所不能为者，竟以一人之力成之。”

李学勤先生在《罗振玉评传》序言中指出：“新的考古学的传入，在中国建立和发展，是有一段艰辛曲折过程的，而在这一过程中起重要作用的先驱人物，应首推罗振玉和王国维”。在“罗王之学”中，罗是“导夫先路”，王是“继以考史”。

罗振玉教子有方，4个儿子福成、福葆、福苌、福颐的研究方向各有分工，分别主攻“西夏学”“敦煌学”“甲骨文”“古印玺”，且在各自领域都有不寻常的建树。

一生传古的国学大师罗振玉跨越了线性时间的长度和宽泛空间的广度，演绎了一个时代的传奇，至今，这不朽的传奇仍然在继续。

罗琨和张永山——相濡以沫伉俪情

罗琨和张永山两人曾在风华正茂时携手并肩，霜重色浓时相濡以沫，用情深意切、志同道合尚不足以形容。

不知道罗琨和张永山两人有着怎样相知相恋的经历，在罗琨先生文章中没有着更多笔墨渲染，只是从一些细节中，我们感受到了他们之间的携手深情。

他们同为北京大学58级（1958年）历史系考古专业学生，同班同学，一起上课听讲，一起参加实习劳动，不约而同相遇于燕园图书馆阅读外国文学，共同经历3年困难时期，互相帮助，互相激励，共同的志向理想使他们走到了一起（图582）。

图582　张永山与罗琨合影（摄于1964年）

罗琨先生说："为了撰写这篇小文，我第一次打开了张永山'个人档案'的纸袋，在翻阅中，飘下来一张写着地址的小纸条，原来是整整55年前，我们毕业后第一次邀他来我家做客时随手写下交给他的，被他悄悄保存了这么久，不由使我很感动。"只是一张写着地址的纸条，居然被精心保存了55年之久，可见张永山是多么珍惜他与罗琨相知相恋的那些日子，见到纸条的那一刻，罗琨先生也定是感慨万千，那种穿越时空的存在就在眼前，天有情，再把时空借，地有知，亦得真情解。那纸条上蒙着岁月之尘的文字如陈年佳酿，流年散去香如故，念念难忘，依旧当初。

1982年，张永山急性大出血入院，罗琨白日陪床，晚上加班进行学术研究，在挑着事业和家庭双重担子的同时，她坚忍顽强，完全没有一个出身于名门望族的大家闺秀的孱弱。在完成"六国年表"的研究中，获得了90余元的"高稿酬"，她兴奋不已，表示这些钱"及时充作他的营养费还是令人高兴的"。患难之中见真情，于此，再多的语言都是苍白无力的。

“90年代前后，科研工作走上正轨，那是我们最幸福的时光。”在诸多学术研究领域，他们夫妇的名字同在。

1996年，作为国学大师丛书之一的《罗振玉评传》面世，这部评传由罗琨和张永山伉俪合著。业界认为罗琨“自幼从学于其父罗福颐先生。家学渊源，他们来撰写这部评传，自然是最合适的人选。”两人以独特的人生见闻为祖父撰写个人传记，追述罗振玉对开拓现代农学、究心教育、殚力国学、奠基甲骨、最早倡导敦煌学等重大贡献。回顾“罗王之学”兴起的始末，按迹循踪，以大量手史料廓清“罗王失和”“王国维之死”等问题的历史迷雾，还原罗王关系的本来面目。评传的出版，对学术史研究很有裨益。

王宇信先生曾开玩笑说：张永山皮肤黝黑，貌不惊人，让人好奇的是，罗琨这样一个大家闺秀怎么会看上张永山？虽然张永山早在1951年进京读高小，但他骨子里有着平谷人的勤劳质朴努力上进等性格特点，一如罗琨在文章中所说“有主见而又随和的性格和靠读书把握自己命运的信念”。

2010年9月底，张永山病重，罗琨先生陪在其旁，为其轻声读报，想必那声音美好得胜过天籁，相依相随，那情那景是人间最动人的画面。多少岁月现今都老成了记忆，离离愁共发，温情满天涯，立尽黄昏，更念苍苍蒹葭，相留相送，一生将去倾长话。

罗琨先生文中写道“所读的报上正刊登着北大所藏简牍的介绍，张永山说了一句话：‘你一定要去北大看看这批竹简。’在那一刻我突然意识到，以后再也没有人可以整天陪着我谈学问了，我抬起身子，离开他的视线，虽然他的视力早已很差了，却显然感觉到了我的异样，关切、探询的目光久久地盯着我……”相信每个人读到这段文字时，都会有唏嘘，有叹惋，有含着的或者落下的泪……

稿子发来当日恰是中国传统的七夕，在牛郎织女鹊桥相会的日子里，罗琨先生笔下的文字以其通达的神性特征，当是对张永山先生最真情的告白。回首问旧痕，又作未寐人。盈盈水间，河汉几许。清愁满眼，莫问何事销魂，执笔书也真，只道相忆深。在不多的笔墨背后，能够让我驰骋想象的是情感的力量。落下这些文字希望罗琨先生理解，那些不忍触碰的也正是他们之间永不褪色的真情。

我还记得，罗琨先生讲因长期作历史研究的文字工作患了眼疾，2018 年 6 月以来这段时间特别难受，后又得知此稿完成后她就做了白内障手术……难以想象，在这个几十年来最热的苦夏里，为了写下这篇关于张永山的稿子，她忍着眼疾的痛，在找寻旧资料、梳理新思路的过程中，字斟句酌，终于在凌晨时完成了八千字稿子。这是难能可贵的学问的气象，大写为人的大家风范，也是对人世间伉俪之情最完美的诠释。

张永山和平谷——大写文化故乡情

张永山先生对家乡平谷有着浓重的情结，他借助自身优势，为平谷历史文化挖掘研究贡献着自己的力量。先后两次参加了平谷轩辕黄帝陵专家论证会、北京平谷与华夏文明学术研讨会等高规格大规模论证会、研讨会，并撰写了关于平谷历史文化研究的文章。

2003年12月，中国殷商文化学会、北京市文物保护协会、平谷区政府邀请在京历史、考古学权威专家学者，召开了“平谷轩辕黄帝陵专家论证会”，张永山受邀参会。通过踏访陵庙遗址，对有关文献资料及考古发掘成果进行分析和考证，张永山和与会专家学者达成了四点共识：一、平谷轩辕黄帝陵“是历史上确曾存世的古陵”。因为平谷轩辕黄帝陵“有历史文献可考，有遗址和碑记可证，有考古发掘底层及出土文物可据，并有历史和相传的口头活资料为补充”。二、平谷轩辕黄帝陵存在有着客观真实的历史背景。三、黄帝是中华民族的始祖，有祖共同祭。四、弘扬黄帝文化，现世意义深远重大。随之，张永山和邹衡、冯征等国内权威的十八位考古研究专家学者在“平谷轩辕黄帝陵专家论证书”上签字。（与会专家名单图附此）

2005年8月25日至28日，由中国殷商文化学会、北京市考古学会、北京市文物研究所、平谷区人民政府共同主办了“2005年北京平谷与华夏文明学术研讨会”，来自中国海峡两岸以及韩国、日本的近60名专家学者出席了会议。张永山先生受邀参加会议。本次会议结合平谷近年来新的考古发现，围绕平谷黄帝陵、史前文化和商周青铜文明三个中心议题，与会专家学者展开了热烈的讨论。

会后结集出版了《北京平谷与华夏文明：国际学术研讨会论文集（2005）》，该集中同时刊载张永山和罗琨文章，罗琨论文题为《“一枭破獍（jìng）”解》。张永山先生则情浓于水论文化，《水与平谷古代文明》一文论述客观全面，饱含深情。文中写道：“泃河及其支流汇聚成平谷区全境唯一的大河……正是这些河水浇灌出远古居民奔向文明的绿色之路，成为古人赖以生存而又无可替代的天赐条件……到了汉代，这里已开发成为富庶地区，《后汉书·耿弇传》称幽州为‘天府之地’，而平谷又在渔阳郡中部，比燕山北麓自然条件更优越，水资源是这种优越条件的重要方面之一……面积不大的平谷县，储存相当多的水资源……”

通过这篇文章，我们了解到平谷这片大地生机勃勃的水资源优势，了解到携着遥远的神秘，千秋万代于一系之中，向我们缓缓而来的泃河，从远古时期的上宅文化到刘家河商代遗址，及至战国和两汉时期对平谷的开发，以及明清两代稻谷的种植，张永山先生为我们生动地解读平谷历史，告诉我们历史本身正是在水脉润泽之中，源远流长、不断成长的。直到今天，这篇文章仍是解读平谷水脉文化及至历史文化的权威扛鼎之作。

如今，平谷生态立区绿色发展的战略目标中，水是重中之重的因素，水犹如平谷的血液，水是平谷的生存之本，作为平谷宝贵的生态资源，对水的保护利用是我们这代人以及后代人永远的责任。2018 年难得的充沛雨量让平谷泃洳两河交汇，呈现出壮观的大河气象，让我们又有了时空穿越与回归之感。

当初从论文集中见到张永山先生的文章并不知他就是平谷籍人，更没有想到今年“平谷人物”专题史料征集会涉及，从 2005 年计，13 年弹指而逝，斯人已去，只留下无尽的遗憾和深情的缅怀，愿这些文字向历史本身，也向走入历史深处皓首穷经研究的学者致敬缅怀。

笔者自知笔力不逮，但对于罗振玉、罗琨、张永山等，确实追慕已久，确有一腔深情，他们是介入时代、直入现实、触及心灵的文化存在。我们这些后辈后人需要前辈们那种一以贯之的精神，陶铸于胸，温养于心，从这忙碌喧嚣高速运转的世界里，从眼花缭乱的被动选择和学术功利中抽身出来，于温情与敬意中汲取，从和合与扬弃中把握，自沉潜与深思中奋起，以宁静之气养心，浩然之气立命，只求耕耘，敏求笃行。用鲁迅的话说就是“实地劳作，不尚叫嚣。”

在永远行走着的时光河流之中，那些人和事仿佛渐行渐远，然而一种思想历练淬炼的丰富和纯美，一种经天纬地的情怀与作为，却永远在某个维度闪烁着光芒，照引过去，照亮当下，照向未来……

是以为记。

周彩伶　平谷区政协学习文史委主任

选自平谷区政协《平谷文史选辑》第十七辑

永久的怀念

王志发

李旺是平谷县东高村镇西高村人，从小家境贫寒，1925 年，李旺为生活所迫，到北京城里去谋生计。经人介绍，他在当时的中国烟酒税务总局传达室当了一名杂役，干些端茶倒水、跑腿打杂、清扫卫生的差事。

烟酒税务总局地处北京的前门闹市区，出出进进的人终日不断，李旺在传达室干活自然不会轻松。他紧睁眼，慢说话，勤跑腿，多干活儿，很快就熟悉了这里的环境。传达室里有一位传达长，姓王，名叫王志山，对李旺很有好感，经常和李旺拉家常，李旺见这个传达长待人和气，没有架子，也愿意对他讲心里话。他向王志山诉说了自己苦难的童年，贫困的家境和家乡的许多不平事，也经常谈及自己对许多事情的看法。渐渐地，他们的话题越来越多，越谈越亲，李旺更感到从这些谈话中，他长了许多见识，明白了不少道理，穷人之所以受穷，不是因为“命”，而是因为社会的不合理；国家所以落后，军阀作恶，洋人横行，民不聊生，是因为政治的腐败；穷人要翻身，国家要富强，就必须打倒帝国主义列强和军阀，推翻黑暗的统治。他渐渐地知道了，王志山就是在暗中做这些事情的，他们是革命者，是不怕死的地下党人。李旺从心眼里敬佩这些人，并愿意为他们做事。王志山当时是我北平地下党前门分支的书记，他见李旺有了觉悟，人又忠实可靠，便叫他做一些传递信件的工作。李旺以杂役的差事为掩护，每次都机警稳妥地完成了任务。

一天，王志山叫李旺把一份文件交到北京大学图书馆的李教授手里，并一再叮嘱，千万不可有失。李旺把文件揣在怀里，在沙滩的北大红楼里找到了李教授。这位李教授虽然是一位大学问家，却一身布衣，平易近人。他那敦实的个头，方正的面庞，齐齐的平头和八字胡须，以及那副大眼镜后面可亲的目光，都给李旺留下了极深的印象。李旺后来就专门给李教授送信。他知道了，这李教授就是北平地下党的领导人李大钊先生，自己担任的是王志山和李大钊之间单线联系的任务，因而，他格外小心，决不出半点闪失。李大钊也很喜欢这个小伙计，每次李旺来送信，总是要留他吃饭，如果天色晚了，就安排住下。

一天夜里，天降大雪，王志山有一个急件要送给李大钊同志。李旺接过信件，二话没说，就上了路。他顶风冒雪赶到北大图书馆时，已是一个雪人了。李大钊同志急忙把李旺让进屋里，掸去他满身的雪花，叫李旺在炉旁烤火。这时，他发现李旺穿的棉鞋已经破得露出了棉花，忙叫夫人取出三块大洋。李大钊拿过钱，放到李旺的手中说："拿去买双棉鞋换上吧。总要你跑路就够辛苦你的了，不要再冻坏了脚！"望着先生温和的目光，李旺的眼圈红了……他觉着，先生的手是那么温暖，那三块大洋的分量又是那么重！

1927 年春天，李大钊同志不幸被奉系军阀张作霖抓捕。4 月 28 日，先生英勇就义在敌人的绞刑架下。噩耗传来，李旺禁不住失声痛哭。他觉得自己失去了一个最可亲近的友人，一位最为尊敬的长者！

为了躲避敌人的搜捕，李旺流落到山西大同，一面做苦工，一面寻找党的组织，历尽艰辛。抗战胜利后，李旺回到家乡。土地改革运动中，一贫如洗的李旺才成了家，并加入了中国共产党。全国解放后，他投身于家乡的社会主义建设，担任生产队长、大队支委。几十年风风雨雨之中，李旺始终没有忘记李大钊同志曾经给过他的关怀和温暖，一直怀念着先生的音容笑貌，并以此激励自己勤奋为党工作，在他晚年的时候，还经常给村里的人讲李大钊的故事。我在东高村镇党委任组织干部时，曾多次去看望这位老人。他从来不向组织要求任何照顾，还总是为自己年纪大了，不能继续为党工作而不安，并告诫家人，千万不要因为他的事给领导找麻烦。

1989 年，李旺老人因病去世了，我根据他生前的回忆写下这篇短文，略记其事，以传后人。

选自平谷县政协《平谷文史选辑》第五辑

诗人何理

柴福善

为编写《东高村史话》，来张岱辛撞村访谈。80 岁村民何广治谈及何家，告诉我何家门里出个作家。我一听，心想写作三四十年，平谷文坛应该了如指掌，从未听说有姓何的作家呀？老人接着说：叫何理，承德文联上班，已不在了。

这就是了，原来何理没生活在平谷，且早已去世了。老人慢慢对我说：何家爷爷那辈儿哥六个，爷爷是老五。当时家里穷，四爷带着四奶奶去了兴隆，在县城东关开个小煎饼铺谋生。四爷没儿女，就给何理父亲在那边娶个媳妇，这边也娶个媳妇。对此，何理也有记述：

四奶奶精明强干，模样儿又是百里挑一，可就是不能生养，于是过继了我的父亲。排行老五的亲祖父和四爷全指望着我父亲传宗接代，这就是所谓的“一子两不绝”。

大舅见到四爷为人忠厚好交，又见到在平谷、兴隆两头跑的我父亲识文断字，一表人才，就让他的亲妹子嫁给了我父亲。

兴隆那边生下了何理，比何广治大3岁。这样看来，二人是同父异母兄弟了。就在何理3岁时，母亲不幸病逝，是四爷把他拉扯大。何理在世的时候，平谷这边常往来，就是父亲不在了，也会过来看看的。无论如何，父亲在这里，这里是何家的根，而他就是从这根上繁衍出去的支脉！

我慢慢着手搜集何理资料，并从网上淘得何理主要诗文作品，悉心阅读。才知道，母亲去世后，外祖母对他更加疼爱，常给他煮鸡蛋。山里的鸡一天到晚捉虫子吃，蛋黄油多喷喷香。他一边吃着，外祖母一边教他儿歌：

小耗子，上灯台，
偷油吃，下不来。

小小子，叫奶奶，
奶奶说，抱猫来。

就在这潜移默化中，使他从小就喜欢上了民歌民谣，且学会不少。这对他迷恋上诗及以后的诗歌创作，无疑有着至关重要的作用。当然，他也背诵唐诗，也阅览田间、艾青等大家的作品，并开始试着学写诗歌。

1954 年下半年，他整理了近百首短诗，抄在白线装订的窗户纸本子上，以《唱一唱农村》为名，寄到作家出版社。编辑张奇从乱稿堆中发现这部诗稿，感觉诗有一种浓厚的生活气息，从中看到了抗美援朝、全民普选、宪法颁布等重大事件在农村引起的热烈反响，以及农民沿着党指引的道路走向幸福生活的情景。起初张奇以为作者是个老同志，待收到出版合同，才知道是个 17 岁青年。1955 年 5 月，何理的第一本诗集出版，共收 63 首短诗。而这些诗，都是他 15 岁至 17 岁时所作。如《好时候》：

太阳出来照窗花，“哇，哇，哇……”
孩子刚落地，叫声震窗花。

爷爷出门笑哈哈，
“好时候，赶上了新国家。”
耳听叫声心开花。

诗写于 1952 年 3 月，很难想象，诗人尚不足 15 岁。这是从遭受日本鬼子侵略、做亡国奴下过来的爷爷的视角，看新出生的孙子，赞美、羡慕孙子赶上了新中国新社会新生活这个好时候。全书“采用了民歌的基调，以朴实的感情，清新的笔调，简洁的诗句，歌唱出他对农村的热爱，对新生活的赞美”。他回忆，“那时，诗神用圣火点燃了我的热血，点亮了我的心灵，这圣火不是别的，就是对新生活的热爱”。正是这种热爱，融化为一首首晶莹的像露珠一样的短诗。责编张奇撰写了《一个农村青年的第一部诗集》的文章，发表于《光明日报》加以推介，中央人民广播电台新闻联播节目也向全国播发了，顿时在社会上引起很大反响，以致诗集先后增印3次。

可以说，他初出茅庐一下就获得极大成功。因此，1955年9月，作为热河省代表，参加了全国青年社会主义建设积极分子大会，是最年轻的代表之一，受到毛主席、周总理等党和国家领导人亲切接见。1956年3月，作为河北省代表，他又参加了首届全国青年文学创作者会议。会上，著名评论家公木在长篇发言中，特意说到他，“善于用短小的民歌形式，唱出他新鲜的感觉和愉快的心情”，还说他“对于农村的新事物，作者是富有敏感的”等等，并引用其中一些诗句。受到公木的高度评价，对他是很大鼓舞与激励。当人们回顾这段历史，称他是新中国成立后头一个冲出河北的本土诗人，实不为过。

初入诗途，自然激情澎湃，学习之余，坚持写作。1958年9月，上海新文艺出版社出版他第二本诗集《喜报》，为64开袖珍本，仅16页，收入短诗27首。编选《何理诗选》时，何理（图583）手上没有这本诗集，“可惜失落多年，至今未能索取到手”，故未有

图583　1998年10月内蒙古人民出版社出版的诗集《今天·明天》前彩插

其中一首收录，多少有些缺憾。诗写开山，写建厂，写学习，写种地，写打井，写交粮等等，题材较为广泛，真切反映了“大跃进”时期的情景。像《如今也当研究员》：

困也钻难也钻，一钻钻过九重天。
钻完九重钻万岭，钻得峰峰冒清泉。
别看咱们庄稼佬，如今也当研究员。

可以看出，他依然运用民歌形式，真实地反映那时的生活，热情地讴歌那时的生活，是那个时代的真实写照。作为一个高中学生，面对着日新月异的新中国，这种反映，这种讴歌，是发自内心的，不能简单认为他没有独立认识的能力。而且一个中学生，连续出版两本诗集，在全国当时应该不多见。

中学毕业，他考取了坐落京城而隶属于河北的北京师范学院，在中文系系统学习。这些年，在平谷的父亲尽管不能与他天天一起生活，却无时不惦念着他。他晚年回忆：

到了成亲的年龄，父亲非要在老家平谷给我成亲，并亲自进山跟我说，挑了又挑，在平谷给我挑了一个对象，模样儿像朵花，又有文化。我去过如同一幅木刻画般的京东平原老家，尽管那里盛产小麦、棉花，绕村的河里鱼虾肥大，可我对那里没有多少感情，父亲磨破嘴唇劝说，我也未能同意。

父亲并没有强求他，而是尊重他的意愿，毕竟这是一辈子的大事。就在他在京城念大学时，在距离雾灵山200来里的五凤楼山南麓大山沟子，找了一个对象。班里同学得知都劝他，甚至有的自告奋勇，要在大学给他介绍。但他摇摇头，认定要致力于创作，离开大山就写不出东西来。也就是说，他一心要当诗人当作家，要在写作的路上努力前行，深知离不开生活这个源泉。这应该是他心中从青少年就定下的目标，一辈子孜孜以求坚持不懈矢志不移。所以，大学一毕业就结婚了。尽管他分在了《河北文学》做编辑，后又到省文化局，而媳妇住在娘家，两地分居，造成生活的许多困难。他回忆：

省会在天津时，回家坐火车到唐山，再转乘汽车到遵化，遵化以北那时不通汽车，只好坐100多里的二等到半壁山，还有四十里就得靠“11”号了。省会迁到保定后，坐火车到兴隆，再坐汽车到半壁山，有一次赶上一场罕见的大雪，我趟着没过膝盖的冰雪，从早到晚才跋涉到她家，棉裤全湿透了。有时从保定坐火车到鹰手营子煤矿，再走六十里山路，这样可以节省下汽车费，年轻气盛，多走二十里路也不是难事儿。

他边工作边写作，1963年12月3日《人民日报》文艺副刊刊登《新民歌选》，其中有他《山家》一诗，并有著名诗人田间的一篇评介文章，谈《山家》时写道：

山是地基，山是篱笆，山是牧场，山是粮仓，山是摇篮，山是天梯。《山家》作者，唱出了山的历史，山的昨天、今天和明天。诗的思想不在于过多的论述。诗的形象不在于过多的描写，在于抓取有典型意义的事物。把山比喻为地基和摇篮，不仅接触到山家的外貌，同时又接触到山家生活。中国的大山，哪一座不是革命的摇篮，《山家》作者本人，正是一个山民的孩子，今年有二十多岁，出生于冀东革命根据地燕山一带。

1961年2月，《河北文学》刊发他《我和黄牛》一诗，有“黑豆面，拌料的井水透心甜，牛眼笑成花团团”及“轻轻，雪绵绵，我在牛的眸里笑，它的眼笑在我心坎”句。选取的那些富有诗意的情节，那些新人物的形象，那饱满的情绪和轻快的语调，生活得更深入了，表现得也比以前更加完美了。这样的形式和以往的写法比较一致，本身也还明快、活泼，或者也是一种很好的形式。这是编辑钟玲为之写的“琐记”，谈得较为中肯。

晚年诗人自己回顾，还是客观地做了反思：

不过，那是流行“放歌”的时代，我的诗歌也都是歌唱式的，被田间称誉过的《山家》一诗，以至有“公社粮仓顶天上”一类的诗句。这种不可避免的局限，直到新时期开始后才有反思。由《山家》等诗，可以看出我在那个时期诗歌创作特别是艺术风格上的发展脉络。

为了文学的梦想，也为了家庭和生活，1971年，33岁的他毅然请求调回承德。从此离开省城，下沉到基层文化部门了。而回到魂牵梦绕的故乡，回到爱恋的热土，一心要在文学创作上再开新花，这当是他人生一重大转折。

“文革”十年间，作为一个诗人，他精神上不可避免地也许会受到一些触动，甚至一些冲击，但无论如何，我想他不会完全放下笔，一定也写了一些东西，哪怕是一些身不由己、言不由衷的东西。正如他在散文《我与卧枕》写因创作叙事长诗《天涯风雪》得了肺炎，住院一个星期时：“不过，在住院期间，我在病床上躺着煞是寂寞，还琢磨几首短诗呢。”这时已经40多岁，住院躺病床上还琢磨诗呢，何况30上下岁，正风华正茂、诗情勃发的时候。可在他出版的诗集中，没看到一首这个时期的作品。他自己解释，大学毕业后，“当了三年编辑，那时为了当好编辑，可以适当搞点创作，但不可喧宾夺主误了正业，不敢越雷池一步。十年动乱白白浪费了青春”。言语间渗透着青春空逝的几许无奈。何理曾在诗集《春的馈赠》后记写道：

我在诗中曾经宣告：黛玉葬花我葬诗。我要埋葬的首先是在内容上言不由衷，没有真情实感、赶浪头图解政策的虚假诗。在形式上也要有所突破，有所创新。但我并不否定民歌体新诗，并且认为，在新诗的百花园中应有它的一席之地。它也在变化，它也在发展。我喜欢优秀的朦胧诗，以及意象派、现代派诗歌。并想吸取它们的营养，但我还是我，我不想盲目地跟在别人的屁股后面跑。

图 584　诗人何理主要作品

看来，他在20世纪80年代，对自己在进行深刻反省与反思，甚至对以往的自己予以了一定程度的否定，从一句“黛玉葬花我葬诗”，似透露些端倪。在反省与反思中，面对着从“文革”的僵化羁绊下挣脱，朦胧诗的崛起，意象派、现代派等文学思潮的涌入，传统文化的复兴，在那乱花渐欲迷人眼的时代，他努力寻找着自己，努力追回逝去的青春。终于在1983年4月，创作出版了叙事长诗《天涯风雪》，这是他第三部诗集（图584），已距《喜报》出版25年了！长诗描写清初土尔扈特部蒙古族回归祖国的这个历史事件，着重突出塑造了民族英雄渥巴锡的形象，引起热烈反响。高度评价3700多行的这部长诗，“在掌握历史的真实性中，进行大胆的开掘和灵魂的探索，在人物塑造上突出动人的情节设置、复杂的人物关系、细腻的心灵深度、精炼的场景转换，从而使渥巴锡这个文学形象丰满可感，也使《天涯风雪》具有了历史厚重积淀中的大胆创新，体现了历史之思、经世之心和现实关怀”，堪称一部壮丽的史诗，是其长诗的代表作。

1988年8月，天津百花文艺出版社出版了他的短诗集《春的馈赠》，是他第四部诗集，收录1979年至1985年间69首精短诗篇，分为两辑，第一辑《三春柳》，反映了祖国大西北的瑰丽风光、风俗人情和生活情趣，抒发了诗人对祖国对生活的挚爱之情；第二辑《栗花梦》，以燕山山乡为背景，深情讴歌了北方农村的新风貌新追求，具有鲜明的时代感和深沉的历史感。诗作淡雅清丽，蕴藉深沉，既注重了民族传统，又刻意探索创新，显示了诗人在艺术上的不懈追求。

比如《过桃林》，仅四节16句：

花开的早？还是我来得迟？
一夜桃花，开满千万枝。

无声的细雨，浸泡着胭脂，
香气袭人，瓣瓣赤。

北国江南，相见不相识，
果乡如西子，雨中笑我痴。

下吧，好雨，衣不浇湿难得诗，
抹吧，胭脂，我心花与它一样赤！

虽是四句一节，为民歌体新诗常用的形式，然而与他过去写的那些民歌体新诗不一样了，用的是新诗的节拍，自由多了，变化多了，且有民歌的格调和传统诗词的味道。他自己谈及这本诗集，说“《春的馈赠》与《唱一唱农村》是一脉相承的，是一根藤上的两个瓜”。这

“一脉相承”，我想应该就是他所坚持的民歌的格调，新诗的自由，传统诗词的韵味，从而使其融合为一种新的诗体。而这部诗集，可称其短诗的代表作。

1998 年，内蒙古人民出版社出版了《今天·昨天》，这是何理的一部现代长诗选，也是诗人第五部诗集，分上中下三卷，收录《今天的情结》《通向春天的小路》《风雪里的红手印》《炮队长》《杏妹子》《铁人赞》《新编李有才板话》等 11 首，诗人自觉写一些现当代重大题材，给人民给时代创作一些有重金属分量的力作。这是诗人努力突破自己，拓展自己诗歌领域的体现。

2000 年 11 月，中国文联出版社出版《何理诗选》，是他第六部诗集，也是他走上诗坛 40 余年诗歌创作的一次全面回顾与总结。诗选没按写作前后顺序编排，而是分为“心灵诉说”“带路花瓣”“山里春天”“古木新芽”“边塞绿风”“诗评选”六辑。这里的“古木新芽”，是他所写旧体诗词的一部分。如作于 1997 年春节的《蝶恋花·悼念发妻仙逝一周年》：

人生路上多别离，除夕乘鹤西行不复归。
别家欢聚我家悲，年饭难咽空设椅。

桃李书香有口碑，金色蜜蜂遗留安魂曲。
黑夜坐白心隐痛，天外寄思飘云絮。

何理的诗一以贯之的，我以为是充满浓厚的泥土味儿，大概这是他诗歌的主要特点。在此基础上，诚如他在《九江诗话》序言所写：“我一直认为，不论是自由体新诗、民歌体新诗，还是新民歌、新格律诗、旧体诗词，也不论是传统派、现代派、象征派、朦胧派，都可以写出好诗。自己适合写什么就写什么，步九江就是这样，于是，他充分地发挥了他的聪明才智，这是一个值得思索的问题啊！”这里是为步九江而写，又何尝不是在写他自己呢？

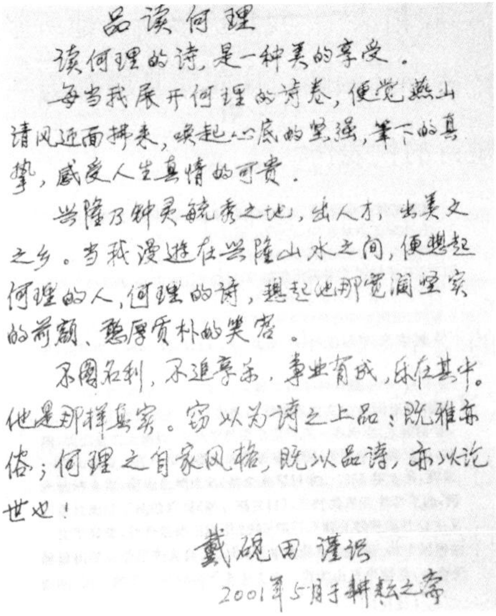
品读何理

读何理的诗，是一种美的享受。

每当我展开何理的诗卷，便觉燕山清风迎面拂来，唤起心底的坚强，笔下的真挚，感受人生真情的可贵。

兴隆乃钟灵毓秀之地，出人才，出美文之乡。当我漫游在兴隆山水之间，便想起何理的人，何理的诗，想起他那宽阔坚实的前额、憨厚质朴的笑容。

不图名利，不追享乐，事业有成，乐在其中。他是那样真实。窃以为诗之上品：既雅亦俗；何理之自家风格，既以品诗，亦以论世也！

戴砚田谨识

2001年5月于耕耘之斋

图 585　诗人戴砚田在《何理诗选》扉页的题记

老诗人戴砚田曾在《何理诗选》前题语（图 585）：

品读何理

读何理的诗，是一种美的享受。

每当我展开何理的诗卷，便觉燕山清风迎面指来，唤起心底的坚强，笔下的真挚，感受人生真情的可贵。

兴隆乃钟灵毓秀之地，出人才，出美文之乡。当我漫游在兴隆山水之间，便想起何理的人，何理的诗，想起他那宽阔坚实的前额、憨厚质朴的笑容。

不图名利，不追享乐，事业有成，乐在其中。他是那样真实。窃以为诗之上品：既雅亦俗；何理之自家风格，既以品诗，亦以论世也！

戴砚田谨识

2001 年 5 月于耕耘之斋

这则谨识评诗论人，堪为何理之定评。

20 世纪 80 年代以来，何理在写诗的同时，还陆续写了一些散文，涉及山水游记，生活回忆，学诗历程，文学活动，作家、朋友往来，评论，序言等，相对于诗而言，数量不是很多，结为《山缘》《背影》两本散文集，先后由花山文艺出版社和远方出版社出版。《背影》中将《山缘》中部分篇章再次收录，以便读者较为全面、系统地了解诗人。这些散文平实朴实，较为真切感人。如《难以填补的空白》所写：

我母亲葬于兴隆城关南土门迤东的坟地，在上千座坟头当中，很难找到母亲坟头的位置，坟旁长着一棵齐肩的小杨树，乃是辨别的主要标志了。我成人以后，舅父就不去了，到清明节我独自去给母亲添坟，望着坟旁那棵小杨树，不禁想到外祖父家峰峦上的山杨，想到母亲模糊不清的身影。

平实叙述中，蕴藏着催人泪下的情感。这些篇章，说到底，就是诗人所经所历所感之下娓娓道来的自述，是诗人真实诚挚的自画像。

综而观之，何理 1937 年 11 月出生于兴隆，读书于京城，编辑于省城，而后归根于承德，先后任地区文化局创作组组长、文学丛刊《燕山》和诗刊《国风》副主编以及承德市作协主席、郭小川研究会执行会长等职。2010 年 1 月去世，享年 73 岁。他担任作协主席期间，不遗余力地组织、发现、培养青年文学作者，为之撰写作品序言，联系作品出版，办文学刊物，为承德地区文学事业的繁荣发展贡献了自己的力量。何理 1983 年加入中国作家协会，为专业作家一级，出版 6 本诗集、2 本散文集，荣获河北省首届文艺振兴奖、河北省精神文明建设“五个一”工程奖第三届作品入选奖等。何理去世后，多少人写文作诗追悼怀念，并出版《叶与花》何理诗文研究专集，其影响可见一斑。

可以说，他是在诗歌的光照下，经过一生不懈地追求与奋斗，终于成为有广泛影响的诗人。但是，当我品读其作品，特别是第一本诗集《唱一唱农村》，很使我惊异，他应该是具极高天赋，才在那个时代写出那样的诗作，才会产生那样的不同凡响，简直是一步就登上了极高处。当年，一同参加首届全国青年文学创作者会议的，刘绍棠 13 岁时开始发表作品，誉为“神童”，无须说了。王蒙仅发表一二短篇，成名作《组织部新来的年轻人》1956 年 9 月才在《人民文学》发表。浩然连这次青创会都没参加，而后河北省青年创作积极分子会也仅坐列席之位，成名作《喜鹊登枝》1956 年 11 月才在《北京文艺》发表。何理与这 3 人应为同时代人，且比这 3 人年轻，当时的影响应该比王蒙、浩然都要大。我对何理没有更深入、更全面研究，总以为何理沿着起步的极高处和不同凡响，似乎可以达到更高的高度和更不同的反响的。念此，不免有些遗憾与叹惋。

何理回忆中多次提及平谷老家、父亲、爷爷、四爷、老叔等，在此补写，作为结尾：何理老家为北京市平谷区东高村镇张岱辛撞，他的同父异母弟弟何广治告诉我，父亲叫何永海，爷爷叫何显军，太爷叫何春喜，再往上记不住了。去兴隆谋生的四爷叫何显臣。老叔，是四爷后来娶的后老伴儿带来的孩子，随这边排叫何永良。这后老伴儿对何理好像不是很好，爷爷和父亲两次三番到兴隆，一心想把他接回老家，但何理觉得在兴隆生活久了，终没回来。根据老人所述，四爷去兴隆，当是随着清朝被推翻，东陵后龙之地雾灵山开禁，平谷很多人争相过去开荒种地，四爷应该就在这时过去的，至今应百十年光景了。尽管如此，张岱辛撞何家始终没有忘记四爷，没有忘记何理。像何理去世都10年了，弟弟何广治也80岁了，谈起来还满怀深情地说，何理是我哥，言语间一脸的自豪。

2020年2月28日至3月4日草，5日改，
6日又改，7日再改，8日再改于善书斋

艾兵：指尖弦外的京胡情缘

——记著名京胡演奏家艾兵

韩 旭

京胡泰斗徐兰沅曾用这样一段话评价操琴者：在众多能够真正称得上够份儿的琴师中，又根据其操琴特征可分为龙、虎、狗三品。所

谓龙相者，即操琴大气威严、拖腔保调正宗醇正。第一次看艾兵老师操琴，已感觉他龙相外露。但见他腰杆笔直，端坐在舞台旁的椅子上，仅坐了椅子的三分之二，一双光气逼人的眼睛定定地看着台上的演员，蓄势待发犹如箭在弦上。他不动时，缄默端重，稳如青松。他若动时，撒然狂狷，右手运弓，娴熟飘逸；左手运指，灵巧坚实，真仿佛蛟龙戏水，在音乐的海洋里，推波逐浪，使得乐声在排练厅里汹涌奔流。

二胡神童，颠踬时乖

1966年10月，艾兵出生在北京市平谷县西高村一个普通的知识分子家庭。父母都是人民教师，特别喜欢音乐，并略懂几种乐器。母亲关瑞芹最拿手的乐器是秦琴，父亲艾成玉则对民二胡的演奏和教学有些研究。他们都曾在学校担任过音乐课的教学工作，对键盘的演奏可谓得心应手。平时没事，夫妻二人在家中还经常合奏一曲以作消遣。艾兵和哥哥艾早生从小就在这样艺术氛围浓郁的家庭里茁壮成长，因此哥俩对音乐、对乐器都有一种与生俱来的好感。

1972年的一天，父亲从学校带回一把二胡，汲汲地将正在路边玩耍嬉戏的两个儿子叫回家。按照父亲的意思，是想让大儿子艾早生先学，小儿子艾兵刚6岁，过两年再说。可艾兵一看爸爸手里拿的二胡就心花怒放，心说这玩意没见过啊，也叫嚷着要学。父亲一看孩子积极性这么高，索性一并都教了。作为启蒙老师，父亲先教了儿子一些简单的指法，又教了几首当时家喻户晓的曲子——《东方红》《大海航行靠舵手》等。“本来是小孩儿的好奇心，图个好玩。但一学上瞎了，我的童年时光就此结束。放学回家做完作业，不干别的，就是拉琴练琴，父亲对我非常严格”。艾兵现在回忆说。

半年以后，两个孩子学得飞快，父亲已倾囊相授，毕竟水平有限，没什么好教两个孩子的了。他留心观察，发现这俩孩子还行，有点天赋，心想别把孩子给耽误了。赶紧通过朋友请来县里（现为平谷区）宣传队的能人，专攻二胡、作曲、指挥和编剧的张连生老师。张老师接过两个孩子，开始系统地教学，仍然以教学基本功为主，少量接触独奏曲，并教学了大量的民歌以及各种不同风格的乐曲，如《赛马》《北京有个金太阳》《奔驰在千里草原》等，并系统教学了抛弓、跳弓等各种弓法和各弓段的训练，这些练习为两个孩子日后从事京剧音乐工作奠定了坚实的基础。“老师每个星期来家里一趟，一教就是半天。那时候都是单休，老师用一周仅有的休息日给我们上课，真的很辛苦。而且也没有课时费这一说，就逢年过节给老师送点简单的礼物，到今天我都特别感谢老师的恩情。”艾兵情深意切地说道。

图 586　全家福

有了这么好的老师，父母自然望子成龙，对两个儿子更加严格（图 586）。在家里，兄弟俩练琴常常一个拉琴，一个旁听，反复轮流练到深夜。1975 年，中国音乐学院附小招生，在艾兵家附近镇上的小学设了一个考场。艾兵在考场上拉了一曲《喜送公粮》。他一边拉，一边感觉这些考官围着他转。老师们都惊骇了，犹如在深山发现奇珍异宝。他们下乡到农村，这里条件不好，会乐器的都凤毛麟角，没想到竟然还有二胡技艺如此精湛的孩子，当即拍板，收了。艾兵和哥哥双双通过了考试，体检也没问题，艾家上下个个满心欢喜，就等着两个孩子上学展开自己真正的艺术之路了。可他们始料不及的是，考试最后有个政审，艾兵的姥爷家原来是“富农”。这一下艾家两兄弟都被刷下来了。这件事对于艾兵的打击太大了，丧魂失魄了好几天。好在他还是个孩子，过了一段时间事情也就淡忘了，但二胡他却没撂下，仍然勤勉地苦练。如今艾兵感喟道：“这也许就是命，要是被录取了我现在就拉民二胡了，和京胡一点关系也没有了。”

1979 年，艾家兄弟二人代表北京市参加了由教育部、共青团中央、音乐家协会、中央人民广播电台 4 家单位联合举办的全国少儿音乐比赛。哥儿俩以齐奏的形式表演了一首二胡经典名曲《喜送公粮》，一举获得了此次比赛的最高奖项“优秀表演奖”。此次获奖是对艾家兄弟俩多年如一日刻苦练琴的肯定，但此时艾兵深深感到有一个问题正在逐渐困扰着他。他遇到了瓶颈，二胡水平无法再上一层楼，张老师业已倾其所有，能教的都教了。艾兵现在急需一个新环境、新老师促进自己的成长。

京胡情缘，“圣手”为师

1979年，北京市戏曲学校在“文革”后第一次招生。父亲跟两个儿子说：“这是你们最后的机会了，如果这次招生再错过去，你们就大了，以后就走不了这条路啦。”报名那天，父子三人坐公共汽车，用了大半天的时间从平谷来到北京戏校，竟然发现戏校的报名已经结束了。而且戏校的报名准则还要求音乐班招新生年龄严格限定在14岁，可当时哥哥艾早生15岁，弟弟艾兵13岁，一个超一岁，一个差一岁。

“您看这俩孩子都来了，大老远来不容易，而且孩子刚得完奖。您看学校能不能破格一下，给他们一个考试资格呢？”父亲恳切地和招生办老师说道。

招生老师李桂芝问道：“是吗？有这事吗？”

“确实有，刚得的奖啊。”父亲仍心怀忐忑。

李桂芝老师马上给市文化局挂电话，证实得奖确有此事，当即说道：“这孩子不要，我们要谁？”就把两个孩子的名给报上了。

父子三人听说名报上了，心像雨过天晴后的彩虹。他们出了校门，发现天色已晚，公交车早没了。在那个年代，酒店宾馆无从谈起，只有招待所，那你还得有单位的介绍信才能住。父亲犯难了，想来想去最后去了和平门的一个教工招待所。也是和京剧有缘，解放前这个招待所可是小有名气的正乙祠戏楼。招待所出来一位老大爷，腿有点跛，说：“你这没有介绍信可不行。”

“您看这俩孩子为了考学累一天了，顾不上吃顾不上喝。现在回平谷已经没车了，而且明天还得去学校参加考试，您就让孩子住一宿吧。我一个大人无所谓，实在不行我就在外面忍一宿。”

老大爷看这三入风尘仆仆，当爹的说话真心实意，心也软了，就让他们住了。

由于北京戏校是“文革”后首次招生，学校名声响，待遇优厚：不仅每月给在校学生发放补助，而且负责给合格毕业生分配工作。各地考生蜂拥而来，报考总人数达到 2000 人之多。初试、复试，层层筛选，考期长达半个月，竞争异常激烈。不过小艾兵凭借卓尔不群的演奏技艺每每令考场老师啧啧称叹。最后他在 600 多名音乐科考生中脱颖而出，以综合成绩第一名被学校录取。

艾兵入学后被分配到京胡组，挺不高兴，因为他是学二胡的，京胡是什么，根本不知道。艾兵找到班主任荀令文（荀慧生之子），说我是学二胡的，想拉二胡。荀令文老师说：“傻孩子，你可不懂啊，京胡是领奏乐器，非常重要的。”艾兵一听高兴啦，后来他才知道，学校招收的 21 名学生中，只有前四名才有资格学京胡。

此时艾兵面临一个挑战，京胡与二胡虽然形制、发音原理类似，但操琴手法、演奏姿势却大相径庭，说这是两种乐器也不为过。艾兵用了很长时间去适应，这期间他第一次期末考试拿了个第二名。这对于一个刚转行的学生来说已是成绩斐然了，但父亲仍义正词严道：“这不行，你必须拿第一！你有能力拿第一，拿不到你就是没努力。”带着父亲激励的话语，艾兵更加苛责求全。他凭借六七年的二胡功底，各指间的韧带早已抻开，右手的各种弓法越来越得心应手，左右手的配合日臻完美。艾兵的第二学期，期末成绩已登上音乐和排名的榜首。

艾兵入学的第二年，班主任荀令文多次骑车去拜访“京胡圣手”燕守平，语重心长地说：“燕老师，这边有一个孩子非常好，你必须得帮帮他。”燕老师被真情感动，欣然接受，成为学校代课老师。

图 587　艾兵在演奏中

虽然课时费只有区区一块钱，但燕守平老师只要没有演出就来学校。适逢艾兵刚刚把京胡适应，指法已经纯熟，但对于京胡艺术的理解仍是一张白纸。面对燕守平这样的京胡大师，艾兵谦虚地比喻这是博导与小学生的对话。而燕守平则用一种简单直接甚至有些原始的方式来教授艾兵，即我拉一句，你拉一句，这是一种不落言诠的音乐交流。艾兵耳濡目染，发现自己的演奏技巧、风格越来越向燕老师靠。这一靠，艾兵的演奏技艺飞速提高（图 587）。

1987 年，已经成为北京戏校附属青年京剧团顶梁柱的艾兵正式拜燕守平为师，成为燕守平的入室弟子。

天资与基本功，一个都不能少

在一次与恩师的谈话中，燕老师建议艾兵开一场京胡独奏音乐会。但艾兵觉得自己资历尚浅，火候未到，时机不成熟。“你一定行！”为了打消爱徒的顾虑，燕守平说：“没有资历是吗？开了你就有了。”

1992年7月13日，艾兵京胡独奏音乐会正式在北京民族文化宫剧场上演。音乐会分三个部分，第一部分是传统曲牌和京剧唱腔独奏。高潮在第二部分京剧流派唱腔独奏上——王文扯、陈志清的《铡美案》，李海燕的《锁麟赉》，赵葆秀的《钓金龟》，丁魁智的《碰碑》等令观众大呼过瘾。音乐会第三部分是京胡独奏，这非常考验演奏者的功力。在舞台上，艾兵不仅完美演绎，还借鉴运用了民二胡的弓、指法技巧，为京胡演奏增添表现力。

采访间隙，一位同事手拿乐谱来找艾兵，说：“这词有变化，您还得把唱腔改改。”同事走后，艾兵老师说这是之前给《杨七娘》作的曲子，现在京剧院正在排，戏还有一些修改。艾兵从事京剧作曲工作还得从1998年说起，那次抗洪救灾义演有一个京剧联唱节目。阎肃写的词，艾兵谱的曲，演出的效果很好。2008年，北京京剧院新创京剧《浮生六记》，院里领导知道艾兵上大学学过乐理，又深谙京剧各流派唱腔的精妙，就请他给新剧作曲。艾兵仅用了半个来月，曲子就写完了。该剧在小剧场演出深受好评，最后获得了第十一届中国戏剧节金奖。艾兵最近还给《鼎盛春秋》设计了一段唱腔。这出戏杨派叫《伍子胥》，谭派叫《鼎盛春秋》。其中《鼎盛春秋》的唱腔全部是西皮，北京京剧院为了让《鼎盛春秋》更丰满，从其他剧中移植“逃国”这场戏（曾获得梅花奖），词和曲子都是新创的。唱腔设计由艾兵担纲。这段唱腔设计得可谓独具匠心。为了配合演员身段表演，这段唱腔由二黄导板、回龙、原板、慢板、反二黄等组成。艾老师说，京剧作曲，板式和声腔的铺排最重要，这需要作曲人对乐理和唱腔有深刻的理解，需要多年的积累才行。

“学京胡天资与基本功一个都不能少，而基本功更为重要。”艾兵说自己就是基本功扎实的受益者。因为基本功扎实，他成功获奖，他考学成功，他从二胡改学京胡转得顺利。“要想有好的基本功，不刻苦是不行的。拉琴的讲琴不离手，一日不拉自己知道，两日不拉同行知道，三日不拉观众知道。”艾兵老师深有体会地说：“冬练三九，夏练三伏。冬天最冷的时候，我拿着胡琴，带十几根弦（天冷琴弦特别脆）去荒郊野外练琴。一开始手都是僵的，伸不开，什么时候手练热了什么时候算。（图 588）”

图 588　艾兵演奏照

2011 年 4 月 17 日，艾老师开山收吕勋福为徒。艾老师说，艺术的关键在于传承，所谓言传身教，教学中的示范作用是非常重要的，他自己就是燕老师一弓子一弓子教出来的。因此，老师该身体力行地教授学生，只有这样，京胡人才才能像雨后的春笋，层出不穷。

选自《北京纪事》2011年第10期

鼓顶朝云踏察记

柴福善

平谷旧有八景，形成时代应不会早于金代，而成于明代可能性大。

明代《平谷县志》今已无存，区档案局现存清康熙六年（公元1667年）《平谷县志》，可以看到前面已有平谷八景图，经与北京故宫皇史宬所存雍正六年（公元1728年）以及乾隆四十二年（公元1777年）《平谷县志》志前所刊八景图比对，基本一样，极可能续写县志刊印时用的是以前保存的雕版。而这个雕版，不排除为明代县志所刊刻。目前发现最早的记载平谷八景的书，是明嘉靖三年（公元1524年）《蓟州志》，“卷之三·古迹”记载：平谷县“景致，盘阴积雪、泃水晚渡、峨嵋耸翠、石室清风、独乐晴波、鼓顶朝云、灵泉漱玉、峰台夕照”，这说明平谷八景在明嘉靖初年以前已经确定。我在文委工作时，时任常务副区长的王春晖找到我，提出挖掘平谷老八景的事。我带人实地踏察，平谷八景确定盘阴积雪、泃水晚渡、峨嵋耸翠、峰台夕照、灵泉漱玉、独乐晴波六景，分别竖立了标志碑。而石室清风、鼓顶朝云二景一时难以考定。

记得20多年前，韩牧苹先生就曾带着我们到安固南山一带踏察鼓顶朝云一景未果。而近年研究平谷八景，对平谷八景之三“鼓顶朝云”，翻阅清康熙六年（公元1667年）《平谷县志》“地理志·山川”

记载："气鼓岭，在县南十五里，山形如鼓，上有孔，每旦云气浮出，故名。"而清雍正志、乾隆志及民国九年志均写作"气鼓岭"，至民国二十三年志则改为"鼓形岭"。所记"每旦云气浮出"，或为山中有洞所致，甚至不排除为溶洞。认为此景大致应在东高村镇大旺务南山一带，多次踏察，一直未能找到。

为编写《东高村史话》，再次仔细研究清康熙六年（公元1667年）《平谷县志》"大王务，十五里"，"在县东南境"及"气鼓岭，在县南十五里"的记载，确信此景应在大旺务一带。2019年4月，在大旺务村访谈，特意请教村里老人。78岁村民周克芳说：大旺务村东北10来里地，东高村东南，稻地村南面，有座渣饽饽山，就像个饽饽倒扣着。小时候见着一到冬天就往外冒气，瞅得特别清楚，现在冬天也能看见。山里一定是空的，冬天里边暖和，外边冷，就从石缝往外冒热气了。小时我上去过，近些年也上去过，上面有洞儿。不久，请周克芳老人领着，走到渣饽饽山跟前（图589），老

图589　作者在考察拍摄鼓顶朝云景观，恰巧一道阳光斜照下来（孙百杰摄于2019年4月）

图 590　大旺务 78 岁村民周克芳指着渣饽饽山给作者看（摄于 2019 年 4 月）

人指着半山裸露且陡峭的岩石说，一般到了 11 月 15 号天就冷了，从石头缝都往外冒气。问及平谷老八景鼓顶朝云景，老人不清楚。因路不是很好走，老人年事又高，只站山前指给我看（图 590），未能上去。但初步认定，这渣饽饽山应该就是“鼓顶朝云”景致所在了。

后来，与区书协副主席、东高村人袁鹤松谈及鼓顶朝云景观，他说东高村有人知道。等到 12 月下旬，天已数九，便请袁鹤松联系村里 65 岁老村干部闫宝清，区作协副主席、“美丽平谷”公众号主编饮冰子一起踏察。才下过雪，地上积雪未化。闫宝清说：东高村东南五六里，石壶沟中有个渣饽饽山，山顶洞里和半山石缝，一到冬天就冒气。要是往洞里攮土，土就往里嘬。到得近前，发现与周克芳老人所指的是一座山。但见石壶沟四遭是山，就在北面连绵的半山间，凸起一座圆乎乎的小山包，这就是俗称的渣饽饽山了。看民国九年及二十三年县志前面所绘“平谷全县地图”，东南边界标示着“气鼓山”三字（图 591），也就是志文记载的“气鼓岭”，当指

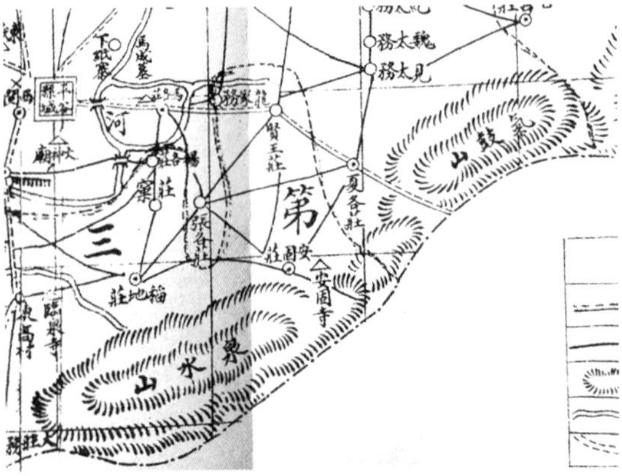

图 591　民国九年（公元 1920 年）《平谷县志》绘制的“平谷县地图”标示的气鼓山

这一带浅山，渣饽饽山即是气鼓山的一座小山。寻一条上山的崎岖小路，奔东北方向。待到距渣饽饽山顶二三十米时，山路绕着渣饽饽山继续往北。眼看这二三十米，久无人迹，长满荆棘。村人便顺山路再往北，想找找上山的路。在渣饽饽山东面，村人拿着镰刀试着砍去些荆棘上去，一时又砍不过来，便继续走到渣饽饽山北面，且沿小路已到北面山的半山了。

图 592　作者从北坡荆棘丛中走上去（梁景起摄于 2019 年 12 月）

回头望渣饽饽山北坡，下面荆棘丛生，上面可见一片片积雪，不全是荆棘了。这里上去，到顶也不过二三十米，可继续往北不知还走多远，也不知会走到哪里，我便回身径直走向渣饽饽山顶。无需砍伐了，我走进北坡下面那片荆棘（图 592），任凭一再招挂衣服也不顾了。穿过去，踏着积雪，偏西南走向略平缓的地方。最后，面临一丈多高斜陡的岩石，斑驳着积雪。我索性手脚并用，攀着石楞，拽着荆棵，小心地一脚脚往上捯。稍有不慎，将不堪设想。待我半身露出岩石，一眼就看到有个不大的洞，呼呼冒着热气。凭直觉，这应该就是要找的鼓顶朝云处了，便朝下一喊："就在这儿！"。我攀着石头上去，这是山顶北面，一阵阵冒起的热气，使洞上部厚厚的土都湿漉漉的暄腾，而洞边石壁长满鲜嫩的苔藓（图 593）。这时，鹤松独自从东面拿根棍子连劈带打也上来了。山顶南面还有一洞，与北面洞一样都不大，也一阵阵冒气。或是南面朝阳之故，洞口较为干燥。我拿着相机探入洞口，拍洞里情形，不想瞬间哈气就模糊了镜头（图 594）。揣进去的手，感觉洞里如楼里暖气一般温暖。大家陆续上来，饮冰子手机定位，显示海拔 242 米。拍照下山，再看一眼山顶北面斜陡岩石，积雪之下，我是绝不敢从这里下去的。好在村人已用镰刀在山前砍

图 593　渣饽饽山顶北部缝隙中冒着腾腾热气（摄于 2019 年 12 月）

图 594　作者将相机伸至山顶南面洞口，镜头霎时被暖气熏得朦胧不清了（摄于 2019 年 12 月）

出一条小道儿，直通开始看着有二三十米的地方。

又过几天，也就在 12 月 31 日，2019 年最后一天，天很晴朗，早晨七点，镇里孙柏杰老师接我，还有饮冰子一起，七点半前赶到渣饽饽山南面一个半山台上，想等着七点半，太阳从东南盘山出来，拍摄阳光初照渣饽饽山顶的情景，也就是拍摄“鼓顶朝云”的情景。不想天出奇的冷，大概有零下十几度二十度。眼瞅着北面山顶上一嶋黄黄的阳光，慢慢铺展开来，可就是迟迟嶋不到渣饽饽山顶上。手举着相机耐心等待着，以致俩手冻得生疼，甚至麻木了，手指都回不了弯，不听使唤了。就这样，一直等到九点，阳光终于缓缓照着渣饽饽山顶了，初如山顶挂了一条黄黄的丝带，渐渐又如披着一片黄黄的丝巾。这就是苦苦寻觅不得的平谷八景之一鼓顶朝云（图 595），尽管一时看不到如云的山中之气了。

图 595　阳光初照渣饽饽山顶（摄于 2019 年 12 月 31 日）

这样看来，山名“气鼓岭”或更为恰当，山空如鼓且冒气，故称，似比后来所改的“鼓形岭”贴切直观。假如在南面这个半山台上，建一座望景小亭，旁树一方“鼓顶朝云”景碑，并将鼓顶朝云图镌刻其上。沿北山崎岖山路辟回环登山步道，直至山顶，一路可镌刻古人写景诗碑，亦可将平谷八景图诗一并镌刻，辟为平谷八景文化园，此必为区南部一处重要休闲之地了。

2020 年 1 月 26 日整理于善书斋

主要参考文献

在本书编写中，参考的资料很多，并没有随手全部记下来，谨将主要参考文献记述如下：

[1] 脱脱，等 . 二十五史 · 金史 . 上海：上海古籍出版社，上海书店，1986.

[2] 周家楣，缪荃孙，等 . 光绪顺天府志 . 北京：北京古籍出版社，1987.

[3] 于敏中，等 . 日下旧闻考 . 北京：北京古籍出版社，1983.

[4] 郦道元 . 水经注 . 上海：上海人民出版社，1984.

[5] 郦道元，陈桥驿，等 . 水经注全译 . 贵阳：贵州人民出版社，1996.

[6] 范祥雍 . 古本竹书纪年辑校订补 . 上海：上海古籍出版社，2011.

[7] 张玉春 . 竹书纪年译注 . 哈尔滨：黑龙江人民出版社，2003.

[8] 穆彰阿，潘锡恩，等 . 大清一统志 . 上海：上海古籍出版社，

2008.

［9］张映勤．寺院·宫观·神佛．天津：天津社会科学院出版社，1991.

［10］马书田．全像中国三百神．南昌：江西美术出版社，1992.

［11］北京市文物研究所．北京文物与考古第四辑．北京：北京市文物研究所，1994.

［12］薛瑞兆．金代科举．北京：中国社会科学出版社，2004.

［13］陈伯嘉．清康熙十二年三河县志．三河：三河县（手抄本）.

［14］陈昶．乾隆二十五年三河县志．北平：北平中华书局，1935.

［15］吴宝明．民国二十四年三河县新志．北平：北平中华书局，1935.

［16］政协三河市委员会宣传文史料．《三河文史资料选辑》第三辑．三河，政协三河市委员会，1999.

［17］李柱明．清康熙六年平谷县志．平谷：平谷县公署，1667.

［18］项景倩．清雍正六年平谷县志．平谷：平谷县公署，1728.

［19］朱克阅．清乾隆四十二年平谷县志．平谷：平谷县公署，1777.

［20］王兆元．民国九年平谷县志．北京：北京中华印刷局，1920.

［21］王兆元．民国二十三年平谷县志．天津：天津文竹斋印，1934.

［22］平谷县地名志编辑委员会．北京市平谷县地名志．北京：北京出版社，1993.

［23］平谷县志编纂委员会．平谷县志．北京：北京出版社，2001.

［24］中共北京市委党史研究室，中共平谷县委党史办公室．平谷

革命史 . 北京：北京出版社，1991.

［25］中共平谷县委党史办公室 . 泃水长流 . 平谷：中共平谷县委党史办公室，1990.

［26］北京市平谷区军事志编纂委员会 . 北京市平谷区军事志 . 北京：北京出版社，2011.

［27］中共北京市平谷县委组织部，中共北京市平谷县委党史资料征集办公室，北京市平谷县档案局 . 中国共产党北京市平谷县组织史资料 1937—1987. 平谷：中共北京市平谷县委组织部，中共北京市平谷县委党史资料征集办公室，北京市平谷县档案局，1989.

［28］中共北京市平谷县委组织部，中共北京市平谷县委党史资料征集办公室，北京市平谷县档案局（馆）. 中国共产党北京市组织史资料·平谷卷（1987—2010）. 北京：中央文献出版社，2011.

［29］中共北京市平谷区委组织部，北京市平谷区老干部局，北京市平谷区政协学习与文史委 . 老党员见证 . 平谷：中共北京市平谷区委组织部，北京市平谷区老干部局，北京市平谷区政协学习与文史委，2017.

［30］政协北京市平谷县委员会文史委员会 . 平谷文史选辑二 . 平谷：政协北京市平谷县委员会，1990.

［31］政协北京市平谷县委员会文史委员会 . 平谷文史选辑三 . 平谷：政协北京市平谷县委员会，1992.

［32］政协北京市平谷县委员会文史委员会 . 平谷文史选辑四 . 平谷：政协北京市平谷县委员会，1995.

［33］政协北京市平谷县委员会文史委员会．平谷文史选辑五．平谷：政协北京市平谷县委员会，1997.

［34］政协北京市平谷县委员会文史委员会．平谷文史选辑六．平谷：政协北京市平谷区委员会，1999.

［35］政协北京市平谷区委员会文史委员会．平谷文史选辑八．平谷：政协北京市平谷县委员会，2003.

［36］政协北京市平谷区委员会．平谷文史选辑九．北京：中国民族摄影艺术出版社，2010.

［37］政协北京市平谷区委员会．平谷文史选辑十七．北京：中国民族摄影艺术出版社，2018.

［38］高飞，刘震．知平谷爱平谷干部培训读本．平谷：中共平谷区委组织部，2014.

［39］平谷区文化委员会．平谷文物志．北京：民族出版社，2005.

［40］平谷区文化委员会．平谷石刻．北京：北京燕山出版社，2010.

［41］平谷区文化委员会．平谷文物揽胜——北京市平谷区第三次全国文物普查资料汇编．平谷：平谷区文化委员会，2011.

［42］尹钧科．北京历代建置沿革．北京：北京出版社，1994.

［43］罗哲文，柴福善．中华名塔大观．北京：机械工业出版社，2009.

［44］胡永连．平谷民间文学集成．平谷：平谷文化馆，1999.

［45］何理．唱一唱咱农村．北京：作家出版社，1955.

［46］何理．喜报．上海：新文艺出版社，1958.

［47］何理．天涯风雪．石家庄：花山文艺出版社，1983.

［48］何理．春的馈赠．天津：百花文艺出版社，1988.

［49］何理．山缘．石家庄：花山文艺出版社，1993.

［50］何理．背影．呼和浩特：远方出版社，1996.

［51］何理．今天·明天．呼和浩特：内蒙古人民出版社，1998.

［52］何理．何理诗选．北京：中国文联出版社，2000.

［53］河北省文物研究所，保定市文物管理处．五代王处直墓．北京：文物出版社，1998.

［54］中共蓟县县委党史资料征集办公室．蓟县革命史．天津：中共天津市委党史资料征集委员会，1985.

［55］北京市平谷区博物馆．平谷博物馆．北京：中国戏剧出版社，2019.

［56］柴福善．平谷寺庙志略．北京：民族出版社，2014.

［57］柴福善．平谷史话．北京：民族出版社，2018.

［58］柴福善．明代平谷志料辑校．北京：民族出版社，2018.

［59］柴福善．志书补遗．北京：中国文史出版社，2015.

后　记

2018年夏，镇党委书记孙学新与我谈及编写一本镇历史文化的书。随后，镇宣传部长白洁来我工作室，再次洽谈并进一步研究编写事宜。尽管手头需要研究编写的东西很多，还是应允下来，且即刻开始归整、汇集与东高村镇有关的资料。9月起，对全镇22个村落，在过去调查寺庙的基础上，一个村一个村地再次全面系统访谈踏察。有些村甚至一而再再而三地访谈踏察，直至2019年4月，才基本完成。

着手梳理资料，酝酿整体框架，大致分为沿革、山川、名胜、村落、寺庙、遗址、墓葬、古建、古树、石刻、文物、战事、传说、辑录等，进而分开编写。编写中，一如既往地坚持典籍文献、实物遗存与口碑资料的三者结合，同时注意前后照应与详略，尽量避免内容与内容、文字与文字的交叉，如有交叉处，尽量避免顾此失彼，更不能前后矛盾。发现有不清楚的地方，甚至有问题的地方，及时与知情老人或电话访谈，实在不行，即使在新冠肺炎的疫情之下，戴着口罩，也要到实地踏察或与老人核实、校正。

我在整理《庚子日记》时，其中之三就是专门写编撰《东高村史话》的：

也悄悄为自己加一声油

历经一年多调查、访谈及踏察，进而编写。尤其闹疫情以来，望着工作室外日出月落，云卷云舒，我只是猫室内潜心研究与写作，包括大年三十都过来了，甚至每晚要写到十点才回去。

就这样夜以继日，《东高村史话》终于基本完成初稿，将东高村地区重要的历史文化囊括其中了。汇拢一起，大大出乎意料，竟有30余万言，再加上四五百幅图片，当是一部厚厚的大书了。

完成初稿，并非最后完稿，还要仔细地瞻前顾后，瞅左瞧右，尽力发现那些有不妥处或疏漏处，以拾遗补缺，修改完善。并整理相关图片，随文字各就其位，使之图文并茂。这些事彻底完成，还需要些时日。

想想，写作其实就是个系统工程，有如构造一座协调、壮美、坚固的建筑。我要努力让手下这座建筑，就像东高村文峰塔一样，日月光照也好，风雨沧桑也罢，不仅屹立今天，更要屹立明天、后天甚至永远！

眺望窗外，心底默默为武汉为湖北为中国加油的同时，也悄悄为自己加一声油！

就是这样，疫情之下的三个多月，直至现在，就在工作室集中精力，夜以继日地撰写史话，到今天总算基本完成。当然，这是在多年积累的大量资料的基础上完成的。文档字数达 32 万多字，照片 590 幅，远远超出预计。据此，称东高村镇为文化大镇，实不为过。

编写中，孙学新书记调至区里工作，继任的崔芃书记在我访谈踏察中及时听取了编写进展情况，镇长陈惠华也非常重视编写工作，白洁部长精心安排访谈踏察，孙百杰老师及各村主要干部周密组织，使访谈踏察得以顺利进行。后来，蔡晓芳副镇长为本书出版亦做了大量具体联系工作。研究生张琪女士协助整理访谈资料，中国书协会员、区书协常务副主席袁鹤松题写书名。另外，出版社欧光明主任、李燕妮女士等精心审读，提出许多很好的修改意见，发现一些我不曾注意的问题，比如“辑录”文中有两处关于李先登先生参加河南登封王城岗“禹都阳城”考古发掘的记述，分别写道：“发现了夏代初期青铜礼器鬶的残片以及刻划在陶片上的‘芳'字”，“发现了夏代初期的青铜鬶残片及刻划在陶器上的‘共'字”。很明显，所说应该是一个事，那么究竟是哪个字？我赶紧回家打开书柜，一柜柜翻腾，终于找到先生多年前送我的《夏商周青铜文明探研》及《登封王城岗与阳城》专著，明确写着“共”字，且认为这是“夏代已有了文字的重要证据”。就这样，校改中我又重新查阅、核实了多种志书典籍与相关资料，从而减少了这样那样的一些问题甚至硬伤。而在出版前夕的校定中，几乎是又一字字一句句地全面核校修改，修改表达 20 多页，不惜将一些段落文字甚至整篇文稿删去。刘福勤先生为封面设计、排版亦付出了大量心血，在此一并致谢。

本人才疏学浅，书中这样那样的不足甚至错误在所难免，诚请方家及读者教正！

2020年3月31日初步完稿于善书斋，
时国内疫情基本稳定，而境外输入增加，
尚不能大意。4月1日，整理刘昭信所
写克头村刘姓资料。至此，全书完稿，
发送出版社。

2021年10月11日至15日校改。
2022年4月22日至5月3日再次校改，
10月27日至11月8日又改校
11月24日校定。

图书在版编目（CIP）数据

东高村史话 / 柴福善著 . — 北京：民族出版社，2021.11

ISBN 978-7-105-16555-1

Ⅰ. ①东… Ⅱ. ①柴… Ⅲ. ①村史—平谷区 Ⅳ. ① K291.5

中国版本图书馆 CIP 数据核字（2021）第 244003 号

东高村史话

责任编辑：李燕妮
封面设计：刘福勤
出版发行：民族出版社
地　　址：北京市和平里北街 14 号
邮　　编：100013
电　　话：010-64228001（汉文编辑二室）
　　　　　010-64224782（发行部）
网　　址：http://www.mzpub.com
印　　刷：北京盛通印刷股份有限公司
经　　销：各地新华书店
版　　次：2021 年 11 月第 1 版　2023 年 8 月北京第 1 次印刷
开　　本：787 毫米 ×1092 毫米　1/16
字　　数：550 千字
印　　张：48.5
定　　价：150.00 元
书　　号：ISBN 978-7-105-16555-1/K · 2875（汉 1649）